西南民族地区
纠纷解决机制研究

A Study of Dispute Settlement Mechanisms
among Minority Ethnic Populations in Southwest China

胡兴东 著

社会科学文献出版社
SOCIAL SCIENCES ACADEMIC PRESS (CHINA)

图书在版编目(CIP)数据

西南民族地区纠纷解决机制研究/胡兴东著. —北京：社会科学文献出版社，2013.7
（中国社会科学博士后文库）
ISBN 978 - 7 - 5097 - 4796 - 4

Ⅰ.①西… Ⅱ.①胡… Ⅲ.①民族地区 - 民事纠纷 - 调解（诉讼法） - 研究 - 西南地区 Ⅳ.①D927.705.114.4

中国版本图书馆 CIP 数据核字（2013）第 142635 号

·中国社会科学博士后文库·
西南民族地区纠纷解决机制研究

著　　者 / 胡兴东

出 版 人 / 谢寿光
出 版 者 / 社会科学文献出版社
地　　址 / 北京市西城区北三环中路甲 29 号院 3 号楼华龙大厦
邮政编码 / 100029

责任部门 / 社会政法分社　（010）59367156　　责任编辑 / 单远举　刘 荣
电子信箱 / shekebu@ ssap. cn 　　　　　　　　责任校对 / 王建龙
项目统筹 / 童根兴　　　　　　　　　　　　　 责任印制 / 岳　阳
经　　销 / 社会科学文献出版社市场营销中心 （010）59367081　59367089
读者服务 / 读者服务中心（010）59367028

印　　装 / 北京季蜂印刷有限公司
开　　本 / 787mm×1092mm　1/16　　　　印　张 / 21
版　　次 / 2013 年 7 月第 1 版　　　　　　字　数 / 350 千字
印　　次 / 2013 年 7 月第 1 次印刷
书　　号 / ISBN 978 - 7 - 5097 - 4796 - 4
定　　价 / 69.00 元

本书如有破损、缺页、装订错误，请与本社读者服务中心联系更换
▲ 版权所有　翻印必究

编委会及编辑部成员名单

（一）编委会

主　任：李　扬　王晓初
副主任：晋保平　张冠梓　孙建立　夏文峰
秘书长：朝　克　吴剑英　邱春雷　胡　滨（执行）
成　员（按姓氏笔画排序）：

卜宪群　王　巍　王利明　王灵桂　王国刚　王建朗　厉　声
朱光磊　刘　伟　杨　光　杨　忠　李　平　李　林　李　周
李　薇　李汉林　李向阳　李培林　吴玉章　吴振武　吴恩远
张世贤　张宇燕　张伯里　张昌东　张顺洪　陆建德　陈众议
陈泽宪　陈春声　卓新平　罗卫东　金　碚　周　弘　周五一
郑秉文　房　宁　赵天晓　赵剑英　高培勇　黄　平　曹卫东
朝戈金　程恩富　谢地坤　谢红星　谢寿光　谢维和　蔡　昉
蔡文兰　裴长洪　潘家华

（二）编辑部

主　任：张国春　刘连军　薛增朝　李晓琳
副主任：宋　娜　卢小生　高传杰
成　员（按姓氏笔画排序）：

王　宇　吕志成　刘丹华　孙大伟　陈　颖　金　烨　曹　靖
薛万里

序 一

博士后制度是19世纪下半叶首先在若干发达国家逐渐形成的一种培养高级优秀专业人才的制度，至今已有一百多年历史。

20世纪80年代初，由著名物理学家李政道先生积极倡导，在邓小平同志大力支持下，中国开始酝酿实施博士后制度。1985年，首批博士后研究人员进站。

中国的博士后制度最初仅覆盖了自然科学诸领域。经过若干年实践，为了适应国家加快改革开放和建设社会主义市场经济制度的需要，全国博士后管理委员会决定，将设站领域拓展至社会科学。1992年，首批社会科学博士后人员进站，至今已整整20年。

20世纪90年代初期，正是中国经济社会发展和改革开放突飞猛进之时。理论突破和实践跨越的双重需求，使中国的社会科学工作者们获得了前所未有的发展空间。毋庸讳言，与发达国家相比，中国的社会科学在理论体系、研究方法乃至研究手段上均存在较大的差距。正是这种差距，激励中国的社会科学界正视国外，大量引进，兼收并蓄，同时，不忘植根本土，深究国情，开拓创新，从而开创了中国社会科学发展历史上最为繁荣的时期。在短短20余年内，随着学术交流渠道的拓宽、交流方式的创新和交流频率的提高，中国的社会科学不仅基本完成了理论上从传统体制向社会主义市场经济体制的转换，而且在中国丰富实践的基础上展开了自己的伟大创造。中国的社会科学和社会科学工作者们在改革开放和现代化建设事业中发挥了不可替代的重要作用。在这个波澜壮阔的历史进程中，中国社会科学博士后制度功不可没。

值此中国实施社会科学博士后制度20周年之际，为了充分展示中国社会科学博士后的研究成果，推动中国社会科学博士后制度进一步发展，全国博士后管理委员会和中国社会科学院经反复磋商，并征求了多家设站单位的意见，决定推出《中国社会科学博士后文库》（以下简称《文库》）。作为一个集中、系统、全面展示社会科学领域博士后优秀成果的学术平台，《文库》将成为展示中国社会科学博士后学术风采、扩大博士后群体的学术影响力和社会影响力的园地，成为调动广大博士后科研人员的积极性和创造力的加速器，成为培养中国社会科学领域各学科领军人才的孵化器。

创新、影响和规范，是《文库》的基本追求。

我们提倡创新，首先就是要求，入选的著作应能提供经过严密论证的新结论，或者提供有助于对所述论题进一步深入研究的新材料、新方法和新思路。与当前社会上一些机构对学术成果的要求不同，我们不提倡在一部著作中提出多少观点，一般地，我们甚至也不追求观点之"新"。我们需要的是有翔实的资料支撑，经过科学论证，而且能够被证实或证伪的论点。对于那些缺少严格的前提设定，没有充分的资料支撑，缺乏合乎逻辑的推理过程，仅仅凭借少数来路模糊的资料和数据，便一下子导出几个很"强"的结论的论著，我们概不收录。因为，在我们看来，提出一种观点和论证一种观点相比较，后者可能更为重要：观点未经论证，至多只是天才的猜测；经过论证的观点，才能成为科学。

我们提倡创新，还表现在研究方法之新上。这里所说的方法，显然不是指那种在时下的课题论证书中常见的老调重弹，诸如"历史与逻辑并重"、"演绎与归纳统一"之类；也不是我们在很多论文中见到的那种敷衍塞责的表述，诸如"理论研究与实证分析的统一"等等。我们所说的方法，就理论研究而论，指的是在某一研究领域中确定或建立基本事实以及这些事实之间关系的假设、模型、推论及其检验；就应用研究而言，则指的是根据某一理论假设，为了完成一个既定目标，所使用的具体模型、技术、工具或程序。众所周知，在方法上求新如同在理论上创新一样，殊非易事。因此，我们亦不强求提出全新的理论方法，我们的最低要求，是要按照现代社会科学的研究规范来展开研究并构造论著。

我们支持那些有影响力的著述入选。这里说的影响力，既包括学术影响力，也包括社会影响力和国际影响力。就学术影响力而言，入选的成果应达到公认的学科高水平，要在本学科领域得到学术界的普遍认可，还要经得起历史和时间的检验，若干年后仍然能够为学者引用或参考。就社会影响力而言，入选的成果应能向正在进行着的社会经济进程转化。哲学社会科学与自然科学一样，也有一个转化问题。其研究成果要向现实生产力转化，要向现实政策转化，要向和谐社会建设转化，要向文化产业转化，要向人才培养转化。就国际影响力而言，中国哲学社会科学要想发挥巨大影响，就要瞄准国际一流水平，站在学术高峰，为世界文明的发展作出贡献。

我们尊奉严谨治学、实事求是的学风。我们强调恪守学术规范，尊重知识产权，坚决抵制各种学术不端之风，自觉维护哲学社会科学工作者的良好形象。当此学术界世风日下之时，我们希望本《文库》能通过自己良好的学术形象，为整肃不良学风贡献力量。

李扬

中国社会科学院副院长

中国社会科学院博士后管理委员会主任

2012 年 9 月

序 二

在 21 世纪的全球化时代，人才已成为国家的核心竞争力之一。从人才培养和学科发展的历史来看，哲学社会科学的发展水平体现着一个国家或民族的思维能力、精神状况和文明素质。

培养优秀的哲学社会科学人才，是我国可持续发展战略的重要内容之一。哲学社会科学的人才队伍、科研能力和研究成果作为国家的"软实力"，在综合国力体系中占据越来越重要的地位。在全面建设小康社会、加快推进社会主义现代化、实现中华民族伟大复兴的历史进程中，哲学社会科学具有不可替代的重大作用。胡锦涛同志强调，一定要从党和国家事业发展全局的战略高度，把繁荣发展哲学社会科学作为一项重大而紧迫的战略任务切实抓紧抓好，推动我国哲学社会科学新的更大的发展，为中国特色社会主义事业提供强有力的思想保证、精神动力和智力支持。因此，国家与社会要实现可持续健康发展，必须切实重视哲学社会科学，"努力建设具有中国特色、中国风格、中国气派的哲学社会科学"，充分展示当代中国哲学社会科学的本土情怀与世界眼光，力争在当代世界思想与学术的舞台上赢得应有的尊严与地位。

在培养和造就哲学社会科学人才的战略与实践上，博士后制度发挥了重要作用。我国的博士后制度是在世界著名物理学家、诺贝尔奖获得者李政道先生的建议下，由邓小平同志亲自决策，经国务院批准于 1985 年开始实施的。这也是我国有计划、有目的地培养高层次青年人才的一项重要制度。二十多年来，在党中央、国务院的领导下，经过各方共同努力，我国已建立了科学、完备的博士后制度体系，同时，形成了培养和使用相结合，产学研相结合，政府调控和社会参与相结合，服务物质文明与精神文明建设的鲜明特色。通过实施博士后制度，我国培养了一支优秀的高素质哲学社会科学人才队伍。他们在科研机构或高等院校依托自身优势和兴趣，自主从事开拓性、创新性研究工作，从而具有宽广的学术视野、突出的研究能力和强烈的探索精神。其中，一些出站博士后已成为哲学社会科学领域的科研骨干和学术带头人，在"长江学者"、"新世纪百千万人才工程"等国家重大科研人才梯队中占据越来越大的比重。可以说，博士后制度已成为国家培养哲学社会科学拔尖人才的重要途径，而且为哲学社会科学的发展造就了一支新的生力军。

哲学社会科学领域部分博士后的优秀研究成果不仅具有重要的学术价值，而且具有解决当前社会问题的现实意义，但往往因为一些客观因素，这些成果不能尽快问世，不能发挥其应有的现实作用，着实令人痛惜。

可喜的是，今天我们在支持哲学社会科学领域博士后研究成果出版方面迈出了坚实的一步。全国博士后管理委员会与中国社会科学院共同设立了《中国社会科学博士后文库》，每年在全国范围内择优出版哲学社会科学博士后的科研成果，并为其提供出版资助。这一举措不仅在建立以质量为导向的人才培养机制上具有积极的示范作用，而且有益于提升博士后青年科研人才的学术地位，扩大其学术影响力和社会影响力，更有益于人才强国战略的实施。

今天，借《中国社会科学博士后文库》出版之际，我衷心地希望更多的人、更多的部门与机构能够了解和关心哲学社会科学领域博士后及其研究成果，积极支持博士后工作。可以预见，我国的博士后事业也将取得新的更大的发展。让我们携起手来，共同努力，推动实现社会主义现代化事业的可持续发展与中华民族的伟大复兴。

人力资源和社会保障部副部长
全国博士后管理委员会主任
2012年9月

摘　要

　　本书重点分析了云南、贵州、广西壮族自治区和四川西北部藏、彝、羌等民族集中地区的纠纷解决机制现状及存在的问题。在研究过程中对云南、贵州、四川和广西壮族自治区的15个州市的22个乡镇进行了调查。为了便于比较分析，调查点主要选择有代表性的民族聚居乡镇和村寨。

　　当前西南民族地区基层社会中纠纷解决机制类型有国家纠纷解决机制和非国家纠纷解决机制。国家纠纷解决机制有：①国家司法纠纷解决机制，具体是人民法院和派出法庭；②国家调解纠纷解决机制，具体由三级人民调解组织、法律服务所等组成。当前西南民族地区纠纷解决机制现状是：①基层社会中纠纷解决机制已经有较为完善的体系；②纠纷解决机制规范化得到加强；③办公条件得到改善，经费投入有所增长，从业人员地位得到提高；④传统纠纷解决机制得到适当承认和吸收；⑤西南民族地区在纠纷解决机制选择偏好上受到民族性、地域性、经济类型和纠纷种类等多重因素的影响。

　　当前西南民族地区纠纷解决机制存在的问题有：①指导思想上存在工具主义、功利主义和实用主义等问题；②纠纷解决机制设置繁杂和重复；③政治投机主导纠纷解决机制的运作；④纠纷解决具有压制性和投机性；⑤司法体系和调解组织存在审判调解化和调解审判化的倾向；⑥由于纠纷解决机制庞杂，当事人使用不便，易作出投机性选择；⑦过度的行政化导致国家正式纠纷解决机制的民间认同度降低；⑧众多纠纷解决机制在少数民族群体中认知度较低；⑨不同纠纷解决机制效力不明确；⑩基层调解组织中人员职能、配置、选拔难以适应调解机制运行的需要。

新时期西南民族地区纠纷解决机制构建应遵循如下原则：①增强民间社会的自治性；②改变西南民族地区社会治理的理念；③处理社会纠纷时用法律意识替代政治考量；④重新定位纠纷解决机制的社会功能；⑤抑制行政力量在纠纷解决机制中的影响；⑥在少数民族社会纠纷解决中贯彻民族政策；⑦在遵循相应原则下对少数民族传统纠纷解决机制和风俗习惯有限认可。在路径与措施上：①合理定位不同性质纠纷解决机制的社会功能；②限制设置纠纷解决机制种类；③提高纠纷解决机制在解决社会纠纷中的公正性；④减少基层调解组织中调解人员的数量，增加专业人员；⑤调解人员选拔上重视经验和人品等素质；⑥有限承认少数民族传统纠纷解决机制的作用；⑦聘请少数民族中特定人士参与纠纷解决；⑧纠纷解决过程中有选择地承认一些民族传统纠纷解决形式与仪式；⑨制定《中华人民共和国纠纷解决机制法》，以规范不同纠纷解决机制的效力及其关系。

西南民族地区多元纠纷解决机制的构建与完善对西南少数民族社会治理有重要作用，表现在：①可以适应西南民族地区社会纠纷类型的多样化和纠纷解决中地方性、民族性等因素的需要；②有利于西南民族地区纠纷的有效解决；③有利于保障西南民族地区的社会安定和经济发展；④实现国家对西南民族地区社会的有效治理。

关键词： 西南民族地区　纠纷解决机制　多元治理　社会秩序

Abstract

This book stresses on the analysis of areas of Yunnan, Guizhou, Guangxi Zhuang Autonomous Region and northwestern Sichuan where minorities including the Zang, the Yi and the Qiang are relatively concentrated. This research has investigated more than twenty-two villages and towns, fifteen prefectures and cities in Yunnan, Guizhou, Sichuan and Guangxi Zhuang Autonomous Region, which can help to obtain better comparative reference samples since various minorities have concentrated in those towns and villages.

At present, there are two kinds of dispute settlement mechanisms among minority ethnic populations in Southwestern China, namely the national dispute settlement mechanism and non-national dispute settlement mechanism. The national dispute settlement mechanism can be divided into national judiciary dispute settlement mechanism, which is made up of the people's court and people's tribunal, and the national mediation dispute settlement mechanism, which includes the people's mediation organization on three levels, office of legal service, etc. The current dispute settlement mechanisms among minority ethnic populations in Southwestern China feature relatively well-established system at the grassroots level, the strengthening of normalization of the disputes settlement mechanism, the improvement of the office facilities, and the increase of the capital input as well as the improvement of personal status. Traditional dispute settlement mechanisms have gained proper recognition and have been assimilated;

the choice of dispute settlement mechanism reflects the differences of ethnic groups, regions, economic levels and dispute types.

The current problems of the disputes settlement mechanisms in Minority Ethnic Area in Southwest China lie in the existence of instrumentalism, utilitarianism and pragmatism, complication and overlapping of dispute settlement mechanisms, dominant control by political opportunism over the operation of dispute settlement mechanisms, increase of suppression and speculative in dispute settlement due to the involvement of administrative power, disorder in work division of the disputes settlement mechanisms resulting from the mediated judgment and judgment mediation, too many dispute settlement mechanisms, unavailable accessibility and even possibilities for clients to speculate, decrease in public recognition due to too much administration in the disputes settlement mechanisms, national minorities' low recognition of varied dispute settlement mechanisms, indefinite effectiveness of varied disputes settlement mechanisms, conflict between functions of basic-level mediators and system installation and difficulty in personnel allocation and recruitment.

The construction of the dispute settlement mechanisms in Minority Ethnic Area in Southwest China should follow the following principles: autonomy in the folk society should be enhanced; the governing concepts in Minority Ethnic Area in Southwest China should be changed; political factors should be weakened and legal awareness should be improved in settling social disputes; resetting the functions and objectives of disputes settlement machanisms in social governance; repressing the influence of administrative power on the dispute settlement mechanisms; properly adopting ethnic policies in dealing with disputes among ethnic minorities and abiding by corresponding principles when recognizing the dispute settlement mechanisms and conventions of ethnic minorities. As for approaches and measures, attributes and functions of different dispute settlement mechanisms should be reasonably classified in that the judiciary mechanism and administrative mediation should give expression to nationality and legality in dispute settlement; the people's mediation mechanism should reflect non-nationality, locality and autonomy. The people's mediation organization must adhere to non-nationality in operation and non-justiciability during the process of dispute settlement, while the judiciary mechanism should give expression to nationality in operation mechanism and stick to serious formalism and legalism in disputes settlement and the mediation mechanism of public security should strictly abide by the "rule of law" etc. It is necessary to set the limitation of dispute settlement mechanisms and understand that in the construction of dispute settlement mechanisms diversified dispute settlement mechanisms do not mean more and more disputes settlement mechanisms, but various types of and complex and diversified dispute settlement mechanisms. Enhancing the fairness is the key to the construction of dispute settlement mechanisms. The establishment of a reasonable staff and recruitment mechanism for the grassroots mediation organization lies in decreasing the number of redundant posts and increase in the number of professional experts. In personnel recruiting, less importance should be attached to educational background and age while experience and moral quality should be stressed. The functions of traditional dispute settlement mechanisms in various ethnic minorities must be recognized on a finite basis. Traditional knowledge can be gained and some forms and ritual of the traditional dispute settlement mechanisms of some ethnic minorities can be recognized on some specific occasions through inviting some designated personnel of the national minorities to participate in dispute settlement. In order to make effective coordination among the disputes settlement mechanisms, the Law of Dispute Settlement Mechanisms of the People's Republic of China should be made which can specify the effectiveness of and relationship among different dispute settlement mechanisms.

  The construction and improvement of diversified dispute settlement mechanisms in Minority Ethnic Area in Southwest China are of great significance to national governance among the southwestern ethnic minorities, which can meet the needs of solving the diversified social disputes with regional and ethnic differences, facilitate the effective solution to disputes, ensure the stability and economic development and achieve effective governance over national minorities in southwestern China.

Key Words: Minority Ethnic Area in Southwest China; Dispute Settlement Mechanisms; Multiple Governance; Social Order

目　录

导　论 …………………………………………………………… 1

第一章　当前西南民族地区纠纷解决机制现状及问题 …………… 25
 第一节　当前西南民族地区纠纷种类和特点 …………………… 26
 第二节　当前西南民族地区纠纷解决机制的种类及特点 ……… 48
 第三节　当前西南民族地区纠纷解决机制存在的问题 ………… 90

第二章　新时期西南民族地区多元纠纷解决机制的构建 ……… 116
 第一节　新时期选择西南民族地区多元纠纷解决
    机制的原因 ………………………………………… 117
 第二节　新时期西南民族地区多元纠纷解决机制
    构建的原则 ………………………………………… 139
 第三节　新时期西南民族地区多元纠纷解决机制构建
    路径与措施 ………………………………………… 159

第三章　西南民族地区多元纠纷解决机制与国家法的规制 …… 211
 第一节　历史上西南民族地区多元纠纷解决机制的规制 …… 211
 第二节　当前西南民族地区纠纷解决机制中规制现状 ……… 225
 第三节　当前西南民族地区多元纠纷解决机制下的规制选择 … 230

第四章　通过多元化纠纷解决机制实现西南民族地区
    有效治理 ……………………………………………… 236
 第一节　纠纷解决机制与社会秩序形成的关系 ……………… 237

第二节　西南民族地区社会秩序形成的特点与选择……………… 241
第三节　多元纠纷解决机制对构建西南民族地区
　　　　和谐社会的作用 ……………………………………… 249

附录：课题调查问卷 ……………………………………………… 257

参考文献 ………………………………………………………… 269

主题词索引 ……………………………………………………… 299

后　　记 ………………………………………………………… 304

Contents

Introduction /1

1 The current situation and problems of dispute settlement mechanism in Minority Ethnic Area in Southwest China /25

    1.1 Types and characteristics of disputes in Minority Ethnic Area in Southwest China /26

    1.2 Types and characteristics of disputes settlement mechanisms in Minority Ethnic Area in Southwest China /48

    1.3 Problems of the current dispute settlement mechanisms in Minority Ethnic Area in Southwest China /90

2 Construction of diversified disputes settlement mechanisms in Minority Ethnic Area in Southwest China in a new era /116

    2.1 Reason for choosing diversified disputes settlement mechanisms in Minority Ethnic Area in Southwest China in a new era /117

    2.2 Principles of constructing diversified disputes settlement mechanisms in Minority Ethnic Area in Southwest China in a new era /139

    2.3 Approaches and measures of constructing diversified disputes settlement mechanisms in Minority Ethnic Area in Southwest China in a new era /159

3 Dispute settlement mechanisms in Minority Ethnic Area in
   Southwest China and regulation through national laws / 211

    3.1 Historical regulation of dispute settlement mechanisms
   in Minority Ethnic Area in Southwest China / 211

    3.2 Current regulations of dispute settlement mechanisms
   in southwestern national area / 225

    3.3 Current choice of regulations of diversified dispute settlement
   mechanisms in Minority Ethnic Area in Southwest China / 230

4 Realizing the effective governance over Minority Ethnic Area in
   Southwest China through diversified dispute settlement
   mechanisms / 236

    4.1 The relationship between dispute settlement mechanisms
   and social order / 237

    4.2 Characteristics and choice of social order in Minority
   Ethnic Area in Southwest China / 241

    4.3 Significance of diversified dispute settlement mechanism
   for the construction of a harmonious society
   in Minority Ethnic Area in Southwest China / 249

Appendix: questionnaire / 257

Bibliography / 269

Index / 299

Epilogue / 304

表目录

表0-1	问卷调查点分布与数量	20
表1-1	某傣族村委会2年内纠纷种类结构	33
表1-2	民众必须解决的社会纠纷种类	35
表1-3	民众必须解决的社会纠纷原因	36
表1-4	民众离婚时机制选择	37
表1-5	乡村社会中权威人物形成原因	64
表1-6	村规民约认知度	65
表1-7	村规民约遵守情况	65
表1-8	村规民约遵守意愿	66
表1-9	村规民约与法律遵守的倾向	71
表1-10	服从选择的纠纷解决机制意愿	73
表1-11	民间社会中人命重案处理意向	74
表1-12	侵害家庭财产解决机制的选择	75
表1-13	民众对不同纠纷容忍度类型的分布	77
表1-14	家庭成员纠纷时选择外在解决机制的倾向	77
表1-15	村寨成员间纠纷解决机制的选择	78
表1-16	村寨内成员纠纷解决时主体的选择	79
表1-17	邻里间不动产纠纷解决机制的选择	80
表1-18	亲友间金钱债务纠纷解决机制的选择	81
表1-19	家庭遗产处理机制	81
表1-20	家庭遗产纠纷解决机制的选择	82
表1-21	十类纠纷解决时选择村寨内权威人员的分布	83
表1-22	十类纠纷选择村寨内权威人员的理由	84
表1-23	十类不同纠纷选择村委会解决的分布	84

表 1 - 24	十类不同纠纷选择村委会解决的理由	85
表 1 - 25	十类不同纠纷选择乡镇以上领导的分布	86
表 1 - 26	十类不同纠纷选择乡镇以上领导的理由	87
表 1 - 27	十类不同纠纷选择乡镇司法所的分布	87
表 1 - 28	十类不同纠纷选择乡镇司法所的理由	88
表 1 - 29	信教民众间纠纷解决机制选择意愿	90
表 1 - 30	民众服从不同纠纷解决机制的原因	98
表 1 - 31	人民调解委员会认知度	99
表 1 - 32	行政村内调解组织认知度	100
表 1 - 33	司法所了解度	100
表 1 - 34	司法所性质认知度	101
表 1 - 35	司法所与乡镇组织性质区分度	102
表 1 - 36	司法所与乡镇组织性质认知度	102
表 1 - 37	法律服务所认识度	103
表 1 - 38	法律服务所职能认知度	103
表 1 - 39	法律服务所利用程度	104
表 1 - 40	法律援助中心了解度	104
表 1 - 41	法律援助中心职能认识度	105
表 1 - 42	法律援助中心利用度	105
表 1 - 43	社会矛盾调解中心的认知度	106
表 1 - 44	协调指挥中心的认知度	106
表 1 - 45	对人民法院的认知度	107
表 2 - 1	民族社区人情味评价	125
表 2 - 2	乡镇府在不同纠纷种类中的作用	128
表 2 - 3	乡长、县长等人员在不同纠纷中的作用	129
表 2 - 4	对村委会不满时民众救济机制的选择	130
表 2 - 5	对法院的了解度	131
表 2 - 6	对法院在纠纷解决中的评价	131
表 2 - 7	阻碍法院利用的原因	132
表 2 - 8	法院解决社会纠纷时存在的问题	133
表 2 - 9	法院判决对当事人社会关系的影响	134
表 2 - 10	法院利用度	135

表 2 - 11	法院解决社会纠纷满意度	135
表 2 - 12	对法院性质的认识度	137
表 2 - 13	纠纷产生后处理选择意愿	142
表 2 - 14	私力救济与法院选择的倾向	143
表 2 - 15	产生纠纷后解决机制优先选择倾向	143
表 2 - 16	外出打工心态	146
表 2 - 17	外出打工动机	146
表 2 - 18	对打工者权益保护组织的认识度	146
表 2 - 19	村寨内纠纷解决选择	162
表 2 - 20	不同纠纷解决机制的选择	162
表 2 - 21	纠纷当事人关系对选择纠纷解决机制的影响	166
表 2 - 22	司法所解决纠纷满意度	170
表 2 - 23	司法所解决纠纷满意原因	170
表 2 - 24	法院判决满意度	171
表 2 - 25	服从不同纠纷解决机制的原因	172

个案目录

例 1-1	茶叶价格波动引起的纠纷	29
例 1-2	林地使用权纠纷	30
例 1-3	婚姻纠纷解决协议	42
例 1-4	解除非法同居婚姻关系协议	43
例 1-5	老人在村寨社会生活中的作用变迁	61
例 1-6	习俗婚姻纠纷解决协议	62
例 1-7	恶意损坏他人财产纠纷中的村规民约适用	66
例 1-8	破坏风景树纠纷中的村规民约适用	67
例 1-9	偷鱼纠纷中的村规民约适用	67
例 1-10	偷盗庄稼的处罚	69
例 1-11	村规民约适用引起的诉讼案	107
例 2-1	不正当性行为解决协议	120
例 2-2	法院判决被调解改变	137
例 2-3	重婚罪中的国家法困境	137
例 2-4	非法同居案引起的人命案	138
例 2-5	当地人与外来公司的合同纠纷	166
例 2-6	繁杂的纠纷解决程序	168
例 2-7	村小组调解纠纷	176
例 2-8	调解中技巧的使用	181
例 2-9	邻里纠纷的处理	182
例 2-10	习惯在婚姻中的适用	182
例 2-11	婚姻纠纷的解决	183
例 2-12	传统婚姻习惯的适用	184
例 2-13	司法所在调解中的困境	185

例 2-14	通奸的民间处理	186
例 2-15	性骚扰的民间处理	186
例 2-16	人命事件的民间处理	188
例 2-17	民族伤害案件的处理	188
例 2-18	村规民约适用中的困境	190
例 2-19	传统纠纷解决机制的作用	193
例 2-20	老人在民间社会中地位的变迁	194
例 2-21	家族力量在民间纠纷解决中的作用	198
例 2-22	村寨间力量交织下的纠纷解决	199
例 2-23	司法中对传统习俗的适用	200
例 2-24	墓地纠纷	202
例 2-25	纠纷引起自杀的处理	202
例 2-26	偷盗事件处理中的困境	205
例 2-27	传统宗教人士在纠纷解决中的作用	206
例 2-28	承包经营权在民间的继承	209
例 3-1	国家对民间处理纠纷的承认	217
例 3-2	国家对传统习俗的承认	218

导 论

20世纪90年代以来，随着我国市场经济的推进、法治建设的深入，以及社会利益多元等新现象的出现，社会纠纷种类多样、数量剧增，仅依靠单一的纠纷解决机制已经不能满足社会发展和稳定的需要。以上现象在我国西南民族地区同样存在。在和谐社会理论提出后，如何构建多元纠纷解决机制有效解决纷繁复杂的社会纠纷成为法学界关注的新焦点、新问题和新挑战。综观中国法学界的现有研究，主要集中在多元纠纷解决机制的一般理论和汉族社会建设问题上，[①] 也有学者对汉族农村地区进行相应的研究。[②] 这些研究为构建我国多元纠纷解决机制提供了学理上的支持和指导。但中国是一个多民族国家，少数民族地区的社会传统和发展水平与汉族地区存在差异，所以针对不同少数民族地区进行专题研究是十分必要和重要的。

在多元纠纷解决机制构建研究上，学术界对民族地区特别是对西南民

[①] 此方面的代表是中国人民大学的范愉教授，成果有范愉著《多元化纠纷解决机制》、《非诉讼纠纷解决机制研究》、《纠纷解决的理论与实践》和主编《多元纠纷解决机制》，沈恒斌主编《多元纠纷解决机制原理与实务》，何兵著《现代社会的纠纷解决》和主编《和谐社会与纠纷解决机制》，朱景文著《中国法治道路的探索——以纠纷解决的正规化和非正规化为视角》，徐昕著《论私力救济》和《迈向社会和谐的纠纷解决》，强世功编《调解、法制与现代性：中国调解制度研究》，王亚新著《社会变革中的民事诉讼》，冉井富著《当代中国民事诉讼率变迁研究——一个比较法社会学的视野》。论文有赵旭东：《论纠纷的构成机理及其主要特征》，《法律科学（西北政法大学学报）》2009年第2期；赵旭东：《纠纷解决含义的深层分析》，《河北法学》2009年第6期；赵旭东：《纠纷解决机制及其"多元化"与"替代性"之辨析》，《法学杂志》2009年第11期；赵旭东：《纠纷解决含义的深层分析》，《河北法学》2009年第6期等。

[②] 王铭铭、王斯福编《乡村社会的公正、权威与秩序》，瞿琨的《场域理论与社区调解人的行动分析》，赵旭东的《权力与公正——乡土社会的纠纷解决与权威多元》，汪庆华、应星的《中国基层行政争议解决机制的经验研究》，陈伟杰、郭星华的《法律的差序利用——以一个宗教村落的纠纷调解为例》等。

族地区应如何构建研究十分不足，尤其表现为不系统。相关研究主要集中在国家法与少数民族习惯法的调适和互动关系及少数民族习惯法在现代法治建设中的作用和价值上。只有少数学者积极开拓，[①] 就如何通过构建西南民族地区新时期的多元纠纷解决机制进而构建和谐社会进行研究，但仍不够系统。

然而，西南民族地区的社会稳定和发展，是全国社会稳定和发展的重要组成部分。西南民族地区其实就是少数民族农村和边疆地区，所以在构建和谐农村、建设社会主义新农村和实现边疆民族的发展上都离不开西南民族地区各类社会纠纷的有效合理解决。因此，研究新时期西南民族地区社会纠纷解决现状，并提出有效的建议，对促进少数民族地区农村的和谐、稳定和繁荣，具有十分重要的理论意义和现实意义。

历史证明，一个社会中的纠纷解决机制很难做到绝对统一，即使现代法治国家也是如此。在市场经济建立后，人们的社会关系从"伦理型"

[①] 胡兴东：《西南民族地区多元纠纷解决机制的构建》，《云南社会科学》2007年第4期；胡兴东：《元明清时期国家法对民间纠纷解决机制的规制研究》，《云南大学学报（法学版）》2007年第4期；胡兴东：《景颇族传统山官制度下民事纠纷的解决机制》，《云南民族大学学报（哲学社会科学版）》2008年第1期；胡兴东：《20世纪50年代以来云南藏区社会治理问题探析——以社会纠纷解决机制为中心考察》，《云南行政学院学报》2009年第1期；胡兴东、朱艳红：《中国历史上少数民族刑事案件法律适用问题研究》，《云南民族大学学报（哲学社会科学版）》2009年第3期；朱艳英：《西南民族地区纠纷解决机制变迁研究》，《云南农业大学学报》2009年第1期；浦加旗：《彝寨社会秩序解读——从法社会学、法人类学的视角》，《重庆工学院学报（社会科学版）》2008年第5期；蒋鸣湄：《古代侗款效力溯源——对古代侗族村寨社会纠纷解决机制的研究》，《广西政法管理干部学院学报》2010年第6期；王鑫：《少数民族农村民间纠纷解决制度》，载方慧主编《少数民族地区习俗与法律的调适——以云南省金平苗族瑶族傣族自治县为中心的案例研究》；春焕、刘彦、黄昌军：《西藏社会矛盾分析及其解决机制研究》，《西藏大学学报》2007年第3期；华热·多杰：《藏族部落纠纷解决制度探析》，《青海民族学院学报（哲学社会科学版）》1999年第3期；冉瞿：《转型时期川滇毗邻藏区民间纠纷解决机制考察——以凉山州木里藏族自治县为例》，《西南民族大学学报（人文社会科学版）》2010年第10期；胡小鹏、高晓波：《"角色理论"视野下藏边民族纠纷解决新探——以光绪朝循化厅所辖藏区为例》，《西北师范大学学报（社会科学版）》2010年第6期；徐晓光：《唱歌与纠纷的解决——黔东南苗族口承习惯法中的诉讼与裁定》，《贵州民族研究》2006年第2期；徐晓光：《黔东南苗族村寨"田边地角"的土地纠纷及其解决途径》，《西南民族大学学报（人文社科版）》2007年第6期；徐晓光：《"涉牛"案件引发的纠纷及其解决途径——以黔东南雷山县两个乡镇为调查对象》，《山东大学学报（哲学社会科学版）》2008年第2期；徐晓光：《看谁更胜一"筹"——苗族口承法状态下的纠纷解决与程序设定》，《山东大学学报（哲学社会科学版）》2009年第4期；徐晓光：《锦屏林区民间纠纷内部解决机制及国家司法的呼应——解读〈清水江文书〉中清代民国的几类契约》，《原生态民族文化学刊》2011年第1期。

向"利益型"转变,对生产生活中出现的各类社会纠纷的忍让度大大降低,于是出现诉讼"爆炸"的现象。因此,单一的纠纷解决机制无法满足社会主体的需要,特别是对西南民族地区进行专门研究能够适应其社会相对特殊的需要,能为我国纠纷解决机制的构建提供更为合理的建议和决策依据。

我国西南地区民族众多,很多民族在历史发展中形成了特有的纠纷解决机制。这些传统的纠纷解决机制在国家纠纷解决机制进入后仍然发挥作用,特别在中央政府推行土官土司制度造成了西南民族地区纠纷解决中的多元机制,即使在明清进行改土归流后,也没有改变。20世纪90年代以后,随着社会的改革和发展,少数民族地区在社会纠纷解决机制上开始呈现国家纠纷解决机制、民间传统纠纷解决机制和处于中间状态的纠纷解决机制并存的多元格局。这些纠纷解决机制在少数民族地区构成了相互竞合、相互补充和相互竞争的复杂关系,如何认识和协调这种多元纠纷解决机制的相互关系,对西南民族地区和谐社会的构建和新农村建设具有十分重要的意义和价值。

一、主要概念的说明

1. 西南民族地区

本书在研究上存在一个问题,即"西南民族地区"及"西南少数民族"两个概念的区别,因为两者是既互相关联又互有区别的两个概念。前者所指的是地理范围,后者所指的是存在于此地理范围的民族群体。然而,后者是以前者的存在作为前提的,所以在写作时有时会把两个概念相互指代,但并不意味着没有区别。

对于西南民族地区的地理范围,学术界有很多不同的定义。在本书中,主要是根据研究对象,把此概念考察的范围界定为包括四川、云南、贵州和广西四省区在内的少数民族众多的地区。[①] 该地区的陆地边境线和海岸线长8800多公里,邻接了泰国、缅甸、越南、老挝等多个国家,是我国重要的边陲地区。该地区少数民族众多。这一地区是我国少数民族的集中地,

---

[①] 西南地区在学术界应包括的省区多有争议,基本有三种:①云南、贵州、四川、重庆和广西;②四川、贵州、云南、广西、西藏和重庆;③云南、贵州、四川、重庆、西藏以及陕西南部。

共有汉、彝、白、壮、傣、苗、回、藏、傈僳、哈尼、拉祜、佤、纳西、瑶、景颇、布朗、普米、怒、阿昌、独龙、基诺、蒙古等30多个少数民族，少数民族人口总数多达5000多万，几乎占了全国少数民族人口的一半。这一地区地形结构错综复杂，主要以高原和山地为主，交通闭塞，且历史上长期地处边陲，因此经济发展水平较为落后，一直是我们实现共同富裕与构建和谐社会的重大障碍，甚至可以说，要构建一个共同富裕的和谐社会，就必须解决西南地区的和谐与稳定。

总之，本书重点分析的地理范围是云南、贵州、广西和四川西北藏、彝、羌等民族地区。

2. 多元（化）纠纷解决机制

多元或多元化纠纷解决机制是学术界对纠纷解决机制中的国家司法诉讼单一机制的"反动"的产物。多元是相对于单一性而言的，指具有两个或两个以上的不同类型。多元或多元化纠纷解决机制的意义在于避免把纠纷的解决单纯地寄予某一种程序或机制，并将其绝对化。多元的目的在于为人们提供多种选择的可能性（选择权），同时以每一种方式的特定价值（如经济、便利、符合情理等）为当事人提供选择引导。

学术界对多元纠纷解决机制的定义基本上是一致的，只是表述有所不同罢了。范愉认为，多元化纠纷解决机制是指在一个社会中，多种多样的纠纷解决方式以其特定的功能和运作方式相互协调地共同存在，所结成的一种互补的、满足社会主体多样需求的程序体系和动态的调整系统。[1] 多元纠纷解决机制主要是指一个社会中由不同的纠纷解决机制组合成一个多层次性、相互补充的纠纷解决体系，社会主体在产生纠纷后可以根据需要选择不同的纠纷解决机制解决纠纷，而不是仅限于某一单一的机制。[2] 从以上定义可以看出生活中所说的多元化与法学中的多元化并不是同一个概念，法学中所说的"多元"是一个综合性概念，它具有产生原因、主体、解决途径等多种意义，具有多样性和多层次性。可以说，这是一个承认价值、手段多元的时代，纠纷解决方式的多元正在成为一种必然和不争的事实。

从我国学术界对多元纠纷解决机制的研究看，存在三种不同侧重点的

---

[1] 范愉：《非诉讼纠纷解决机制研究》，中国人民大学出版社2000年版，第214页。
[2] 胡兴东：《西南民族地区多元化纠纷解决机制的构建》，《云南社会科学》2007年第4期。

理解。第一种观点认为多元纠纷解决机制是在法院中设立多种类型的纠纷解决方式，而不仅是采用判决的方式，即国外所说的 ADR 解决机制。如北京市朝阳区法院设立了三种替代性纠纷解决制度，即"法官助理庭前调解"、"特邀调解员参与调解"和"律师主持和解"三项制度，作为庭外调解的多元纠纷解决方式。此种观点认为多元化纠纷解决机制是在国家司法机制内来实现，标准应以国家法为核心，仅是解决途径的多样性。第二种观点认为多元化纠纷解决机制应是民间纠纷解决机制和国家纠纷解决机制并存，具体民间纠纷解决机制主要有当事人和解、民间调解和民间仲裁等多种形式，国家纠纷解决机制还有行政执法、行政调解、治安调解、司法调解和司法审判等，甚至是构建起具有跨部门性质的纠纷解决机制，如社会矛盾调解中心等具有多重性质的纠纷解决机制。这一观点认为多元纠纷解决机制是指通过建立正式的和非正式的、民间的和官方的、自治的和非自治的纠纷解决机制来解决社会纠纷，在解决社会纠纷中法律适用不一定要以国家法为中心，可以适用民间法。后者的主要出发点是对社会纠纷的解决，目标是获得社会安定，而对解决中所采用的规则是否与国家法律严格一致并没有严格的要求。现在以政府为主导的多元化纠纷解决机制构建上以后一类为主。如我国基层社会纠纷解决机构可以分为以下几类：一是人民调解，虽然具有民间自治性质，但实际上具有民间自治与行政管理相结合的特征，具体有镇（街）调委会、村（居）调委会、调解小组和调解员四个工作层级；二是由司法行政部门负责的调解，在基层社会中调解机构是现在正在改建和完善的乡镇街等处的司法所；三是由行政、党委、司法等联合组成的社会矛盾调解中心等。如云南省楚雄彝族自治州2001年前后建立的县（市）和乡（镇）社会矛盾调解决中心，形成所谓的"一委两所三中心"，即人民调解委员会，司法所、法律服务所，法律援助中心、社会矛盾调处中心和"148"协调指挥中心。第三种观点实质上是指"大调解"概念下的多元纠纷解决机制，即人民调解、司法调解和行政调解三大调解对接，实现三者的统一。此种多元纠纷解决机制是较具中国特色的，是中国现有政治体制下的一种功利选择，是党的领导和行政权的绝对体现。这种大调解导致不同纠纷解决机制之间没有严格的区别，不同纠纷解决机制之间开始在行政干预下走向趋同。

建立多元化纠纷解决机制是指在纠纷解决机制中不应仅承认国家司法机关在纠纷解决中的唯一性，还应该承认国家非诉讼机制在民间社会具有解决内部纠纷的功能，在纠纷解决依据上不应由国家法律规范垄断，而应承认民间传统习惯、习俗的适当有效性，让它们在相应的纠纷解决中发挥作用。当然，我们不认为多元纠纷解决机制是纠纷解决机制在种类上的无限增加，而是指一种具有内在协调功能、互相分工的多种纠纷解决机制有效运行的有机体系。

3. 和谐社会

"和谐"已经成为一个流行和时尚的词语。和谐社会已成为我们时代政治与学术话语中的关键词。它不仅是我们不懈追求的社会理想，也是人类社会一直孜孜以求的一种理想社会状态。古今中外，人们都对"和谐"提出过不同的定义和设想，"和谐"一词早已深入人心。中国古代有孔子提出的"君子和而不同，小人同而不和"的人生处世哲学，有《礼记》和孟子勾画出的政治和谐社会的理想蓝图。如《礼记·礼运》描述了古代大同社会状态，"大道之行也，天下为公，选贤与能，讲信修睦。故人不独其亲，不独子其子，使老有所终，壮有所用，幼有所长，矜寡孤独废疾者，皆有所养。男有分，女有归。货恶其弃于地也，不必藏于己；力恶其不出于身也，不必为己。是故谋闭而不兴，盗窃乱贼而不作，故外户不闭。是谓大同"；① 孟子提出"五亩之宅，树之以桑，五十者可以衣帛矣。鸡豚狗彘之畜，无失其时，七十者可以食肉矣。百亩之田，勿夺其时，数口之家，可以无饥矣。谨庠序之教，申之以孝悌之义，颁白者不负戴于道路矣。七十者衣帛食肉，黎民不饥不寒"。② 这些是中国古人对和谐社会的表达。从当前学术界对和谐社会的理解看，差异是很大的。

中国共产党在第十六届四中全会《中共中央关于加强党的执政能力建设的决定》（以下简称《决定》）中把和谐社会作为一个明确的社会目标郑重提出来，这是与全面建设小康社会、贯彻科学发展观等一脉相承的又一理论成果。根据《决定》的论断，当前所要建设的社会主义和谐社会，应该是民主法治、公平正义、诚信友爱、充满活力、安定有序、人与自然和谐相处的社会。学者对和谐社会分别给出了自己的定义，如范愉认为"和谐是中国社会自古以来追求的最高价值目标，是社会治理期待达

---

① 《礼记·礼运第九》卷四，载《四书五经》（下卷），北京古籍出版社1995年版，第782页。
② 孟子：《孟子集注·梁惠王章句上》卷一，载《四书五经》（下卷），北京古籍出版社1995年版，第128—129页。

到的理想状态。同时，对和谐的推崇也表明社会力求通过平和的方式和手段——既包括必要的妥协、宽容和谦让；也包括理性的是非判断和利益平衡——争取使纠纷各方达到和谐、互利和共赢。在这个意义上，'和'是目的与手段的统一"。① 有人认为社会动态和谐的最高境界是在尊重差别的基础上有效地调节差别，使之处于一种良好的协调状态。② 还有人从社会学的视角定义和谐社会，即全体人民各尽其能、各得其所而又和谐相处的社会，一个良性运行和协调发展的社会。③

总之，我们认为和谐社会应该是一种社会状态，而不是一种静止的社会结构，具体是指在一个国家内，各地区之间、社会各阶层之间、各利益群体之间虽然存在不同的利益表达，但是在一种有效的机制协调下，不同利益表达处在缓和、协调的社会状态中，社会成员能够各尽所能、各得其所、和睦相处、充满活力的社会状态。

二、研究的方法、创新和价值

1. 研究方法的创新

（1）点面结合的调查成为研究的基础。研究中我们不再采用以单点为中心的调查研究，而是采用多点调查、分析比较的研究方法。我们在云南、贵州、四川和广西22个民族乡镇进行了大量的实地调查，对22个民族乡镇进行问卷调查，让研究建立在扎实的实地调查和问卷数据的基础上。通过田野调查做研究最大的问题是若仅进行单点调查，容易出现"只见树木，不见森林"的问题。为了克服此缺点，我们通过多点调查，以发现不同村寨、不同民族、同一民族不同经济发展水平等在同一问题上的差异。我们不把任何单个社会现象无限上升，作为提出自己理论的依据。在调查时选择大量不同区位、民族的调查点来获得相应的数据，通过横向比较得出相应的结论。这改变了学术界在实证研究中多采用单点分析以至于以偏概全的缺点，可以说此研究方法是本书最重要的特色。

---

① 范愉：《纠纷解决与和谐社会》，载徐昕主编《司法（第1辑）——纠纷解决与社会和谐》，法律出版社2006年版。
② 朱峰：《和谐社会与多元纠纷解决机制构建》，《山东社会科学》2007年第5期。
③ 青连斌：《和谐社会 中国新主题：一年来理论学术界关于"和谐社会"研究综述》，《北京日报》2005年3月7日。

(2) 定量分析成为实证分析的基础。研究中采用了大量定量分析与定性分析，让两者在研究上有了较好的结合，其中我们使用了大量的图表、原始数据和丰富的原始个案，让本书的研究具有突出的特色。由于我们采用大量、多点的问卷调查方法，获得了大量的原始数据，通过对这些数据进行定量分析，提供了研究分析上的新视角，让我们的研究有别于单纯的定性分析。当然，研究中我们也采用定性分析，但是是在定量分析的基础上进行的。

(3) 历史考察与现状分析结合。让研究成果建立在更为广阔的历史视野和现实了解的基础上，克服了很多研究中"知古不知今，知今不知古"的缺点，让研究结论有了更坚实的分析基础。

(4) 综合运用多学科研究方法。我们以法律社会学为视角，综合运用法学、历史学、民族学、社会学和人类学等学科的理论和方法，结合文献分析和田野调查，让本书的研究展现出更深厚的理论基础。

2. 研究成果的创新

(1) 对当前西南民族地区的纠纷现状进行了大量的调查，收集了大量的第一手材料，特别是大量的问卷数据，给学术界了解西南民族地区纠纷现状、运作机制、各民族对不同纠纷和纠纷解决机制的态度等提供了真实丰富的材料。

(2) 在新时期纠纷解决机制的构建上，我们形成了与当前多元纠纷解决机制和大调解机制不同的选择思路，为西南民族地区不同纠纷解决机制的构建提出建设方案，认为西南民族地区纠纷解决机制应以人民调解和司法审判两大体系为中心来构建。我们认为中国特色的纠纷解决机制体系是多元的，但为了协调不同纠纷解决机制之间的关系，应制定《中华人民共和国纠纷解决机制法》进行规制。通过实地调查和研究我们发现，西南民族地区构建多元纠纷解决机制上只能在普遍性下采取相对的特殊性，而不是完全采用特殊性的多元纠纷解决机制设置。西南民族地区多元纠纷解决机制在种类设置上应与全国一致，特别是国家层次的纠纷解决机制设置上，不能做到完全为西南民族地区设置一套全新的、有别于全国其他地区的纠纷解决机制体系，只能在全国多元纠纷解决机制体系中，设置一些特定的内容与程序，让这些形式上一致的纠纷解决机制通过特定的程序和渠道引入少数民族的传统习惯，适应西南民族地区纠纷解决机制民族性、地域性的需要。这是我们研究中最大的突破，改变了我们预先的设想。总之，我们从西南民族地区多元纠纷解决机制的设置上,从体现民族性与地域性的角度,不过分纠结于纠纷解决机制种类的差异,更重视具体运作机制上的差异。

(3) 尝试正面回应"如何建设有中国特色、适应中国发展现状的纠纷解决机制的问题",提出了自己的理论体系,为我国法制建设中法律适用体系、纠纷解决机制体系提供了新的理论模型。本书中我们还对西南民族地区新时期社会治理、全国社会治理提出了自己的理论对策,从而使得研究具有很强的适用性。

3. 研究成果的价值

(1) 学术价值:本书对西南民族地区纠纷解决机制现状的研究具有开创性、系统性和突破性,使我国社会纠纷解决机制体系、多元纠纷解决机制构建、西南民族地区纠纷解决机制等方面研究有了学术上的创新,提出了新的理论模型和理论路径,增加了学术界在此方面研究的新内容,丰富了相关理论研究。

(2) 应用价值:本书对构建西南民族地区多元纠纷解决机制提出了具体的措施,对西南民族地区的法制建设具有重要的理论指导意义。本书提出的理论模型对指导我国特色社会主义法律适用体系、纠纷解决机制体系具有理论参考价值。书中提出的一些关于西南民族地区社会治理、减少社会纠纷和建设有效纠纷解决机制的具体措施,可以为决策者解决西南民族地区相关问题提供理论上的选择和参考。

三、研究成果的主要内容

本书共分五个部分,内容如下。

导论。根据研究需要,把分析对象"西南民族地区"界定为四川、云南、贵州和广西四省区,其中重点分析的地域是云南、贵州、广西和四川西北藏、彝、羌等民族地区。多元化纠纷解决机制是指在纠纷解决机制中不应仅承认国家司法机关在纠纷解决中的唯一性,还应承认国家非诉讼机制在民间社会具有解决内部纠纷的功能,在纠纷解决依据上不应由国家法律规范垄断,而应承认民间传统习惯、习俗的适当有效性,让它们在相应的纠纷解决中发挥作用。和谐社会是指一种社会状态,而不是一种静止的社会结构,具体是指一个国家内各地区之间、社会各阶层之间、各利益群体之间虽然存在不同的利益表达，但是在一种有效的机制协调下，不同利益表达处在缓和、协调的社会状态中，社会成员能够各尽所能、各得其所、和睦相处、充满活力的社会状态。研究中我们通过采用直接或间接的调查方法，对云南省、贵州省、四川省、广西壮族自治区四省区15个州市的22多个乡镇进行了调查，其中重点调查的是云南、贵州和广西。在选择调查点时我们选择不同民族聚居的乡镇、村寨进行，以便得到较好的比较参数。

第一章对当前西南民族地区纠纷现状、纠纷解决机制现状和存在的问题进行研究，即对1993—2010年纠纷种类、解决机制等的现状和存在的问题进行分析，并以此作为提出改进当前西南民族地区纠纷解决机制设置的对策依据。当前西南民族地区基层社会中纠纷解决机制存在两大体系，即国家纠纷解决机制和非国家纠纷解决机制。国家纠纷解决机制又可分为：①国家司法纠纷解决机制，主要是人民法院、人民法庭；②国家调解纠纷解决机制，基层社会中由三级人民调解组织、司法所、法律服务所等组成。近年，西南民族地区社会纠纷中公安机关的派出所承担着越来越多的社会纠纷解决职责，成为第三大基层社会纠纷解决机制。此外，现在西南民族地区各级人民政府的行政职能部门还承担着大量相应的社会纠纷调解职责。

当前西南民族地区纠纷解决机制的特点是纠纷解决机制在基层社会设置中形成较为完善的体系；纠纷解决机制进一步规范化；办公条件有所改善，经费投入有所增长，基层纠纷解决机制中的人员地位得到提高；传统纠纷解决机制得到适当的承认及吸收，但其在西南少数民族纠纷解决中的作用总体趋于弱化；传统习惯和村规民约在乡村社会的纠纷解决中作用弱化，国家性质的纠纷解决机制起到了重要的作用；西南民族地区在纠纷解决机制选择偏好上表现出复杂的民族、地域、经济水平及纠纷类型上的差异性。

当前西南民族地区纠纷解决机制存在的问题是：①指导思想上存在工具主义、功利主义和实用主义的问题；②西南民族地区纠纷解决机制设置繁杂和重复；③政治投机主导纠纷解决机制的运作，行政权力的介入，增加了纠纷解决中的压制性、投机性；④审判调解化、调解审判化带来整个社会纠纷解决体系分工的混乱；⑤纠纷解决机制过多，为当事人的投机选择创造了空间；⑥纠纷解决机构中的过度行政化，导致民间认同度降低；

⑦西南少数民族群体对不同纠纷解决机制的认知度低；⑧不同纠纷解决机制之间的效力不明；⑨基层调解组织的人员职能与制度设置冲突，基层调解人员配置与选拔存在困难。

第二章提出新时期西南民族地区纠纷解决机制的对策。对新时期西南民族地区选择构建多元纠纷解决机制的原因进行分析，指出新时期西南民族地区构建多元纠纷解决机制的原则是增加和承认民间社会的自治性，改变对西南民族地区社会治理的理念，具体表现在：首先，改变关注点，减少少数民族群众的被剥夺感；其次，改变传统"土司"治理模式，强化与基层民众的对话；最后，国家正式的资助与非政府组织（NGO）有效结合；处理社会纠纷时淡化政治因素，提高法律问题意识；重新定位社会治理中纠纷解决的功能与目标；抑制国家行政力量在纠纷解决机制中的影响；在少数民族社会纠纷解决中适当贯彻民族政策；对少数民族的传统纠纷解决机制和习惯承认应遵循相应原则。

我们提出的新时期西南民族地区多元纠纷解决机制构建路径与措施具体如下。第一，西南民族地区多元纠纷解决机制建设的基本措施。首先，合理设置不同纠纷解决机制的性质与功能。西南民族地区社会纠纷解决机制存在人民调解机制、司法机制和行政调解中的治安调解机制三大体系。行政职能部门调解机制本身是行政职能部门行政管理权的一种体现，很难说它是一种独立的纠纷解决机制。三大纠纷解决机制中有两个机制体现了纠纷解决机制中的国家性、法律性，那就是司法机制和治安调解机制；一个体现了纠纷解决机制中的非国家性、地方性和自治性，那就是人民调解机制。在这三大机制的设置上，应采取两种不同的路径，以实现社会治理中的多样性。人民调解组织必须坚持运作机制上的非国家性，以及纠纷解决过程中与形式上的非司法性；而司法机制则要在运作机制上体现国家性，纠纷解决过程中坚持严格的形式主义和法治主义；治安调解机制应采取严格的"法治"性，即"严格的依法而为"的特征。这三大机制中后两者是公共权力在社会纠纷解决机制中的体现和国家价值实现的保障，人民调解机制是社会纠纷解决中的有效性、地方性、民族性和习惯性的结合点。其次，设立纠纷解决机制的有限性。纠纷解决机制的构建中必须要防止一个错误的观念，即认为多元纠纷解决机制的构建就是设立纠纷解决机制越多越好，构建起各种类型、复杂多样的纠纷解决机制。构建多元化纠纷解决机制并不是说机构越多越体现多元。组织制度在功能上是有限的，设立太多的组织机构会产生各种问题。再次，提高纠纷解决机制的公正性是构建纠纷解决机制的关键。最后，合理设置基层调解组织中的人员及选拔制度。一是减少虚设的数量，增加专业人员。在我国基层纠纷解决机制中存在纠纷解决人员形式上数量很多，然而真正从事纠纷解决工作的人却很少的现象。二是在人民调解机制中人员选择上改变重学历和年轻化、轻经验和人品等倾向。三是司法所所长与相关人员应走重人品、重社会经验和重法律专业知识三者结合的道路。第二，有限承认各少数民族传统纠纷解决机制的作用。第三，聘请各少数民族特定人士参与纠纷解决。第四，聘任少数民族特定人员作为特定纠纷解决机制的工作人员。第五，特定场境中承认各民族一些传统纠纷解决形式与仪式。第六，有限的、受规制地承认各民族的风俗习惯。当然，通过调查研究我们发现，西南民族地区在多元纠纷解决机制的构建上，只能在全国的普遍性下采取相对的特殊性，具体就是只通过在普遍性的纠纷解决机制中设立特定的程序与措施，让西南各民族的传统纠纷解决机制和习惯能在具体解决纠纷时得到适用与规制，以适应西南民族地区各民族在纠纷解决中民族性与地域性的需要。

第三章提出制定《中华人民共和国纠纷解决机制法》。对历史上国家法是如何对西南民族地区不同纠纷解决机制进行规制及当前我国和西南民族地区纠纷解决机制中的规制现状进行分析，在此基础上提出当前西南民族地区多元纠纷解决机制下的规制选择，认为中国应通过立法专门规制不同纠纷解决机制之间的关系，具体是制定一部较高位的《中华人民共和国纠纷解决机制法》，像《立法法》那样来规制不同纠纷解决机制之间的关系、性质。该法基本内容包括：中国纠纷解决机制的基本种类，不同纠纷解决机制解决的性质定位，不同纠纷机制的基本任务，不同纠纷解决机制运作的机制，不同纠纷解决机制调解的社会纠纷范围，不同纠纷解决机制人员选任要求、内部级别安排，不同纠纷解决机制效力问题，不同纠纷解决机制之间冲突解决的机制等。西南民族地区对纠纷解决机制的规制中主要是要确立民族地区习惯适用的审查机制原则。

第四章通过讨论社会纠纷解决机制与社会秩序的形成关系，从理论上分析了构建多元纠纷解决机制与西南民族地区和谐社会构建的关系，并对西南民族地区当前社会秩序形成的特点及国家当前治理中的选择等进行研究。在此基础上提出西南民族地区多元纠纷解决机制对西南民族地区和谐社会构建八个方面的作用：适应西南民族地区社会纠纷的多样化需要；适应西南民族地区纠纷解决中地方性、民族性差异的需要；有利于西南民族地区纠纷的有效解决；有利于保障西南民族地区社会的安定；有利于西南民族地区社会经济的发展；有利于西南民族地区社会的有效治理；对完善和谐社会构建体系中的纠纷解决机制有重要作用；丰富西南民族地区和谐社会构建理论的内容。

四、使用资料和调查点的说明

作为国家社科基金项目成果，本书在课题批准后，通过近四年的时间，采用直接或间接的调查方法，对云南省、贵州省、四川省、广西壮族自治区四省区15个州市的22个乡镇进行了调查，其中重点调查的是云南、贵州和广西。在选择调查点时，选择不同民族聚居的乡镇、村寨，以便有不同参数比较。四川大凉山地区由于近年调查专题成果较多，笔者没有进行直接的调查，而是通过文献资料进行间接调查。同时，笔者在云南小凉山地区进行了实地调研，相关调研成果可以相互印证并充实川滇彝族的相关资料信息。

1. 文献资料

历史文献资料主要有正史、调查报告（20世纪50年代的民族大调查中的报告）、大量的地方志、历史笔记、学者文人官员的游记等。原始资料主要有调查中收集到的村规民约、调解文书档案材料、问卷获得的数据、访谈整理出来的文字和图片资料。由于文献资料种类繁杂、数量较多，不再一一列举。总之，我们尽量在掌握足够多的资料的基础上对研究对象提出自己的主张和看法。

2. 调查乡镇村寨简介

（1）云南省。文山壮族苗族自治州选择了两个调查乡镇。麻栗坡县董干镇位于麻栗坡县东北部，距县城113公里，全镇辖16个村委会和352个村民小组，其中，有6个村委会和49个村民小组与越南接壤，境内有1个省级开放口岸（董干镇政府所在地）和4个边民互市点（马崩、马林、者挖、普弄），居住着汉、壮、苗、瑶、彝、蒙古、仡佬、白族8个民族。从董干镇（街道）社会矛盾调处中心组织建设、工作情况统计表中，我们看到董干设有一个社会矛盾调处中心，工作人员11人（没有专职人员，全为兼职，其中党员8人，大专以上文化10人），司法所5人。问卷调查的是某彝族村，该村距文山壮族苗族自治州麻栗坡县城120公里，是距县城及州府较远的自然村（村小组），交通极为不便。这里居住着145户人家，共641人（截至2006年底），村民均为彝族倮支系，生活方式保留了大量的传统习惯。

广南县底圩乡地处广南县北部，滇、桂接合处，东、北与广南坝美镇相邻，南与莲城镇、者兔乡接壤，西与者太乡、广西西林县毗邻。全乡辖底圩、普盆、普龙、叮当、者嘎、石尧、同剪、庄坝8个村委会，共124个村民小组，居住着汉、壮、苗、瑶、彝、回等6个民族，共6615户31326人，其中少数民族人口28806人，占全乡总人口的92%。底圩乡2008年共有乡人民调解委员会1个，村级调解委员会8个，调解小组124个，基本形成乡调委会—村调委会—调解小组三级调解网络。问卷调查的村寨是个典型的壮族村寨。

德宏州4个调查乡镇有3个在潞西市，1个在陇川县。潞西市3个乡镇分别是遮放镇、西山乡和风平镇。遮放镇是旱傣聚居区，经济较为发达，交通方便，人口中62%以上是傣族，是潞西市中心集镇之一。全镇有13个村民委员会，121个村民小组。

德宏州潞西市西山乡是我国景颇族聚居人口最多的乡镇，该乡下辖6个村委会和48个村民小组，共有48个寨子，其中46个景颇族寨子，1个德昂族寨子和1个汉族寨子。景颇族占人口总数的87%，社会结构最能体现景颇族的传统文化生活。该乡对自己的宣传是"景颇传统文化保留最为完整的地区之一，了解景颇社会历史文化和山地丛林生态资源的现成基地，自然资源、民族文化资源和生态文化旅游资源的凝聚之地，我国民族'直过区'政策的发源地，具有深厚的民族文化底蕴"。

德宏州潞西市风平镇是市郊的一个傣族聚居乡镇，经济较为发达，位于320国道和潞盈公路的交会处，共有62325人，系傣族聚居地。风平镇共有11个村民委员会，89个自然村，其中傣族村63个、汉族村25个、德昂族村1个。

德宏州陇川县城子镇位于陇川坝中部，距县城章凤26.5公里，辖4个村委会和1个社区居委会，41个村民小组和12个居民小区，共3957户15308人，其中，农业人口10405人，居住着景颇、傣、阿昌等少数民族。全镇国土面积106.5平方公里，林地面积93345亩，森林覆盖率达

57.3%，耕地面积 22287 亩。主要农作物有水稻、甘蔗、油菜、马铃薯。该乡是景颇族聚居区，镇人口结构中 20—50 岁的村民基本能说汉语，大多数为小学、初中文化程度。交通也比较方便。

临沧市沧源县调查的乡镇是糯良乡和勐角乡。糯良乡地处沧源县中部，距县城 28 公里，辖 8 个村委会和 28 个自然村，共 65 个村民小组。乡级设有 1 个社会矛盾调处中心、1 个刑释解教工作协调领导小组和 1 个法律援助工作站。辖区内设有 10 个人民调解委员会，其中，乡级 1 个、企业 1 个、村级 8 个。糯良乡司法所和法律服务所分别成立于 1999 年和 1997 年，1998 年糯良所被县局评为先进集体。目前，糯良乡司法所有人员 3 名，设 1 名所长，有大专文化 2 人，初中 1 人，党员 3 人。该乡 99% 的人口都是佤族，是典型的佤族社区。

勐角民族乡位于沧源县中部，乡政府距县城 15 公里，辖 9 个村民委员会、51 个自然村寨和 60 个村民小组，居住着傣族、彝族、拉祜族和佤族等 12 个少数民族。该乡交通方便，民族成分相对复杂，流动人口较多，风俗习惯不一，信众多，社会矛盾较为突出。

玉溪市进行了峨山和新平两个自治县的调查。两个县各调查了两个乡镇。峨山县调查时塔甸镇的司法所所长是从彝族更为集中的富良棚乡调任的，我们对两个乡的情况进行了同时采访。新平县调查了花腰傣支系集中地戛洒镇和腰街乡。戛洒镇是在镇上调查傣族，他们的生活较为现代化，经济发展较快。腰街乡是在离公路 10 多公里的磨刀村委会调查的，这里很传统，30 岁以上的妇女多是文盲或不会说汉语。

在丽江市宁蒗县两个乡进行了调查，分别是大兴乡的羊窝子彝族村委会与新营乡牛窝子村委会的普米族。这两个村以种植和养殖为主业。大兴乡的普米族社会经济相对较为发达。

在怒江州对泸水县六库镇和上江乡付坝村委会百花岭村傈僳族进行了调查。六库镇是怒江州府所在地，下辖 12 个村民委员会、122 个自然村、3 个社区居民委员会、192 个村民小组，2007 年有农户 6121 户，全镇总人口为 24514 人，镇内居住着傈僳族、白族、汉族、彝族、怒族、独龙族、藏族、傣族、回族、纳西族、景颇族等民族。该镇有汉族 4792 人（19.55%）、傈僳族 10770 人（43.93%）、白族 8423 人（34.36%），其他民族占总人口的 2.16%，形成一个少数民族大杂居的乡镇。上江乡东与大理白族自治州云龙县民建乡、保山市隆阳区瓦马乡和汶上乡隔江相望，南与隆阳区芒宽乡相邻，北接本县六库镇，距州府和县城六库24公里。全乡土地面积为347.8平方公里，辖6个村委会，共24624人。主要居住着傈僳族、傣族、汉族、怒族、苗族、白族等民族。付坝村委会百花岭村现有农户162户，人口共619人，其中男性309人，女性310人，劳动力404人。该村以傈僳族为主，其中傈僳族615人，其他民族4人，信仰基督教。

在大理白族自治州对大理市下关镇的荷花村委会和洱滨村委会下4个白族自然村进行了调查，同时还对剑川白族及彝族的情况进行了相应调查。荷花村委会坐落在下关镇北郊，位于大理市城乡接合部，辖5个自然村，有4120多人。洱滨村委会隶属大理市下关镇，地处下关镇洱海边，距下关镇政府所在地5公里，距大理市5公里，交通方便。该行政村东临洱海，南临荷花、大关邑，西临苍山，北临太和。下辖4个自然村，10个村民小组。该村现有农户1166户，共有农村人口4531人，其中男性2201人，女性2330人。其中农业人口4531人，劳动力2756人。其中白族占90%以上，还有少数的汉族、畲族等。

普洱市景东县者后乡新会哈尼族村也进行了调查。者后乡位于县城东南，总面积为368平方公里，农作物以水稻、玉米为主，其次为小麦、豆类。经济作物主要有甘蔗、茶叶等。调查点是该乡的新会村委会，该村委会以哈尼族、彝族为主，有少量的汉族、傣族、拉祜族。哈尼族以本民族语言为主进行交流，经济以自然经济为主。该村委会整体生活在一种熟人社会中，人们的社会关系以协商为中心来运作。

昆明市禄劝彝族苗族自治县撒营盘镇康荣村委会下两个小组分别是乐务村小组和卡机村小组，三合村委会下是以毛多村小组。乐务村处于康荣村委会东南方，距村委会4公里，村中有28户人家，共120人，常住人口大约有70人。全村都是彝族，信仰基督教，设有教堂。生产以玉米、水稻、烤烟为主，村民传统习惯很浓，属于较贫困的小组，2010年人均收入为1848元；卡机村小组位于村委会正北方，距村委会3公里，交通较方便。该村有43户，共142人，常住人口约有80人，全是彝族，信仰基督教，与邻村共用教堂。生产以种植与养殖为主，民族风俗较淡，属于村委会中较富裕的村小组，2010年人均收入达2045元。三合村委会以毛多村是典型的苗族村，有11户人家，共63人，保留有传统的本民族生活方式，信仰基督教。种植少量玉米、大豆等，主要养殖牛羊等，经济较为落后。三个村虽然属于昆明市，但属于经济落后地区。

昆明市嵩明县小街镇萝万村和白邑乡两个苗族村调查点的情况如下。虽然白邑乡现在已经归入昆明市盘龙区，但社会结构上两个调查点的苗族村寨十分相似，所以我们把它们作为一个调查点看待。两个苗族村中社会结构十分封闭，很少受到昆明市的影响。苗族相互之间通婚，生产生活是传统的，衣着等是传统服饰。在调查中我们甚至发现它们的社会结构呈反向发展的趋势，即社会结构的封闭性在加强，如在婚姻上出现早婚甚至是亲属之间通婚的现象。外出打工的人很少，生产生活中商品经济十分落后。调查点中苗族有信仰基督教的，其中小街镇的全信基督教，而在白邑乡的调查中发现有一部分人信。整个村委会下辖6个自然村，其中3个村信基督教。

曲靖市对罗平县和富源县的两个民族乡镇进行了调查。罗平县是鲁布革布依族苗族乡。鲁布革布依族苗族乡位于滇、桂、黔三省（自治区）接合部，素有"鸡鸣三省"之美誉，是云南省仅有的两个布依族乡之一。乡政府驻地距县城46公里。东濒黄泥河、南盘江和清水江分别与贵州省兴义市恫利乡、广西壮族自治区西林县八大河乡相望；南与师宗县高良乡毗邻，西与罗平大水井乡及师宗五龙乡接壤；北与罗平旧屋基彝族乡相连。乡地处罗平县城东南部，呈狭长状分布，东西横距15.7公里，南北纵距29.5公里，平均气温17.8℃，年降雨量1200—1300毫米，无霜期353天，属温润的亚热带雨林气候。地势西南高、东北低，最高海拔1613米，最低海拔722米，以喀斯特地貌为主。2006年底耕地总面积为13738.16亩，其中水田2448.36亩，旱地11289.80亩，人均占有耕地0.79亩。鲁布革布依族苗族乡辖9个村（居）民委员会、58个自然村、100个村（居）民小组，2006年全乡总户数4369户，共18531人。设有乡司法所、人民调解委员会等。

富源县的调查点是古敢水族乡政府驻地古敢村，距富源县城135公里。距贵州省黔西南州州府兴义市27公里，距黄泥河镇17公里。古敢水族乡总面积82.6平方公里，属低热河谷槽区，年平均气温16℃，海拔多在1190—1409米，境内有富源县最低海拔之地——特土（海拔1100米），年降雨量1400—1600毫米，全年无霜期278天。有耕地11010亩，其中水田4770亩，旱地6240亩，境内土地平整、土层深厚、日照充足、雨量充沛，气候条件十分优越，盛产水稻、油菜和玉米，是典型的以种植、养殖为主的农业乡，也是全县主要的商品粮生产基地。全乡辖古敢、沙营、补掌3个村民委员会、38个自然村、61个村民小组，3200户14200人，境内居住着汉、水、彝、苗、白、回、布依和蒙古等8个民族，其中水族4970人，占总人口的35%。

（2）贵州省。贵州有4个调查乡镇，情况如下。

贵阳市花溪区石板镇，位于花溪区中心西部，行政区域面积51.6平方公里。辖石板一村、摆勺村、羊龙村、合朋村、花渔井村、云凹村、石板二村、镇山村、隆昌村、茨凹村、盖冗村、花街村、芦荻村13个行政村、1个居委会、45个自然村寨，总人口22583人（农业人口17820人），主要居住有汉、苗、布依等民族，少数民族人口占总人口的28.3%。镇山村是以布依族为主的民族杂居的自然村寨。该村距贵阳21公里，距花溪11公里，现村民以李、班两姓为主，有布依族105户、苗族38户，主要居住在小关村。汉族仅有1户。

黔东南州荔波县水尧水族乡，辖41个村民小组、37个村寨。居住着水族、布依族、汉族和其他民族，其中水族占总人口的79.17%，布依族占14.61%。水尧水族乡下辖水尧、水功、水捞、拉交、水瑶新村5个村民委员会和46个村民小组。水尧水族乡2008年共有乡人民调解委员会1个，村级调解委员会7个，调解小组68个，基本形成乡调委会—村调委会—调解小组的三级调解网络。2008年，全乡各级调委会共排查出各类民间纠纷122件，乡级调委会调解了47件，调处成功32件，成功率为68%。

黔东南州岑巩县万家坪侗寨组，位于县城东南舞阳河南岸的平坝上，距县城120公里，与镇远县羊坪镇隔河相望。明、清时属思州府都坪司，今属思旸镇新兴村。思旸镇是古思州所在地，位于岑巩县版图的南部，镇中心在思旸镇社区，距县城12公里，原是岑巩县城所在地，海拔433米。全镇辖15个行政村、一个社区居委会和193个村民组，共7853户26650人，其中农业人口5896户22110人，居民人口1957户4540人。男性人口13982人，女性人口12668人，18周岁以下的6382人，18—35周岁的8026人，35—60周岁的8557人，60周岁以上的3685人，少数民族占总人口的48%。

黔东南州天柱县寨老村是黔东南苗族侗族自治州境内的一个侗族村

寨，位于天柱县的西南方，距县城23公里。所在的A镇有35个行政村、1个居委会，每个村都有人民调解委员会。镇里有1个派出法庭、1个司法所和1个法律服务所。该村位于A镇西部，距镇政府所在地9公里，①总面积6.21平方公里，辖10个村民小组，由寨老、新寨、黄幡3个自然寨组成，共有176户764人，其中男性420人，女性344人。

（3）广西壮族自治区。柳州市三江侗族自治县林溪乡是三江县北部的一个高寒贫困山区。全乡总面积为153平方公里，有15个村街、211个生产小组、65个自然屯，居住着28000多个侗、苗族同胞。耕地面积15179亩，茶油林面积32214亩，果树面积1626亩，种有茶叶1240亩，人均粮食458斤，人均收入在1100元左右。林溪乡是典型的侗族文化乡，所调查的林溪村委会属于该乡的中心所在。

南宁市马山县白山镇是马山县城所在地，是该县政治、经济、文化中心，总面积223.36平方公里，耕地面积2691.4公顷，其中水田1017公顷，旱地1574.4公顷，总人口74817人，辖西华、四达、镇北、同富、中学、新兴6个社区，新汉、尚新、上龙、大同、合群、合作、内学、造华、立星、兴华、玉业、民新、古腰、三联、民族15个行政村。15个行政村地势平坦，土地肥沃，水源丰富，总面积213.39平方公里，其中耕地面积2508公顷，总人口42985人，为壮族聚居区。经济较为发达。

3. 问卷对象的情况

问卷调查上，我们在每个村寨一般采用30—50份为基数的调查。在问卷调查中，我们是通过增加问卷点及民族成分数量来增加基数，让整个问卷获得的数据有合理的"点面结构"。问卷对象为18岁以上的成年人，注重区分年龄层次和性别构成，还对调查者的学历层次、是否外出打工及打工地点等问题进行调查。对学历层次和打工情况的调查主要是看这些因素是否影响到调查者对同一问题的理解。②整个调查有24个点，但还有一个特定群体的调查，就是百色民族干部班的学生调查。问卷调查的具体情况如下。

---

① A镇的居民几乎全部由侗族构成，此外有嫁过来的其他民族和外来人口。
② 由于不同调查点的问卷在相关情况上略有不同，所以统计上有不同。

表 0 – 1 问卷调查点分布与数量

调查点类型	大理下关	宁蒗羊	宁蒗牛	峨山塔甸	新平夏洒	新平腰街	临翔南美	陇川城子	文山广南	麻栗坡	怒江	岑巩县	花溪区	荔波县
868	44	29	28	43	56	40	50	29	30	30	30	30	30	30

调查点类型	三江县	马山县	百色民族干部班	嵩明县	禄劝卡机	禄劝康荣	禄劝以毛多	罗平六鲁村	罗平多依河村	富源县石山脚村	富源县补掌村
868	33	31	14	22	30	30	30	33	80	23	43

(1) 云南省 19 个问卷调查点。昆明市下有 4 个调查点，它们分别是禄劝县的 2 个村委会（下辖 3 个村小组），嵩明县的 3 个村小组（作为 1 个调查点），4 个点中有两个苗族村小组、两个彝族村小组。

1) 嵩明县的两个苗族点虽然分属于两个乡，即小街乡与白邑乡，但在社会结构、地理位置、生活方式上十分接近，我们把它们作为一个点来看待。这个点调查对象为 22 人。年龄结构：18—30 岁的有 6 人，30—40 岁的有 8 人，40—50 岁的有 6 人，50—60 岁的有 1 人，60 岁以上的有 1 人。性别结构：男性有 14 人，女性有 6 人，2 人不选。学历结构：6 人是小学，8 人是初中，2 人是高中，3 人是其他学历，3 人不选。打工情况：4 人打工，16 人没有，2 人不选。

2) 禄劝县撒营盘镇三合村委会以毛多苗族村调查对象 30 人。年龄结构：18—30 岁的有 4 人，30—40 岁的有 10 人，40—50 岁的有 9 人，50—60 岁的有 4 人，60 岁以上有 3 人。性别结构：男性有 18 人，女性有 12 人。学历结构：13 人是小学，3 人是初中，14 人是其他学历。打工情况：8 人打过工，22 人没有；到城里打工的有 2 人，没有到城里打工的有 6 人。

3) 禄劝县撒营盘镇三合村委会卡机村委卡机彝族村调查对象 30 人。年龄结构：18—30 岁的有 2 人，30—40 岁的有 9 人，40—50 岁的有 10 人，50—60 岁的有 5 人，60 岁以上的有 4 人。性别结构：男性有 20 人，女性有 10 人。学历结构：13 人是小学，3 人是初中，13 人是其他学历，1 人不选。打工情况：9 人打过工，21 人没有；到城里打工的有 6 人，没有到城里打工的有 3 人。

4) 禄劝县撒营盘镇三合村委会康荣村委会乐务村彝族村调查对象 30 人。年龄结构：18—30 岁的有 4 人，30—40 岁的有 9 人，40—50 岁的有

11 人，50—60 岁的有 4 人，60 岁以上的有 2 人。性别结构：男性有 21 人，女性有 9 人。学历结构：12 人是小学，8 人是初中，10 人是其他学历。打工情况：12 人打过工，18 人没有；到城里打工的有 8 人，没有到城里打工的有 4 人。

5）怒江州泸水县六库镇下傈僳族某村寨调查对象 30 人。年龄结构：18—30 岁的有 10 人，30—40 岁的有 8 人，40—50 岁的有 9 人，50—60 岁的有 2 人，60 岁以上的有 1 人。

6）德宏州陇川县城子镇景颇族村寨调查对象 29 人。年龄结构：18—30 岁的有 15 人，30—40 岁的有 4 人，40—50 岁的有 3 人，50—60 岁的有 5 人，60 岁以上的有 2 人。

7）大理白族自治州大理市下 4 个白族自然村调查对象 44 人，分别是 A 村 13 人、B 村 15 人、C 村 6 人、D 村 10 人，我们把它们当成一个整体来看待。年龄结构：18—30 岁的有 13 人，30—40 岁的有 19 人，40—50 岁的有 9 人，50—60 岁的有 3 人。性别结构：男性有 24 人，女性有 20 人。学历结构：小学有 1 人，初中有 15 人，高中有 11 人，其他学历有 7 人。打工情况：打过工的有 33 人，其中 1 年以下 5 人，1 年以上 28 人。

8）玉溪市新平县戛洒镇某傣族村调查对象 56 人。年龄结构：18—30 岁的有 21 人，30—40 岁的有 20 人，40—50 岁的有 10 人，50—60 岁的有 3 人，60 岁以上的有 2 人。性别结构：男性有 29 人，女性有 24 人，不填的有 3 人。学历结构：小学有 14 人，初中有 21 人，高中有 12 人，其他学历有 8 人，不选的有 1 人。打工情况：打过工的有 24 人，没有的有 31 人，不选的有 1 人；到城里打过工的有 15 人，没有到城里打工的有 8 人，不选的有 1 人。

9）新平县腰街乡某傣族村调查对象 40 人。年龄结构：18—30 岁的有 9 人，30—40 岁的有 14 人，40—50 岁的有 16 人，50—60 岁有 1 人。性别结构：男性有 32 人，女性有 6 人，不选的有 2 人。学历结构：小学有 16 人，初中有 17 人，高中有 2 人，不选的有 5 人。打工情况：打过工的有 15 人，没有的有 21 人，不选的有 4 人；到城里打过工的有 7 人，没有的有 3 人，不选的有 5 人。

10）玉溪市峨山县塔甸镇塔甸村委会彝族村调查对象 43 人。年龄结构：18—30 岁的有 6 人，30—40 岁的有 23 人，40—50 岁的有 12 人，50—60 岁的有 2 人。性别结构：男性有 28 人，女性有 11 人，不选的有 4

人。学历结构：初中有 28 人，高中有 13 人，其他学历有 1 人，不选的有 1 人。打工情况：打过工的有 25 人，没有的有 14 人，不选的有 4 人；到城里打过工的有 9 人，没有的有 14 人，不选的有 2 人。

11）文山壮族苗族自治州麻栗坡县某壮族村调查对象 30 人。年龄结构：18—30 岁的有 9 人，30—40 岁的有 8 人，40—50 岁的有 8 人，50—60 岁的有 4 人，60 岁以上的有 1 人。性别结构：男性有 21 人，女性有 9 人。学历结构：小学有 13 人，初中有 10 人，高中有 3 人，其他学历有 4 人。

12）文山壮族苗族自治州广南县某彝族村调查对象 30 人。年龄结构：18—30 岁的有 7 人，30—40 岁的有 6 人，40—50 岁的有 6 人，50—60 岁有 5 人，60 岁以上的有 6 人。性别结构：男性有 19 人，女性有 11 人。

13）丽江市宁蒗县大兴乡某彝族村调查对象 29 人。年龄结构：18—30 岁的有 14 人，30—40 岁的有 7 人，40—50 岁的有 6 人，50—60 岁的有 2 人。性别结构：男性有 22 人，女性有 7 人。学历结构：小学有 13 人，初中有 13 人，高中有 1 人，其他学历有 2 人。打工情况：打过工的有 14 人，没有的有 13 人，不回答的有 2 人；到城市打过工的有 14 人。

14）丽江市宁蒗县新营盘乡某普米族村调查对象 28 人。年龄结构：18—30 岁有 10 人，30—40 岁有 7 人，40—50 岁有 9 人，50—60 岁有 2 人。性别结构：男性有 14 人，女性有 12 人，不选的有 2 人。学历结构：小学有 8 人，初中有 6 人，高中有 2 人，其他学历有 10 人，不选的有 2 人。打工情况：打过工的有 7 人，没有的有 17 人，不选的有 4 人；到城里打过工有 6 人，没有的有 1 人。

15）临沧市临翔区南美乡某拉祜族村调查对象 50 人。年龄结构：18—30 岁的有 2 人，30—40 岁的有 32 人，40—50 岁的有 12 人，60 岁以上的有 1 人，不选的有 3 人。性别结构：男性有 32 人，女性有 15 人，不选的有 3 人。学历结构：小学有 36 人，初中的有 10 人，高中有 2 人，其他学历有 1 人，不选的有 1 人。打工情况：打过工的有 19 人，没有的有 29 人，不选的有 2 人；到城里打过工的有 15 人，没有的有 3 人，不选的有 1 人。

16）曲靖市罗平县鲁布革布依族苗族乡六鲁村委会 33 人。年龄结构：18—30 岁的有 11 人，30—40 岁的有 12 人，40—50 岁的有 5 人，50—60 岁的有 4 人，60 岁以上的有 1 人。性别结构：男性有 26 人，女性有 7 人。学历结构：小学有 14 人，初中有 11 人，高中有 2 人，其他学历有 6 人。

打工情况：打过工的有21人，没有的有12人；到城里打过工的有13人，没有的有8人。

17) 曲靖市罗平县鲁布革布依族苗族乡多依河村委会80人。年龄结构：18—30岁的有41人，30—40岁的有14人，40—50岁的有11人，50—60岁的有7人，60岁以上的有7人。性别结构：男性有41人，女性有39人。学历结构：小学有20人，初中有40人，高中有13人，其他学历有7人。打工情况：打过工的有55人，没有的有21人，不选的有4人；到城里打过工的有48人，没有的有7人。

18) 曲靖市古敢水族乡补掌村43人。年龄结构：18—30岁的有13人，30—40岁的有6人，40—50岁的有7人，50—60岁的有7人，60岁以上的有10人。性别结构：男性有21人，女性有22人。学历结构：小学有24人，初中有13人，高中有2人，其他学历有4人。打工情况：打过工的有22人，没有的有19人，不选的有2人；到城里打过工的有19人，没有的有3人。

19) 曲靖市富源县古敢水族乡石山脚村23人。年龄结构：18—30岁的有17人，30—40岁的有2人，40—50岁的有4人，50—60岁的有0人，60岁以上的有0人。性别结构：男性有18人，女性有5人。学历结构：小学有8人，初中有8人，高中有3人，其他学历有4人，不选有0人。打工情况：打过工的有21人，没有的有2人；到城里打过工的有15人，没有的有6人。

(2) 贵州省3个问卷调查点。1) 黔南州荔波县水尧水族乡调查对象30人。年龄结构：18—30岁的有5人，30—40岁的有5人，40—50岁的有6人，50—60岁的有6人，60岁以上有8人。性别结构：男性有17人，女性有13人。学历结构：小学有9人，初中有5人，高中有6人，其他学历有10人。

2) 岑巩县万家坪侗寨组调查对象30人。年龄结构：18—30岁的有5人，30—40岁的有4人；40—50岁的有4人，50—60岁的有12人，60岁以上的有5人。性别结构：男性有16人，女性有12人，没有回答的有2人。学历结构：小学有1人，初中有12人，高中有0人，其他学历的有13人，未回答的有4人。

3) 花溪区石板镇镇山村布依族调查对象30人。年龄结构：18—30岁的有4人，30—40岁的有15人，40—50岁的有8人，50—60岁的有3

人。性别结构：男性有 20 人，女性有 10 人。学历结构：小学有 2 人，初中有 23 人，高中有 2 人，其他学历有 1 人，没有回答的有 2 人。打工情况：打过工的有 28 人，没有的有 2 人。

（3）广西壮族自治区 2 个问卷调查点。广西在两个不同民族集中的村委会进行了调查，其中在三江侗族自治县林溪乡林溪村亮寨屯是针对侗族进行的调查，马山县白山镇造华村是针对壮族进行的调查。此外，还对广西民族大学 2008 级民族干部班（百色点）法学本科专业 14 名学员进行了问卷调查。14 名中有 8 名壮族、5 名汉族和 1 名苗族。14 名调查对象的文化水平相对较高，且多为当地乡级干部和工作人员。我们把前两个点作为对比点，后一个作为参考点使用。

1）广西三江侗族自治县林溪乡林溪村亮寨屯村侗族中调查对象 33 人。年龄结构：18—30 岁的有 10 人，30—40 岁的有 10 人，40—50 岁的有 6 人，50—60 岁的有 5 人，60 岁以上的有 2 人。性别结构：男性有 19 人，女性有 14 人。学历结构：小学有 9 人，初中有 18 人，高中有 6 人。打工情况：打过工的有 25 人，1 年以上的有 22 人，地点以广东省为主，共有 16 人。

2）广西马山县白山镇造华壮族村调查对象 31 人。年龄结构：18—30 岁的有 4 人，30—40 岁的有 11 人，40—50 岁的有 10 人，50—60 岁的有 4 人，60 岁以上的有 2 人。性别结构：男性有 16 人，女性有 15 人。民族结构：壮族有 30 人，瑶族有 1 人。学历结构：小学有 6 人，初中有 14 人，高中有 7 人，其他学历有 4 人。打工情况：打过工的有 17 人，1 年以上的有 14 人。

3）广西民族大学 2008 级民族干部班（百色点）法学本科专业学员调查对象 14 人。年龄结构：18—30 岁的有 9 人，30—40 岁的有 4 人，40—50 岁的有 1 人。性别结构：男性有 10 人，女性有 4 人。打工情况：打过工的有 7 人，1 年以上的有 4 人。

第一章 当前西南民族地区纠纷解决机制现状及问题

　　1993年是当代中国社会结构再次发生本质性转折的一年，因为市场经济的建立让整个中国社会结构发生了质的转变。尽管中国政治组织体制20世纪90年代中后期与20世纪80年代相比没有发生什么本质性的变化，但随着市场经济的推进，人与人之间的关系却发生了革命性的改变，"利益"支配了一切，人们的行为完全受经济理性的支配。在市场经济下整个社会利益的分配方式、支配人们行为的力量都发生了转变，体现出一种高度的自治性和自我负责的社会运作模式，国家对个体生活质量的决定力开始消解。本章把1993—2010年作为一个整体进行分析，把此时段的纠纷种类、解决机制等问题作为西南民族地区现状，以此作为提出改进纠纷解决机制设置对策的依据。当然，若认真分析会发现这一时期西南民族地区纠纷种类、纠纷解决机制设置等还可以细分为不同的时期，主要是因为国家在社会治理理念上发生过多次调整。中国社会治理在1993—2000年表现出很强的"自由主义"政策特征，国家发展的战略是摆脱过去全民"福利"的计划经济社会，走向完全由个人负责的"市场经济社会"。2003年"非典"事件后，社会治理转向建设一种"福利型社会"，国家在纠纷解决机制上进行了新的设置，如强化以司法所为中心的基层纠纷解决机制，重新加强人民法庭的职能等，特别是近年在多元纠纷解决机制下出现了新的变化。然而，当前西南民族地区纠纷解决机制和整个国家纠纷解决机制在设置上仍然存在重大问题，即仍然过于"功利主义"和"投机主义"。这种选择使中国纠纷解决机制的发展存在很大的变数。

第一节　当前西南民族地区纠纷种类和特点

从20世纪90年中期开始，随着市场经济的建立，社会中各种利益群体分化，不同利益群体相互间的冲突越来越严重，可以肯定地说，现在中国已经进入了利益多元化时代，即不同群体的利益在同一事件中会表现出完全相反的诉求，于是导致纠纷的多元化，增加了纠纷在解决中被认同的难度，降低了纠纷解决机制的作用与效率。若纠纷解决机制在选择设置上不恰当，会导致纠纷解决机制的功能大打折扣。纠纷的多元还表现在社会主体之间关系的多元化，人们的社会关系不仅存在于熟人之间，还大量存在于外来人、陌生人之间。西南民族地区同样体现出此种特征。各少数民族社会纠纷主体上开始大量出现公民个体与经济组织、企业、基层政府及管理部门等组织之间的纠纷；纠纷内容上由婚姻、家庭、邻里、房屋宅基地等简单的人身权益、财产权益纠纷发展成为经济合同、土地承包、干群关系、拆迁征地、山林、水利、矿藏资源等基本生存型纠纷；纠纷当事人的社会关系由亲朋好友、家族、邻里关系转化成拥有共同利益的群众与集体组织、经济实体、管理部门的关系。同时，社会价值观和文化观出现了多元化倾向，少数民族社会主体对自身利益的诉求不再沉默或消极接受，很多人在涉及自身利益时表现出更大的积极性。我们在调查中发现，只要涉及基本生存利益，如土地问题、人身安全问题时，民族性、地区性等因素对各民族的影响越来越小，民众的诉求形式越来越趋同。社会矛盾突出对西南民族社会发展的影响很大。这一点可以从云南省红河州金平县2007年政府工作报告中可见一斑："每年县里仅拨付解决社会矛盾纠纷、处理突发事件等经费近200万元，有的乡镇书记、镇长的主要精力都集中在处理社会矛盾上，严重制约了经济社会的稳步健康发展。"[1] 而2008年该县财政收入是27272万元，全县有30多万人，85%以上是少数民族。这样，维稳费用成为当地政府的重要支出。

---

[1] 《"小钱买来大平安"　金平县以奖代补司法调解模式调查》，http://news.qq.com/a/20080602/003538.htm，上传时间：2008-06-02，访问时间：2011-05-15。

一、西南民族地区纠纷结构的新变化

1993年以后西南民族地区纠纷结构发生了以下重要变化：纠纷数量绝对上升，利益型纠纷成为主要纠纷，宗教、风俗习惯重新成为纠纷产生和影响纠纷解决机制的因素，族际纠纷变得比较突出。

1. 社会纠纷数量绝对上升

西南民族地区社会纠纷数量在1993年市场经济推行后开始出现较快的增长。这个时期纠纷数量的增长表现在纠纷种类的增加和纠纷数量的绝对增长上。现在西南各省区每年社会纠纷的总量，若包括治安纠纷案件，应在百万件之上。但官方没有就各级人民法院、人民调解组织、公安派出所及行政部门中专门部门调解的社会纠纷数量进行全面、系统的统计。我们只能根据一些零星的统计数据进行推算。如云南省2000年后全省人民调解组织每年调解的纠纷数量在30万至50万件，2003—2007年全省调解的纠纷达1851082件，[①] 而仅2010年1—10月，云南省共调解了各类矛盾纠纷121万余件。[②] 按2010年的情况看，云南省一年社会纠纷的数量绝对在100万件以上，虽然2010年前10个月的数据中可能存在累计的因素。2006—2009年广西全区司法所共调解了各类矛盾纠纷468817件，成功率达95%；防止民间纠纷引起自杀1341件1408人，防止民间纠纷转化为刑事案件5824件35211人；防止群体性上访5639件，制止群体性械斗4270件。[③] 然而这里的数据仅是司法所调解的数据，不包括村调解委员会和村小组调解的数据，而人民调解组织调解纠纷的数量主要集中在后两个层次上。这个时期纠纷数量增加可以从一些县的统计数据中看出，很多县过去纠纷数量在百件之内，较多的在200—300件，现在很多县在2000件以上，有的县甚至每年达4000多件。如2009年红河州各级矛盾调处中心、人民调解委员会等纠纷调解组织共调处了各种矛盾纠纷10740件，调处成

[①] 云南省司法厅编《司法行政基层工作手册·序》，内部印，2008年版。
[②] 《云南三方面下功夫贯彻人民调解法，10个月调解矛盾纠纷121万余件》，http://www.legalinfo.gov.cn/moj/jcgzzds/content/2010-11/29/content_2372370.htm? node=405，上传时间：2010-11-29，访问时间：2011-04-12。
[③] 《广西基层司法所建设工作成效显著》，http://www.legalinfo.gov.cn/moj/jcgzzds/content/2008-10/22/content_965638.htm? node=298，上传时间：2008-10-22，访问时间：2011-04-12。

功10464件，成功率为97%。① 2009年曲靖市共调解了41895件矛盾纠纷，其中有40768件调解成功并达成书面协议。② 2010年云南昭通市威信县共发生了各类矛盾纠纷4042件。③ 广西三江侗族自治县司法局提供的年度《工作总结》中表明，2003年全县司法系统人民调解组织共调处纠纷499件，其中三大纠纷49件；2005年共调处578件，三大纠纷55件；2006年共调处607件，三大纠纷61件；2007年共调处757件，三大纠纷41件。④ 在泸水县调查中，相关人员给我们提供的数据是2006—2008年平均每年调委会解决的纠纷在120件，2002年仅有17件，2006年有100件，2008年有120多件。⑤ 三江县与泸水县都属于少数民族聚居的县，然而从上面统计数据上看，同样可以发现近年纠纷增加较快。从我们的调查和很多官方门户网站上刊出的纠纷数据看，近年西南民族地区纠纷数量整体上升快是共性。

2. 利益型纠纷成为主要纠纷

1993年以后随着市场经济的推行，人们在不自觉中开始出现以利益为中心构建社会关系，传统的以血缘、邻里、政治为中心的社会关系开始减弱。在利益的推动下，西南民族地区传统生活方式发生了较大的改变。20世纪90年代以前西南民族地区社会纠纷中婚姻纠纷占据重要地位，特别是在民族聚居地区，很多时候整个社会纠纷总数中50%—80%是婚姻家庭纠纷。但1993年以后开始发生变化，大量社会纠纷转向了与利益有关的纠纷，传统婚姻纠纷中经济利益因素引起的纠纷开始成为主流，如婚约中的聘礼、离婚时的财产分割、经济补偿等成为婚姻纠纷的主要内容。据调查，现在每个民族村、乡、县每年社会纠纷的种类、形态都会与当年、当地社会经济利益中重要产品等因素变化有关，如该年是否有某种经

---

① 《春风化雨铸和谐 我州开展创建"平安红河"工作综述》，http://www.hh.cn/news_1/xw01/201001/t20100119_309572.html，上传时间：2010-01-19，访问时间：2011-04-12。

② 《曲靖市司法局要求基层单位每年出新经验 创新要求写入责任状年末考核》，http://www.legalinfo.gov.cn/moj/index/content/2010-08/09/content_2233407.htm?node=7341，上传时间：2010-08-09，访问时间：2011-04-12。

③ 龚发刚：《威信县2010年司法行政工作成效显著》，http://www.ztzfw.gov.cn/readinfo.aspx?InfoId=eeaba6878d594dd5a29be539666cd944，上传时间：2009-02-14，访问时间：2011-04-12。

④ 此数据是在三江县调查时司法局提供。

⑤ 此数据是在泸水县调查时由司法局提供。

济作物在涨价，是否有涉及经济利益的工程在推进等。对此，调查中基层管理人员给我们讲了他们相同的体验。

A：百姓对经济利益纠纷的容忍度有没有变化？

B：有变化。这个变化主要是教育水平提高了，文化程度提高了。另外是对个人利益问题相当敏感。①

如2007年云南省由于普洱茶价格狂涨，导致当年很多少数民族地区社会纠纷中与茶叶、茶树、茶地有关的纠纷数量迅速增加。2009年我们在德宏州、临沧市调查时很多司法所等一线调解人员向我们反映，2007年社会纠纷中与茶叶有关的纠纷数量明显增加，是当年社会纠纷的重要内容。

例1-1 茶叶价格波动引起的纠纷

2007年陇川县城子镇允县寨，村子里的一户人家承包了集体的茶叶地，签订了承包合同。由于2006年春茶市场较好，茶叶价格也比往年高，因此承包户凭2007年茶叶与往年茶叶的差价赚了不少钱。村民认为不公平，虽然合同已经签下，但是他们违反了合同规定，仍然去采承包地的茶叶卖，于是承包户与村民产生纠纷。由于事先签订了承包合同，涉及一些相关的法律问题，村民们选择通过司法所解决纠纷。最后是在司法所的主持下，当事人双方签订了补充协议。

分析此纠纷的产生，主要原因是2007年茶叶价格的上升导致原先合同约定失效。再如，近几年西藏江达县岗托镇由于盛产虫草，随着虫草价格的不断飙升，当地因争夺虫草而引发的利益型纠纷大量增加，其中岩巴、协洪两个村还因此发生了群体性纠纷。②

在调查中，德宏州某镇土地所所长告诉我们："农民的法律意识并不淡漠，在纠纷解决过程中，农民说理常常从法律中寻找对自己有利的部

---

① 笔者与新平县腰街乡某司法助理员的访谈。
② 《开江县长岭镇学习实践活动取得实实在在成效》，http：//www.sc.xinhuanet.com/service/zw/2009－09/02/content_ 17577098. htm，上传时间：2009－09－02，访问时间：2011－05－06。

分，作对自己有利的解释。土地、山林的价值逐年上升，经济效益的提升带来了农民对土地、山林争议的增加。"此种说法可以从2005—2010年西南诸省林权改革中出现的数量巨大的林地权益纠纷中看出。在此次林权改革中仅云南省就排查出山林纠纷163034件。① 再如德宏州潞西市在林权改革期间，即2006年10月至2009年4月共调解了1922件林权纠纷，最多的勐戛镇达474件。② 2007—2009年，贵州锦屏县的山林纠纷由群众自行调处的达1130件，占调处总数1190件的95%。③ 保山市龙陵县山林纠纷最多，达8330件。④ 以前很多少数民族对林木是不在意的，随着经济利益的增加，现在是寸土必争、寸木必夺。

例1-2　林地使用权纠纷

2008年某村小组内因一块约2亩的山林发生争执。其中一家多年前在这片林中栽了油茶。而另一家在他家之后种了杉树，现已成林。由于油茶多年来收成不好，也无人看管，2008年种油茶的人家想砍油茶另种其他作物，而种杉树的也要砍杉树种其他作物，两家都说地是自家的，请村委会调解。村委会处理意见：由于这片林子一块地未栽杉树，未栽杉树的部分由栽油茶的人家管理，其他的由栽杉树的人家管理。双方均同意这样处理。

西南民族地区各少数民族山地较多，过去林地的价值没有呈现，但近年由于林木价值增加，林木成为很多少数民族的重要经济来源，导致过去大家不在意的各种林地、林木纠纷数量大量增加。

对此，我们在调查时潞西市某镇副书记给我们谈到他们在处理林权纠纷时的感受。

---

① 陈玉侯：《深入学习实践科学发展观，全力推进现代林业又好又快发展——在全省林业局长会议上的讲话》，http://xxgk.yn.gov.cn/canton_modell/newsview.aspx?id=721340，上传时间：2009-01-29，访问时间：2011-05-06。
② 数据为2009年笔者调查所得。
③ 《锦屏运用民间智慧化解山林纠纷促进社会和谐》，http://kxfz.qdnyj.gov.cn/zh/200907/kxfz_20090720154247_73866.shtml，上传时间：2009-07-20，访问时间：2011-05-06。
④ 《龙陵县大力调处山林纠纷调处率达82.8%》，http://www.xf.baoshao.gov.cn/runonews.asp?id=315，上传时间：2009-10-25，访问时间：2011-05-06。

第一章 当前西南民族地区纠纷解决机制现状及问题

A：你一直在基层工作，你觉得这段时间社会纠纷主要集中在哪些方面？

B：主要就是山林土地、水田这些方面，山林的问题，特别是在林权改革以后多些。这个问题其实以前就有，只是价值没有体现出来。我们这儿有些寨子山宽山多，以前是不在乎，林权改革以后，各种价值，特别是树的价值一下体现出来，涉及利益问题纠纷就多了。

A：林权改革引起了很大的纠纷吗？

B：嗯，从去年到今年，我们镇内的纠纷有78起，通过大家不懈的调处，共调处了75起，还有3起。在调处期间，我们村委会的主任、书记，他们长期待在山区，山林的纠纷也多一点，也在配合我们工作。很多纠纷你知道，如果没有林改的话，你做你的，我做我的，没什么好说的。可是如果涉及划界，以后就明确了。你的在那边，我的在这边，中间难免产生纠纷。还有一些主要是历史遗留的。这都是多年以来的，最长的是处理了48年，处理了很多次，一二十次都没处理过来，群众也说，都来了五六届领导了。

A：后来是怎么解决的呢？

B：后来我们土地所和司法所的，召集了两个村委会的，我们首先了解一些情况，找一些老人了解一些历史遗迹，也一遍一遍地了解他们的看法，等我们稍微有点底的时候，就把双方组织起来。在组织之前呢，有个寨子是景颇族寨子，他们爱喝酒，先明确了，去山上之前呢，不准喝酒。双方呢，即使寨子大一点，也最多去7个人，因为人多乱。最后呢，我们用了一天的时间，因为路线也长，去就去了两三个小时，回来也回来了两三个小时。真正处理纠纷，也不过用了两三个小时。通过反复的踏线、勘界，也是通过真心地跟他们沟通，说这个纠纷这样留着可以说不是纠纷，是一种历史债，一不小心，要是这边把另一边人的树砍两棵，另外一边也会拿刀，这样就会有冲突。这样把长远利益跟他们一讲，问题就好解决了。

A：你刚才说一个是景颇族寨子，还有一边是？

B：是个汉族寨子，景颇族这边，我们一去就知道，他们有好几个都是爱喝酒的，喝了酒讲话就容易冲动，所以我们才明确规定不准喝酒，两边都派了代表去，去的人也不多。那天到太阳落山的时候，就达成协议了，把沟该弄的弄起来（就是明确划界）。

· 31 ·

A：就在那时你们把沟弄了起来，就是说明确地划定了权利边界？

B：是啊，当时就是该算的算，该捞的就捞，然后就签了协议，双方代表按了手印。这个就解决了，弄好了之后呢，当时有个景颇族的人就拿出来一瓶酒庆祝，天黑了我们就回来了。讲这个事呢，就是说我们只要用心，把它当作自己的事情，去认真地处理，大部分是可以处理得好的。以前有些人去处理呢，据他们说双方还打过架。就是前年吧，他们去处理的时候，两边也打过架，一到山上就打就吵。其实应该把握双方的情况，也要掌握他们的一些性格，那边情况是艰苦一些，我们也应该帮着处理一点。还有一些是20多年的纠纷，我们几个也去处理了好几起。记得我来这里的第一天，我们就去处理了3起，3起纠纷都存在好多年，从1982年、1984年那时候就有矛盾了。①

从上面谈话中可以看出利益纠纷是如何在少数民族地区成为社会治理的中心问题的。2010年云南大旱时与水源有关的利益纠纷大量增加，导致很多少数民族地区产生与此有关的纠纷。现在一些民族地区只要修公路，涉及征地补偿款等问题，当地社会纠纷中与此有关的纠纷就会大量增加。如玉溪市新平县在2009—2010年修县城至元江的二级公路，沿途出现大量与土地权属、补偿款问题有关的社会纠纷。丽江宁蒗县修从县城到泸沽湖二级公路时，沿途也出现大量与土地权属、补偿款等有关的社会纠纷。2010年昭通市修绥水（绥江至水富）二级公路，因征地、补偿等引发的纠纷有36件。② 据我们的调查，利益驱动型社会纠纷在西南民族地区社会纠纷中越来越占主导地位，甚至决定着当地民族关系。四川沿河县在2006—2009年因为乌江彭水和沙沱两大国家水电站的建设，全县涉及大规模的移民搬迁，与此相关的利益型纠纷多达1850件，其中由人民调解组织调解成功的有1785件，成功率达96.4%。③ 四川攀枝花市在公示

---

① 潞西市遮放镇副书记。
② 《构建大调解 推进社会矛盾化解》，http：//www.ztzfw.gov.cn/readinfo.aspx？InfoId=4239，上传时间：2010-06-25，访问时间：2011-05-06。
③ 李仕学、侯元常：《浅析基层司法所规范化建设存在的困难及措施》，http：//www.gzsft.gov.cn/gzsft/78250043525562368/20090509/1411.html。

朱高明的事迹中提到他在 2002—2007 年处理了 80 多件族际纠纷。"是近 5 年来,坚持按照'发现早、控制住、处理好'的原则,依法处理涉及医疗、工农、就业、就学等各类民族纠纷 80 多起。"① 湖南通道县农村 2005 年以来共发生因人民内部矛盾引发的群体性事件 98 件,其中因农村山林土地权属纠纷引发的群体性事件 47 件,因工程项目建设过程中经济补偿等问题引发的群体性事件 25 件,因坟山纠纷引发的群体性事件 10 件,因村级集体资源处置和财务管理不规范引发的群体性事件 4 件,因打架斗殴等突发事件引发的群体性事件 3 件,因非正常死亡引发的群体性事件 5 件,其他原因引发的群体性事件 4 件。② 这些纠纷中绝大多数都是利益型纠纷。我们在调查时看到某傣族村委会调解员制作的调解登记表,时间从 2009 年 12 月 14 日至 2010 年 6 月 15 日,共有 17 件纠纷事件。这 17 件纠纷事件具体性质如表 1-1 所示。

表 1-1 某傣族村委会 2 年内纠纷种类结构

序号	时间	纠纷类型	内容
1	2009.12.14	家庭纠纷	因赡养引起的纠纷
2	2009.12.16	家庭纠纷	夫妻间因口角引起的纠纷
3	2010.1.1	土地纠纷	村小组之间沟与路的纠纷
4	2010.1.13	宅基地纠纷	因房屋买卖引起的纠纷
5	2010.2.26	宅基地纠纷	村小组中因新农村建设引起的纠纷
6	2010.3.3	赔偿纠纷	因新平果业公司开发毁坟引起的纠纷
7	2010.3.16	土地纠纷	因种植引起的纠纷
8	2010.4.10	家庭纠纷	因家庭承包田引起的纠纷
9	2010.4	房屋纠纷	因搬进公房引起的纠纷
10	2010.4.16	土地纠纷	因二级公路占用坟地引起的纠纷
11	2010.5.11	口角	因口角引起的纠纷
12	2010.5.17	赡养纠纷	因三个儿子赡养引起的纠纷

---

① 《第七届"攀枝花市十大杰出青年"评选活动》,http://vote.pzh.gov.cn/View.asp?id=20,访问时间:2009-10-12。
② 陈显宗:《当前通道县农村群体性事件的调查与思考》,http://www.hnfz.net/Item/48428.aspx,上传时间:2009-10-15,访问时间:2011-05-06。

续表

序号	时间	纠纷类型	内容
13	2010.4.17	火烧竹棚纠纷	因烧地引起的火灾
14	2010.5.13	火烧竹棚纠纷	因老人烧地引起的火灾
15	2010.5.14	火烧竹棚纠纷	因烧地引起的火灾
16	2010.6.29	道路通畅纠纷	因修路引起的纠纷
17	2010.6.15	赔偿纠纷	因集体土地个人非法开发引起的纠纷

表1-1纠纷的归类是按调解人员的原始分类，认真分析可以发现，有些归类是存在问题的，其中13—15应归入赔偿纠纷内，但为了保持原始性，我们保留了原状。从内容上看，很多内容涉及经济利益，仅有两起纯属口角引起，看得出利益在农村纠纷中的重要地位。利益型纠纷主导甚至改变着纠纷解决机制的运作及选择。

A：近几年来，也就近三年，你们和村委会调解的纠纷大体是多少件？

B（乡司法所助理）：去年是106件，前年是86件，大前年才66件。这两年纠纷一年比一年增加了。今年到目前为止有60件，解决了35件。主要是土地纠纷，土地所有权归集体，小组长、村委会主任怕丢了他的乌纱帽，所以不敢处理，非得我们参加不可。我们去协助处理，本来应该是以他们为主，却以我们为主，村委会主任一句话都不说。集体所有土地以前要交公粮、余粮。2000年以后，慢慢这些就减了。二级路修建以前纠纷少一点。现在一亩山地是3万元，水田是5万元，林地是8000元。土地使用权归属问题就出来了。赔偿问题法院可以解决，但土地权属问题，法院就不能受理，要先经过政府裁决。但我们司法所，没有裁决产权的权力，裁决产权要证明与证书，证明与证书又要靠人民政府。所以说，一级级拖着。现在又要建一条高速路，土地权属弄不清，赔偿问题就不能落实。[①]

这里的访谈让我们体会到当前民族地区利益是如何改变着纠纷解决机制的运作，影响着社会中不同群体的行为的。因为很多利益纠纷牵扯着农

---

① 在新平县某乡司法所采访的记录。

民的神经,很多基层社会中的纠纷解决人员在出现纠纷后,往往采用回避方式不出来解决纠纷。

这种情况在我们的问卷调查中有同样反映,在问卷"哪些争吵与矛盾中您会不惜一切代价去找一个说法"下我们设计了10个方面的内容:(1) 夫妻之间的争吵;(2) 与您家里的其他人争吵,比如和老人或小孩;(3) 别人说您的坏话;(4) 别人打伤了您和您的家人;(5) 别人家的鸡、猪、牛、马到您家田地里吃和践踏您家的庄稼;(6) 他人借了您的钱和东西不还时;(7) 别人侵占了您的土地、山林、房屋、耕地;(8) 您家的耕地或其他土地被政府收回;(9) 用水与他人发生争吵;(10) 对村里公共事务不满意。回答的情况如表1-2所示。

表1-2 民众必须解决的社会纠纷种类

类型\调查点	大理市	宁蒗羊	宁蒗牛	峨山塔甸	新平夏洒	新平腰街	临翔区南美	陇川县城子	广南县	麻栗坡	怒江泸水	岑巩县	花溪区
868	44	29	28	43	56	40	50	29	30	30	30	30	30
(1)	0	10	3	4	3	5	2	0	1	8	1	4	1
(2)	1	9	2	2	3	3	2	3	1	0	2	4	1
(3)	1	3	2	0	3	1		1	6	7	0	10	3
(4)	28	8	10	12	18	5	15	18	21	27	6	9	8
(5)	5	13	6	3	2	8	20	3	4	9	0	10	1
(6)	12	3	3	6	5	3	6	9	6	7	1	10	2
(7)	30	14	9	11	21	5	21	16	19	25	22	23	11
(8)	20	8	9	9	17	4	11	5	14	14	4	8	2
(9)	12	5	3	3	1	4	4	1	1	1	1	9	0
(10)	7	6	7	4	1	5	8	1	2	2	3	6	3

类型\调查点	荔波县	三江县	马山县	百色民族干部班	嵩明县	禄劝卡机	禄劝康荣	禄劝以毛多	罗平六鲁村	罗平多依村	富源石山脚	富源补掌村
868	30	33	31	14	22	30	30	30	33	80	23	43
(1)	2	2	5	2	2	1	0	0	0	9	2	9
(2)	2	3	3	3	2	0	0	0	2	9	0	5
(3)	5	3	3	5	1	0	1	0	3	11	6	4
(4)	17	14	16	11	7	26	29	22	14	43	10	14
(5)	13	11	9	3	2	0	0	0	9	20	6	10
(6)	10	17	6	8	6	0	2	0	7	19	6	9
(7)	24	19	18	9	16	7	22	297	14	45	10	26
(8)	5	10	8	11	5	28	27	29	2	22	6	12
(9)	5	4	4	2	2	0	0	0	5	10	5	6
(10)	4	4	3	0	31	0	0	0	6	11	10	14

从表 1-2 数据中可以看出，选择最多的是"（7）别人侵占了您的土地、山林、房屋、耕地"和"（8）您家的耕地或其他土地被政府收回"，其次是"（4）别人打伤您和您的家人"。这说明西南少数民族在纠纷种类上非常关心涉及自己生存利益及自身和家人人身安全的问题。整个表中从（4）至（8）最多，说明利益型纠纷已经成为西南少数民族社会纠纷中的基本类型。其实，此问题后一问题同样说明这点，因为在为什么"您会不惜一切代价来争取一个说法"的原因选择上，绝大多数人选择的是"事关生计"。这里纠纷类型与关心的原因是一致的。

表 1-3　民众必须解决的社会纠纷原因

调查点\类型	大理市	宁蒗羊	宁蒗牛	峨山塔甸	新平戛洒	新平腰街	临翔区南美	陇川县城子	广南县	麻栗坡	怒江泸水	岑巩县	花溪区
868	44	29	28	43	56	40	50	29	30	30	30	30	30
事关尊严	6	14	10	15	19	9	21	4	9	2	2	16	3
事关生计	21	14	11	13	18	5	12	16	16	20	19	16	9
其他	12	3	5	4	14	2	11	7	5	8	3	3	4

调查点\类型	荔波县	三江县	马山县	百色民族干部班	嵩明县	禄劝卡机	禄劝康荣	禄劝以毛多	罗平六鲁村	罗平多依村	富源石山脚	富源补掌村
868	30	33	31	14	22	30	30	30	33	80	23	43
事关尊严	9	8	10	4	7	22	11	14	11	37	10	15
事关生计	21	18	18	9	10	28	19	30	5	23	9	12
其他	3	4	3	1	0	9	0	0	5	21	3	19

这种纠纷结构与我们设问不同纠纷种类在纠纷解决机制的选择上表现出来的情况是一致的，因为我们在问卷中有"下面哪些争吵和争议中您会找法院"和"在下面哪些争吵争议中您会找乡长、县长或更上一级的领导"等问题，发现反映出来的选择与此是一致的，并且理由上也大体一致。他们在选择法院、乡长、县长等解决的社会纠纷往往是涉及生存利益的，因为我们在 5 种关于 10 个同样纠纷类型在纠纷解决机制选择上，选择外在纠纷解决机制，特别是选择与国家公权力有关的纠纷解决机制时，数量最多的依次是（7）、（4）和（8）。

对权利的保护，体现在离婚问题上。由于离婚往往涉及财产等利益问题，西南民族地区民众对离婚的选择开始出现以求助国家司法机关为主的倾向。我们在"您认为离婚最好的方式是什么"问题上提出四种办法：A. 相互说好了就行，B. 找人解决，C. 到法院办理，D. 到政府办理。对此，具体情况如表1-4所示。

表1-4 民众离婚时机制选择

调查点\类型	大理	宁蒗羊	宁蒗牛	峨山塔甸	新平戛洒	新平腰街	南美	陇川	广南	麻栗坡	怒江	岑巩县	花溪区
868	44	29	28	43	56	40	50	29	30	30	30	30	30
A	10	7	2	11	9	9	10	3	10	3	21	8	9
B	3	4	5	3	10	9	2	0	1	0	0	2	2
C	19	11	19	24	35	9	36	18	7	25	5	18	8
D	13	7	3	4	2	15	6	6	12	4	3	5	3

调查点\类型	荔波县	三江县	马山县	百色民族干部班	嵩明县	禄劝卡机	禄劝康荣	禄劝以毛多	罗平六鲁村	罗平多依村	富源石山脚	富源补掌村
868	30	33	31	14	22	30	30	30	33	80	23	43
A	13	7	4	9	1	1	4	7	18	7	11
B	1	1	0	0	4	1	0	21	8	11	1	4
C	13	14	17	3	14	28	29	5	16	53	13	22
D	5	11	11	3	3	2	2	3	7	5	6	6

表1-4的数据表明，人们选择最多的是"C"，即到法院办理。在离婚问题上，采用法院解决成为西南少数民族民众通常使用的途径。虽然现实中可能真实采用此种途径的不多，但至少这在心理上被广大民众接受。这可能与此问题涉及民众切身利益，加上解决时往往难以调解有关。从我们的调查看，很多离婚纠纷中找司法所、法院的主要涉及财产分配问题。2010年全国人民调解组织调解了劳动争议38万余件、道路交通事故民事损害赔偿纠纷33万余件、医疗纠纷6万余件。[①] 这些新型的利益型民事纠纷在西南少数民族中也明显体现了出来，因为在调查中很多调解员都提到以上纠纷种类。

---

① 《积极拓展工作领域　实现又好又快发展——"十一五"期间人民调解工作发展与创新扫描》，《法制日报》2011年3月15日。

二、非常规性纠纷成为影响西南民族地区的重要纠纷

西南民族地区当前社会纠纷中非常规性纠纷数量与种类的增加是重要特征。学术界对社会纠纷进行区分,把传统社会纠纷与当前出现的社会纠纷分开,用非常规性社会纠纷指那些具有特定特征的当前社会纠纷。[①] 西南民族地区已经出现了社会纠纷主体由公民与公民转化为公民与经济组织、企业、基层政府、基层干部及管理部门的倾向;纠纷内容上由婚姻、家庭、邻里、房屋宅基地、简单债务等简单的人身权益、财产权益等方面发展成为经济合同纠纷、土地承包、干群关系、拆迁征地等纠纷;纠纷当事人的社会关系由亲朋好友、家族、邻里关系转化成拥有共同利益的群众与集体、经济组织和管理部门的关系。同时,现在社会价值和文化观也出现了多元化倾向,少数民族社会主体对自身利益的诉求不再是沉默或消极接受。经济利益的纠纷在西南民族地区社会纠纷中成为关键问题。我们在调查中发现,自2005年以来大量的因移民、征地、某种经济作物大规模强制推行栽种等和政府行为有关的纠纷数量成为影响西南民族地区社会纠纷的重要内容。如云南某些市县为了搞活经济,政府强制农民把所有耕地一年内转成种植甘蔗、烤烟等,导致出现群体事件。近年在西南民族地区

[①] 2005年后随着中国社会纠纷的转变,学术界开始把社会纠纷分为常规性社会纠纷和非常规性社会纠纷,此分类的提出者是西南政法大学龙宗智教授,其在《社会纠纷:构建和谐社会的考验》访谈中提出"非常规性纠纷"的概念。2007年顾培东发表《试论我国社会中非常规性纠纷的解决机制》(《中国法学》2007年第3期)指出"常规性纠纷是指发生在个别社会成员或社会组织之间,在正常民事、经济生活或行政管理活动中所发生的规模较小、冲突方式较为和缓、影响较轻的社会纠纷。……鉴于非常规性纠纷并无恰切的学理或约定俗成的定义,我们把采取特殊的动员与对抗方式,涉及全局或局部稳定与安定,在常规性程序中或以常规性手段难以解决的纠纷称之为非常规性纠纷"。我们认为,常规性社会纠纷是传统的以公民与公民之间的人身和财产纠纷为中心的社会纠纷;非常规性社会纠纷是公民或群体与管理机构或企业等社会组织之间的政策诉求型或生存诉求型为中心的社会纠纷。这种分类对学术研究和具体解决中国现在的社会纠纷具有十分重要的学理和实践价值。对非常规性社会纠纷顾培东指出有九类:①由土地征用引发的纠纷。包括农村土地征用与城市拆迁引发的社会纠纷。②改革和改制引发的纠纷。③特定利益群体因利益受损所引发的纠纷。④由环境污染、非法集资等危害不特定多数人利益引发的纠纷。⑤因移民问题发生的纠纷。⑥因宗教、民族问题发生的纠纷。⑦因官员腐败、渎职等行为引发的群体冲突。⑧因权益得不到合法保障,公民自行采取非正常方式维权而导致的纠纷。⑨因执法、司法部门不作为或乱作为引发的社会纠纷等。该论文是学术界对非常规性社会纠纷进行全面讨论的重要论文。

由于林木价格上升较快，林地等土地纠纷成为族际纠纷的重要内容。此外，由于征地、修建水电站征地、移民等导致补偿费问题成为社会纠纷的重要内容。由于社会纠纷多元化的出现，加上社会转型，不同利益群体在现有社会政治体制中难以进行较为充分的博弈，于是少数民族地区社会纠纷开始由以前的常规性社会纠纷向常规性社会纠纷与非常规性社会纠纷并存转变。其中非常规性社会纠纷在少数民族地区构成了社会纠纷中较具破坏性的社会纠纷。所谓少数民族地区非常规性社会纠纷是指发生在群体或个体与群体、企业、政府等组织之间的具有政治性、政策性和经济制度性的社会纠纷。对于少数民族地区农民上访的原因，有乡镇分析是"一些村组干部违反政策、法律法规，随意进行土地调整；或不经农民同意，强行将集体土地外租。有些惠农政策落实不到位，该享受的享受，不该享受的也享受"。这种总结虽然缺少学理上的提升，但它揭示了现在西南民族地区非常规性社会纠纷的形成原因。少数民族地区非常规性社会纠纷表现出以下的特征。①群体性纠纷，社会纠纷的主体一方或各方为多个自然人或是社会组织机构，甚至是地方政府；②社会纠纷体现出政治、政策等方面的诉求，即由于某项重大社会政策的出台及实施导致社会纠纷的出现；③社会纠纷在利益纠纷下往往转化或者含有民族、宗教等问题，即一些社会纠纷本来是社会利益纠纷，但由于纠纷一方是某一少数民族群体，在发生时往往转化成民族之间或宗教性等问题，严重时在受到境外敌对势力的影响和控制下，会使利益纠纷转变化成影响国家安全、国家关系等社会纠纷；④采用特殊动员与对抗方式，如集体上访、游行示威、静坐等；⑤非常规性社会纠纷社会危害程度较大，在解决时采用司法、仲裁等常规性专门机构或程序很难得到有效解决。这种纠纷形式在数量上、影响上都较大。2004—2009年贵州省各类调解组织共调解了533580件纠纷，其中公民与公民之间的纠纷426341件，公民与法人及其他社会组织之间的纠纷85553件。防止民间纠纷转化为刑事案件7507件18753人；防止因民间纠纷引起自杀3093人。① 云南省红河州金平县虽然是一个边疆民族县，但社会纠纷结构中表现出很大的一致性。该县少数民族占全县人口的86%，是一个集边疆、山区、多民族、原战区、贫困五位一体的国家重

---

① 《化解矛盾　贵州省人民调解组织调解民间纠纷53万件》，http://www.cnr.cn/guizhou/xw/gzxw/200912/t20091202_505699838.html，上传时间：2009-12-09，访问时间：2011-05-06。

点扶贫开发县,但纠纷中土地、矿藏、山林、水利纠纷、群体性上访事件等却呈现上升趋势。如2004年7月到8月,金平县在推进竹产业工作中,发生了群众围攻工作人员的"8·11"事件;2005年1月到4月,该县在禁止三轮车在城区运行工作中,部分车主多次到县委、县政府上访,堵塞交通和县委、县政府大门,影响正常办公;2006年4月,该县的勐桥乡异地开发区移民200余人到县委、县政府上访;2007年8月,该县在推进农村低保工作中,金河镇发生了永平村委会、枯岔河村委会部分群众打砸村委会办公楼事件。① 这样,该县社会纠纷中传统的婚姻、家庭、邻里纠纷已经不再是民间的主要纠纷,其中的热点、难点主要是生产性经营、房屋宅基地、债务、赔偿等引发的矛盾纠纷。山林、水利、土地纠纷几乎占到各类纠纷总数的80%,而且极易转化为社会矛盾纠纷。②

三、宗教、习惯、习俗对西南民族社会纠纷形成有重要影响

西南民族地区虽然现在宗教、习惯和习俗因素对纠纷产生的影响有很大的改变,但是仍然有重要的影响。西南各少数民族在宗教信仰上一直是多元的,历史上因宗教信仰问题引起各类社会纠纷数量一直不少,其中最具破坏性的社会纠纷多是因宗教问题引起的社会纠纷。现在西南民族地区因历史和现实上的原因,宗教信仰上主要有佛教、道家、伊斯兰教、基督教和各种原始宗教等。由于信仰上的不同,导致他们出现各类纠纷。西南民族地区因宗教原因引起的社会纠纷主要有以下六个方面。第一,因新闻报道和书刊、音像制品中有涉及不符合宗教教义,不尊重少数民族群众或信教群众感情的内容,违反党的民族宗教政策,进而伤害民族宗教感情而引发的群众性抗议及串联声援等活动。这方面较典型的事例有1992年10月《重庆日报》发表的《"小麦加"临夏》一文,引起某教教徒全国性的抗议游行;1993年5月《环球》第五期发表《别有滋

---

① 普嘉:《"以奖代补"金平人民调解模式调查》,http://blog.tianya.cn/blogger/post_read.asp? BlogID=32441&PostID=14125105,上传时间:2008-06-03,访问时间:2011-05-12。
② 钟旭、张玉琴:《"大调解"趟出一条边疆"和谐之道"》,http://www.gy.yn.gov.cn/Article/xwgj/jrkd/200806/10795.html,上传时间:2008-06-11,访问时间:2011-05-12。

味伊朗行》，再次引起某教教徒抗议；1994年8月，四川美术出版社出版的《脑筋急转弯》一书，立即引起回族群众的不满，引发少数民族聚集事件。2000年某晚报刊登的题为《吃肉的是是非非》一文发表后，立即引起回族群众的不满等。第二，信教群众与不信教群众之间、信仰不同教派的群众之间因宗教信仰问题而引发的矛盾纠纷。笔者在云南某县调查中发现某个民族社区内三个民族分别信仰基督教、佛教和原始宗教，其中信仰基督教的民族群体要求在社区内建立宗教活动场所，其他的群体就反对。同时，由于宗教信仰不同，他们相互之间存在鄙视对方的行动与言行，最后出现因宗教信仰引起的纠纷。第三，因土地开发、城市房屋拆迁、落实房产政策、风景名胜区管理等工作中涉及宗教团体、宗教活动场所和信教群众的利益而引发的群体性事件。近年随着城市的建设和改造，会因处理不当引起重大的社会纠纷。第四，大规模的非法宗教集会或跨地区及在敏感时期、敏感地点组织的非法宗教集会。在云南边疆地区时有发生，但在处理上只要及时有效，一般能得到很好的处理。第五，受境外敌对势力或少数民族分裂分子、宗教极端分子煽动，不明真相的信教群众参与的与政府对抗的群体事件。第六，因其他原因引发的信教群众大规模聚集事件。这种纠纷往往是因为一些其他事件引起。

西南民族地区由于各民族、各地区传统风俗各异，不同民族之间因风俗产生的社会纠纷是普遍存在的。这类纠纷主要存在以下形式。①由某个当事人之间因不尊重对方风俗习惯而引起。②因某民族在举行重要节日时，其他民族对其习俗有不尊重的行为引起。2001年笔者在云南省红河地区调查时就有这样的事件出现，当地民族在举行祭龙活动，汉族人到本村玩时由于不注意引起族际纠纷，导致汉族人被打死。风俗习惯问题引起的社会纠纷往往在一般人看来是很小的，但实质上会对一些民族的心理造成很大的伤害。如1987年，在某出版社出版发行的《中国少数民族婚姻家庭》一书中，由于对有关少数民族婚姻描述的失实，甚至歪曲和侮辱少数民族同胞，引起了部分少数民族人士的强烈不满。③一些少数民族地区因传统坟山问题引起社会纠纷。如2006年通道县马龙乡向晖村四组杨氏家族与甘溪乡恩戈村姚氏家族的坟山纠纷引发的群体性事件；2006年3月27日该县茶溪镇茶溪村五组李姓与一、二、八组李姓间险些发生群体性械斗的葬坟纠纷，双方聚集了200多人在葬坟山地上持械对峙，争吵不断，火药味十足，一场大规模群体性械斗一触即发。① 2010年4月11日湖南省通道县播阳镇人匡××因将其岳父岳母尸骨移葬贵州省黎平县洪州镇菖蒲村寨边对门坡引起纠纷。此纠纷通过当地政府和相关部门调解后，最后达成由匡××出资招土谢罪并将尸骨搬走的协议。从纠纷产生看是由当地习惯引起，因为当地人认为外地人迁埋到本地会出现灾难，"菖蒲村自居住以来去世的先人，没有任何人在那坡安葬，如在那坡安葬人，寨上村民将遭灭顶之灾"。②

此外，还存在因婚姻习惯、传统迷信等原因引起的纠纷，如抢婚、蛊毒等。在西南各少数民族中，结婚往往采用传统形式，加上各少数民族结婚早于国家法定年龄，导致各少数民族婚姻无法获得国家的认定。于是，这种传统的结婚形式在一些民族中成为重要纠纷。当然，遇到这样的纠纷时，解决者往往不去追究结婚时的违法与否，而是按当地习惯进行处理，如以合法的形式解除非法同居关系。下面是通过此种方式解决的两起婚姻纠纷。

例1-3 婚姻纠纷解决协议

当事人：余某，男，壮，26

李某，女，壮，24

请求事项：要求李某重新回到同村村委会那寨村小组与余某和好，如果不回来则要求赔偿损失费。

情况：2004年农历二月，当事人李某与余某自由恋爱结婚（按农村习俗办酒席），婚后两个人感情一般，到2006年李、余因家庭琐事发生争吵，加之种种原因，同年农历十二月十九日，李未与余解除婚姻关系，却和普龙村委会普弄村民小组村民农某同居，因而引发此纠纷。

协议：

1. 余（男）自愿与李（女）解除非法同居关系，李（女）愿一次性

---

① 陈显宗：《当前通道县农村群体性事件的调查与思考》，http://www.hnfz.net/Item/48428.aspx，上传时间：2009-10-15，访问时间：2011-05-06。
② 《黎平县洪州镇成功化解一起省际群体性事件》，http://www.gzsft.gov.cn/gzsft/78250043525562368/20100419/2520.html，上传时间：2009-04-19，访问时间：2011-05-06。

补偿3000元。

2. 今后互不干涉；

3. 协议自2007年3月29日起生效。

2007.3.29

例1-4 解除非法同居婚姻关系协议

当事人：王某，男，壮，1989年11月生

陆某，女，壮，1988年生，初中

底圩乡叮当村委会叮当村小组王某与石龙村小组陆某因父母包办婚姻在2006年农历十一月按地方风俗结婚，结婚时王有17岁，陆有18岁，双方同居后，感情一直不好，双方当事人因婚姻属于父母包办和感情不好而发生此纠纷。

协议：

1. 王自愿与陆解除非法同居关系；

2. 陆愿补偿各种彩礼2830元。

2007.11.7

两起纠纷背后的真实情况是案中当事人按当地习惯由父母包办结婚，但由于各种法律上的原因和当事人的"懒惰"，没有到国家相关部门领取结婚证。后来出现婚姻纠纷，在调解时，调解者对当事人先前的结婚事实在国家现有的法律框架内进行有意识的忽略，重点让双方解除"传统中的婚姻"，消除此纠纷，而不是追究法律上的违法问题。

形式多样的西南民族地区的"蛊毒"问题是引起社会纠纷的重要原因，而此种社会纠纷的存在与各少数民族的传统习惯有重要的关联。此种习惯轻则产生赔偿纠纷，重则出现杀人纠纷，1980年三都水族自治县普安公社双江大队杨寨杨世祥，布依族，因为生病，怀疑妻子有"蛊"，于1979年10月16日杀死妻子和五个子女。1995年三都水族自治县打鱼乡苗族农妇蒙某某被人指控有"蛊"，引起其他村民对其的指责，导致社会纠纷产生。[①]

---

① 贵州省地方志编纂委员会编《贵州省志·审判志》，贵州人民出版社1999年版，第712—713页。

四、族际纠纷在西南民族社会纠纷中有重要的影响

西南民族地区社会纠纷中存在一种较为特殊的社会纠纷，那就是表现在不同民族群体之间的纠纷，这种纠纷可以称为族际纠纷。此类社会纠纷在当前西南民族地区社会纠纷中呈现以下特点。

1. 常规性族际纠纷和非常规性族际纠纷交合

在20世纪50—90年代，西南民族地区的族际纠纷主要是常规性族际纠纷。常规性族际纠纷的主要特点是纠纷双方由两个或两个以上的民族群众构成，相互之间是平等的，纠纷主要内容是两个民族或两个以上民族群众的人身问题和财产问题，具体如婚姻、邻里、生产经营、承包经营、水源、土地、林地、宗教和习俗等。这类社会纠纷的最大特点是虽然会出现纠纷双方不同规模的聚众械斗，但地方政府及相关部门在纠纷中处于中立的地位，所以在解决时只要地方政府处于中立的立场，采用有效的解决方式一般都能得到较好的解决。但20世纪90年以后，特别是进入21世纪，随着我国改革开放的深入，社会发生了很大的变化，以非常规形式出现的族际纠纷大量出现。非常规性社会纠纷是指纠纷一方当事人是一个或一个以上的少数民族群众，另一方当事人则是国家机关、相关管理机构或企业等社会组织，双方关于政策诉求型或生存诉求型的社会纠纷。非常规性族际纠纷最典型的是因修建水电站移民或某个政策原因引起的社会纠纷。如2008年云南孟连县傣族胶农与地方政府的冲突，2003年金沙江溪洛渡水电站开工以来当地彝族移民事件等。近年以来因各种原因的移民、搬迁引起的非常规族际纠纷在西南地区族际纠纷中成为较有影响的社会纠纷。这类纠纷在解决时常常存在很大的问题，因为这类社会纠纷的主体一方是当地政府和相关利益者，使社会纠纷的解决者本质上成为利益的一方，导致解决时更加困难，难以收到好的效果。

2. 利益型族际纠纷和非利益型族际纠纷的混杂

西南民族地区族际纠纷所涉及的对象可以分为利益型、政治型、宗教型和风俗型等。这些不同的纠纷在解决和表现形式上各不相同。利益型纠纷在数量上最多，成为当前西南民族地区族际纠纷中最多的一种。如云南省文山壮族苗族自治州马关县龙矿山事件就是因为开矿中当地少数民族没有获得利益而引起的；2008年7月19日云南省普洱孟连事件也是傣族胶

农因利益问题引起的。此类族际纠纷往往由于当地政府与企业结合，民众的利益得不到保护，进而形成。这类纠纷的特点是时间长、参与者众多，一旦爆发就会导致恶性的社会事件。政治型族际纠纷在西南民族地区是存在的，此类纠纷的特点是纠纷内容主要涉及一些政治权利上的分配。此种政治权利的分配若出现不平衡时就会出现大的社会冲突。西南民族地区族际纠纷中宗教和风俗是两种较为敏感的纠纷，在数量上也不少。当然，随着社会的发展，此类纠纷出现的数量并不很多，但由于这类纠纷涉及不同民族的内在认同问题，一旦产生就会使纠纷迅速扩大化，若处理不当，会出现大规模的群体冲突。这类纠纷的出现往往具有突发性，因为有时一方的行为并不认为会构成对他方的伤害，而他方的反应则十分快速和激烈。

3. 单一型族际纠纷和复杂型族纠纷并存

族际纠纷若按涉及的主体数量和争议内容的难易程度可以分为简单型与复杂型两类。简单型族际纠纷是指纠纷的双方人数少，人数在三五人之间，争议的内容单一，如仅因某个事件；复杂族际纠纷往往是指双方的人数多，内容复杂，争议的内容有很多个，如有时不仅有土地、水源所有权的争议，还有打架斗殴、人命案等纠纷搅在一起。从时间上看，很多纠纷已经存在多年，比如林地、土地、水源等权属纠纷已经争议多年，中间存在多次械斗、调处等。西南民族地区林地纠纷是最多、最难解决的纠纷。广西壮族自治区曾为此专门制定法规和设立相应机制，如1973年成立"处理土地山林水利纠纷办公室"，1983年改名为"调解处理土地山林水利纠纷办公室"。贵州黔东南地区、云南很多林产区纠纷也较为突出。这在解决时就很难。

4. 区域族际纠纷和跨区域族际纠纷

族际纠纷根据纠纷双方所在区域在辖区上的不同，可以分为村内族际纠纷、跨村族际纠纷、跨乡镇族际纠纷、跨县族际纠纷、跨市州族际纠纷和跨省族际纠纷，甚至跨国族际纠纷等。村内族际纠纷又可以分为自然村和行政村族际纠纷两类。村内族际纠纷由于纠纷双方在一个村内，解决起来较为方便，因为它们虽然具有跨民族性，但本质上仅是一种熟人内部的纠纷，所以民族性会相对降低。这类纠纷从数量上看较多，但性质上并不十分严重，更多体现出一种家族性和民族性相结合的特点。它主要集中在邻里、地基、口角、土地、林地等方面。行政村之内的族际纠纷就较难解决了。这类纠纷可能成为族际纠纷中重要的类型，它主要集中在土地、林地、水源、矿山等方面。当然，也会有少量是因为两个村中某些人的争吵、斗殴、婚姻纠纷等引起。跨村族际纠纷是指纠纷双方属于不同的行政村，这类纠纷往往会导致更多的各自村庄的人员卷入；跨乡镇族际纠纷、跨县区族际纠纷、跨市州族际纠纷和跨省族际纠纷在解决时就更加困难。因为这类纠纷往往得由纠纷双方所在政府组成调解组织进行。从涉及内容上看，这些族际纠纷往往涉及土地、森林、水源、矿产资源、行政区划等方面。

5. 当前西南民族地区族际纠纷的特点

（1）族际纠纷内容的多样性。西南民族地区族际纠纷在内容上越来越表现出多样性，仅从纠纷涉及的内容上看就可以分为几十种原因，现在更加麻烦的问题是很多族际纠纷往往是多个内容的聚合体，而不是某一个内容的纠纷。一种纠纷存在多个内容时，有些内容在性质上会不一致，导致解决时更加困难。西南民族地区族际纠纷在涉及利益纠纷时现在往往是民众与公权力机关、企业等交织在一起。如在征用土地、修水电站移民等问题上公权力机关成为当地社会纠纷中的主要参与者和制造者，而他们往往又成为纠纷的解决者。可以说，当今中国公权力机关最大的困境是违反了纠纷解决时中立的基本原则：任何人和组织不能成为与自己利益有关纠纷的裁决者。

（2）族际纠纷性质较为复杂。西南民族地区很多族际纠纷在性质上表现出复杂的特征。这是因为很多族际纠纷具有历史原因、经济因素，在长期的发展中还存在反复性，而反复解决常为双方埋下难以消除的隐患。这一点从近年西南地区处理林权相关的族际纠纷上就明显地体现出来。在具体的纠纷事件背后往往有多种因素交织在一起，使族际纠纷的解决更加困难。比如孟连事件，已经有三四年了，2006年以后橡胶的价格就从7000元每吨上升到2.5万元每吨以上，而企业却不随之提价，长期的价格战使当地形成了错综复杂的社会关系，而且在事件发生时已经是经济利益、地方政府滥用权力、公权力与资本结合等混合在一起，更为可怕的是此事件已经演变为民众与代表少数人利益的公权力的对抗。公权力机关不再扮演居中裁决的角色，导致事件的性质已经不再是单一的经济利益事件。此外，族际纠纷的复杂性还体现在当某一个族际纠纷出现后，往往会把本家族、宗族、氏族和民族人员都卷入，造成不同的参与者在纠纷利益关系上的差异。

（3）族际纠纷影响范围广。西南民族地区很多族际纠纷出现后影响巨大，由于西南少数民族不少是跨行政区、跨境居住，当某一地区出现族际纠纷后，若处理不当或处理不及时会把其他行政区或境外同一民族群体都卷入。比如1994年沧源县的傣族与佤族之间的纠纷就有把周边乡镇、县和缅甸的佤族、傣族都卷入的态势；2008年孟连事件也引起了境外傣族的关注。同时，一个族际纠纷出现后当地两个民族之间的关系往往会变得紧张起来，若处理不当，就会导致双方更大规模纠纷的出现。2009年新疆乌鲁木齐"7·15"事件就很典型，族际纠纷的出现导致当地汉族与维吾尔族的关系变得紧张，这种关系甚至影响到了相似的民族，如哈萨克族。更为复杂的是，当出现某一族际纠纷时，国外敌对势力会采用煽动性的宣传，让国外相关民族卷入纠纷中来，使族际纠纷解决起来更为困难。可以肯定地说，族际纠纷在未来发展的重要趋势将是更易跨区域化、跨境化。当今世界是一个一体化下碎片化的时代，一方面整个世界越来越相互联系，另一方面以民族、文化为特征的群体越来越成为政治、社会活动的单元。社会交往中利益的纠纷会越来越激烈，所以各个民族、文化群体会越来越成为相互行动的主体。这在美国社会中最为明显，比如阿拉伯裔、华裔，若出现与本群体有关的纠纷时，整个国家的相关群体都会声援、参与。我们在应对国内族际纠纷时应慢慢地适应这种纠纷形式的转变，而不是采用不承认和仅是反对的方式。这是世界发展的一种必然，任何国家与地区都必将面对这种新的社会纠纷形式。

（4）族际纠纷解决具有困难性、复杂性。西南少数民族的族际纠纷在解决时十分困难，因为它涉及不同民族群体的利益、宗教文化心理，特别是在当前以利益为一切社会指标的时代，很多族际纠纷双方为了利益不会轻易让步，在解决时十分困难，解决不当会导致更大规模的纠纷，并且族际纠纷一旦产生后要彻底解决更加困难。2008年云南省的孟连事件在此前就已经存在多年，在解决过程中一直没有得到有效解决，最后导致较大事件的出现。从现在的报道看，此事件就彻底解决了吗？这是很值得我们思考的。从本质上看，此事件造成了公权力机关与民众的深层对抗，很难说现在就消除了。此外，政府作为纠纷的一方，对事件中另一方作出的定性是否能让当地百姓接受等问题都会使纠纷解决更加困难。其实这种事件的定性最好由独立委员会进行，由中立的第三方进行。族际纠纷若从常规性族际纠纷转向非常规性族际纠纷后就很难用司法程序来有效解决,此时族际纠纷的解决更加复杂。这时最佳的办法是采用调解,而调解又具有很多政治上投机因素,导致解决中出现更多的问题。比如广西出现林地纠纷案时,当判决后当事人拒绝承认时,只好由政府出面协调。云南德宏某林地权属纠纷案经过了所有司法救济后只好重新采用调解手段来解决。同时,解决族际纠纷的困难还在于一些纠纷是复合型的、跨界的、疑难型的,在解决时涉及很多部门,而不同部门的利益又不同,从而使族际纠纷的解决具有更大的困难。

第二节 当前西南民族地区纠纷解决机制的种类及特点

当前西南民族地区基层社会中纠纷解决机制存在两大体系,即国家纠纷解决机制和非国家纠纷解决机制。国家纠纷解决机制又可分为国家司法纠纷解决机制,主要是人民法院、人民法庭;国家调解纠纷解决机制,基层社会中由三级人民调解组织、司法所、法律服务所等组成。近年,西南民族地区社会纠纷中公安机关的派出所承担越来越多的解决社会纠纷的职责,成为第三大基层社会纠纷解决机制,它们主要负责划入治安案件的社会矛盾纠纷的解决。此外,现在西南民族地区各级人民政府的行政职能部门还承担着大量的社会纠纷调解任务,如林业部门负责调解与林权有关的纠纷,土地部门负责调解与土地有关的纠纷等。西南民族地区基层社会组织中各类调解组织的作用可以从普洱市澜沧县1991—2000年的情况看出,全县调处纠纷15114件,其中,婚姻纠纷2592件,继承纠纷69件,赡养纠纷134件,邻里纠纷786件,房屋及宅基地纠纷536件,债务纠纷116件,生产经营纠纷5996件,赔偿纠纷446件,其他纠纷4439件。[①] 其中乡镇基层法律服务所、司法所等共调处纠纷1705件,治保会1996年调处纠纷368件。2000年全县23个乡的157个村民委员会建立了治保会,调

---

① 《澜沧县情(1991—2000)》,云南科技出版社2003年版,第326页。

解纠纷339件，协助查处治安案件544件。① 该县有一个人民法院和三个人民法庭，其中县人民法院1992—2000年审理民事案件3922件，婚姻家庭纠纷2393件；人民法庭在1990—2000年受理民事案件2000件。② 从澜沧县的情况可以看出我国西南民族地区社会纠纷解决机制的种类及其作用。

一、当前西南民族地区纠纷解决机制设置的现状

西南民族地区国家纠纷解决机制存在两大体系、四类机制。两大体系是司法体系与调解体系；四类机制是人民法院和人民法庭，人民调解组织，公安派出所为中心的治安纠纷解决机制及各类地方政府职能调解机制。2000年以后，四类机制在基层以"两所一庭"（即司法所、派出所及人民法庭）为中心。此外，还存在各类具有协调性质的调解机制，如乡镇和县级社会矛盾调处中心、综合治理办公室，以及县级以上各类协调委员会和协调机构等。如楚雄州2009年全州共建立了10个县（市）103个乡（镇）社会矛盾调处中心。

1. 国家纠纷解决机制

（1）司法机制。西南民族地区国家司法纠纷解决机制在基层社会主要有两种形式：基层人民法院和人民法庭，其中人民法庭是西南民族地区基层社会纠纷解决中司法机制的基本形式。人民法庭在西南民族地区的社会纠纷解决中起到了重要作用，它是国家司法制度在基层社会中的体现。2008年以来西南民族地区人民法庭的建设重新得到加强，承担了大量的解决社会纠纷的任务，因为人民法庭审理的多是民事纠纷案件，处理时多采用调解方式。按云南省统计，全省有1/3以上的民事案件由人民法庭中审理。2007—2009年，云南省人民法庭审理的案件数量分别占到同期全省基层人民法院审理民商事案件总量的32%、31.6%和32.5%。③ 有些民族地区，人民法庭承担了八成的基层案件审理工作。四川省阿坝州"基层法院及其派出法庭担负着全州85%以上的案件审理，与广大群众联

---

① 《澜沧县情（1991—2000）》，云南科技出版社2003年版，第311页。
② 《澜沧县情（1991—2000）》，云南科技出版社2003年版，第321页。
③ 《云南加快边疆民族地区基层法庭建设》，http://news.66wz.com/system/2010/07/07/101979220.shtml，上传时间：2010 - 07 - 07，访问时间：2011 - 05 - 06。

系最为频繁,是化解初发矛盾纠纷的有利阶段"。① 云南省 2010 年有基层人民法院 131 个,人民法庭 345 个。② 贵州省 2011 年工作计划中要确保建成 218 个人民法庭和 94 个审判法庭。③ 该省总数应在此之上。四川省 2009 年建成人民法庭 314 个,在建人民法庭 446 个,总数达到 760 个。④ 广西各县区有基层法院 111 个,乡镇人民法庭 295 个。⑤ 很多民族地区由于地广人稀,人民法庭成为西南民族地区基层社会中国家司法的重要力量。四川甘孜州已建成人民法庭 44 个,流动法庭 18 个,平均每个基层法庭服务 7 个乡(镇);⑥ 四川阿坝州有 13 个基层法院、52 个人民法庭;凉山州有 46 个人民法庭。贵州毕节地区有 8 个基层人民法院,共辖 80 个人民法庭。从这些数据可以看出,人民法庭在西南民族地区分布较广,为少数民族提供利用国家司法的机会。

(2)人民调解机制。西南民族地区纠纷解决机制在基层社会主要是乡镇司法所和三级人民调解组织,此外还有法律服务所、法律援助中心、治安保卫组织,以及各类专业纠纷调解委员会、联调委员会、各类跨部门联调委员会等。西南民族地区,现在社会纠纷的解决主要由司法所及其下两级人民调解组织负责。从数量上看,解决纠纷最多的是村小组,其次是村委员。司法所和村小组中的调解员在社会纠纷解决中的作用可以从下面几个县的统计中看出。贵州省沿河县 2006—2009 年 3 月份,全县共调解纠纷 9687 件,调解成功 9323 件,成功率 96.2%,其中乡镇司法所共受理各类纠纷 2477 件,调解成功 2338 件,成功率达 94.3%。其中,共受理移

---

① 《"调"出一片和谐——阿坝州两级法院开展"大调解"工作纪实》,http：//www.tibet3.com/news/content/2010-03/30/content_182145.htm,上传时间：2010-03-30,访问时间：2011-05-06。

② "云南省高级人民法院"条,http：//baike.baidu.com/view/3677917.htm,访问时间：2011-05-06。

③ 《贵州加强基层法庭建设提升为民司法水平》,http：//news.66wz.com/system/2011/02/28/102422994.shtml,上传时间：2011-02-28,访问时间：2011-05-06。

④ 《四川省高级人民法院工作报告(2009 年)》,http：//www.sina.com.cn,上传时间：2010-02-12,访问时间：2011-05-06。

⑤ 广西法院简况,http：//gxfy.chinacourt.org/public/detail.php？id=5397,上传时间：2009-01-16,访问时间：2011-05-06。

⑥ 《英措代表：增加基层人民法庭专项编制》,http：//www.legaldaily.cn/index/content/2011-03/09/content_2506355.htm？node=20908,上传时间：2011-03-09,访问时间：2011-05-06。

第一章 当前西南民族地区纠纷解决机制现状及问题

民矛盾纠纷1850件，调解成功1785件，成功率达96.4%。① 这样剩下的应主要由村小组、村委会调解组织完成。云南省弥勒县在1997年有10个司法所和法律服务所，1993—1997年共解决民事纠纷2913件。1996年全县有农村调解小组1098个，调解人员2583人，1993—1997年调解纠纷24685件。② 云南省大理白族自治州巍山县2007年全县有10个司法所、法律服务所，受理民间纠纷606件，83个人民调解委员会调解纠纷802件。腾冲县猴桥镇以傈僳族聚居的猴桥社区为例，该区共有13个村民小组，每个村民小组的组长均为傈僳族。2009年，全村共调处大小民事纠纷300余件，其中村小组调解250余件，占调处纠纷总数的83%。③ 据统计，2009年，四川阿坝州共排查调处矛盾纠纷15594件，通过人民调解解决的矛盾纠纷14713件，调解成功率达94.4%。上面这些数据直接或间接地体现了村小组、村委会两级调解组织在基层社会纠纷解决中的重要性。

以司法所为中心建设西南民族地区基层人民调解组织，是这个时期特别是2000年以后西南民族地区国家纠纷解决机制中调解组织的建设中心。通过十多年的建设，现在西南民族地区基层社会中基本上完成了司法所为中心的基层调解组织的建设。其中，最为典型的是在司法所建设中独立建办公场所，给司法所所长副科级待遇及在解决纠纷时采用规范化建设。在基层人民调解组织中，特别是村调解委员会和村小组调解人员中，在2008年以后推行的重要改革与建设是"以案代补""以案代奖"，对这两级人民调解人员进行按解决纠纷的难易程度和数量分类补贴。我们在玉溪市新平县戛洒镇傣族村寨调查中，发现此种制度对基层人员的积极性确实产生了重要影响，因为在我们访谈时当地村委员中调解人员A认为此种制度让他工作更有干劲。从司法所建设上看，云南省司法所建有1375个，2008年完成，编制2887人，平均每个所2.1人。2007年云南省有人民调解委员会1.71万个，人员19.69万名，调解纠纷30.71万件，成功率95%。④

---

① 李仕学、侯元常：《浅析基层司法所规范化建设存在的困难及措施》，http://www.gzsft.gov.cn/gzsft/78250043525562368/20090509/1411.html，上传时间：2009-05-09，访问时间：2011-05-06。
② 《弥勒县情（1993—1997）》，云南人民出版社1999年版。
③ 《构建傈僳族地区多元化纠纷解决机制的设想》，http://www.ynda.yn.gov.cn/ynszfwyh/38927989927908372480/20100906/33174.html，上传时间：2010-09-06，访问时间：2011-05-06。
④ 《云南省情（2008）》，云南人民出版社2009年版，第330页。

据统计广西2008年全区已建成1225个司法所，拥有司法人员3046名，其中，司法所专项政法编制2692名，地方编制354名；司法所长落实副科级待遇的有1121名，占91%；司法所干部大专以上文凭的占82%；建成县（区）司法局派出机构的司法所965个，占78.5%。[①] 贵州省全省有1548个司法所。云南省很多民族地区都成立了相应的组织，云南省文山壮族苗族自治州有8个县司法局、101个乡镇司法所、65个法律服务所、9个法律援助中心。[②] 楚雄州有103个司法所和88个法律服务所。现在西南民族所有乡镇都设立了司法所。

贵州省2009年全省共有各级各类人民调解组织23762个，其中乡镇（街道）调委会1548个、村（居）调委会19660个、企事业单位调委会1298个、区域性行业性调委会305个、其他调委会911个。[③] 2010年四川省阿坝州共建立1654个人民调解委员会，共有7824名调解员。"十一五"期间，阿坝州各级各类人民调解委员会共调解各类矛盾纠纷10397件，调解成功9996件，调解成功率达96%。其中，2010年开展矛盾纠纷排查1740次，调解各类矛盾纠纷2267件，调解成功2198件，调解成功率达97%。[④] 贵州黔东南州全州210个乡（镇）建立了司法所，同时还建立了法律服务所102个，设立乡镇人民调解委员会210个，村（居）调委会3446个，有人民调解员14084人。共排查各类纠纷18108件，调解17958件，成功17827件，成功率为99.3%。防止纠纷引起自杀177件，防止民转刑215件533人，防止纠纷激化358件，防止群体性事件367件，基层矛盾纠纷得到有效化解。[⑤] 从现在人民调解组织设置情况看，西南少数民族人民调解组织在乡镇及村委会一级都有设置。由于村有自然村及行政

---

① 《广西基层司法所建设工作成效显著》，http：//www.legalinfo.gov.cn/moj/jcgzzds/content/2008-10/22/content_965638.htm？node=298，上传时间：2008-10-22，访问时间：2011-05-06。

② 《西双版纳司法局到红河、文山、楚雄、大理考察人民调解、基层司法所建设、司法行政队伍建设情况》，http：//www.xsbnsf.cn/zfl1_news.asp？id=31，上传时间：2010-09-06，访问时间：2011-05-06。

③ 《化解矛盾 贵州省人民调解组织调解民间纠纷53万件》，http：//www.cnr.cn/guizhou/xw/gzxw/200912/t20091202_505699838.html，上传时间：2009-12-02，访问时间：2011-05-06。

④ 《阿坝州人民调解工作成效显著》，http：//www.abazhou.gov.cn/business/htmlfiles/abzzfw/s157/201011/103490.shtml，上传时间：2010-01-01，访问时间：2011-05-06。

⑤ 《黔东南州司法行政工作：职能、作用发挥现状、存在问题、对策及发展思路》，http：//www.gzsft.gov.cn/gzsft/74310536312913920/20091124/2010.html，上传时间：2009-11-24，访问时间：2011-05-06。

村，所以在设立村级调解组织时存在不同的设置方式。我国现在的人民调解组织人员设置较多，具体处理纠纷的人员少，主要有司法所所长，乡镇人民调解委员会的主任和村委会调解组织的主要负责人。从统计学上看，中国调解人员平均一年调解的社会纠纷数量很少，有时平均一人一年调解社会纠纷仅有一两件。这个统计数据是不真实的。从我们的调查看，村委会中负责调解的人员每年调解的纠纷数量应在20—30件，司法所所长主持调解的纠纷应在20件左右，村小组内的调解负责人应在10件左右。如云南省普洱市思茅区倚象镇司法所所长王治平在2008年以司法所名义调解的纠纷有207件，调解成功率达95%。① 从这里看，大量社会纠纷由他一人解决。贵州省天柱县村委会在1995—1998年平均每年调解的纠纷有二三十起，最少也有10多起。

（3）治安调解机制。公安机关派出所为中心的治安调解机制是近年我国社会纠纷解决机制中发展较好的纠纷解决机制。公安机关在处理社会纠纷时主要采用的是行政处罚，而不是调解，所以以前在研究社会纠纷解决机制时很少关注此类解决机制。然而，事实上公安机关特别是派出所承担着西南民族地区40%—50%的基层社会纠纷调解任务。2008年以后，派出所开始大量采用调解方式解决属于治安性质的社会纠纷，现在设立了较为完善的治安调解机制，如在县、乡、村三级设有四种纠纷解决工作机制。广西壮族自治区公安调解机制在基层设立现场调解、警务室调解和派出所调解三级。2009年1—10月贵州省公安机关调解的治安纠纷达14.19万起。② 云南省2009年全省公安机关共建成调解室4268个。其中，派出所单独设置的调解室927个，与司法、基层法庭、社区、村委会联合设置的调解室3341个。2009年，全省公安机关共参与调解各类纠纷768555件。③ 2010年普遍建立起了县公安局、派出所、警务室和调解员的四级调解网络，全省共建立了县级公安调解中心116个、派出所调解室2200个、

---

① 《3位司法所长讲述调解人生》，http://www.legalinfo.gov.cn/moj/jcgzzds/content/2009-09/10/content_1151733.htm?node=298，上传时间：2009-09-10，访问时间：2011-05-06。

② 《贵州建立健全多元矛盾纠纷调解机制》，http://legal.people.com.cn/GB/13750601.html，上传时间：2011-01-14，访问时间：2011-05-06。

③ 《全省公安机关大力加强派出所调解室建设深入推进社会矛盾化解》，http://www.qh.xinhuanet.com/qhpeace/2010-06/24/content_20155436.htm，上传时间：2010-06-24，访问时间：2011-05-06。

警务室调解组织5388个、交警大（中）队调解组织391个。① 2009年云南省会泽县公安局共受理各类矛盾纠纷1507件，调解成功1389件，调处成功率达92%以上，防止民转刑案件60余件183人，制止群体性械斗42件。② 从报道看，广西、贵州等省区都建立起相应的治安调解组织。从现在的一些数据看，派出所承担的基层社会纠纷解决的数量与乡镇及村委会人民调解组织承担的纠纷解决的数量大体一致。当然，派出所与人民法庭在解决社会纠纷时具有很大的国家性，在基层社会纠纷解决机制中属于刚性机制。对于公安机关在西南民族地区社会纠纷解决中的地位上升的原因，按我们的调查主要是人们对公权力的认同度相对较高，公权力的介入能让纠纷得到较好解决。

（4）政府各级职能部门及各类联合调解机制。西南民族地区在纠纷解决机制中还有政府职能部门，如土地管理所、林业所等，它们承担着大量的社会纠纷调解任务。现在还开始设一些专业调解委员会，如交通事故、医疗事故的调解委会员等。如贵州省务川县、平坝县建立了医患纠纷等8个专业调解指导委员会。现在行政调解最典型的省份是四川省，在大调解制度下各级行政机关建立了行政调解室7545个，配备专兼职调解人员31700人；基本在省、市（州）、县（市、区）、乡镇（街道）四级行政组织中建立了调解指导中心，2009年行政调解组织调解了矛盾纠纷186669件。各部门按行政管理领域对争议纠纷开展分类指导，如省住房和城乡建设厅成立城乡规划、住宅房产、城镇建设等5个专业调解组；省工商局分别设立行政许可、行政执法、合同争议、消费争议、行政复议5个专业调解室，由不同专业部门受理不同类别的行政争议，如遇重大纠纷，涉及多项诉求的，则组成合议庭共同调解；省人力资源和社会保障厅在全省逐步建立包括企业调解、区域性行业性调解以及社会调解在内的劳动争议预防调解工作网络等。③ 此类调解组织的内在运作机制有待进一步研究。现在还有政府主导下的社会矛盾调处中心，迪庆藏族自治州在"十一五"期间全州社会矛盾调处中心共调处各类矛盾纠纷719件，调处

---

① 《云南公安建"四级调解网络"信访和群体性事件"双下降"》，http://news.163.com/11/0112/16/6Q791IGJ00014JB5.html，上传时间：2011-01-14，访问时间：2011-01-12。

② 数据来自调查所得。

③ 《"短板"变亮点　四川行政调解在创新中突破》，《四川日报》2010年6月19日。

成功 662 件，移交有关部门处理 23 件；调处群体性矛盾纠纷 91 件。①

2. 非国家纠纷解决机制：传统固有纠纷解决机制

西南民族地区除了国家公开设立的各类调解机制和人民法庭外，在现实中存在大量传统纠纷解决机制，它们承担着大量基层社会纠纷解决任务。20 世纪 90 年代中期后，西南民族地区社会发展出现两个新的变化：市场经济和新的信息传播方式让西南少数民族传统社会组织解构，人们生活方式发生重大的变化。对此，我们在玉溪市峨山彝族自治县某镇调研时基层调解人员坦言此种变化对社会纠纷解决的影响较深。

A：解决纠纷时是村小组先解决，解决不了再报到你们这里，你们是有过滤的，是不是？现在有没有不找村小组，而是纠纷当事人直接找几个亲戚自己解决的？

B：目前在本村里面这种情况很少。

A：为什么会出现这种现象呢？（按你的理解）

B：本组里面都是熟人，一般不好说什么。另外就是现在的人都有种多一事不如少一事的心理，所以 80% 以上的纠纷都到了我们村委会（来解决）。

当然，从这里看好像传统纠纷解决机制的作用开始弱化，然而现实是西南民族地区传统纠纷解决机制并没有完全消失。有些时候，一些民族中可能还会出现加强的趋势，原因是现在基层社会组织中国家设立的机制不能发挥相应的功能，导致基层社会中制度提供不足，纠纷解决机制上存在家族组织、宗教组织，甚至一些传统的制度得以恢复，最为典型的是凉山地区的"德古"制度的复兴，贵州苗族社会中大量传统纠纷解决机制的兴起，其中最为典型的是一些苗族把传统的纠纷解决机制形式明确写在村规民约中，如举行"洗寨子"的仪式。2008 年《老屯村阶藤村村规民约》中第一条规定："失火户应立即喊叫寨灭火，造成寨火发展者，处罚 120 斤米、120 斤肉、120 斤酒，并且移送执法部门处理。"此处是传统纠纷处罚形式，此种处罚往往是请全村寨人吃一顿饭，把个人的行为转化成

---

① 《云南省迪庆州"十一五"司法工作纪实》，http://info.tibet.cn/news/szxw/201103/t201103 03_943442.htm，上传时间：2011 - 03 - 03，访问时间：2011 - 01 - 12。

集体行为，让违反者在整个群体面前受到压力。2004年临沧市沧源县《翁角村村规民约》非常规范，是政府干预下制定的产物，因为该村作为一个民族村寨治理的典范，是上级考察时选定的考察点。但该村规民约中第六条却反映当地存在一些传统纠纷解决机制。因为该条规定"全村村民必须遵照《村规民约》办事，不得私自组织进行拉事、闹事、嗑事，不得私自乱惩乱罚，不得拉帮结伙为私人出头摆事，如类似事件发生，当事人可以抗拒，并上报村委会、政府和司法机关处理"。这里明确禁止产生社会纠纷时采用传统形式的"摆事"纠纷解决机制，说明此种纠纷解决机制在当地确实存在。一些学者在研究中发现西南少数民族中现在仍然存在神判和发咒纠纷解决机制。[①] 在调查中我们发现一些人承认当地存在发咒等神判纠纷解决机制。

二、当前西南民族地区纠纷解决机制的特点

20世纪90年代中后期，特别进入21世纪前10年，随着少数民族地区社会纠纷数量的增加，国家在西南民族地区纠纷解决机制设置上有所加强，表现出如下特点。

1. 纠纷解决机制在基层社会中形成较为完善的体系

西南民族地区社会纠纷解决机制在20世纪90年代中后期，特别是在国家西部大开发的带动下，社会纠纷解决机制得到了较大的发展，基本形成了以人民调解组织为中心，治安调解和人民法庭为辅助的基层人民纠纷解决机制的格局。此种体系具体表现在以下三个方面。

首先，人民调解组织在制度设置上得到了重构与完善，其中最为成功的是司法所的建设。司法所在人民调解组织中起到了核心作用，它是基层人民调解组织运作的中心。现在基层社会纠纷解决机制建设上形成了以司法所为中心，乡镇有人民调解委员会、村委会有村调解委员会、行政村有调解小组的三级人民调解组织。从现在的数据看，西南民族地区各乡镇都建立了以司法所为中心的人民调解组织，特别是在2001年后，随着司法所规范化建设的推进，此级人民调解组织成为整个基层人民调解组织的重要保障。

[①] 李向玉：《苗族习惯法中神判方式遗留与现代司法实践控析——以黔东南特殊地域的司法文化为例》，《民生态民族文化学刊》2011年第1期。

此外，在人民调解组织的建设中还有大量行业性调解组织、特殊部门的调解组织，如在流动人口聚居区、大型集贸市场、行政边界地区、旅游区、经济开发区建立人民调解组织，在基层人民法院、公安派出所、公安交通管理部门、劳动争议仲裁机构、医疗卫生机构和信访办等单位设立人民调解工作室或人民调解窗口等，让人民调解组织形成较为完善的网络。可以说，人民调解组织的机构设置现在基本完成，剩下的是如何让此种组织发挥它们的功能。如2008年云南省有人民调解委员会17122个，其中乡镇（街道）调委会有1369个、村（居）调委会13840个、企事业单位调委会1290个、区域性行业性质调委会352个、其他调委会271个，其中每个乡镇都有司法所。

其次，行政调解方面主要体现在乡镇派出所机构的完善和以乡镇党委为中心的综合治理办公室的加强及社会矛盾调处中心的形成等。这个时期西南民族地区基层社会纠纷解决机制表现在派出所建设得到加强，大量治安纠纷得到有效的解决上。乡镇一级人民政权组织形成了紧紧围绕在党委周围，以综合治理办公室为核心的强有力的行政纠纷解决机制。以西南民族地区党委为中心的行政机关的解决机制在基层社会纠纷解决中起到了较为重要的作用，因为它能把基层社会中各类行政机关调动起来，进行强有力的解决。现在，西南民族地区每个乡镇都建立起了较为完善的相应组织及机构，开展很多重大的社会纠纷解决工作。

最后，基层乡镇纠纷解决中一个新的变化是国家对人民法庭进行重建，让人民法庭成为基层社会中重要的诉讼纠纷解决机制。1999年前后，出现裁减人民法庭的现象，但到了2005年9月19日《最高人民法院关于全面加强人民法庭工作的决定》提出重新在基层设置人民法庭。2007年后国家开始加快乡镇一级人民法庭的建设。当然，现在人民法庭设置中存在的问题是像司法所那样每个乡镇都设立一个，还是按人口数量及地域特点来设立，还需要研究。现在人民法庭越来越成为基层社会纠纷解决机制中最活跃的力量。当然，也存在人民法庭在解决纠纷时走向完全调解化，进而导致司法所调解与之没有区别等问题。

2. 纠纷解决机制中流程规范化得到加强

西南民族地区近年纠纷解决机制中规范化建设取得较为明显的成绩，特别是在人民调解组织及司法所的建设上表现得最为突出。人民调解组织中大量的档案建设开始推行，统计表越来越规范，调解流程、形式等开始格式化。现在司法所一级解决的社会纠纷在档案管理上已经较为完善。司法部在《人民调解文书格式》中对人民调解进行的调解文书种类、格式进行了规范，具体由调解申请书、民间纠纷受理调整登记表、调查笔录、人民调解协议书、回访记录和卷宗组成。公安部在《公安机关治安调解工作规范》中对公安机关作出的调解也作了相应规定。由于近年办公条件的改善，电子表格的大量使用，使纠纷解决记录有很大的改善。我们在调查中看到很多乡镇司法所人民调解委员会作出的调解档案，都有申请书、调解协议书、调查笔录、相关证据等完整的档案。规范档案的建立在一定程度上提高了纠纷解决的质量。当然，在村委会和村小组调解纠纷时是很难建立起完整的档案的，因为处理纠纷时难以让当事人来做复杂完善的记录。我们在调查中发现很多村委会和村小组在解决社会纠纷时更多地采用一种商谈形式，而不是在严格的程序下进行。

3. 办公条件得到改善，经费投入加大

西南民族地区在国家提出重点建设"两所一庭"后，通过近十年的建设，"两所一庭"建设得到较大的发展与完善，具体表现在：很多地区在司法所规范化建设推动下，目标是把司法所建成有独立办公楼，名称上采用统一的格式，如某某县（市、区）司法局某某司法所。在内部设置上统一，每个所都设有办公室、所长室、调解室、社区矫正谈话室、法律服务室、档案室、值班室和会议室。每个司法所配备办公桌、电话、计算机、复印机、传真机、档案柜和交通工具等办公设备，让整个司法所能够独立地进行相应的工作。如广西壮族自治区在司法所建设中做到了以下几点。①"三统一"，即统一建筑面积，小乡镇不低于200平方米、大中乡镇不低于250平方米；统一设计图纸；统一外观颜色。②"十有"，即有汽车、有车库、有电脑、有电话、有传真、有电视、有照相机、有桌椅板凳、有档案柜、有徽章标志。通过规范化建设，实现了基层司法所办公条件的改善。云南省红河州弥勒县于2010年4月全县8个司法所全面建成，实现了全县8个司法所均新建独立院落、外观统一、规模统一，每个所面积达234平方米；有"四室、一站、一栏"，即所长室、调解室、社区矫正和安置帮教谈话室、档案室、法律援助工作站、宣传栏。① 此种规范化建设在云南省很多县已经完成，让人民调解组织建设有了新的空间。派出

---

① 《弥渡县司法局圆满完成司法所建设任务》，http://www.sft.yn.gov.cn/newsview.aspx? id = 1333486&DepartmentId = 1，上传时间：2010 - 09 - 28，访问时间：2011 - 05 - 06。

所的建设速度较司法所的建设速度快，现在很多民族地区已经完成了规范化建设。人民法庭都有了独立的办公楼、不同功能的办公室和规范的档案室。村委会的调解委员会开始有独立的、规范的调解室，并推行了相应规范的调解书的制作、统计等。在办公经费上，人民法庭、派出所得到了很好的解决，但司法所的经费因地区而异，但总体上有所增加，为司法所开展工作提供了条件。

村委会的人民调解组织及村调解小组当前最大的问题是没有经费的投入，导致整个工作难以进行。一些村委员为了解决经费上的问题，常在村规民约中规定解决纠纷时收取一定的费用。如贵州黔东南州苗族地区《阳芳村村规民约》（2005年）中第三条规定"对村民之间的民事纠纷，双方不能协商解决的，需向村委会交纳30元调解费，由村民调解小组进行调处"。此种规定在大量村规民约中都有。此种情况自2006年起开始发生改变，因为该年财政部制定了《关于印发政府收支分类改革方案的通知》，将人民调解工作指导经费列入收支项目；财政部、司法部下发《关于制定基层司法行政机关公用经费保障标准的意见》，大幅提高了基层司法行政机关指导人民调解工作的经费保障标准；2007年，司法部、财政部《关于进一步加强人民调解工作经费保障的意见》，对司法行政机关指导人民调解工作经费、人民调解委员会工作补助经费和人民调解员补贴经费作了明确规定。现在很多地区积极开展创新，如云南省金平县2008年前6个月为全县13个司法所每所拨付5万元的办公经费，共计65万元；将人民调解工作业务指导经费按每年10万元、普法经费按每年15万元，县级司法行政公用经费按每年每人3000元的标准列入财政预算予以保障。①

4. 基层纠纷解决机制中人员地位得到提高

基层社会中纠纷解决机制的人员地位得到提高，表现在"两所一庭"人员行政职务得到晋升，乡镇调解人员收入得到提高。在行政待遇上，派出所所长同时兼任副乡长或乡党委副书记，司法所所长享受副科级待遇，人民法庭的庭长地位也得到加强。这三者是国家设立在基层社会中的纠纷解决机制的核心，三者的地位得到加强，让一些有能力的人得到重用，发挥自己的才干。此外，在村委、村小组中调解人员推行

---

① 《云南省金平县加强人民调解工作出实招获实效》，《人民调解》2008年第9期。

"以案代补"的办法，提高了他们的工作热情，同时让他们看到了工作的希望。人民调解组织和村级人员最大的问题是收入太低，对调解纠纷没有热情。针对此种情况金平县曾调查总结出人民调解组织的工作现状是"其中队伍整体素质低、经费没有保障、积极性和责任感不强，形成一般纠纷懒得调处，疑难纠纷不敢调处、不愿调处，发生纠纷采取应付了事，能口头调处就调处一下，口头调处不了的，就往上级推，结果经常发生越级上访，群体上访，群众围堵县、乡（镇）党政机关办公大楼，群体性突发事件等情况"。[1] 这种情况是整个西南民族地区调解组织的整体问题。2008年开始推行以案补贴制度，使基层调解人员提高了工作积极性，更为重要的是由于他们有了相应的收入，很多人员在处理纠纷上更加中立，提高纠纷解决的公正性。西南诸省区很多地区现在在人民调解工作中实行"以案定补""以奖代补"制度，根据矛盾纠纷的难易程度、调解效果给予调解人员适当的补贴，极大地激发和调动了广大人民调解员的工作积极性，人民调解委员会办公场所和设施得到明显改善，人民调解工作物质保障水平明显提高。[2] 云南省金平县在2008年出台人民调解"以奖代补"政策，明确乡、村（社区）调解组织人员调解成功一起矛盾纠纷奖励200元，调解成功一起重大社会矛盾纠纷奖励500元，县委、县政府"以奖代补"每年按20万元的标准列入财政预算。

5. 传统纠纷解决机制得到适当的承认及吸收

西南民族地区在纠纷解决机制建设中，部分传统纠纷解决机制开始得到承认和吸收，其中最为典型的是2008年以来四川省凉山地区对传统纠纷解决机制"德古"的承收和吸收。此外，一些民族地区开始承认少数民族传统习惯及纠纷解决机制，如在纠纷解决中承认一些传统的机制，贵州黔东南州苗族地区就在村规民约中公开承认传统的纠纷解决机制的部分内容。如在《阳芳村村规民约》中把大量的传统处罚机制写入，规定产生纠纷时采用罚财物请全村人吃饭。如第二条规定"村民之

---

[1] 《"小钱买来大平安"——金平县以奖代补司法调解模式调查》, http://news.qq.com/a/20080602/003538.htm, 上传时间：2008-06-02，访问时间：2011-05-15。
[2] 《积极拓展工作领域实现又好又快发展"十一五"期间人民调解工作发展与创新扫描》, http://finance.ifeng.com/roll/20110315/3668984.shtml, 上传时间：2011-03-15，访问时间：2011-05-06。

间要团结互助、和睦相处，互相尊重、冷静协商解决各种纠纷和误解，严禁酒后闹事，凡因各种原因发生打架、吵架的责令双方各出 120 斤米、120 斤肉、120 斤酒，请全村聚餐，以示谢罪"。这种处罚在历史上是苗族人的"洗寨子"仪式。整个村规民约共有 32 条，共有 14 条涉及此类处罚，可以说是该村规民约的基本处罚方式。这个时期在纠纷解决机制中对此种传统纠纷解决机制的吸收构成了社会纠纷解决机制中较重要的发展趋势。

6. 传统纠纷解决机制在社会纠纷解决中总体趋向弱化

经过三十多年的改革开放，特别是随着市场经济建设的推进，西南民族地区对传统的东西开始慢慢陌生，特别是 21 世纪以来随着外出打工、电视的绝对普及等，人们对传统的认同度越来越低。这不仅体现在访谈中，还体现在问卷中。从我们对广西三江侗族传统纠纷解决机制调查来看，以老人协会形式出现的传统寨老纠纷解决机制在进入 20 世纪 90 年后期特别进入 21 世纪后作用开始弱化。原三江县侗族博物馆的馆长吴世华老先生曾告知我们，他家乡程阳乡平岩村的老人协会直至 20 世纪 90 年代初在村落公共事务管理中还拥有十分高的权威。那时由老人协会主持制订的村规民约规定如果"放浪牛"① 损坏庄稼时，老人协会代表村民们执行关牛、收缴看管费和罚款等处罚，直至牛在无人认领时将其宰杀分给众人吃掉。而如今，在回答"这个寨子里的人最服谁说的话"的问题时，仅有 4 位选了"寨里的老人"，却有 24 位选了"村主任或村支书"。老人协会在解决纠纷问题上所能发挥的作用至多是协助其他调处机构解决社会纠纷，同时这种作用的大小还取决于其他公权力或准公权力机关对他们的支持和认可度。调查中就得到这样的个案。

例 1-5 老人在村寨社会生活中的作用变迁

20 世纪 90 年代末期，八斗村委会曾出面组织老、中、青村民集体商议，大屯小屯都各自制定了村规民约，并报乡里面审查。开始那两年，村委会挺重视老人协会，有什么事都叫去商量一下。老人们也很愿意协助村委会落实防火、治安等各项工作。2003 年，在乡政府帮助主持下，

---

① 当地人把随便、没有人看守的放牧牛的行为称为"放浪牛"。

村委会改选形成新班子，新村主任是曾在县法院派出法庭做过法官的同志。这届班子并不重视老人协会，没再让老人管事了。由于村务管理观念不同，小屯的老人协会还曾为一些事情与村干部发生过激烈争吵，当时被称为"寨老"的老人在一气之下就把民国时期传下来的村规民约和相关资料都给烧了。自此，老人协会的老人们就对村干部们有一种对立情绪，逐渐也不太爱管事了。即使知道有人聚在鼓楼耍牌赌钱、搞六合彩，老人们也故意避嫌不管。①

访谈中有村委人员给我们讲了他们村中传统老人、传统头人在纠纷解决机制中作用弱化的原因。

A：解决纠纷时是村小组先解决，解决不了再报到你们这里，你们是有个过滤的，是不是？现在有没有不找村小组，而是纠纷当事人直接找几个亲戚自己解决的？

B：目前在本村里面这种情况很少。

A：为什么会出现这种现象呢？（按你的理解）

B：本组里面都是熟人，一般不好说什么。另外就是现在的人都有种多一事不如少一事的心理。所以80%以上的纠纷都到了我们村委会（来解决）。②

在沧源县某乡发生了一起案件，该案件是两个彝族家庭之间因沿用传统习俗结婚而产生的纠纷。从整个纠纷处理看，案件中传统已经让位于现代的生活选择。

例1-6 习俗婚姻纠纷解决协议

赵某家有儿子A，他姐姐有一女儿B，两家2005年按当地彝族习惯把两个小孩结为夫妻，按当地习惯称为试婚。由于赵某姐姐没有儿子，于是两家家长协商，赵某姐姐夫妇到弟弟家和小孩一起生活，并把赵某姐姐的房子拆除。2年后，两个小孩没有生育，且由于没有感情坚决要求

---

① 来自笔者2008年2月的实地调查。
② 来自峨山塔甸乡村委会里的采访。

解除试婚关系。双方请了本村寨的长老调解,达成协议是:一按彝族风俗双方解除试婚关系;二是浪某(赵某的姐夫)家及女儿搬出赵某家,浪某家在重建房前可以居住在赵某家,但浪某女儿不得带其他的男子到赵某家居住;三是赵某给浪某家建房补助7000元。后来因两家不遵守协议,再次产生纠纷,把纠纷交给乡人民调解委员。乡人民调解委员调解的结果是:

一、赵某家支付浪某家建房补助5000元(伍仟元整),并于协议达成后一次付清。(注:浪某写给赵某收条)

二、赵家给安某(婚姻中的当事女方)生活补助费1000元(壹仟元整),并于协议达成后一次付清。(注:浪某写给安某收条)

三、浪某家于2009年8月30日前搬出赵某家。(包括安某)

该案从结婚开始就是按习惯,在法律上存在不能结婚的禁止条件,但从调解看,调解者采用"忽略"的办法解决了法律上的问题。纠纷在最初解决时通过传统村寨长老解决,但由于当事人的不遵守,转向乡人民调解委员会调解,调解的最终结果仅是承认了村寨长老调解的结果,只有很小的改变。对于给安某1000元的补贴,调解中指出,"在试婚的情况下,女方在精神和身体上的伤害要远远大于男方。根据这种情况,男方家庭应当给予女方一定补偿"。从这里可以看出,后一次调解成功是因为提供了一种公共权威的力量。但公共调解组织在整个调解过程中采用"忽略"的办法,让整个纠纷的解决不纠缠于国家法层次上的"合法"与否,承认纠纷产生过程的合法、合理性,在此基层上,从当地民族习惯及国家法的层次提出解决的对策,进而让整个纠纷得到有效的解决。因为该纠纷从婚姻的开始就存在近亲结婚、结婚年龄和结婚形式不合法等诸多问题,所以,仅从结果上看,我们很难看到这个过程中存在的相关民族习惯、国家法律的复杂关系。也许民间社会通过这种"忽略",让一个是否具有国家法层面上合法依据的纠纷转变成了能够被接受的纠纷。

调查中为了了解西南少数民族遵从自己社区内部哪些人物,我们设了"你们村里人最服谁说的话"的问卷,选项有:A. 村长,B. 村里某位德高望重的老人,C. 村里某位喜欢帮助他人的人,具体情况如表1-5所示。

表1-5 乡村社会中权威人物形成原因

调查点 类型	大理下关	宁蒗羊	宁蒗牛	峨山塔甸	新平戛洒	新平腰街	临翔南美	陇川城子	文山广南	麻栗坡	怒江	岑巩县	花溪区
868	44	29	28	43	56	40	50	29	30	30	30	30	30
A	16	16	10	22	37	18	19	22	6	21	21	21	2
B	11	6	8	3	11	4	10	7	20	5	8	4	7
C	18	11	8	14	7	6	18	8	4	4	3	15	8

调查点 类型	荔波县	三江县	马山县	百色民族干部	嵩明县	禄劝卡机	禄劝康荣	禄劝以毛多	罗平六鲁村	罗平多依村	富源石山脚	富源补掌村
868	30	33	31	14	22	30	30	30	33	80	23	43
A	12	25	10	13	16	9	4	25	15	32	8	19
B	13	4	1	4	14	9	18	15	15	32	10	21
C	7	8	7	2	11	13	7	6	6	28	11	9

从问卷数据看,西南少数民族在产生一般纠纷时很多人优先选择本村内某种纠纷解决机制,其中村小组长是最优先选择,体现出西南少数民族群体对公权力的认可度很高。因为在一般民众的认识中,村小组长具有某种公权力的因素。这和整个问卷的调查情况是一致的,最大的差异是在老人与村中某个喜欢帮助他人的人上。有些民族更倾向于对老人的遵从,如云南省广南的壮族。有些民族更倾向于遵从村中具有公益心的人,如贵州省的岑巩县的侗族、云南省的临翔区南美乡的拉祜族、禄劝县卡机村的彝族等。这种数据结构体现了传统纠纷解决机制在民间社会中的一种弱化。

7. 传统习惯和村规民约在乡村社会纠纷解决中的作用弱化

21世纪以来西南民族地区在纠纷解决中传统的习惯和村规民约起到的作用整体在弱化,作用十分有限。这和我们先前的假设有很大的出入。西南民族地区在对各民族自身传统习惯的认知方面表现出很大的转变,整体表现出认识度越来越低,很多少数民族群体对历史上存在的各种习惯规范已经不知道。这说明传统习惯在社会经济的发展中开始消失,特别是年轻人,对很多传统习惯的认同度很低。如广西侗族地区,有人对三江侗族聚居的独峒乡岜团村、独峒村、牙寨村等三个村进行调查,访问中分别有38.89%、45.12%、44%的受访者不知道侗族的"款"。[①] 我们在云南临

---

① 刘琳:《侗族侗款的遗存、传承与时代性发展——以广西三江侗族自治县侗族侗款为例》,广西师范大学硕士学位论文,2007年。

沧市沧源县调查时问过当地的调解人员他们在处理纠纷时是否会对不同民族采用不同的民族习惯,他们的回答是:"我们一般不采用,因为会导致当事人的不满,即为什么同样的纠纷在某民族中这样处理,在另一民族那样处理。用法律处理可以消除此种问题。"对村规民约我们设立了相关问题,从三个层次考察,具体表现如下。

"你们村里有自己的村规民约吗?"问题的数据如表1-6所示。

表1-6 村规民约认知度

调查点 类型	大理 下关	宁蒗 羊	宁蒗 牛	峨山 塔甸	新平 夏洒	新平 腰街	临翔 南美	陇川 城子	文山 广南	麻栗 坡	怒江	岑巩 县	花溪 区
868	44	29	28	43	56	40	50	29	30	30	30	30	30
有	32	21	21	37	52	30	40	28	26	21	28	22	22
没有	11	6	3	6	2	7	9	1	4	9	2	4	5

调查点 类型	荔波县	三江县	马山县	百色民族干部班	嵩明县	禄劝卡机	禄劝康荣	禄劝以毛多	罗平六鲁村	罗平多依村	富源石山脚	富源补掌村
868	30	33	31	14	22	30	30	30	33	80	23	43
有	30	27	14	4	15	29	29	0	23	67	15	33
没有	0	5	17	9	1	1	1	30	7	13	7	9

在人们对村规民约的遵守问题上,我们设有"大家都遵守吗?"这一问题,调查反映出来的情况如表1-7表示。

表1-7 村规民约遵守情况

调查点 类型	大理 下关	宁蒗 羊	宁蒗 牛	峨山 塔甸	新平 夏洒	新平 腰街	临翔 南美	陇川 城子	文山 广南	麻栗 坡	怒江	岑巩 县	花溪 区
868	44	29	28	43	56	40	50	29	30	30	30	30	30
是	23	22	21	29	39	26	35	27	24	14	26	25	16
不是	15	0	4	7	12	2	2	6	16	2	1	4	10

调查点 类型	荔波县	三江县	马山县	百色民族干部班	嵩明县	禄劝卡机	禄劝康荣	禄劝以毛多	罗平六鲁村	罗平多依村	富源石山脚	富源补掌村
868	30	33	31	14	22	30	30	30	33	80	23	43
是	29	22	23	5	14	19	22	0	21	64	17	30
不是	0	1	3	4	4	11	7	0	9	15	5	7

我们对人们对村规民约的主观意识进行了调查，设有"您认为有必要遵守吗？"这一问题，人们的态度如表1-8所示。

表1-8 村规民约遵守意愿

调查点 类型	大理下关	宁蒗羊甸	宁蒗牛	峨山塔甸	新平戛洒	新平腰街	临翔南美	陇川城子	文山广南	麻栗坡	怒江	岑巩县	花溪区
868	44	29	28	43	56	40	50	29	30	30	30	30	30
必要	32	21	21	37	50	24	37	29	27	28	27	24	25
不必要	8	1	0	0	2	3	2	0	3	2	3	1	3

调查点 类型	荔波县	三江县	马山县	百色民族干部班	嵩明县	禄劝卡机	禄劝康荣	禄劝以毛多	罗平六鲁村	罗平多依村	富源石山脚	富源补掌村
868	30	33	31	14	22	30	30	30	33	80	23	43
必要	30	26	25	5	16	24	29	0	24	76	19	38
不必要	1	2	1	11	3	0	0	0	6	4	5	3

从表1-6、表1-7、表1-8的数据中可以看出，西南民族地区民众好像对村规民约的认可度很高，并且绝大多数人都知道存在村规民约，认为大家都在遵守村规民约和应当遵守村规民约。但从实地采访看，真实的情况好像与此不大一致，很多民众在现实生活中真正遵循村规民约的不多。[1]

当然，人民调解委员会在解决纠纷时适用村规民约的记载是有的，但不多。因为在沧源调查时，有一起纠纷是按村规民约调解的，具体情况是这样的：2008年10月糯良乡贺岭村陈某家猪踩踏了鲍某家地里的庄稼，处理时按村规民约进行赔偿。当然，对村规民约的适用问题，好像不同民族和地区有较大差别，贵州地区特别是黔东南地区特别明显。在水族调查时发现当地对村规民约的适用率很高，下面是三个适用村规民约处理纠纷的个案。

例1-7 恶意损坏他人财产纠纷中的村规民约适用

1997年甲、乙二人与水尧村签订了承包合同，承包期限为6年，年

---

[1] 宁蒗县彝族乡镇采访。

承包费为陆佰元整（600.00元），该承包人已在水库购买鱼苗，饲料费用共计人民币肆仟捌佰柒拾元整（4870.00元）

当事人丙系荔波县水尧乡水捞村马安二组人，于1998年11月13日上午与组民到威冈开荒田，下午收工回家途经威滔水库坝，几人相约到水库洗澡后，部分人已回家，余下丙在后头，他见人已走完，便陡生恶念顺手把闸栈拉手拉开，可他没意识到这是违法行为。案发后，于1998年11月25日水尧乡派出所会同水尧村委会和水捞村委会调解工作人员赶赴发案地点与承包人调查了解情况属实后，通过对丙进行法制思想教育，本人认识错误态度较好。

根据调解双方的经营权利与经济损失，由丙负责赔偿甲、乙的经济损失，按村规民约第五条处以1500元的罚款，并限期交纳给甲、乙二人。

例1-8 破坏风景树纠纷中的村规民约适用

1999年某县某乡水捞村水捞组出现破坏风景山树纠纷。根据调查了解情况属实，该组的风景山树已被该组群众欧某削枝，砍掉一部分。对此，本组群众和下游的村民将受到严重的威胁。群众要求水捞村治安队和村调解委及时作出处理决定，现将处理意见陈述如下。

1. 通过此次调查了解，欧某破坏风景山树的错误砍伐行为是属实的，其本人一直供认不讳，但认为那样做是合法的，说原是自家的风景山，现在自家想怎么做就怎么做，而全组群众曾召开几次会议规定全组的后山树林不准任何人砍伐，当作风景山来保护，这次欧某破坏风景山树的错误行为属实。

2. 依照村规民约第三十一条之规定，对欧某的错误行为予以教育，并处以300元的罚款。

3. 通过这次的调解教育后，水捞组群众将自觉遵守村规和法规，认识到有义务保护好本组的风景树木。今后组上的风景树木，一律不准砍伐，一旦发现有此行为的，则按村规和有关法规进行处理，或移送相关政法机关依法处理。

例1-9 偷鱼纠纷中的村规民约适用

2001年8月30日下午2时许，三人以打鸟为乐，到水捞组与岜合组坝子打鸟，后到姚某家责任田，见到田里有鱼在跳，三人便生起盗鱼念头，就到田里抓鱼，不料被人发现。于当日 19：30 在村委会议室调解如下。

1. 三人承认到田里偷鱼约 4 斤。
2. 按村规民约第十二条之规定，每斤鱼折价 5.00 元，共计 20.00 元，并处以十倍罚款 200.00 元，共计 220.00 元。
3. 限期三天交清，否则送到派出所处理。

从上面三起纠纷的处理看，都明确适用了村规民约。从调查看，西南民族地区适用村规民约的纠纷多集中在破坏生产、庄稼，砍伐林木和偷盗庄稼等赔偿方面，也许是因为民众之间在涉及生产、生活纠纷各种赔偿时需要一个稳定的标准，所以当事人和调解者把村规民约作为最有效的依据。

A：森林纠纷，你们一般采用什么办法？
B：农民砍柴，什么树多少钱，这些村规民约有规定。[①]

村规民约是 20 世纪 80 年代西南少数民族较为盛行的一种民间自治性规范。20 世纪 80—90 年代，村规民约的存在与运行更多是自发性的，是各少数民族在从人民公社的计划经济的强制控制转向以个体家庭自由生产的家庭联产责任制后，国家对基层社会治理的力量出现消减的空隙中产生的。在调查中，很多人坦言当时的村规民约具有更强的地方性、民族性及传统性。我们在调查中发现 1988 年制定的某彝族村寨的村规民约具有很强的地方性、民族性，很好地体现了当时村规民约的特点。

1. 铲灰（特指风水山）按面积罚款，一寸 5 元，超过面积的按 50—100 元罚款。
2. 砍风水山的树，按树的大小，1 寸至 5 寸，罚 50—500 元。
3. 摘别家辣子按个数罚款，一个辣子 1 元钱。

---

① 来自新平县戛洒镇某村委会主任的回答。

4. 摘别家玉米的，1元1包。

5. 麦子、胡豆，按面积，一分地赔10—50斤。

6. 偷竹笋，按一斤元钱赔。

7. 酗酒闹事，罚10—50元的教训费。

8. 偷鸡摸狗的，一只鸡（不管大小）罚50—100元，一只狗罚100—150元。

9. 吵架、争田争地打架的，无理由的一方负责医药费，大事由执法机关处理（没出现过）。

10. 风水山的树不能砍，[①] 风水山上的树倒了，也不能砍枝丫拿回去，否则根据树枝大小处理，小枝丫10元，大枝丫10—50元。树干高价卖给他。

11. 风水山的树自然倒的，如有人要买，可出两只鸡，请寨老在树前敬献后，才可卖，卖的钱交村小组管理。

该村规民约从结构到行文上都体现出民间性，行文直截了当，规定的内容是与该村寨生产、生活和风俗传统直接有关的东西，自然在适用中收到很好的效果。该村规民约中有4条涉及当地传统中的风水山中的树林保护。当然，从该村发生的两起偷盗纠纷解决上看，并没有适用该村规民约。

例1-10 偷盗庄稼的处罚

1993年摆谷村小组一汉族人到城寨偷辣椒、瓜尖，被城寨的村民捉住，让村干部解决，当时此人所偷东西有三四斤，村民要罚款200元，否则不放人。偷者家里只好用六麻袋花生抵200元钱，这个汉族人才被放回。

此案在对偷盗者处罚时没有依据村规民约来处罚。按村规民约，此案只需处罚4元钱，显然村民认为这样的处罚过轻，起不到惩戒的作用，于是把事情反映到村干部那里，要村干部一起来解决，但更多的是依据村民

[①] 据村民回忆，在20世纪70年代，一个十几岁的柯姓小男孩不懂事，用刀乱砍风水林的树枝，被罚修村中道路。此后，再也没有发生过此类事件。

要求赔偿的数额来处罚，而不是村规民约。

20世纪90年代中后期，国家对西南民族地区自发性制定的村规民约开始进行干预，甚至通过正式的方式撤销一些村规民约，原因是很多村规民约的规定与国家设立的法律相冲突，最为典型的是村规民约中大额的现金处罚与国家行政处罚规定相冲突。景东县在1997年通过《者后乡第七届人大主席团第七次会议关于撤销者后乡乡规的决议》，但对村规民约的干预到2005年后才开始发生转变，因为我们在德宏调查时发现某镇的很多村规民约规定的处罚数额都很高，体现出较强的传统性，但并没有受到当地政府的否定。如某村小组村规民约第六条规定："不准与有夫之妇、有妇之夫通奸，违者对男女各收违约金2000—5000元。"当然，进入21世纪后，由于国家在推行村民自治的同时，对村规民约采用了强有力的干预手段，导致内容越来越形式化和规范化，很多东西流于形式，于是村规民约的作用开始失效和弱化。我们在调查中发现，很多地区人民调解组织及相关调解人员在解决社会纠纷时很少参考村规民约。当然，现在村规民约存在修改太快、内容形式化等问题，如三年一次的村委会换届选举，让村规民约不停地修改。不管这种修改是出于形式还是实质，都降低了它在村民中的地位。我们在玉溪市新平调查时，一位在村委会、乡政府工作过的司法局官员向我们坦言，村规民约不是他们处理纠纷时的依据。对此，我们从民众的调查问卷中也发现了此问题。2008年2月在三江县林溪乡林溪村亮寨屯进行问卷调查时，向侗族村民下发了33份问卷，有10人回答本屯没有或不清楚有没有村规民约。2007年刘琳在独峒乡岜团村、独峒村、牙寨村进行过问卷调查，这三个村各有52.78%、45.12%、48%的受访者表示国家的法律在农村的"作用很大"，在与"在一定程度上起作用""不起作用"一起的三个备选答案中被选比例是最高的。另外，分别有91.66%、76.83%、68%的受访者表示"在国家法与习惯法有冲突时应当服从国家法"。①

西南民族地区不仅在村规民约上表现弱化，而且在传统的习惯上也出现弱化，具体表现在当各民族的传统习惯与国家法律发生冲突时，

---

① 刘琳：《侗族侗款的遗存、传承与时代性发展——以广西三江侗族自治县侗族侗款为例》，广西师范大学硕士学位论文，2007年。

人们是选择遵守国家法律还是各自的传统习惯，具体情况如表1-9所示。

表1-9　村规民约与法律遵守的倾向

调查点 类型	大理下关	宁蒗羊	宁蒗牛	峨山塔甸	新平夏洒	新平腰街	临翔南美	陇川城子	文山广南	麻栗坡	怒江	岑巩县	花溪区
868	44	29	28	43	56	40	50	29	30	30	30	30	30
村规	7	14	11	16	23	25	24	10	16	6	5	7	9
法律	36	12	15	23	29	12	24	19	14	24	24	23	22

调查点 类型	荔波县	三江县	马山县	百色民族干部班	嵩明县	禄劝卡机	禄劝康荣	禄劝以毛多	罗平六鲁村	罗平多依村	富源石山脚	富源补掌村
868	30	33	31	14	22	30	30	30	33	80	23	43
村规	14	7	26	4	7	4	2	5	11	29	6	13
法律	16	23	5	8	18	26	28	25	19	51	17	32

表1-9体现了人们对国家法律的更高认同。少数民族地区对国家法律的追求有反向使用的倾向，主要是在与公权力组织进行博弈时运用国家法律。调查中很多基层司法工作人员承认现在少数民族地区对国家法律不再完全排斥，特别是在开展大量的普法活动后，但这并非是民众对法治理想的认同，而是为了通过国家法律实现自己的目标。

A：2002年以后，你们越来越重视中立。这是很大的转变。
B：现在反复下去普法后，我们下去说话不注意点就会被抓着不放。有时候干部说的话还不行，要请当地老人出来说话。我们还是充分利用少数民族有威信的干部，他们经验多。[①]

调查中我们发现很多少数民族并没有因此真的在现实生活中完全不再遵循传统习惯，只是这种发展具有弱化的趋势。

A：对村规民约严格适用吗？

---

① 潞西市遮放镇副书记访谈。

B：不严格了，一届一届地换。

A：那就是临时根据具体问题处理纠纷的更多了。

B：村规民约被谈化了。

A：像耕牛吃别人的庄稼这种你们会考虑用村规民约吗？像家庭纠纷，比如赡养老人纠纷会考虑传统吧？

B：不按传统，是按法律。一般够不上法律的时候，做工作，不行就按法律。①

上面的结论并不是说很多少数民族民众在解决纠纷中不再采用传统方法，只是这种传统方法的作用越来越弱化了。当然，这种弱化具有地域性、民族性，同一民族在不同的地区可能表现不一样，如新平县两个花腰傣族中，由于所处地理位置、经济发展不同，表现出来的情况就不同。经济发达、交通方便的村中国家法律的作用超过村规习惯，经济不发达、交通不方便的村中村规传统的作用超过国家法律。这在地域上表现得较为明显，由表1-10的数据可以看出，城市附近的民族对法律的依赖更强，如大理的白族、怒江傈僳族和花溪区布依族。三个民族按民族性看，傈僳族应是对习惯依赖更强，但由于生活在城市附近，所以三者表现出对国家法律的依赖性更强的特征。相反，新平腰街傣族、文山广南壮族对习惯依赖强于法律。民族性上壮族好像更为明显，因为文山广南、南宁马山县的壮族中都是村规优于法律。

8. 国家性质的纠纷解决机制起到重要作用

国家设立的正式纠纷解决机制不管是调解组织还是司法机关，都获得了西南少数民族群体的较高认同。从访谈和问卷看，国家公权力事实上左右着西南民族地区社会自治力量所能发挥的作用，所以西南少数民族群体对公权力树立的权威非常重视就不足为奇了。我们在"您相信下面哪些人或机构作出的调解或判决？"下列举出了7种纠纷解决机制：A. 家庭或家族会议；B. 村民小组；C. 村委会；D. 村里负责调解的机构（如果有的话）；E. 乡镇人民法庭；F. 乡司法所；G. 县或县以上更高一层的司法行政部门或法院。在我们的调查点的问卷上所反映出来的情况如表1-10所示。

---

① 峨山塔甸乡村委会里的采访。

表 1-10 服从选择的纠纷解决机制意愿

调查点 类型	大理下关	宁蒗羊	宁蒗牛	峨山塔甸	新平戛洒	新平腰街	临翔南美	陇川城子	文山广南	麻栗坡	怒江	岑巩县	花溪区
868	44	29	28	43	56	40	50	29	30	30	30	30	30
A	6	7	1	4	5	3	12	11	7	4	10	2	
B	7	16	10	1	13	11	7	19	8	2	16	18	0
C	12	12	7	6	11	3	11	14	1	13	12	17	2
D	10	10	3	11	11	3	6	14	12	14	7	16	9
E	14	6	6	2	5	1	7	9	6	11	3	12	0
F	16	8	4	1	4	2	5	7	12	10	4	15	3
G	28	3	4	10	27	7	11	13	14	13	10	18	1

调查点 类型	荔波县	三江县	马山县	百色民族干部班	嵩明县	禄劝卡机	禄劝康荣	禄劝以毛多	罗平六鲁村	罗平多依村	富源石山脚	富源补掌村
868	30	33	31	14	22	30	30	30	33	80	23	43
A	17	5	6	6	3	11	26	8	19	6	7	
B	7	4	1	3	6	28	27	30	8	13	10	7
C	16	1	3	5	4	29	28	29	15	14	9	10
D	8	8	11	3	6	0	1	0	9	10	7	9
E	3	10	9	4	6	2	11	0	9	28	6	9
F	6	6	13	6	4	15	1	3	9	30	9	10
G	7	1	10	1	15	0	1	0	8	24	7	6

从表 1-10 数据可以看出，西南少数民族在对 7 种纠纷解决机制的认可上，虽然家庭及家族会议还具有较为重要的地位，但整体上人们开始大量选择国家设立的正式调解机制和司法机制，人们解决纠纷更倾向选择国家设立的纠纷解决机制。当然，这种选择具有地域性，在经济发达地区、城市附近的群体更多选择正式国家机制，如大理下关镇的白族选择的机制以 E、F、G 三种为主。相反，在边远地区、经济不发达地区更多选择传统的或者是基层社区组织的正式组织解决，如宁蒗、新平、陇川、荔波等地区更多地选择 A、B、C 三种机制。

我们在问卷调查中发现广西三江县侗乡中对国家正式纠纷解决机制的认可度较高，因为在 2008 年 2 月在三江县林溪乡林溪村亮寨屯获得的 33 份调查问卷中对回答"亲戚欠钱赖着不还，您会公了还是私了"的问题上，2 份未作答，1 份选择了矛盾的选项，3 份选择了"私了"，27 份选择了"公了"的解决方式。此 27 份问卷中，12 份明确选择"到法院进行诉讼"，占所有受访者的 36.4%；9 份选择"到村里负责调解的部门反映",占27.3%;3份选择"到大队或村委会反映";2份选择"向乡里有关部分反映";1份未选择公了单位。在回答"家里的贵重东西被偷了,您首先会想到(怎么解决)"的问题上,5份未作答,共有25份选择了"报公安",占所有受访者的75.8%;6份选择了"向村干部反映"(有4份同时选择了前项),占18.2%;1份选择了"自认倒霉";"向寨子里其他有威望的人反映""自己去找"等选项无人选择。尽管实际行动时选择会与书面问卷上的表态有一定出入,但必须承认村民普遍感到"公了"方式相较于"私了"方式而言更有力量,无论是针对民事纠纷还是治安纠纷都一样。

在我们的问卷中涉及西南民族地区两个重要的权利:生命安全和财产安全,在这两个问题上绝大多数人选择的是国家公共权力机关,具体情况如表1-11所示,"如果您村里有人杀人了,按您村里的规矩会怎么办:A. 交给警察;B. 私下解决"。

表1-11 民间社会中人命重案处理意向

调查点\类型	大理下关	宁蒗羊	宁蒗牛	峨山塔甸	新平戛洒	新平腰街	临翔南美	陇川城子	文山广南	麻栗坡	怒江	岑巩县	花溪区
868	44	29	28	43	56	40	50	29	30	30	30	30	30
交给警察	41	24	21	38	56	27	45	27	27	27	30	28	21
私下解决	0	4	1	0	0	4	1	2	3	3	0	2	5

调查点\类型	荔波县	三江县	马山县	百色民族干部班	嵩明县	禄劝卡机	禄劝康荣	禄劝以毛多	罗平六鲁村	罗平多依村	富源石山脚	富源补掌村
868	30	33	31	14	22	30	30	30	33	80	23	43
交给警察	28	26	26	8	21	30	29	30	29	76	23	37
私下解决	2	7	5	3	1	0	1	0	2	1	0	1

从表1-11可以看出,在命案上,西南少数民族群体已经基本上选择交由公共权力机关解决,仅有很少数人持有"私了"的心态。持有"私了"态度的调查点多在较为偏远乡镇,没有选择"私了"的是在城镇或经济较为发达的地区。

在"如果您家被盗了,您首先会想到:A. 报案 B. 往村里反映 C. 自认倒霉或自己解决"中表现出的情况如表1-12所示。

表 1-12 侵害家庭财产解决机制的选择

类型\调查点	大理下关	宁蒗羊	宁蒗牛	峨山塔甸	新平戛洒	新平腰街	临翔南美	陇川城子	文山广南	麻栗坡	怒江	岑巩县	花溪区
868	44	29	28	43	56	40	50	29	30	30	30	30	30
报案	37	24	23	37	48	24	35	23	10	23	13	25	18
往村里反映	5	4	2	1	3	5	15	10	4	3	1	12	5
自认倒霉	3	4	1	0	1	5	0	2	0	6	18	0	4

类型\调查点	荔波县	三江县	马山县	百色民族干部班	嵩明县	禄劝卡机	禄劝康荣	禄劝以毛多	罗平六鲁村	罗平多依村	富源石山脚	富源补掌村
868	30	33	31	14	22	30	30	30	33	80	23	43
报案	21	26	25	12	20	2	4	1	21	69	22	33
往村里反映	7	6	5	4	7	29	26	29	13	11	1	11
自认倒霉	1	1	1	1	1	0	0	0	3	6	0	1

在家庭财产受到盗窃时，选择交公安机关处理的占绝大多数，其次是往村里反映，其中禄劝县三个点在这一选项上选择较多，仅有怒江调查点中自己解决超过了交由公安机关解决。对于此种选择，调查访问中很多人认为国家法律主要适用于杀人、放火、乱砍滥伐等重要社会事件，其他的可交由民间自己解决。

司法机制开始成为民间大量使用的纠纷解决机制，在很多过去不采用的纠纷种类中开始采用。在景东县者后乡调查时，开始出现多数赡养纠纷通过诉讼解决的现象。如 2008 年某村罗某夫妇因为五个子女不尽赡养的义务，就把五个子女告上法庭，通过司法程序解决。在调查中，该村委会下有多起此类案件通过司法途径得到解决。从中可以看出，在偏远的少数民族村社中，老人在权益受到侵害时开始使用司法机制维护自己的利益。

9. 纠纷解决机制选择上的多样性

西南民族地区民族众多，不同地区有不同民族，同一民族居住在不同地区，若要对他们对纠纷解决机制的选择进行统一的评价是很难的。调查中我们发现对纠纷解决机制的选择上表现出民族性、地理性、文化性、经济性和区域性等特征。如在调查中我们对傣族进行了四个点的调查，它们分别是德宏州芒市辖下的两个乡，一个在城郊，一个离城较远，但两个乡镇经济都比较发达。我们发现他们在纠纷解决机制的选择上城郊就非常依赖司法所等人民调解组织,而离城较远的乡就更依赖乡政府及村委会调解组织。在玉溪市,我们选择两个傣族乡,一个在经济较发达的镇,当地民众在解决社会纠纷的机制选择上对村委会与司法所有较高的认同度。而另一个较偏远的傣族村寨调查点,由于该村委会所处的位置距交通道路较远,社会经济以传统农耕为主,民众在解决社会纠纷的机制选择上以传统机制为主。此外,同为彝族,我们调查云南省玉溪市峨山县的某个乡时发现,由于该乡处在交通要道,商品经济较为发达,以烤烟、核桃等经济作物为主,所以他们在解决社会纠纷的机制选择上更依靠村委会、司法所及乡政府等,人们对传统的东西更多地持否定态度。访谈时,当地人甚至认为家族内部解决纠纷最易造成人际关系的紧张,大家不愿卷入纠纷,把纠纷交给政府的相关机构可以解决此问题。而在丽江市宁蒗县的一个彝族村委会中,我们发现他们对国家纠纷解决机制、国家法律、村规民约等东西不熟知,特别是老年妇女,对国家正式纠纷解决机制处在一种混乱的认识中,所以他们产生纠纷时更倾向于选择传统的纠纷解决机制。

10. 不同纠纷种类解决机制选择上的复杂性

西南少数民族在纠纷解决机制的选择上,选择哪种纠纷解决机制与纠纷性质有关,不同种类的纠纷会选择不同的纠纷解决机制。从问卷与访谈看,主要可以分为以下三种类型。

首先,受纠纷主体之间的关系影响,家人、熟人与陌生人之间的纠纷在纠纷解决机制选择上表现出不同。家人、熟人之间一般选择采用容忍或是熟人调解的方式解决。若是陌生人之间,采用正式纠纷解决机制的可能性较高。整体上看,涉及家庭内部的纠纷、熟人之间的纠纷时,各民族都倾向于内部非正式解决。因为在我们的调查问卷"在下面哪些争吵中你会算了,忍一忍"的回答中,选择最多的是(1)、(2)、(3)和(5),即夫妻之间的争吵,您家里的其他争吵,比如和老人或小孩,别人说您的坏话和他人家的猪、鸡、牛、马到您家田地里吃您家的庄稼,具体数据如表1-3所示。

从表1-13可以看出,人们在选择纠纷解决机制时具有相应主体之间关系的关联性,即不同纠纷主体之间的关系会影响他们选择纠纷解决机制的形式。

在"当家里人发生争吵时,您是否会找外人解决"的回答中,绝大多

表1-13 民众对不同纠纷容忍度类型的分布

调查点 类型	大理下关	宁蒗羊	宁蒗牛	峨山塔甸	新平戛洒	新平腰街	临翔南美	陇川城子	文山广南	麻栗坡	怒江	岑巩县	花溪区
868	44	29	28	43	56	40	50	29	30	30	30	30	30
(1)	35	16	9	32	28	13	29	22	26	28	18	23	11
(2)	32	6	10	9	21	8	22	20	22	17	11	15	7
(3)	9	14	7	9	16	6	14	20	9	12	12	5	6
(5)	7	11	5	4	5	5	6	18	3	12	1	15	3

调查点 类型	荔波县	三江县	马山县	百色民族干部班	嵩明县	禄劝卡机	禄劝康荣	禄劝以毛多	罗平六鲁村	罗平多依村	富源石山脚	富源补掌村
868	30	33	31	14	22	30	30	30	33	80	23	43
(1)	26	27	0	11	20	18	29	30	26	50	14	28
(2)	27	21	0	7	14	18	29	30	12	45	11	24
(3)	18	8	0	10	13	17	21	21	13	40	9	26
(5)	8	13	0	6	11	0	3	7	13	24	4	18

数人选择了"不会",并且在找"外人"时,更多选择的是村里老人或村内组织,[①] 具体数据如表1-14所示。

表1-14 家庭成员纠纷时选择外在解决机制的倾向

调查点 类型		大理下关	宁蒗羊	宁蒗牛	峨山塔甸	新平戛洒	新平腰街	临翔南美	陇川城子	文山广南	麻栗坡	怒江	岑巩县	花溪区
868		44	29	28	43	56	40	50	29	30	30	30	30	30
第一问	会	2	10	6	17	16	16	5	4	6	8	1	11	4
	不会	41	18	26	23	40	17	45	25	24	22	29	19	24
第二问	A	15	12	5	23	20	11	14	12	1	18	0	6	4
	B	12	14	8	5	16	3	17	0	2	10	1	10	7
	C	3	4	3	3	1	3	1	0	2	3	0	1	2
	D	1	0	3	4	3	3	3	0	1	0	0	1	2

调查点 类型		荔波县	三江县	马山县	百色民族干部班	嵩明县	禄劝卡机	禄劝康荣	禄劝以毛多	罗平六鲁村	罗平多依村	富源石山脚	富源补掌村
868		30	33	31	14	22	30	30	30	33	80	23	43
第一问	会	4	0	0	0	5	13	8	9	12	22	6	18
	不会	25	0	0	0	17	16	22	21	19	58	15	23

---

① 广西三个问卷点中由于修改了问卷,删除了相应的问题,所以没有相应数字。下面没有数据的地方原因相同。

续表

类型 \ 调查点		荔波县	三江县	马山县	百色民族干部班	嵩明县	禄劝卡机	禄劝康荣	禄劝以毛多	罗平六鲁村	罗平多依村	富源石山脚	富源补掌村
868		30	33	31	14	22	30	30	30	33	80	23	43
第二问	A	4	0	0	0	10	12	3	7	14	46	13	27
	B	5	0	0	0	10	5	8	3	16	34	9	15
	C	0	0	0	0	2	1	0	0	5	9	2	8
	D	0	0	0	0	3	0	0	0	2	15	1	2

从表1-14的数据可以看出，西南少数民族在涉及家庭纠纷时绝大多数采用内部解决，不采用寻找第三方力量解决。因为在第二问中，很多人保持了不选择，原因是我们提出的备选答案被调查者认为都不是，于是不作选择，并且在选择第三方力量解决时优先选择本社区内的熟人，因为绝大多数人选择的是"A. 村民小组的人、村长或者村委会"和"B. 村里有权威的老人或长辈"，很少有人选择"C. 乡镇法庭"和"D. 乡司法所"。这说明西南少数民族在纠纷解决机制选择上保留了传统的方式。

在"与村里人发生矛盾、纠纷时，您会怎样解决？"的问卷中，调查对象的回答数据如表1-15所示。

表1-15 村寨成员间纠纷解决机制的选择

类型 \ 调查点	大理下关	宁蒗羊	宁蒗牛	峨山塔甸	新平戛洒	新平腰街	临翔南美	陇川城子	文山广南	麻栗坡	怒江	岑巩县	花溪区
868	44	29	28	43	56	40	50	29	30	30	30	30	30
和他(她)私下解决	24	8	11	11	14	4	24	19	17	21	26	13	13
找人调解	21	16	15	26	38	15	20	4	10	7	2	20	6
到法院打官司	7	2	2	1	3	3	4	0	3	2	2	0	3

类型 \ 调查点	荔波县	三江县	马山县	百色民族干部班	嵩明县	禄劝卡机	禄劝康荣	禄劝以毛多	罗平六鲁村	罗平多依村	富源石山脚	富源补掌村
868	30	33	31	14	22	30	30	30	33	80	23	43
和他(她)私下解决	3	2	6	0	16	9	9	6	10	29	12	15
找人调解	25	30	30	13	11	30	29	9	16	46	9	31
到法院打官司	3	5	1	4	2	0	0	0	12	17	1	4

第一章　当前西南民族地区纠纷解决机制现状及问题

在对此题的第二问"若您愿意调解，您会选择谁来调解"的选择中，① 调查点的数据如表 1－16 所示。

表 1－16　村寨内成员纠纷解决时主体的选择

调查点 类型	大理下关	宁蒗羊	宁蒗牛	峨山塔甸	新平戛洒	新平腰街	临翔南美	陇川城子	文山广南	麻栗坡	怒江	岑巩县	花溪区
868	44	29	28	43	56	40	50	29	30	30	30	30	30
A	7	10	10	20	7	4	5	10	4	9	10	9	4
B	16	16	4	5	19	9	8	7	6	7	4	17	6
C	14	13	6	2	16	6	12	12	3	15	3	16	0
D	0	0	2	6	7	1	5	0	0	0	0	0	0
E	12	7	5	9	9	8	16	16	11	3	6	12	3
F	5	6	6	1	6	11	9	1	5	6	18	3	5

调查点 类型	荔波县	三江县	马山县	百色民族干部班	嵩明县	禄劝卡机	禄劝康荣	禄劝以毛多	罗平六鲁村	罗平多依村	富源石山脚	富源补掌村
868	30	33	31	14	22	30	30	30	33	80	23	43
A	11	2	2	0	12	4	10	11	8	16	6	24
B	12	17	1	12	9	28	25	30	15	40	8	18
C	3	6	20	1	6	28	27	30	11	12	11	16
D	0	0	0	0	2	1	0	0	6	13	15	4
E	5	0	2	2	5	1	1	0	12	18	11	10
F	13	7	6	7	9	8	5	6	8	17	8	7

表 1－15、表 1－16 反映出西南少数民族在与熟人产生纠纷时如何选择纠纷解决机制。绝大多数人在熟人间的纠纷上选择"私下解决"或"找人调解"，在采用"找人调解"时多找熟人社区内的人员。但从表 1－15、表 1－16 看，人们更倾向选择具有某种公权力特征的机构和人作为纠纷解决者，如村长、村委会等基层公权力机构。

在邻居之间纠纷解决机制选择上具有很强的内部解决的倾向，因为我们在调查问卷中在"邻居建房时占了您家的宅基地或影响了您的

---

① 具体选项是：A. 村民小组的人；B. 村委会的人；C. 村长；D. 村里在法院工作的人；E. 村里纠纷调解小组；F. 村里有威望的老人或长辈。

生活，您如何解决"问题下提出五种解决机制：A. 找村长；B. 找乡政府；C. 法院；D. 找派出所；E. 自己解决，具体情况如表 1-17 所示。

表 1-17 邻里间不动产纠纷解决机制的选择

调查点 类型	大理下关	宁蒗羊	宁蒗牛	峨山塔甸	新平戛洒	新平腰街	临翔南美	陇川城子	文山广南	麻栗坡	怒江	岑巩县	花溪区
868	44	29	28	43	56	40	50	29	30	30	30	30	30
A	21	17	19	26	40	13	23	18	6	11	10	21	10
B	24	11	7	6	12	7	17	1	6	15	3	24	7
C	12	5	1	4	2	2	3	1	2	9	1	10	3
D	3	2	2	2	0	5	3	1	3	5	0	7	0
E	4	3	1	7	6	0	2	11	13	1	20	2	1

调查点 类型	荔波县	三江县	马山县	百色民族干部班	嵩明县	禄劝卡机	禄劝康荣	禄劝以毛多	罗平六鲁村	罗平多依村	富源石山脚	富源补掌村
868	30	33	31	14	22	30	30	30	33	80	23	43
A	16	0	0	0	21	27	21	30	17	31	9	18
B	7	0	0	0	1	27	23	29	13	40	11	14
C	4	0	0	0	7	0	3	0	5	10	2	6
D	0	0	0	0	1	0	0	0	2	12	4	4
E	8	0	0	0	3	12	1	0	5	15	8	6

我们调查了亲戚之间借贷纠纷的解决机制选择问题，因为在问卷中我们设置了"亲戚跟您借了钱，很长时间都没有还，您找他（她）多次讨要也没有结果，您会"这一问题，对五种机制[①]的选择情况如表 1-18 所示。

我们调查了财产继承纠纷中人们选择的纠纷解决机制，在问卷中我们设置了"家里的老人过世后，留下了房子等财物，如果您有兄弟姐妹，您会怎样处理老人的财物"这一问题，并提出三种解决机制，具体情况如表 1-19 所示。

---

① 五种机制是：A. 找熟人去和他（她）说，让他（她）还钱；B. 到村民小组或村委会反映；C. 到村里负责调解的部门反映；D. 到法院起诉他（她）；E. 自己解决。

表1-18　亲友间金钱债务纠纷解决机制的选择

调查点\类型	大理下关	宁蒗羊	宁蒗牛	峨山塔甸	新平戛洒	新平腰街	临翔南美	陇川城子	文山广南	麻栗坡	怒江	岑巩县	花溪区
868	44	29	28	43	56	40	50	29	30	30	30	30	30
A	15	14	15	7	24	6	22	16	20	10	10	19	3
B	5	12	8	9	3	15	13	6	8	8	4	4
C	9	2	3	9	9	8	7	3	1	16	2	7	3
D	16	4	5	18	16	4	7	3	2	16	1	11	6
E	13	2	2	5	4	2	7	7	1	0	13	4	6

调查点\类型	荔波县	三江县	马山县	百色民族干部班	嵩明县	禄劝卡机	禄劝康荣	禄劝以毛多	罗平六鲁村	罗平多依村	富源石山脚	富源补掌村
868	30	33	31	14	22	30	30	30	33	80	23	43
A	9	12	13	6	15	29	29	26	12	38	12	16
B	4	4	5	3	2	22	6	23	7	12	5	14
C	4	11	3	6	5	0	0	0	14	26	7	16
D	1	12	6	6	5	0	0	0	6	16	8	7
E	7	4	2	1	0	2	3	2	3	20	2	6

表1-19　家庭遗产处理机制

调查点\类型	大理下关	宁蒗羊	宁蒗牛	峨山塔甸	新平戛洒	新平腰街	临翔南美	陇川城子	文山广南	麻栗坡	怒江	岑巩县	花溪区
868	44	29	28	43	56	40	50	29	30	30	30	30	30
A	17	16	10	9	9	11	12	21	9	10	8	5
B	32	13	16	29	29	13	31	16	3	19	18	16	11
C	11	2	4	18	18	2	8	8	6	5	5	16	3

调查点\类型	荔波县	三江县	马山县	百色民族干部班	嵩明县	禄劝卡机	禄劝康荣	禄劝以毛多	罗平六鲁村	罗平多依村	富源石山脚	富源补掌村
868	30	33	31	14	22	30	30	30	33	80	23	43
A	9	21	11	6	9	5	17	12	14	34	11	19
B	21	7	22	8	13	16	14	18	12	39	12	23
C	5	14	3	0	9	9	1	2	12	24	6	17

表1-19反映出在家庭内部遗产的继承上，西南少数民族民众更愿服从老人的遗嘱，没有遗嘱时更多依靠家人及家族解决。因为在后面我们有

一个问题，即"如果兄弟姐妹的意见不一致，您会"，采用的解决机制是：A. 找家族里的其他人解决；B. 到法院打官司；C. 找村干部解决。对三种解决机制的选择情况如表1-20所示。

表1-20 家庭遗产纠纷解决机制的选择

调查点 类型	大理下关	宁蒗羊	宁蒗牛	峨山塔甸	新平戛洒	新平腰街	临翔南美	陇川城子	文山广南	麻栗坡	怒江	岑巩县	花溪区
868	44	29	28	43	56	40	50	29	30	30	30	30	30
A	25	9	17	15	37	11	32	17	21	3	23	19	10
B	11	2	1	7	4	3	2	3	25	1	8	2
C	10	0	0	10	3	0	10	6	2	4	17	2

调查点 类型	荔波县	三江县	马山县	百色民族干部班	嵩明县	禄劝卡机	禄劝康荣	禄劝以毛多	罗平六鲁村	罗平多依村	富源石山脚	富源补掌村
868	30	33	31	14	22	30	30	30	33	80	23	43
A	15	11	19	8	16	25	21	23	26	56	20	21
B	0	5	0	2	2	0	0	0	2	8	2	6
C	17	14	13	5	5	10	8	7	10	27	8	25

以上数据反映了西南少数民族民众在纠纷解决机制的选择上与纠纷主体之间的社会关系情况具有很高的关联性。当然，这种关系现在开始受到地域、生活关系变迁的影响。

其次，西南少数民族在纠纷解决机制的选择上受到纠纷内容的影响。不同纠纷内容决定着他们选择不同的纠纷解决机制，如涉及生存、人身安全的纠纷更倾向选择外在的、正式的纠纷解决机制。对于此问题，我们在问卷中用了10个固定的问题，[①] 设定不同的纠纷内容，看受访者选择哪

---

① 这10个问题分别是：
(1) 夫妻之间的争吵（　）
(2) 与您家里的其他人争吵，比如和老人或小孩（　）
(3) 别人说您的坏话（　）
(4) 别人打伤了您和您的家人（　）
(5) 别人家的鸡、猪、牛、马到您家田地里吃和践踏您家的庄稼（　）
(6) 他人借了您的钱和东西不还时（　）
(7) 别人侵占了您的土地、山林、房屋、耕地（　）
(8) 您家的耕地或其他土地被政府收回（　）
(9) 与他人发生用水争吵（　）
(10) 对村里公共事务不满意（　）

第一章 当前西南民族地区纠纷解决机制现状及问题

些纠纷解决机制，即看当事人是如何把不同纠纷的解决提交给不同机制的。它们分别是容忍，村寨内的本姓老人或相关人员，村委会、乡政府，乡长、县长或更上一层的领导，乡镇司法所，共五个级别。第一个机制在前面已经有所反映。第二个级别村寨内本姓老人或相关人员的情况如表1-21所示。①

表1-21 十类纠纷解决时选择村寨内权威人员的分布

类型\调查点	大理下关	宁蒗羊	宁蒗牛	峨山塔甸	新平夏洒	新平腰街	临翔南美	陇川城子	文山广南	麻栗坡	怒江	岑巩县	花溪区
868	44	29	28	43	56	40	50	29	30	30	30	30	30
(1)	4	12	6	8	5	5	3	2	11	7	6	8	2
(2)	11	7	10	8	19	9	7	6	8	7	5	13	4
(3)	9	6	0	3	2	1	9	2	3	2	1	10	0
(4)	18	12	9	11	14	8	18	20	11	14	10	19	4
(5)	17	17	7	10	15	7	14	7	3	20	3	16	7
(6)	8	10	3	5	4	2	8	10	7	12	2	10	1
(7)	14	10	6	13	17	3	17	16	2	9	3	15	4
(8)	9	10	5	6	10	2	6	5	0	1	1	9	4
(9)	9	10	4	7	7	4	7	6	12	14	0	7	3
(10)	13	9	9	11	9	5	14	3	4	14	1	10	4

类型\调查点	荔波县	三江县	马山县	百色民族干部班	嵩明县	禄劝卡机	禄劝康荣	禄劝以毛多	罗平六鲁村	罗平多依村	富源石山脚	富源补掌村
868	30	33	31	14	22	30	30	30	33	80	23	43
(1)	3	0	0	0	4	11	10	7	14	21	7	6
(2)	2	0	0	0	5	12	16	8	7	18	5	6
(3)	4	0	0	0	3	18	8	27	7	12	4	4
(4)	26	0	0	0	4	1	2	0	12	24	8	13
(5)	23	0	0	0	5	29	24	29	8	30	11	19
(6)	11	0	0	0	1	14	17	30	7	17	9	12
(7)	14	0	0	0	9	1	1	3	15	29	7	17
(8)	3	0	0	0	0	0	0	0	5	13	4	7
(9)	5	0	0	0	4	25	25	30	12	16	7	8
(10)	3	0	0	0	5	6	3	1	6	12	6	9

---

① 表中全部为零的是因为在调查点中没有该题的调查。

从表 1-21 中可以看出，选择此种纠纷解决机制的纠纷主要是类型 (1)—(6)。

选择这种纠纷内容的理由如下。①

表 1-22 十类纠纷选择村寨内权威人员的理由

调查点 类型	大理下关	宁蒗羊	宁蒗牛	峨山塔甸	新平戛洒	新平腰街	临翔南美	陇川城子	文山广南	麻栗坡	怒江	岑巩县	花溪区
868	44	29	28	43	56	40	50	29	30	30	30	30	30
(1)	8	9	8	12	10	4	10	7	16	10	12	12	10
(2)	28	15	15	23	38	14	27	20	13	18	15	24	10
(3)	4	0	4	2	7	0	0	1	1	0	0	0	2

调查点 类型	荔波县	三江县	马山县	百色民族干部班	嵩明县	禄劝卡机	禄劝康荣	禄劝以毛多	罗平六鲁村	罗平多依村	富源石山脚	富源补掌村
868	30	33	31	14	22	30	30	30	33	80	23	43
(1)	11	0	0	0	24	1	2	5	5	14	2	6
(2)	25	0	0	0	19	29	27	25	16	52	20	25
(3)	0	0	0	0	10	1	2	0	10	14	4	11

从表 1-21、表 1-22 可以看出，西南少数民族在涉及家庭中的财产纠纷时选择纠纷解决机制主要是出于修复关系，而不是维护受损利益。

第三个级别村委会和乡政府的情况如表 1-23 所示。

表 1-23 十类不同纠纷选择村委会解决的分布

调查点 类型	大理下关	宁蒗羊	宁蒗牛	峨山塔甸	新平戛洒	新平腰街	临翔南美	陇川城子	文山广南	麻栗坡	怒江	岑巩县	花溪区
868	44	29	28	43	56	40	50	29	30	30	30	30	30
(1)	3	10	1	7	0	6	0	1	1	2	1	4	0
(2)	5	6	3	2	0	4	0	3	1	0	1	6	3
(3)	5	8	0	0	1	3	0	0	3	0	6	1
(4)	22	10	9	9	14	6	22	18	17	22	7	12	5
(5)	15	11	6	10	10	7	11	4	5	14	2	18	6
(6)	10	6	6	6	2	5	7	8	5	11	9	9	1
(7)	33	13	10	16	32	6	22	21	16	27	10	24	13
(8)	11	9	9	8	14	4	14	10	12	15	5	11	6
(9)	9	6	5	4	3	5	3	2	3	6	8	2
(10)	10	12	12	7	14	8	6	6	6	14	7	0

---

① (1) 是邻居和家门房族；(2) 这样处理比较好，有利于关系的维持；(3) 其他原因。

续表

类型\调查点	荔波县	三江县	马山县	百色民族干部班	嵩明县	禄劝卡机	禄劝康荣	禄劝以毛多	罗平六鲁村	罗平多依村	富源石山脚	富源补掌村
868	30	33	31	14	22	30	30	30	33	80	23	43
(1)	0	0	0	0	1	2	1	2	1	6	2	2
(2)	0	0	0	0	1	4	3	2	2	8	1	4
(3)	2	0	0	0	1	3	1	8	3	7	5	5
(4)	23	0	0	0	6	23	25	26	15	35	15	22
(5)	18	0	0	0	3	19	10	27	9	25	9	11
(6)	9	0	0	0	3	19	8	21	6	19	4	14
(7)	29	0	0	0	17	21	27	28	21	43	13	27
(8)	8	0	0	0	5	6	6	5	7	18	8	8
(9)	3	0	0	0	3	26	13	30	9	8	4	1
(10)	15	0	0	0	5	11	2	15	5	26	9	17

此级纠纷解决机制调解的内容是类型（4）—（10）的六种纠纷，反映了利益在纠纷解决机制选择上的权重在增加。

选择的理由①如表1-24所示。

表1-24 十类不同纠纷选择村委会解决的理由

类型\调查点	大理下关	宁蒗羊	宁蒗牛	峨山塔甸	新平夏洒	新平腰街	临翔南美	陇川城子	文山广南	麻栗坡	怒江	岑巩县	花溪区
868	44	29	28	43	56	40	50	29	30	30	30	30	30
(1)	15	15	12	17	28	12	21	13	3	12	25	10
(2)	14	9	13	18	21	6	20	14	17	20	17	0	4
(3)	16	6	6	2	6	0	4	2	9	10	0	19	3

类型\调查点	荔波县	三江县	马山县	百色民族干部班	嵩明县	禄劝卡机	禄劝康荣	禄劝以毛多	罗平六鲁村	罗平多依村	富源石山脚	富源补掌村
868	30	33	31	14	22	30	30	30	33	80	23	43
(1)	15	0	0	0	6	10	5	18	14	27	6	19
(2)	17	0	0	0	14	15	17	12	17	45	16	19
(3)	0	0	0	0	2	1	7	0	5	8	2	6

---

① （1）找他们才好解决；（2）比较稳妥；（3）其他。

这个层级的纠纷内容主要集中在家庭生活资料、生产资料的保护上，因为主要集中在（4）、（5）、（6）和（7）中。从人们选择此类纠纷解决机制看，主要是相信这类纠纷解决机制的主体具有更高的认识度和权威性。

第四个级别乡长、县长或更高层的领导的情况如表1-25所示。

表1-25 十类不同纠纷选择乡镇以上领导的分布

调查点\类型	大理下关	宁蒗羊	宁蒗牛	峨山塔甸	新平戛洒	新平腰街	临翔南美	陇川城子	文山广南	麻栗坡	怒江	岑巩县	花溪区
868	44	29	28	43	56	40	50	29	30	30	30	30	30
(1)	0	9	7	3	0	3	3	1	1	2	0	3	0
(2)	0	7	2	6	0	6	5	1	3	2	0	1	2
(3)	0	6	1	1	0	4	2	0	1	0	0	3	0
(4)	11	10	6	9	10	9	13	16	7	16	1	13	3
(5)	3	14	1	3	1	3	9	1	0	9	1	5	3
(6)	0	5	2	1	2	7	6	1	2	10	0	3	1
(7)	30	17	9	10	23	5	19	23	28	26	15	19	14
(8)	23	10	9	14	31	5	16	9	20	28	7	15	6
(9)	3	3	3	2	1	7	8	0	1	1	2	6	0
(10)	18	10	3	6	10	3	11	1	3	12	13	11	1

调查点\类型	荔波县	三江县	马山县	百色民族干部班	嵩明县	禄劝卡机	禄劝康荣	禄劝以毛多	罗平六鲁村	罗平多依村	富源石山脚	富源补掌村
868	30	33	31	14	22	30	30	30	33	80	23	43
(1)	1	0	0	0	1	0	0	0	4	8	2	3
(2)	1	0	0	0	0	0	1	0	2	5	2	2
(3)	1	0	0	0	0	1	0	0	4	8	0	2
(4)	9	0	0	0	2	10	7	7	15	28	9	19
(5)	5	0	0	0	0	3	0	0	7	18	5	13
(6)	2	0	0	0	0	3	1	0	7	16	6	11
(7)	29	0	0	0	16	3	12	26	18	42	14	21
(8)	11	0	0	0	10	28	29	30	7	33	6	19
(9)	1	0	0	0	2	0	0	0	7	10	1	1
(10)	11	0	0	0	6	1	1	0	5	23	11	12

选择的理由[①]，如表1-26所示。

---

① （1）事关面子；（2）事关生计；（3）其他原因。

第一章 当前西南民族地区纠纷解决机制现状及问题

表1-26 十类不同纠纷选择乡镇以上领导的理由

调查点 类型	大理下关	宁蒗羊	宁蒗牛	峨山塔甸	新平戛洒	新平腰街	临翔南美	陇川城子	文山广南	麻栗坡	怒江	岑巩县	花溪区
868	44	29	28	43	56	40	50	29	30	30	30	30	30
(1)	2	7	3	6	1	6	8	5	3	1	0	9	2
(2)	26	18	11	19	33	11	18	17	23	25	23	11	11
(3)	7	4	3	8	14	3	12	6	4	7	2	4	2

调查点 类型	荔波县	三江县	马山县	百色民族干部班	嵩明县	禄劝卡机	禄劝康荣	禄劝以毛多	罗平六鲁村	罗平多依村	富源石山脚	富源补掌村
868	30	33	31	14	22	30	30	30	33	80	23	43
(1)	4	0	0	0	2	1	0	1	6	16	5	5
(2)	27	0	0	0	14	29	23	30	14	37	13	15
(3)	2	0	0	0	3	0	8	0	8	28	6	17

西南少数民族产生纠纷时求助于所能见到的公权力组织中的重要人物，主要集中在生存资料、人身安全和生活中的公共权力问题，因为表1-25、表1-26中反映出的纠纷类型主要集中在（7）、（8）、（10）和（4）。在理由上，认为这些纠纷涉及生计大事，而不是"面子"问题，所以才选择此种纠纷解决机制。

第五个级别乡镇司法所的情况如表1-27所示。

表1-27 十类不同纠纷选择乡镇司法所的分布

调查点 类型	大理下关	宁蒗羊	宁蒗牛	峨山塔甸	新平戛洒	新平腰街	临翔南美	陇川城子	文山广南	麻栗坡	怒江	岑巩县	花溪区
868	44	29	28	43	56	40	50	29	30	30	30	30	30
(1)	0	8	3	3	3	6	4	0	1	2	1	2	0
(2)	0	5	2	3	3	1	6	1	0	2	0	2	1
(3)	3	7	2	0	0	1	4	1	0	2	0	6	1
(4)	29	10	9	11	20	10	22	23	18	25	5	9	11
(5)	5	10	4	0	1	5	9	0	4	5	0	14	1
(6)	16	9	5	7	12	5	7	7	4	7	1	15	3
(7)	35	13	12	15	24	5	19	20	22	23	13	23	11
(8)	19	8	9	7	14	4	1	12	12	19	6	6	2
(9)	6	3	6	2	3	5	11	2	0	1	11	4	0
(10)	10	12	5	4	6	6	3	4	7	1	7	0	

·87·

续表

调查点\类型	荔波县	三江县	马山县	百色民族干部班	嵩明县	禄劝卡机	禄劝康荣	禄劝以毛多	罗平六鲁村	罗平多依村	富源石山脚	富源补掌村
868	30	33	31	14	22	30	30	30	33	80	23	43
(1)	0	0	0	0	1	1	0	0	4	10	3	4
(2)	0	0	0	0	0	1	1	0	2	10	2	5
(3)	0	0	0	0	2	0	0	0	2	10	1	6
(4)	20	0	0	0	9	26	8	30	12	40	11	20
(5)	9	0	0	0	4	1	1	0	11	21	4	11
(6)	7	0	0	0	5	8	3	7	7	22	4	12
(7)	28	0	0	0	15	27	29	30	19	50	17	32
(8)	12	0	0	0	6	12	6	30	5	28	8	15
(9)	0	0	0	0	6	9	6	17	5	11	2	7
(10)	4	0	0	0	7	0	1	0	10	21	6	14

选择的理由①如表1-28所示。

表1-28 十类不同纠纷选择乡镇司法所的理由

调查点\类型	大理下关	宁蒗羊	宁蒗牛	峨山塔甸	新平戛洒	新平腰街	临翔南美	陇川城子	文山广南	麻栗坡	怒江	岑巩县	花溪区
868	44	29	28	43	56	40	50	29	30	30	30	30	30
(1)	25	11	9	22	24	10	28	17	15	20	21	20	6
(2)	17	14	11	11	19	9	12	10	12	10	4	18	7
(3)	7	2	3	1	10	1	7	2	3	5	0	1	2

调查点\类型	荔波县	三江县	马山县	百色民族干部班	嵩明县	禄劝卡机	禄劝康荣	禄劝以毛多	罗平六鲁村	罗平多依村	富源石山脚	富源补掌村
868	30	33	31	14	22	30	30	30	33	80	23	43
(1)	23	0	0	0	10	26	13	30	14	35	10	22
(2)	17	0	0	0	9	3	8	0	4	28	7	10
(3)	1	0	0	0	3	1	11	0	6	13	8	13

从表1-28可以看出，西南少数民族在使用乡镇司法所纠纷解决机制时主要集中于那些涉及人身安全和生存基础的纠纷上，因为表1-28中反

---

① (1) 是大事情；(2) 事关生计；(3) 其他原因。

映出选择（4）、（7）、（8）和（6）的最多。从理由上看，很多人认为这些纠纷涉及生计、生活中的关键因素。

上面统计数据反映了西南少数民族在纠纷解决机制的选择与纠纷内容性质上具有相当高的关联度。虽然我们的调查数据可能不是绝对精确，但整体上还是反映出西南少数民族纠纷内容与纠纷解决机制选择上的关系。同时，从上面纠纷解决机制的选择上可以看出，当前西南少数民族的纠纷主要与人身安全、生存资料等问题有关。这与我们的调查和他人的报告是一致的。我们在调查中发现现在很多少数民族在涉及赡养问题时，老人会把纠纷起诉到法院。这种纠纷按主体之间的关系应选择家族内部或村寨内解决，但事实并非如此。

最后，西南少数民族在纠纷解决机制的选择上还受到不同民族群体的民族性、文化性、宗教性及经济生活等因素的影响。调查中发现，只要是信教民众之间的纠纷，都倾向于把纠纷优先提交给自己的宗教组织解决。我们在怒江泸水县进行调查时访问了某乡的基督教教头茶某。

  问：基督教对你们的生产、生活有什么样的作用？
  茶某：首先，对生产、生活都有影响，生活变得积极、变得文明，教徒不偷盗、不抽烟、不喝酒。其次，教徒之间一般无大矛盾。二十多年来无大冲突，但有小矛盾。发生小矛盾用教规、教义解决，服从《圣经》，犯错者自己认罪，自己悔改。村里近期无任何大小矛盾冲突。
  问：教徒之间发生矛盾如何处理？教徒与信教的人之间的矛盾如何解决？
  茶某：教徒之间的矛盾一般用教义、教规解决，犯错者自己悔改。教徒之间到法院起诉的很少。
  教徒与不信教的人发生矛盾，劝教徒谦让。[①]

这种倾向与问卷的结果是一致的，在我们问卷中，只要是信教民众都会首先选择把自己的纠纷提交给宗教组织解决，具体数据如表1-29所示。

---

① 怒江州泸水县的访谈。

表1-29 信教民众间纠纷解决机制选择意愿

类型\调查点	大理下关	宁蒗羊	宁蒗牛	峨山塔甸	新平夏洒	新平腰街	临翔南美	陇川城子	文山广南	麻栗坡	怒江	岑巩县	花溪区
868	44	29	28	43	56	40	50	29	30	30	30	30	30
信教人数	10	0	0	0	0	0	0	2	7	23	18	8	6
找教内相关人员解决	8	0	0	0	0	0	0	1	6	22	17	7	4

类型\调查点	荔波县	三江县	马山县	百色民族干部班	嵩明县	禄劝卡机	禄劝康荣	禄劝以毛多	罗平六鲁村	罗平多依村	富源石山脚	富源补掌村
868	30	33	31	14	22	30	30	30	33	80	23	43
信教人数	15	13	8	10	12	17	15	25	21	62	11	19
找教内相关人员解决	14	8	5	9	7	12	13	24	21	62	11	19

从表1-29中可以看出，信教的民众在纠纷解决机制的选择上体现出很高的倾向性，绝大多数信教民众把自己的纠纷交给自己的宗教组织解决。回族、藏族等民众产生纠纷后往往交由宗教人士解决。回族中的阿訇成为当地社会纠纷解决中的重要人物，藏族中的喇嘛也成为当地社会的重要纠纷解决者。

第三节 当前西南民族地区纠纷解决机制存在的问题

西南民族地区基层纠纷解决机制存在的问题很多与内地是一致的，但也有不同之处。西南民族地区社会纠纷解决机制上存在的问题有些与执政党对国家治理的选择与理解有关，有些与民族特性、社会传统、文化特点、地理环境等因素有关。通过调查访谈及研究，我们认为我国西南民族地区社会纠纷解决机制在建设上存在以下11个方面的问题。

一、指导思想上存在工具主义、功利主义和实用主义

西南民族地区社会纠纷解决机制的设置及运作中最大的问题是指导思

想上存在着工具主义、功利主义和实用主义,具体是为了达到政治上的特定目的,在社会纠纷解决机制建设中往往存在投机主义,不停地改变纠纷解决机制的建设中心,提出不同的目标,让基层纠纷解决机制不能持之有效地推进,出现反复建设、机构反复设置等问题。这导致西南民族地区在纠纷解决机制上出现很复杂的问题。1949年后国家在基层社会治理中的重大问题是目标的多变及混乱,导致基层社会组织在功能需求上表现无常,在制度设置上出现不确定性。西南民族地区同样受到此种思想的影响,出现过1949—1956年大量乡、县民族自治政府的设置,政策目标是获得国家政治的统一、社会秩序的有序,以及各少数民族对新政权的认同等。1956年,特别是1958年后,在西南民族地区国家对基层社会的治理目标发生转变,表现为在基层社会中要实现国家政治目标,把社会作为一个政治实体来建设,取消了基层社会的自治性。1980年以后,特别是1993年后,随着市场经济建设的推进,国家对西南民族地区的治理目标再次出现转变:一方面国家在政治上想控制住基层社会,另一方面又想从基层社会治理中的重大职责中解脱出来。于是在纠纷解决机制上,仅基层人民调解组织就经历了反复的设置、管理上的多变、作用认识上的不确定等。20世纪90年以后这种情况没有得到多少改变。分析此种现象的产生,主要是指导基层社会治理上,我们存在着很强的工具主义、功利主义和实用主义现象。社会治理上,基层组织的两大功能应是:①社会秩序的维持,具体表现在对破坏了的社会关系的恢复,措施就是设立相对独立的纠纷解决机制,让民间组织进行相应自治治理;②实现国家的一些整体性发展目标,这种目标的实现是不必以无限控制民间生活作为前提的。如何认识基层社会的治理目标和特征,是我们选择治理模式的前提。

二、纠纷解决机制设置上的繁杂和重复

西南民族地区在社会纠纷解决机制的建设上受到国家治理层面上的投机主义、功利主义等因素的影响,于是社会纠纷解决机制设置上具有繁杂、重复和易变的特点。中国现在的纠纷解决机制整体上可以分为两大体系,即国家的司法组织和以乡镇为中心设立的基层调解机制。两个体系在基层社会中主要是"两所一庭",即司法所、法律服务所及人民法庭。但现实中出现更多的设置,如派出所和司法所建立了"警民联调室",交警

部门与司法行政部门建立了交通事故纠纷调解室，与审判机关建立了交通事故纠纷速裁法庭等，特别是在"大调解"和"多元纠纷解决机制"的口号下，出现机构设置的重复、重叠现象，并且这种趋势越来越明显。比如现在设在乡镇的司法所至少有4—5块牌子，具体名称是乡镇人民调解委员会、法律服务所、法律援助中心、社区矫正中心、帮教安置中心，有时还有乡镇社会矛盾调处中心、乡镇综合治理办公室等，一般人根本弄不清楚它们的真正职能是什么。更为麻烦的是，同一群体在处理纠纷时有的收费，有的不收费，具体是采用人民调解时不收费，采用法律服务调解时收费。身份的多样性带来功能上的混淆，调解工作在推进中困难重重。这样客观上造成很多民众对人民调解组织的不信任，调解人员根据自己的目标进行不同形式的合法规避，导致整个调解工作的推进存在问题。纠纷解决机制过于庞杂，让一般民众无法理解它们相互之间的关系，进而对其中一些纠纷解决机制作用的发挥和权威的树立产生了不利的影响等。

三、政治投机主导纠纷解决机制的运作

西南民族地区在整个纠纷解决机制运作上存在严重的政治投机主义。虽然国家希望建立起以司法所为主导的基层人民调解组织，然而很多地方官员往往不能理解和重视此项工作，把纠纷解决当成可有可无的事。因为对政府官员来说，上级考核的是经济数量的增加，而不是社会纠纷的有效解决。当然，当出现重大纠纷等公共事件时，政府相关官员在解决纠纷时又采用"灭火法"，只要能够消除，可以采用各种手段，哪怕是对相关法律的破坏。这就导致整个纠纷解决机制是为政治上的目标需要而运作。我们在调查中发现，一些司法所人员的主要工作是进行政府相关的经济活动，如某些乡镇大种烤烟，司法所的人就下村指导烤烟工作，解决纠纷变成副业。

政治投机主义对纠纷解决机制的影响还表现在基层政府平时不把纠纷解决作为重要工作对待；平日不重视基层社会组织的建设，出了问题才把它作为一种政策目标、政治任务来完成；要求基层调解专职人员签订责任书，目标是把社会纠纷消灭或强制减少，认为良好的社会治理是不能有纠纷的，更不能有所谓的社会矛盾。而基层调解人员是无法控制纠纷的产生的。我们在调查中有基层调解人员说不知一年的工作是否完成，因为担心出现较大纠纷导致整个工作被否定。

A：几个人在一起的叫委员会，但客观上造成最后只有一个人在解决，这是个大的问题。

B：村民上访的话，我们村（村委会的调解工作）就泡汤了。

A：这个责任不应由你们承担吗？你们是一个民间组织，并不是一个官方组织。

B：上访的话，就说明我们调解委员会的工作做得不够、不到位。

A：那现在搞得你们压力很大？

B：每年都要签一个责任状。

A：这样，客观上你变成了政府的一部分，但按我们国家的设置，人民调解委员会不应该是政府的一部分。

B：调解是政府的一部分，它是在地方法院和政府的领导下从事工作，是它整体的一部分。

A：你说的和我们了解的有些差距。承担责任，实际上是你一个人在承担，而不是调解委员会？

B：是我签的责任状。①

西南民族地区在人民调解组织等纠纷解决机制上政治投机还表现在经费支持上，很多时候地方官员不愿把钱投入相关纠纷解决机制中，认为他们的工作是没有用的。然而当出现大的纠纷时，又采用无限投入的办法。

四、纠纷解决中压制性和投机性显著

西南民族地区在纠纷解决机制中存在行政权力干预过度的问题，具体表现在大量基层社会纠纷解决机制中的人员本身是基层政府的其他人员。如村小组的调解小组成员往往是村小组内的小组长、副组长，村委会中的调解委员会成员就是村支书、村各类主任，乡镇人民调解委员会的成员是司法所所长及各职能部门的领导，如林业所的所长、土地管理所的所长等。这些人员在我国现行体制下，不管产生的形式、法律上的性质定位有什么不同，但本质上都是行政体系内的官员。

---

① 峨山县某镇村委会中的访谈。

A：调解委员会的组成人员的情况是？

B：总支书记、村主任、副主任、副书记。

A：这就客观上造成一个问题，他们那边村委会那些人年纪太轻。

B：村支书这些还可以，年纪较轻的是调解员，二十二三岁。法律培训少，换届频繁，换上来的都是年轻人。只看电视，不看书。每年要一到二次培训，这样才行。

A：你觉得调解机构中的问题是什么？最好的组成情况应该是怎样的？

B：调解员的津贴太少，60元的补贴，手机费都不够，我们那些地方路途又远，这样有些调解员也不愿做了。[①]

对此，西南少数民族群体同样认为法院、司法所等组织就是政府行政机关。这种与行政机关一致的设置带来纠纷解决中行政权力的控制与干预，特别是现在形成的"大调解"，为行政权力干预及控制社会纠纷解决机制的运作提供了条件和途径。"大调解"中往往把大量的行政人员特别是党委等组织卷入，成为纠纷解决机制中的主导者。行政权力进入纠纷解决机制中，增加了纠纷解决中的压制性和投机性，因为行政机关在解决纠纷时往往把政治利益考量放在核心地位。这种行为在西南民族地区一些重大纠纷事件中表现得更为明显。如云南省文山马关都龙矿山事件是因为当地少数民族没有从开矿中获得利益而引起，2008年7月19日的云南省普洱孟连事件也是由于胶农利益问题引起的。此类族际纠纷往往是由于当地政府与企业结合，而当地民族利益得不到保护而引起的。这类纠纷的特点是时间长、参与者数量大，一旦爆发就会导致很大的社会事件。

当然，这里还存在一个重要的问题，即在我国纠纷解决机制中，一直存在对行政权力机关的高度依赖。这种依赖对一般民众从来如此。现在中国纠纷解决机制中一方面民众希望政府作为主导来解决纠纷，另一方面由于各种社会原因，大量社会纠纷中一方是政府的各种职能部门，行政机关的进入导致民众质疑纠纷解决的公正性，进而削弱整个社会纠纷解决中基层纠纷解决机制的权威。

---

① 峨山县某镇村委会中的访谈。

五、审判调解化、调解审判化促使整个纠纷解决体系分工混乱

我国现在纠纷解决机制中存在的最大问题是没有将调解和审判在不同机构进行严格的区分,法庭审理与人民调解组织调解一样,导致民众对不同纠纷解决机制解决的结果遵从度降低。我国现在纠纷解决机制最大的问题是审判调解化、调解审判化。现在纠纷解决机制建设中审判调解化、调解审判化表现出两个特点。首先,在设置形式上,调查中发现司法所中设立的人民调解室和村委会设立的人民调解室采用的是等腰三角形结构,即人民调解员处在中心,纠纷双方处在对等的对立位置。这种法院式的设置给人这样一种感觉,即两者在社会纠纷解决上不是调解,而是审判。这种等腰三角形设置,让很多基层调解组织更多地处于中心地位,当事人处于被动地位,增加了民众心目中人民调解行政权力化的表达。加上很多时候,村委会中的调解主任及人员都是村委中的支书、主任及各类委员会的主任等,在民间社会看来他们是基层社会中的"行政"官员,导致对人民调解委员会调解的认同度降低。另外,我国现在人民法院、人民法庭中又大量设立调解室,从事庭外调解。这样造成的现实是起诉到国家司法机关和申请人民调解在处理纠纷上都一样,使当事人陷入解决纠纷选择上的困境。其次,调解过程与制作上的审判化。从现在看,调解协议制作的过程就是法院审理案件过程的一种翻版。

西南民族地区存在另一个问题是法庭在审理案件时大量采用调解方式,把司法的国家性降低,出现人民法庭调解化现象。笔者在一次调查中与云南省某县司法局的一位副局长交谈时问及他对我国人民调解组织的调解审判化及审判调解化的看法时,他直言没有办法区别两者的工作性质。该副局长曾任法院的法官。如 2009 年 1—10 月云南省红河州州两级法院共审结婚姻家庭纠纷案件 2356 件,其中调解结案 1099 件,占该类案件结案总数的 46.6%。大量的案件采用调解方式。2009 年云南全省法院司法调解达 191467 件,民事案件调解率达 62.19%。[1] 这就造成法院人民调解组织化。

---

[1] 《四川省高级人民法院工作报告》,http://www.sina.com.cn,上传时间:2010-02-12;访问时间:2011-06-12。

当两者的功能混淆不清时,两者的地位就会动摇,整个纠纷解决机制的作用就会下降。云南省出现过这样的案件,某一妇女提出与丈夫离婚,去找民政局调解没有成功,去法院也被调解不准离婚,她把所有的救济机制都用完了,还是不能离婚;最后该妇女采用杀死丈夫的办法来解决此事。现在纠纷解决机制之间甚至出现"有警同接、有争同息、有庭同开、有难同克、有责同担"的无缝对接联动模式,共同组织协调,以乡(镇)人民调解委员会的名义进行调解处理。① 有些地区在纠纷解决中采用无限制的调解方法,形成以人民调解为基础,行政调解和司法调解为支撑,多种调解相互衔接的矛盾纠纷排查调处机制,化解各类矛盾纠纷。② 四川省"大调解"下的具体运作是"党委政府统一领导、综治维稳统筹协调、司法行政主办实施、相关部门协作联动",行政上是"调解就是执法、调解就是服务、调解就是管理",司法上是"调解优先、调判结合、案结事了"。这样我们看到的是政府的各种职能部门职能上混淆不清。③ 在这些宣传的背后我们看到的是整个纠纷解决机制的混同和功能性质的异化。

六、繁杂纠纷解决机制导致当事人投机选择量增加

西南民族地区纠纷解决机制过于多样化,带来一个问题是民众接触不同纠纷解决机制不方便,因为不同纠纷解决机制会出现相互推诿的现象。如民间产生林权纠纷,到乡司法所要求调解时,司法所会让当事人去找林业管理所调解,林业管理所接到后又让当事人去找乡政府,乡政府又让当事人去找综合治理办公室,综治办又让他们去找人民法庭,人民法庭让他们去找司法所调解,司法所可能又会让他们去社会矛盾调处中心或回到村委会进行调解。土地纠纷也是这样。纠纷解决机制过多使得纠纷主体在解决纠纷时难以选择。此外,还有一个问题是当事人会采用一种特殊的方式,具体是产生某一纠纷时根据自己的利益选择某一纠纷解决机制,当达不到

---

① 《道真自治县建立人民调解与公安治安调解对接联动机制》,http://www.gzsft.gov.cn/gzsft/78250043525562368/20091218/2078.html,上传时间:2009-09-12;访问时间:2011-06-12。
② 《威信县司法局"十一五"工作成效明显》,http://www.ztzfw.gov.cn/readinfo.aspx?InfoId=44111b02ce7d4923a31ed07506e5c56f,上传时间:2010-06-22;访问时间:2011-05-10。
③ 《四川:"大调解"让社会更加和谐》,http://www.legaldaily.com.cn/index/content/2010-03/22/content_2091360.htm?node=20908,上传时间:2010-03-22;访问时间:2011-05-10。

目标时再找另一机制，进而出现当事人投机选择纠纷解决机制的问题。我们在德宏州调查时听到一起土地纠纷。此纠纷是两个不同村寨争一块很小的土地。此纠纷通过乡级调解组织的调解，后到市再到州的行政调解也没有成功，后来又转到司法审判，最后由云南省高级人民法院审判，然而纠纷仍然没有解决。最后再由村小组出面，在司法所人员主持下纠纷得以解决。整个纠纷的解决花费了大量的时间和财力，导致纠纷解决机制功能的弱化。

七、纠纷解决机构的行政化倾向导致民间认同度降低

西南民族地区在纠纷解决机制中存在与行政机关合一的传统特征。我国从1954年设立人民调解组织以来，人民调解组织人员就一直是基层行政机关人员，呈现人民调解组织与基层人民政府合一的特点。此外，最具司法特征的人民法庭在运作中也深受行政机关的干预，出现了两者难以区分的现象。在很多少数民族群体中，人民法庭、派出所和人民调解组织本质上是一致的，都是国家行政机关，都是管理人民的机关。在20世纪50-80年代，这种设置为人民调解组织等纠纷解决机制有效解决纠纷提供了重要的支持，因为西南少数民族在这个时期存在对行政机关公信力的绝对信任。然而进入20世纪90年代以后，虽然国家在建设基层纠纷解决机制时努力改变行政机关与它们的合一，但是由于各种原因，并没有成功。21世纪以来，由于社会纠纷出现很大的转变，行政机关在基层民众中的地位与形象发生了很大的变化，人民对调解等纠纷解决机制的信任度降低，进而导致对各种纠纷解决机制认同度的降低。从调查中看，西南少数民族群体在纠纷解决机制中认同国家设立的机制的最大原因是相信它的公正性，一些个人在问卷中公开承认公正、公平是他们选择纠纷解决机制的基本前提。在对7种纠纷解决机制的认同问卷中，我们让受访者选择他们之所以服从所选择的调解机制的原因，[①]具体数据如表1-30所示。

[①] A. 它是公正、公正的；B. 因为它是国家机关或部门；C. 它们有权威；D. 大家都相信、服从，所以我也相信、服从。

表1-30　民众服从不同纠纷解决机制的原因

调查点类型	大理下关	宁蒗羊甸	宁蒗牛	峨山塔甸	新平戛洒	新平腰街	临翔南美	陇川城子	文山广南	麻栗坡	怒江	岑巩县	花溪区
868	44	29	28	43	56	40	50	29	30	30	30	30	30
A	18	21	21	26	25	16	28	21	16	27	19	25	11
B	16	10	4	7	12	2	3	3	1	7	1	17	5
C	6	3	2	1	10	1	2	5	0	1	1	14	0
D	6	10	2	33	13	6	13	9	12	21	17	19	3

调查点类型	荔波县	三江县	马山县	百色民族干部班	嵩明县	禄劝卡机	禄劝康荣	禄劝以毛多	罗平六鲁村	罗平多依村	富源石山脚	富源补掌村
868	30	33	31	14	22	30	30	30	33	80	23	43
A	26	16		7	19	18	7	10	26	56	15	30
B	2	0	2	7	0	1	0	8	22	7	8
C	3	0	0	5	0	1	2	5	13	4	1
D	16	6	2	4	13	20	18	6	19	3	4

从表1-30的数据可以看出，所有人都认为纠纷解决机制应该公平、公正，这是认可它的基本前提，虽然人们有很强的公权力"崇拜"，但从相关数据中可以看出，现在人们对纠纷解决机制的认可中与公权力相关因素的权重是很低的，在"因为是国家机关"和"因为它们有权力"两项选择上很低。当然，对纠纷解决机制中国家机关的承认上存在"习惯"性服从的因素。所以，西南民族地区设立纠纷解决机制时能否提供一种公平、公正的纠纷解决的"公共产品"将决定着纠纷解决机制建设的成败。

八、各民族民众对不同纠纷解决机制认知度较低

西南民族地区虽然在村委会、乡镇一级设立了各种纠纷解决机制，但各种纠纷解决机制对很多少数民族民众来说，存在不认识不同纠纷解决机制的功能和不区别不同纠纷解决机制的功能上的差别，甚至很多人不知道存在什么样的纠纷解决机制。加上近年纠纷解决机制在乡镇一级设置上的重复、增加，加重了此问题。这从我们进行的不同地区、不同民族的问卷调查中可以看出。在我们采访的几个少数民族群体中，年纪在40岁以上特别是五六十岁的老人中，他们对国家设立的基层纠纷解决机制基本上没有

第一章 当前西南民族地区纠纷解决机制现状及问题

了解。他们接触国家纠纷解决机制是因为基层行政人员推荐给他们和让他们来找。我们在广西三江侗族乡进行调查问卷中的数据表明，33 位受访者中有 13 位并不清楚"司法所"的职责范围，他们误以为司法所的职能和法院一样，能够审理案件，或认为抓坏人、惩治村干部贪污等是司法所的职责所在。我们对现在国家设立在基层社会中的不同纠纷解决机制进行了认知度和利用度的调查，从实地采访及问卷看，很多人对这些纠纷解决机制的性质、功能的认识是不清楚、混乱的，甚至是不知道的。很多人之所以选择相关纠纷解决机制，是因为遇到纠纷时找村委会主任、乡镇行政领导被告知去寻求相应的解决途径。村民对各种纠纷解决机制认知度的降低，在本质上降低了多元化纠纷解决机制给村民带来的选择多样性的效用。

基层社会中对人民调解委员会的认知度的调查情况[①]如表 1-31 所示。

表 1-31 人民调解委员会认知度

调查点 类型		大理下关	宁蒗羊	宁蒗牛	峨山塔甸	新平戛洒	新平腰街	临翔南美	陇川城子	文山广南	麻栗坡	怒江	岑巩县	花溪区
868		44	29	28	43	56	40	50	29	30	30	30	30	30
是否	知道	27	19	17	37	27	25	25	17	11	21	7	24	22
	不知	15	8	11	2	20	11	24	12	19	9	23	6	6
职能	A	6	5	4	4	9	7	16	3	4	14	3	11	5
	B	9	9	4	4	9	6	6	2	2	3	1	2	3
	C	16	6	10	27	24	8	17	7	5	13	2	15	13

调查点 类型		荔波县	三江县	马山县	百色民族干部班	嵩明县	禄劝卡机	禄劝康荣	禄劝以毛多	罗平六鲁村	罗平多依村	富源石山脚	富源补掌村
868		30	33	31	14	22	30	30	30	33	80	23	43
是否	知道	5	26	25	10	15	24	26	26	22	60	16	28
	不知	15	4	36		6	6	4	4	8	21	5	10
职能	A	3	3	7	1	5	1	0	0	16	31	8	19
	B	3	2	9		3	0	1	0	0	30	10	11
	C	11	18	15	7	15	24	26	25	11	33	8	11

表 1-31 的数据反映了西南民族地区一般群众对人民调解组织的认知情况，知道有人民调解组织的比例虽然整体上在 50% 左右，但对它的作

---

① 在它的职能上有：A. 不清楚；B. 政府机关；C. 解决矛盾的地方。

用的认知度是很低的。当人们不了解人民调解组织的性质时，人们就很难充分利用这种纠纷解决组织来解决自己的纠纷。

对村里面的调解组织的认知度与利用度的问卷中，我们设有"您村里有没有调解组织"和"若有，您或您周围的人有没有去找过"两个问题。通过这两个问题我们主要想了解民众对村小组内的调解小组及村委会的调解委员会的了解和利用情况。回答情况如表1-32所示。

表1-32 行政村内调解组织认知度

调查点\类型	大理下关	宁蒗羊	宁蒗牛	峨山塔甸	新平戛洒	新平腰街	临翔南美	陇川城子	文山广南	麻栗坡	怒江	岑巩县	花溪区
868	44	29	28	43	56	40	50	29	30	30	30	30	30
有	29	22	20	37	26	24	27	21	19	15	22	29	18
没有	12	6	8	2	21	10	21	8	11	15	0	0	12

调查点\类型	荔波县	三江县	马山县	百色民族干部班	嵩明县	禄劝卡机	禄劝康荣	禄劝以毛多	罗平六鲁村	罗平多依村	富源石山脚	富源补掌村
868	30	33	31	14	22	30	30	30	33	80	23	43
有	23	28	28	10	15	9	5	0	25	53	16	28
没有	4	3	3	4	6	21	25	30	6	27	10	11

从表1-32中可以看出，西南少数民族民众对设在自己村内的调解组织的认知度相对较高，因为绝大多数调查点保持在3∶1左右这样一个比例。

表1-33 司法所了解度

调查点\类型	大理下关	宁蒗羊	宁蒗牛	峨山塔甸	新平戛洒	新平腰街	临翔南美	陇川城子	文山广南	麻栗坡	怒江	岑巩县	花溪区
868	44	29	28	43	56	40	50	29	30	30	30	30	30
有过	22	18	8	30	22	17	28	19	18	16	15	19	20
没有	15	5	15	7	15	16	19	2	1	14	2	10	0

调查点\类型	荔波县	三江县	马山县	百色民族干部班	嵩明县	禄劝卡机	禄劝康荣	禄劝以毛多	罗平六鲁村	罗平多依村	富源石山脚	富源补掌村
868	30	33	31	14	22	30	30	30	33	80	23	43
有过	18	18	22	8	8	9	3	0	25	47	14	24
没有	7	6	7	2	11	0	3	0	7	33	7	15

从表1-33来看，西南少数民族民众对村内纠纷解决机制的使用度相对较高。当然，可能存在一个问题，即很多人分不清小组长、村委会主任、支书等人的调解与村小组的调解小组和村委会中的调解员解决的纠纷之间的关系、性质及联系，因为很多人找村小组长、村支书、村主任解决纠纷时并不认为是找相关调解组织解决，并且很多时候在设置上两者是重合的。如贵州麻江县碧波乡柿花村调委会"全国模范人民调解员"光荣称号获得者彭德芳主任同时又是该村的村主任、村支书。

现在我国在乡镇一级所设的纠纷解决机制中最重要的是三大机制：首先是司法所，具体由乡镇人民调解委员会负责，因为主任是司法所所长，所以我们的问卷是为了掌握民众对司法所的了解及利用情况；其次是法律服务所；最后是法律援助中心。在调查中我们发现很多乡镇三者都设在司法所，都由司法所所长及司法助理员等人负责。我们在问卷中对三者进行了调查。

在司法所的认知度上，我们设计的问卷是"您有没有听说过司法所"，相关数据如表1-34所示。

表1-34 司法所性质认知度

类型\调查点	大理下关	宁蒗羊	宁蒗牛	峨山塔甸	新平戛洒	新平腰街	临翔南美	陇川城子	文山广南	麻栗坡	怒江	岑巩县	花溪区
868	44	29	28	43	56	40	50	29	30	30	30	30	30
有	21	15	21	35	41	24	22	23	20	9	11	21	20
没有	20	12	7	4	13	7	27	10	21	19	7	6	

类型\调查点	荔波县	三江县	马山县	百色民族干部班	嵩明县	禄劝卡机	禄劝康荣	禄劝以毛多	罗平六鲁村	罗平多依村	富源石山脚	富源补掌村
868	30	33	31	14	22	30	30	30	33	80	23	43
有	22	28	18	13	16	27	29	22	27	68	20	30
没有	8	5	12	1	5	3	1	8	5	12	3	9

从表34中可以看出，西南民族地区民众对乡政府里有没有司法所这一种调解机构是充满问题的，因为表1-34中除了很多人放弃选择外，选择"没有听说过"的比例是很高的，有的达到一半以上，若加上放弃选择的，平均可达到一半以上。

对"若有，您认为司法所和乡政府一样吗？"这一问题的回答情况如表1-35所示。

表 1-35　司法所与乡镇组织性质区分度

调查点 类型	大理 下关	宁蒗 羊	宁蒗 牛	峨山 塔甸	新平 戛洒	新平 腰街	临翔 南美	陇川 城子	文山 广南	麻栗 坡	怒江	岑巩 县	花溪 区
868	44	29	28	43	56	40	50	29	30	30	30	30	30
一样	16	9	8	17	20	16	9	9	2	0	4	10	7
不一样	22	16	19	22	33	20	38	13	18	28	6	17	11

调查点 类型	荔波 县	三江 县	马山 县	百色民族 干部班	嵩明 县	禄劝 卡机	禄劝 康荣	禄劝以 毛多	罗平六 鲁村	罗平多 依村	富源石 山脚	富源补 掌村
868	30	33	31	14	22	30	30	30	33	80	23	43
一样	6	26	26	8	3	0	0	0	6	24	9	11
不一样	7	2	0	2	13	0	0	0	18	56	18	27

表 1-35 反映出西南少数民族群体对司法所处在一种真实认识与想象认识的混乱之中。很多人认为它是乡政府一部分。

"若不一样，哪些地方不一样"这一问题，我们给出了四种类别：A. 政府机关；B. 教人们法律的地方；C. 不清楚；D. 司法所是法院。对此情况如表 1-36 所示。

表 1-36　司法所与乡镇组织性质认知度

调查点 类型	大理	宁蒗羊	宁蒗牛	峨山 塔甸	新平 A	新平 B	南美	陇川	广南
868	44	29	28	43	56	40	50	29	30
A	8	5	6	8	21	4	4	0	2
B	11	15	9	25	17	9	19	7	1
C	8	24	2	4	4	7	19	3	15
D	3	0	0	0	6	1	2	1	0

调查点 类型	麻栗坡	怒江	岑巩县	花溪区	荔波县	罗平六 鲁村	罗平多 依村	富源石 山脚	富源补 掌村
868	30	30	30	30	30	33	80	23	43
A	3	0	4	6	1	6	24	9	11
B	9	2	13	5	3	7	22	7	8
C	10	2	4	3	7	3	13	2	3
D	2	2	1	1	3	11	36	11	19

表 1-34、表 1-35 数据的理想状态应是其总数就是表 1-33 中"听说"过的人数，但是表 1-34、表 1-35 的总数与表 1-33 的人数往往出

现不一致，就是说表 1-34、表 1-35 的数据不仅是那些"听说"过的人的认识情况，还有一些"没有听说过"的人的想象认识。然而，两种情况相加反映出西南民族地区很多人知道司法所或想象中的司法所的职能同样存在很大的问题。

我们对基层社会中法律服务所纠纷解决机制进行了调查，具体情况如表 1-37、表 1-38、表 1-39 所示。

(1) 您听说过法律服务所吗？

表 1-37 法律服务所认识度

调查点 类型	大理下关	宁蒗羊	宁蒗牛	峨山塔甸	新平戛洒	新平腰街	临翔南美	陇川城子	文山广南	麻栗坡	怒江	岑巩县	花溪区
868	44	29	28	43	56	40	50	29	30	30	30	30	30
有	29	14	19	38	37	26	29	24	17	22	9	23	18
没有	14	8	8	2	11	9	20	5	13	8	20	6	8

调查点 类型	荔波县	三江县	马山县	百色民族干部班	嵩明县	禄劝卡机	禄劝康荣	禄劝以毛多	罗平六鲁村	罗平多依村	富源石山脚	富源补掌村
868	30	33	31	14	22	30	30	30	33	80	23	43
有	18	25	25	11	17	1	1	0	21	68	15	31
没有	12	7	3	3	4	29	29	30	8	12	7	7

(2) 若听说过，知道它是干什么的吗？

表 1-38 法律服务所职能认知度

调查点 类型	大理下关	宁蒗羊	宁蒗牛	峨山塔甸	新平戛洒	新平腰街	临翔南美	陇川城子	文山广南	麻栗坡	怒江	岑巩县	花溪区
868	44	29	28	43	56	40	50	29	30	30	30	30	30
知道	24	16	16	34	32	24	23	20	8	18	11	18	—
不知道	14	7	5	4	11	8	23	9	10	3	5	9	—

调查点 类型	荔波县	三江县	马山县	百色民族干部班	嵩明县	禄劝卡机	禄劝康荣	禄劝以毛多	罗平六鲁村	罗平多依村	富源石山脚	富源补掌村
868	30	33	31	14	22	30	30	30	33	80	23	43
知道	12	20	26	4	15	0	1	0	18	64	12	23
不知道	4	2	5	4	3	30	29	30	13	12	10	14

· 103 ·

(3) 您或您周围的人求助过它吗？

表1-39 法律服务所利用程度

调查点 类型	大理下关	宁蒗羊	宁蒗牛	峨山塔甸	新平夏洒	新平腰街	临翔南美	陇川城子	文山广南	麻栗坡	怒江	岑巩县	花溪区
868	44	29	28	43	56	40	50	29	30	30	30	30	30
有	20	15	15	30	18	23	20	17	7	20	4	17	15
没有	20	9	7	9	25	6	28	7	10	10	5	9	9

调查点 类型	荔波县	三江县	马山县	百色民族干部班	嵩明县	禄劝卡机	禄劝康荣	禄劝以毛多	罗平六鲁村	罗平多依村	富源石山脚	富源补掌村
868	30	33	31	14	22	30	30	30	33	80	23	43
有	10	13	17	6	7	0	0	0	17	37	11	21
没有	7	8	10	2	13	30	30	0	12	43	11	14

我们对法律援助中心纠纷解决机制进行了调查，具体情况表1-40、表1-41、表1-42所示。

(1) 您听说过法律援助中心吗？

表1-40 法律援助中心了解度

调查点 类型	大理下关	宁蒗羊	宁蒗牛	峨山塔甸	新平夏洒	新平腰街	临翔南美	陇川城子	文山广南	麻栗坡	怒江	岑巩县	花溪区
868	44	29	28	43	56	40	50	29	30	30	30	30	30
有	31	16	22	38	26	22	20	18	12	20	8	11	18
没有	12	11	4	8	22	6	29	11	18	10	20	7	7

调查点 类型	荔波县	三江县	马山县	百色民族干部班	嵩明县	禄劝卡机	禄劝康荣	禄劝以毛多	罗平六鲁村	罗平多依村	富源石山脚	富源补掌村
868	30	33	31	14	22	30	30	30	33	80	23	43
有	14	23	25	7	12	6	0	0	18	54	18	26
没有	16	9	6	7	9	24	29	30	11	26	4	12

· 104 ·

(2) 若听说过，您知道它是干什么的吗？

表1-41　法律援助中心职能认识度

调查点 类型	大理下关	宁蒗羊	宁蒗牛	峨山塔甸	新平戛洒	新平腰街	临翔南美	陇川城子	文山广南	麻栗坡	怒江	岑巩县	花溪区
868	44	29	28	43	56	40	50	29	30	30	30	30	30
知道	29	15	18	25	25	19	18	15	8	17	4	17	17
不知道	10	7	3	17	17	12	28	1	4	13	4	6	6

调查点 类型	荔波县	三江县	马山县	百色民族干部班	嵩明县	禄劝卡机	禄劝康荣	禄劝以毛多	罗平六鲁村	罗平多依村	富源石山脚	富源补掌村
868	30	33	31	14	22	30	30	30	33	80	23	43
知道	12	14	22	7	11	1	1	0	18	55	17	23
不知道	4	6	9	4	6	5	1	0	13	25	4	12

(3) 您或您周围的人求助过它吗？

表1-42　法律援助中心利用度

调查点 类型	大理下关	宁蒗羊	宁蒗牛	峨山塔甸	新平戛洒	新平腰街	临翔南美	陇川城子	文山广南	麻栗坡	怒江	岑巩县	花溪区
868	44	29	28	43	56	40	50	29	30	30	30	30	30
有	15	15	17	30	20	16	18	12	6	17	3	15	13
没有	28	7	5	8	17	12	30	5	6	14	8	12	12

调查点 类型	荔波县	三江县	马山县	百色民族干部班	嵩明县	禄劝卡机	禄劝康荣	禄劝以毛多	罗平六鲁村	罗平多依村	富源石山脚	富源补掌村
868	30	33	31	14	22	30	30	30	33	80	23	43
有	9	13	18	6	6	1	0	0	15	22	11	20
没有	7	8	13	5	11	5	1	0	16	54	8	22

分析表1-37至表1-42数据会发现，这两种基层社会法律机构在西南民族地区各民族群众中的认知度和利用度都很低，说明它们的作用十分有限。

在我国乡镇一级纠纷解决机制上还设有由党委负责的社会矛盾调解中心及上一级行政司法部门负责的"148"协调指挥中心等，在问卷中我们对两者进行了调查。

社会矛盾调解中心的认知情况如表1-43所示。

西南民族地区纠纷解决机制研究

表1-43 社会矛盾调解中心的认知度

调查点\类型	大理下关	宁蒗羊	宁蒗牛	峨山塔甸	新平戛洒	新平腰街	临翔南美	陇川城子	文山广南	麻栗坡	怒江	岑巩县	花溪区
868	44	29	28	43	56	40	50	29	30	30	30	30	30
听过	19	13	14	30	16	24	15	13	7	13	5	20	10
没有	23	13	12	10	31	10	33	14	23	14	25	11	14

调查点\类型	荔波县	三江县	马山县	百色民族干部班	嵩明县	禄劝卡机	禄劝康荣	禄劝以毛多	罗平六鲁村	罗平多依村	富源石山脚	富源补掌村
868	30	33	31	14	22	30	30	30	33	80	23	43
听过	5	17	13	5	11	4	3	0	6	11	8	9
没有	25	13	18	8	9	26	27	13	22	61	13	25

"148"协调指挥中心的认知度情况如表1-44所示。

表1-44 协调指挥中心的认知度

调查点\类型	大理下关	宁蒗羊	宁蒗牛	峨山塔甸	新平戛洒	新平腰街	临翔南美	陇川城子	文山广南	麻栗坡	怒江	岑巩县	花溪区
868	44	29	28	43	56	40	50	29	30	30	30	30	30
听过	7	8	11	19	4	16	9	8	1	8	3	2	12
没有	37	19	14	17	40	12	39	21	29	21	27	28	13

调查点\类型	荔波县	三江县	马山县	百色民族干部班	嵩明县	禄劝卡机	禄劝康荣	禄劝以毛多	罗平六鲁村	罗平多依村	富源石山脚	富源补掌村
868	30	33	31	14	22	30	30	30	33	80	23	43
听过	5	11	14	3	4	1	0	0	6	12	5	8
没有	25	19	17	11	16	29	30	30	12	66	15	30

从表1-43、表1-44来看,听说过这两种纠纷解决机制的人很少,很多人没有听说过,由此可知这两种纠纷解决机制的利用度自然很低。

西南民族地区国家正式纠纷解决机制是人民法院。当然,基层人民法院主要由乡镇人民法庭及县区基层人民法院组成。我们在调查时不区分两者,而是统一为人民法院设问。在对人民法院这种国家正式纠纷解决机制的认知度问题上具体反映出来的情况如表1-45所示。

表 1-45　对人民法院的认知度

调查点 类型	大理下关	宁蒗羊	宁蒗牛	峨山塔甸	新平戛洒	新平腰街	临翔南美	陇川城子	文山广南	麻栗坡	怒江	岑巩县	花溪区
686	44	29	28	43	56	40	50	29	30	30	30	30	30
听过	43	24	26	37	55	28	44	28	29	30	30	27	19
没有	1	5	2	6	1	12	6	1	1	0	0	3	6

调查点 类型	荔波县	三江县	马山县	百色民族干部班	嵩明县	禄劝卡机	禄劝康荣	禄劝以毛多	罗平六鲁村	罗平多依村	富源石山脚	富源补掌村
686	30	33	31	14	22	30	30	30	33	80	23	43
听过	27	32	30	14	21	30	29	30	30	78	18	32
没有	3	1	1	0	1	0	1	0	1	2	5	6

从表 1-45 可知，西南民族地区民众对法院的认知度是所有纠纷解决机制中最高的，比较上面民众对不同纠纷解决机制的认知就会发现。这说明国家纠纷解决机制中法院受到认可，若能有效地改进法院职能，其承担基层社会中的纠纷解决任务是很有基础的。

九、不同纠纷解决机制之间的效力不明确

纠纷解决机制设置上的复杂和多样，造成一个问题就是效力的不明确。虽然，我国现在通过一些法律规制来解决此方面的问题，但效果并不明显，特别是司法上是调解，人民调解组织是调解，行政上也是调解。三种调解的效力如何界定，造成了很大的问题。若采用所谓的"大调解"，把行政、司法、人调、党委等人员组织在一起，在解决纠纷时性质不清楚，最后若当事人不服，还得重新开始。本来，一个社会中各种不同的纠纷解决机制之间非正式的社会救济方式总是逃脱不了来自国家法律方面的评价。这种评价目前主要通过两种方式：一种是直接在法律中规定救济的种类、合法性边界；另一种是通过行政决定或司法判决肯定或否定各种救济的个案处理依据和结果。评价的结果转而对人们选择纠纷解决方式产生影响。我们在三江调研时，就获知了一件通过司法途径改变村民自治处理结果的案件。

例 1-11　村规民约适用引起的诉讼案

2006 年 4 月 9 日下午，三江县丹洲镇板江村小贝屯村民荣某在邻近的板江村铁炉屯村民贲某等六户共有的八角桂花地里打桩并将自家耕牛拴在那里

吃草，然后外出做工。贲某等人发现后，认为该耕牛损坏了经济作物，就将耕牛牵到板江社区居民委员会（以下简称板江社区）要求处理。板江社区多次找双方协调未果，就依据村规民约限荣某三日内交纳罚款并领牛。荣某未采取任何行动，板江社区于是按照两委及六户受害人的意见将耕牛变卖，所得款扣除罚款、放养耕牛人工费、保管费后分给受害人，余款留存并通知荣某前来领取。荣某认为板江社区的这种做法侵犯了自己的合法财产权益，于是向三江县人民法院提出诉讼。一审过程中，荣某明确表示撤回对板江社区委员会及其他五位被告的诉讼。法院认为板江社区依据村规民约擅自将耕牛变卖分给受害人没有法律依据，所以判令唯一剩下的被告贲某退回其分得的钱款给荣某，不予支持荣某要求赔偿等其他诉讼请求。荣某提出上诉，柳州市中级人民法院以认定事实不清裁定发回重审，荣某恢复了对板江社区及其他五位被告的诉讼。三江县法院认可村规民约作为处理事件的依据，但是认为原告拴牛入田不是"放浪牛"，板江社区不应适用禁止放浪牛的条款来处理原告，卖牛抵款也不合法，所以判令所有被告全额退赔卖牛款。板江社区上诉。终审判决：板江社区"既非司法机关，又没有经法律授权，无权对被上诉人罚款，更无权变卖被上诉人的耕牛"，驳回上诉，维持原判。

此经历两年的民事案件案情并不复杂，但处理过程和结果比较典型。此类"放浪牛吃庄稼"的案件属于典型传统案件，清末时村规民约中有"放浪牛"如何处理的规定。邓敏文、吴浩先生收录到的1986年《平岩村村规民约》、1990年《干冲村村规民约》都有关于"放浪牲畜"造成损失要处以罚款的规定。[①] 另外，即使在"款"文化不深厚的侗区，对放牛的

---

① 邓敏文、吴浩：《没有国王的王国——侗款研究》，中国社会科学出版社1995年版，第209—214页。《平岩村村规民约》具体有："（三）牲畜糟蹋农作物的处理：2.放浪牲畜吃他人的菜、绿肥、马铃茹（薯）等类，按损失面积施肥，并每次罚款5元。如牛者（主）不来领牛，按县人大代表（会）所作的耕牛管理决定处理。……（六）附则：2.村与村、寨与寨之间发生（与）以上民约有关的（事件），由村民小组协商解决处理，不能私自处理，更不能抄家。"《干冲村村规民约》第九条规定："乱砍滥伐：7.因放浪猪、牛、羊而毁坏林地苗木（不分种类）或田地庄稼、红花草等，苗木每株罚款5角；吃红花草等，每亩赔偿损失20元。放进田地、林地的耕牛被抓获，牛主应为每头牛缴纳5元罚款费；需管理的，牛主还要为每头牛每天付3元管理费。"第十二条规定："其他：2.依照本村规民约被处罚的人，必须如实兑现被罚款项，一次交清或按计划定期交清。如无人民币者，可用货物抵押，猪、牛顶替，（限）五日内赎回抵押物，过期不赎者，执行人员有权拍卖抵押物。"

管理也毋庸置疑是村民们自治的领域。所以，顺着这样的逻辑，村民通过自己的自治组织按照自己制定的规范来处理在国家公权力势力范围之外的、自己有权自我管理的事情，应当是正确的。板江社区有效举证本社区村规民约实实在在的经过包括荣某在内全体村民讨论通过，经丹洲镇人民政府备案，处理此事的程序手续完全符合村规民约的规定。其提交的民事答辩状上还陈述了这样一段耐人寻味的话：

> 根据《村民委员会组织法》第二十条、第二十一条的规定，村民会议可以制定和修改村民自治章程、村规民约，并报乡、民族乡、镇的人民政府备案。"村规民约"是依照法律法规，适应村民自治要求，由同一村的村民在生产、生活中，根据习俗和共同约定的自我约束的一种规范。是大家共同利益的集中体现，是国家法律法规在基层的具体体现，同时也是村民之间的契约。"村规民约"作为介于法律与道德之间"准法"的自治规范，是我们村民共同意志的载体，是村民自治的表现，是村民自我管理、自我教育、自我服务、自我约束的行为准则，具有教育、引导和约束、惩戒作用，对于促进村民自治具有特殊作用。我居委会的"村规民约"是我居委会村民约定的管理村务和处理纠纷的公约。当出现有违反"村规民约"约定的情况下就按照"村规民约"的约定处理。拍卖原告的牛所得款支付损失户的损失、支付误工费、管护费是按照"村规民约"的约定方法处理的，不是居委会依职权行使处罚权。

然而，在这个案件中终审法院却没有认可这样的逻辑。

此案的各审判庭均未置疑村民有权通过村规民约约束牲畜放养行为，争执主要在于板江社区"罚款"和"变卖牛"的行为是否属于合法的领域。诚然，居委会或村委会在国家法律赋予的所谓"职权"中是没有处罚权的。但是，此案中板江居委会对原告荣某作出处罚的权力恰恰来自荣某自身的"同意"——村民们有自治权，其中包括自愿接受不利于己和受到相应惩罚的自我约束的权利，村民们把这个意愿集中表达在村规民约中，并授权代表机构村委会代为执行，以促进共同规范的实现——板江社区居委会的处罚权是授权性的，只要不侵犯基本人权或违反国家强制性规定就是合法而正当的。可以预见，这样的案子会产生较大的社会影响。比如在类似案件中否定居委会或村委会的处罚权就是支持荣某那样的缔约中"毁约"的人。违反村规民约却受不到来自民间的有效处罚至少会带来两方面的负面影响：一方面，导致村民从心理上蔑视所谓正规合法化了的"村规民约"的执行力，怀疑国家给予村民自治权的诚意；另一方面，原定通过村规民约寻求保护的利益主张者不得不改变救济途径，或转而寻求成本高昂的诉讼等国家法律提供的硬性的救济途径，或者寻求有效但风险不受任何预设程序约束的私力救济途径。

上述案件还带来了纠纷解决机制之间效力上的问题，使整个纠纷解决机制在效力上大打折扣。

十、基层调解组织人员职能与制度设置冲突

西南民族地区在人民调解组织上存在一个较大问题是调解人员的需要与制度设置相冲突。我们现在的制度设置完全是一种理想的状态，对社会纠纷解决的具体程序设置与需要无关。从理论上讲，对于基层社会纠纷的解决不是为了实现国家的政治目标，也不是为了实现国家法律的权威，而是为了有效地恢复破坏了的社会关系，所以在纠纷解决上最重要的是对当地社会秩序的了解和对风俗的熟知。而我们现在的制度设置认为最重要的是国家权威的实现，因为我们在基层社会纠纷解决机制的设置上体现出如下特点。

第一，村小组、村委员。调查中我们发现，基层村民小组和村委会内从事调解工作需要的是那些有丰富的人生经历，对当地社会、人际关系非常熟悉的人。这种工作需要稳定的任职、长期的工作积累。因为调解纠纷是一种需要有长期经验积累的工作。这种特质是得到我们的调查证明的。在调研时，在某傣族村中遇到一个年近60岁的老调解员。他从20世纪80年代以来长期从事调解工作。他的调解工作年限在20年以上，在村委员中地位很高，工作成绩非常突出。相反，我们在一个彝族村委员中遇到一个刚换届上去的20多岁的年轻人，在交谈中他对调解工作了解很少，无法提出有效的解决纠纷的工作程序与技巧。玉溪市在2010年对本市672个村（居）委会换届选举出来的672名调解主任情况进行分析时指出，年龄结构依然偏大，"虽然较上一届有所降低，但45岁以上的仍有287人，占总数的43%，年龄偏大的问题依然存在"。可见，相关部门仍然有把调解主任年轻化的冲动。

现在村民委员会一级调解人员配置中最大的问题是乡村自治下换届期限设置太短（三年一换）和年龄限制与工作性质不相适应。我国现在设置的乡村自治换届期限是三年。由于很多从事调解工作的人员，在工作中难免与不同民户打交道，在选举时负责的人员因为在解决纠纷时不能满足一些人的要求，可能会落选。还有频繁换选，让一些调解人员出现功利选择，不认真工作。有些人认为三年后不知能否继续干，所以工作上不尽心尽力，工作自然就上不去。玉溪市在2010年换届中672名调解主任中新当选的有310人，占总数的46%。由此可以看出现在基层社会中村民自治的选举制度与人民调解委员会需要稳定的人员之间存在明显冲突之处。在学历上"初中以下学历的有524人，占总数的78%，学历偏低的问题没有得到根本改善"。[①] 此外，对村委员年龄上的限制造成有经验的人没能出任相应职务。很多地区把村委会人员年龄限定在45岁以下，甚至更低，让一些工作经验丰富、能够胜任的人员因为年龄限制而不能进行调解工作。若认真看司法部和各地报告，成功的调解人员在年龄、工作经历上都具有相同的特点，那就是年龄在45岁左右，工作经验在10年或20年以上。

第二，司法所所长选择上不合理。在司法所建设方面，按我们的观察，在物质条件上西南民族地区很快就能完成独立办公楼的建设，但是司法所在改革后被赋予那么多职能，能否成功的关键是人员如何配置。西南民族地区，乡镇一级的行政机关往往是在山区、交通不方便的地方，于是在这些机构工作的人员往往是一些刚工作的年轻人或者工作能力相对较差的人员。在社会治理中出现一个问题：直接针对日常社会治理的群体是整个社会治理群体中最没有经验和能力的群体。我们在调查中发现，在乡镇工作中很多负责纠纷解决的人员认为没有前途，因为上级关注的是那些从事其他工作的群体。有能力的司法所人员及派出所所长都想办法调到城里或其他工作部门。由于司法所所长不仅是指导村小组及村委会调解组织及人员的调解工作，自身也是乡镇调解委员会的主任，较大纠纷要由司法所所长本人调解。通过我们的调查发现，每个乡镇调解工作的成功与否和司

---

① 玉溪市村委会调解主任换届情况来自《玉溪市基层调解主任情况分析》，http://www.ynf.gov.cn/canton_modell/newsview.aspx?id=1246714，上传时间：2010-06-12，访问时间：2011-04-12。

法所所长的人选具有非常高的关联性。我国现在兴起干部年轻化的风潮，而在司法所工作的人员最重要的是工作、生活经历及对所在地社会风俗习惯的了解，这些素质重于学历和政治素质。笔者在调查中发现，那些在基层工作时间长，年纪在40岁以上，在司法所工作年限在10年以上的司法人员在处理各种社会纠纷中技巧最好、成功率高，反之则相反。但由于司法所所长仅是副科级，按现在干部年轻化机制，很多出任司法所所长职务的是没有工作经历、社会阅历，仅有学历文凭的人。加上现在司法所制度设置上采用二元制，导致在人员选择上出现年轻化和唯学历化倾向。现在从不同法律文件看，在对司法所人员的选择上，特别是在所长的选择上都不合理，认为司法所所长重要的是学历高、懂法律。然而，若进行深入调查会发现，事实上，司法所作为基层纠纷解决部门，从事此工作的人最重要的素质不是学历和法律知识，而是有正直、公正的品质，对当地社会风俗有深入了解，在当地社会中有较高威信。在司法所人员的选择上应参照英国治安法官的选择标准，因为民间社会纠纷解决重要的是对纠纷者人格的尊重，而不是简单的法律适用。此外，由上面派人出任司法所所长的方式是一种失败的选择。我国司法所现在面临的最大问题是不注意人员的选用。根据笔者的调查访问，担任司法所所长的人应有8—11年的司法助理员工作经历，对基层工作特别是当地社会习俗有深入了解，为人正直、公正，即使没有上过正式大学也可以。在调研时发现，年轻人在处理纠纷上是很不成功的。如广西在宣传自己在司法建设成绩时说整个自治区有3806名司法所工作人员，其中有大专以上文凭的已达82%，平均年龄34岁。这里把年龄作为司法所人员的选择要件。然而我们在调查中发现，胜任司法所所长的人往往是年龄在40岁以上，至少在35岁，拥有相当工作经历、人生经验，从事调解工作的人。从我们的调查看，司法所所长的品质要求中最重要的不是学历和法律知识，而是对当地社会风俗的了解和人生经验。年龄上选择45岁以上最好。因为这个年龄阶段的人生经历丰富，更为重要的是基层社会中45岁以上出任副科级职务对他们来说知足了，而对于35岁以下的人，他们就会把副科级作为向上发展的前提。我们在调查中曾重点调查过司法所中不同年龄结构的人对工作的影响问题，发现年龄在45岁以上，工作经历达10—20年的，在纠纷解决上能采用更为有效的手段和方式。而在一个仡佬族乡中，司法所所长是一个很年轻的人，与他交流中发现他对本职工作了解甚少，完全没有办法从事调解工作，更不可能指导调解工作。调查中我们还发现，一个乡的司法所所长较年轻，没有工作经验，所以调解工作实质是由所里有经验的司法助理员进行。我们采访了那个老助理，谈到了司法所所长的选择上对他的工作的影响时，他的看法与我们的看法是一致的。

  A：调解纠纷，根据你的工作经验，所长人选哪种最好？
  助理：懂法律、了解当地习惯，能说当地语言最好，不能说的话，至少要能听懂。
  A：年纪小的下去调解，有没有出现对他的认同度低的问题？
  助理：多数时候是我亲自去做，带领着年轻人做。

  调查中发现，西南民族地区县区级负责直接指导及参与纠纷解决的司法局工作人员对司法行政工作的走向、现在的职能认识上混乱不清，总体上他们不认为司法行政工作是一个有前途的工作，有些县把司法局的工作作为很多领导过渡和为退居二线人员安排职位的地方。这样在我们的社会治理中出现了一个奇怪的选择，即在整个社会治理中负责全县纠纷解决的工作部门在人员配置上却是相对最差的群体，最没有成就感的群体。[①] 如调查中我们发现云南省一个民族自治县中司法局的领导变化速度很快，很多人仅任一至两年，很难对业务进行有效指导。在该县基层司法工作调查中发现，该县整个司法所建设、人民调解组织作用的发挥较差。另一个县的司法局领导公开说，他认为此工作不受领导重视，他们是整个县政府机构中最没有前途的群体。他非常怀恋自己曾从事的法官工作，他认为司法局指导下的司法所工作就应向法院靠拢。

十一、基层调解人员配置与选拔的困难

  西南民族地区基层调解组织人员配置上存在的问题具体表现在两方面：首先，人员配置数量太多，但具体从事工作的人员太少，造成数量巨

[①] 按我们的理解，一个在和平时期社会中，政府的治理功能中提供一种有效的纠纷解决机制，让社会秩序有效维持是基本功能之一。

大、作用很小的问题；其次，人员选拔上存在难以选出需要的人员的问题。

现在西南民族地区基层调解组织人员配置上存在很大的问题，主要表现在：调解委员会人员主要负责调解工作的按我们的调查只有村小组中的组长，村委会中专门负责调解的调解员，或者是村委会的村支书，乡镇人民调解委员中的司法所所长，其他的人虽然身任其职，却不从事或很少从事调解工作。现在全国调解人员数量惊人，然而真正从事此项工作的人很少。按相关统计，2009年全国调解人员达494万人，人民调解组织达80多万个，调解民间纠纷767万件。[①] 平均每个调解组织有6人，每人调解纠纷数量仅1.56件。例如，2008年西双版纳全州31个乡镇、1个街道办事处、213个村委会和21个居委会都设立了人民调解委员会，58家企业和16家机关事业单位成立了人民调解委员会，共有340个人民调解委员会，7415名人民调解员。[②] 从此数据看，每个调委会平均有21.8人。但是从另外一个数据中可以看出，专门负责调解工作的人员只有238人，仅占人民调解人员总数的3%左右。按全州拥有597个基层调委会，每个调委会有1人计算，也只有整个调解员人数的8%。这种人员设置造成人员过多，功能发挥不出来，无法突出建设工作中心。

现在基层调解组织人员选拔中存在很大的问题。调查中我们发现，在基层社会各类调解组织中人员选择的有效性是发挥功能的关键。在人员选拔上，存在很大认识上的问题，使基层人民调解组织发挥不出应有的功能。西南民族地区基层纠纷解决机制中人员选拔上存在的问题是重上层、轻下层，重文凭、轻经验，重形成、轻保留，更替快、稳定差。虽然国家多次提出调解人员选择的主要对象是"三老一代表"，即离退休老干部、老教师、老工人和乡村人民代表，但现实中很难选择这些人来出任调解人员。调查中有司法局的官员告诉我们，现在中国"三老"人员往往迁居城镇里，不愿在农村生活，就是在农村生活的那些人也不愿进行此方面的工作。因为他们认为此工作会使自己的人际关系变得紧张，所以现在在基

---

① 《我国共有人民调解员近500万》，http://news.xinhuanet.com/politics/2010-06/22/c_12249365.htm，上传时间：2010-06-22，访问时间：2011-06-10。
② 《全州司法行政机关开展人民调解工作综述》，http://www.bndaily.com/Templates/NewsTemplate.asp?NewsID=40231，上传时间：2010-03-25，访问时间：2011-06-10。

层调解人员的选任上存在有能力的人不出任、有能力的人任不久、有公益心的人不愿出任等问题。村小组中很多有能力、为人公正的长者不愿出任调解人员。村小组及村委会一级的调解人员甚至是那些村社中的"问题"人员，他们出任此职务只是为了获得某种权力感，很难达到国家预设的目标。

第二章 新时期西南民族地区多元纠纷解决机制的构建

中国当前如何选择纠纷解决机制[①]的构建成为法制建设的核心问题,在西南民族地区治理上同样是核心问题。我国的纠纷解决机制应如何设置呢?在多元纠纷解决机制的口号下,我们应如何选择纠纷解决机制的制度安排;在纠纷数量激增的时代下,我们采用的是一种有计划的、有原则的、有区别的纠纷解决机制的构建,还是在政治目标的冲动下、政策的投机下、功利主义的指导下,随机地设置纠纷解决机制,以实现纠纷得以暂时解决,社会和谐的目标呢?中国的纠纷解决机制应选择一种有计划的、有分工的、有目标的建设路径,而不仅是简单的所谓多元纠纷解决机制。我们认为,中国纠纷解决机制选择中必须反对现在存在的两种趋势:首先,司法诉讼调解化,人民调解司法化;其次,纠纷解决机制在多元口号下不停地设置,导致机构复杂,纠纷解决无效的问题。我们应坚持如下的立场:司法诉讼严格审判,人民调解灵活调解,两者严格分工,实现社会纠纷解决中不同的目标,构成相互依存、相互补充的纠纷解决机制体系。因为前者是对国家法律立场的确立,目标不是纠纷的大量解决,而是纠纷立场上国家价值的表白、标准的确立、原则的具体化;人民调解活动的目标则是纠纷的有效解决,有效恢复社会关系,而不是国家权威的简单实现。这里对国家司法制度应如何设立不作分析,因为它涉及对国家司法审判功能的认识和定位。这里将对应如何以司法所为中心来构建基层人民调解组织,实现人民纠纷的有效解决进行讨论。

---

① 这里的纠纷解决机制是广义上的,把诉讼式纠纷解决机制与调解式纠纷解决机制都包括其中。

第一节　新时期选择西南民族地区多元纠纷解决机制的原因

西南民族地区社会纠纷解决机制的构建应采用多元纠纷解决机制的路径与多种因素有关，其中涉及当前社会结构的转变、社会治理目标上的改变、各民族社会发展水平的差异性、文化传统的不同和社会结构的复杂性等。选择多元纠纷解决机制可以满足解决不同民族、不同类型纠纷的需要。

一、国家对西南民族地区社会治理方式的变化

西南民族地区纠纷解决机制中采用多元纠纷解决机制与20世纪90年后国家在西南民族地区的社会治理目标转变有关。20世纪50—80年代，国家在西南民族地区的社会治理上存在实现政治目标的诉求和经济发展中国家强有力的干预和改造。20世纪50年代经过土地改革、民主改革及社会主义改造，特别是人民公社建立后，西南民族地区在1958年后被完全纳入了国家的强力控制之中，国家在西南民族地区的社会治理上完全实现了政治目标。然而，20世纪90年后在市场经济下，西南民族地区的社会生产、生活方式实现了民间生产主体的"自治"，个体及家庭成为整个社会经济活动的中心，政治目标被消融。现在国家对西南民族地区的社会治理已经转向了社会秩序的获得与国家安全的保证，对西南少数民族内部生活的干预变得越来越弱。这种转变不是国家治理上的退步与失败，而是社会治理走向正常化的表现。因为在任何社会的治理上，国家公共权力组织不能无限制干预民间个体社会生活，否则整个社会就会处于高度紧张之中。此外，西南民族地区社会治理的转变是因为现在各少数民族的生活越来越被市场所决定，个人的生产决策对其本人的生活起到关键作用。于是，个人生活开始自由决定，国家对个人生活不能进行有效的控制与约束。在这种社会情势下，由于个体"自治"而对纠纷的态度和选择产生了相应的转变。人们越来越注重利益，对利

益型纠纷越来越从个体角度来表达，因此纠纷解决也必然寻求新的方式。

西南民族地区社会秩序的形成上，1949年以来可分为三个时期：传统多元时期，具体是在1957年人民公社建立以前；国家绝对控制时期，即1958年人民公社建立后到1979年；国家与社会并存时期，即1979年以后。在传统多元时期，社会秩序总体上是"国家简节疏目，因俗立治，使各守其土，安其业，美其服，甘其食"；[①] 在国家绝对控制时期，国家把自己所有的政治生活高度民众化、同质化、标准化、军事化、意识形态化，乡村社会成为国家政治活动的社会单元，而不是民众生产、生活的自然单元；国家与社会并存时期，国家与民间处在一种相互影响、相互竞争、相互冲突的状态，国家由于各种惯性，还拥有对民间社会进行完全控制的冲动。西南民族地区传统社会治理的形式终结于土地改革完成和人民公社的建立。这是因为土地改革和人民公社制度彻底打破了传统生产方式与社会结构，让传统的社会力量彻底消融。西南民族地区通过土地改革完全打破了传统的土司制度、村社制度、宗教对世俗生活的控制等社会组织形式。"土地改革不仅仅是一场经济革命，更是一种政权基层的重建……推翻实际控制乡村的地主势力，从而将千百年以来实际控制乡村的统治权第一次集中到正式的国家政权组织体系中来。"[②] 加上1958年人民公社的建立，实现了"政社合一"，乡村社会的"社"完全是国家实现自己的政治、生产的单位，国家的政治目标可以通过它流畅地实现。人民公社是乡村社会政治化、军事化和工厂化的组织，它使乡村社会国家化，国家的力量完全进入了国家一直以来不能进入的基层社会。虽然20世纪70年代末进行了改革开放，但我们认为中国乡村社会的改变不是以是否建立了村民委员会等所谓的村民自治组织为分界，因为这个时期仍然是计划经济时期，国家虽然在具体的一些生产活动中不再把乡村组织起来进行，让农民自主决策，但仍然通过计划经济中生产资料的供给制度实现了对农民生产、生活的控制。中国社会特别是乡村社会秩序形成上主要的变化始于1993年后市场经济的提出，因为国家建立的乡镇基层机构从政治控制为目标转向

---

① 段绶滋纂修《（民国）中甸县志》，载中甸县志编纂委员会办公室《中甸县志资料汇编》（三），内部印，第9页。
② 徐勇、徐增阳主编《乡土民主的成长——村民自治20年研究集萃》，华中师范大学出版社2007年版，第8页。

了经济指导和领导为中心，同时国家对民间社会的基本问题不再承担责任，把乡村公共事务放弃，具体如教育、医疗、环境等问题。这样，在国家放弃"政社合一"的直接控制后，再放弃对乡村基本公共服务的责任时，国家在乡村的关系完全改变，国家在乡村治理上仅想通过政治目标和理想的输入来实现。这种方式现在看来效果很难令人满意。土地改革和人民公社制度之所以能够使国家权力深入乡村，其实是国家对乡村生产、生活、公共事务承担了所有的责任，让民众获得某种"利益"，进而在政治上被国家动员起来。从历史经验看，国家要对乡村社会进行强有力的控制，仅依靠政治目标的输入是不够的，必须进行大量行政上的直接控制。这必定会造成国家难以消除的冲突，因为国家要获得这方面的成功就必须付出大政府的代价，否则政治目标的输入是不会起作用的，特别是在生产、生活以"自治""自负"为中心的市场经济条件下，乡村民众完全成为传统的自治单元时，他们不可能对输入的政治目标产生太多积极的反应，他们感兴趣的是个人的生存和发展。1993年以后国家在乡村社会的治理中存在如下困境：一方面，国家要在政治上控制乡村社会；另一方面，国家又不愿意承担乡村社会的公共事务。

综上所述，西南民族地区社会治理走入半自治的社会治理状态，让民间有更多的"自治"权，让民众在纠纷解决的目标、途径与方式上有较为广泛的选择是历史的趋势。这种转变是西南民族地区多元纠纷解决机制存在的前提。

二、西南少数民族传统文化对纠纷解决机制选择上的影响

西南民族地区多元纠纷解决机制的构建还受到西南各民族民众各种传统文化因素的制约，不同民族群体在各自的生活场景下会选择不同的纠纷解决机制。这在客观上造成了西南民族地区各民族会因为自己的原因选择不同的纠纷解决机制。

西南各少数民族文化上存在差异，有些少数民族对传统文化、组织依赖较强，虽然经过60多年的社会发展，但传统文化的影响依然较深。调查中发现，在大小凉山地区的彝族、普米族、摩梭人等以家支形式表现出来的传统社会组织对他们的纠纷形成、解决都会产生重要影响。该地区少

数民族在纠纷形式及解决机制上保留了很多传统文化、社会组织，对他们的纠纷解决机制产生重要影响，如在产生纠纷时家支、家族起到了重要作用。只要有纠纷，整个家族、家支会行动起来，把个体的纠纷转化成群体性的纠纷。这种传统文化和社会组织让当地少数民族更倾向于选择传统的纠纷解决机制来解决现在的一些纠纷。宁蒗县某彝族村的村规民约中第十四条规定："建立正常的人际关系，不参与家庭、宗族活动，不聚众闹事，不搞群体上访。有问题向上级反映，需派代表参加，代表人数不能超过3—5人，凡不听劝阻者，三年内不再安排上级所给的救济和其他优惠政策。"此条规定若不了解当地彝族社会传统很难理解，它本质上是禁止当地民众使用家支等宗族力量解决纠纷，说明传统的家支力量在社会纠纷中的影响是很普遍的。西南少数民族群体中把个体纠纷转化成群体纠纷来解决是很普遍的。在沧源县糯良乡调查时，当地司法所在总结社会纠纷时说，"我乡当前存在的一些矛盾纠纷，主要是农村生产、生活当中的水利、土地、山林、合同纠纷，属于传统纠纷，但由于区域封闭和观念陈旧，家庭利益较重，一旦发生纠纷，往往倚仗家族势力，不听劝阻，引发更大矛盾"。这里同样委婉地说明当地佤族在产生社会纠纷时会受到来自传统的氏族、家族力量的影响。景颇族、苗族和壮族在产生争吵、奸情等纠纷时采用传统的"洗寨子"仪式等解决。在调查中我们发现，由于传统的原因，西南民族群体中很多问题是没有办法用现在的合法与非法的方式进行处理的。最为典型的就是男女发生"不正当性关系"时，有些民族往往会要求男方赔偿，但在法律上无法进行。于是，很多调解者往往不对此种纠纷的性质进行现行法律上的界定，而是转向如何解决纠纷及赔偿问题。

例 2-1　不正当性行为解决协议

农某，女，32岁，壮族；农某某，男，32岁，壮族，于2007年12月17日（旧历），双方当事人在本村山上发生不正当性行为，引发纠纷。村委会在调解时，调解协议是：农某某（男）向女方道歉；由相关部门对农某某（男）进行处罚；农某某保证从此以后不得对农某进行骚扰；不得再发生其他矛盾。

此纠纷中，调解者没有对双方的行为是否属于通奸或是强奸进行界

第二章　新时期西南民族地区多元纠纷解决机制的构建

定,而是关注此种性行为引起的社会纠纷。同时,根据当地的传统,对男方进行了处罚。从整个处理结果看,目标就是解决此纠纷,对如何规避国家法律、如何适用传统习惯等问题都进行了"有意"或"无意"的删除。所以,现在西南民族地区调解组织在解决社会纠纷时常常采用此种方式对相应问题进行选择性的忽略,让整个纠纷解决结果能被当地民族接受。

西南地区受宗教影响较大,如藏族、傣族的佛教,怒江地区的基督教等,几乎每个民族都有自己独特的信仰,因此,与本民族的信仰和风俗有关的纠纷占据着社会纠纷中的一定数量。这类纠纷不同于东部地区或城市社会的一些经济纠纷,因此不能一刀切,用诉讼来解决所有的纠纷,这样会破坏农村社会原有的人际关系的平衡,加剧人际关系的紧张和对抗,导致出现一些尴尬的局面,甚至会让当事人觉得更加困惑。布莱克指出:"那种有意识的非法律化措施会更加符合当代社会发展中现有的趋势。"[1]作为一种千百年来世代总结、积累、继承延续的社会规范,少数民族习惯必然有其合理的成分,有符合社会历史发展和人类进步的方面。[2]因此,在这个承认价值多元化的时代,我们应该因地制宜,寻找适合西南民族地区的多元纠纷解决方式。

在调查中,我们发现西南少数民族群体,即使是同一民族,若生活在不同区域,对纠纷解决机制的选择上会存在很大的差异。如坝区与山区、交通要道与偏远山区、集镇与农村,他们在选择纠纷解决机制上存在很大的差异。如玉溪市的新平花腰傣族,戛洒镇集市周围的傣族与居住在江边的、交通不便的傣族在纠纷解决机制选择上就存在很大的差异。在同一地区,不同民族对纠纷解决机制的选择上也不同。

　　A:您在解决纠纷中,对傣族和彝族的调解有没有不同的地方?
　　B:主要是生活习惯不同,然后思想不同。傣族比较单纯,彝族相对较复杂一些。彝族文化要先进一些,接受教育更多。
　　A:由于彝族文化的这种先进,在您解决纠纷时是不是更困难一些?

---

[1] [美]唐·布莱克著《社会学眼中的司法》,郭星华等译,法律出版社2001年版,第90页。
[2] 高其才著《中国少数民族习惯法研究》,清华大学出版社2003年版,第274页。

B：我调解过一个案件，人身伤害案，牛致人受伤，赔偿问题的纠纷，傣族比较好解决一些。①

同一地区，不同民族由于居住区位不同，在纠纷解决机制的选择上有较大的差别，如居住在坝区的傣族与山区的景颇族、居住在坝区的傣族与彝族等。坝区的民族对国家设立的纠纷解决机制更为依赖，而居住在山区的民族群体对传统纠纷解决机制更加依赖。在纠纷解决机制的选择上，大理剑川县的白族更倾向于人民调解，而彝族、回族、傈僳族更倾向于选择本民族内部机制解决。

A：有没有这么一种现象，您这里解决的纠纷不多，往往是在纠纷当事人之间自己就解决了？

B：少数民族中，首先村小组内解决，解决不了到村委会，再解决不了，才到我们司法所。彝族矛盾较深的纠纷，都由他们内部调解。但汉族什么纠纷都来到我们这个地方。我们凉山的彝族就有这个好处。②

西南民族地区各民族对纠纷解决机制的选择还存在经济类型上的区别，调查中我们发现，生活在传统经济社会的群体更加依赖传统的纠纷解决机制，而生活在市场经济较发达地区、旅游开发区的少数民族对国家设立的纠纷解决机制更为依赖。宗教信仰对西南民族选择纠纷解决机制有很大的影响。很多信教群体，在产生纠纷时会优先在本宗教团体内部寻求解决。在调查中发现，很多信教的少数民族，特别是信仰基督教的少数民族群体会在他们产生纠纷时优先选择教内解决。宗教对信教民族群体选择纠纷解决机制起到了决定性作用。这样，西南民族地区宗教人士便成为社会纠纷解决中的重要群体。云南、四川的藏区较为典型，很多时候僧侣成为当地社会纠纷的重要解决者；广西、贵州的壮族、瑶族中道公成为当地社会重要的纠纷解决者。

---

① 新平县腰街乡某司法助理的访谈。
② 宁蒗县某彝族村的访谈。

三、市场经济形成改变着西南各民族的纠纷观念

西南民族地区采用多元纠纷解决机制还与我国当前市场经济建设、发展和深化有关,因为这种经济类型改变了西南民族地区人与人之间的关系。在西南民族地区,虽然不同民族、不同地区、不同群体在市场经济条件下存在着差异,但整体上不管从生产方式还是人际关系的标准和利益表达形式上都发生了重大变化。从调查看,不管哪个民族、村寨经济发展水平如何,他们都受到这种整体性社会关系与价值取向转变的影响。

西南民族地区在市场经济条件下利益关系更为复杂。现在西南民族地区的各种资源,不管是物质的还是非物质的,都表现出巨大的经济价值,于是各民族群体对不同资源产生了不同的利益追求。对此,有学者在20世纪90年代做过调查,发现各类社会纠纷往往是因为"一句话、一棵树、一头猪、一只鸡、一包烟、一寸土等而引起争执"发展而来。[1] 现在随着市场经济的推进,西南民族地区在利益驱动下纠纷数量较快增加,很多少数民族因为各种经济利益引起的社会纠纷事件越来越多。在调查中,我们发现2007年后社会民事纠纷的种类、数量的变化与每年经济发展中某种产品的价格变化有关。如2007年因为茶叶大涨价导致与茶地、茶树、茶叶等有关的纠纷大量出现,2010年因为大旱导致与水有关的纠纷大量出现。近年由于木材价格越来越高,与林木有关的纠纷成为社会纠纷重点。此外,与矿山、水电等资源性开发有关的社会纠纷也较为突出。现在少数民族非物质文化在地方经济发展中起到的作用越来越明显,于是少数民族中各种非物质文化成为地方经济争夺的对象,很多以前认为不重要,甚至是体现民族"落后""不体面"的文化都成为争夺的中心,引起了大量社会纠纷。这造成社会纠纷很难采用单一机制进行评价和解决。

西南民族地区即使是在偏远的地区,人们的生产方式也发生了相应转变。如川滇边境大小凉山地区传统的养殖业没有发生变化,但人们在养牛羊的目的上已经发生转变,现在养殖是为了出售,获取经济上的收益,而不是为了自己的消费。这样自然改变着他们对待自己家牛羊等财产的观

---

[1] 罗国首:《警惕少数民族民间纠纷激化》,《人民调解》1995年第6期。

念。云南德宏州的景颇族过去居住在山上，对林木的经济价值并没有明显的概念，现在由于林木价值凸显，改变着他们与林木、林地的关系，成为人们最关心的问题，同时成为社会纠纷的中心。同样，生活在滇黔边界的罗平鲁布革布依族，现在对林地、林木同样产生相同的问题。在调查中，当地村民坦言，近年社会经济纠纷中此类社会纠纷是中心，甚至一位年轻的小伙子向我们抱怨说由于林地权属不清，令他的整个生活规划不能很好进行。再如，云南很多傣族地区传统作物是水稻，现在由于蔗糖、橡胶等经济作物价格上涨，市场经济下成为战略性产品，成为当地人的生活来源，于是与此类经济作物有关的社会纠纷大量出现，甚至成为影响当地社会安定的重要因素。

随着生产方式、生产目的的转变，人们生活方式随之发生变化，西南民族地区人际关系从伦理型社会关系转向利益型社会关系。传统的伦理型社会关系中，人们在交往中以伦理关系的维持、保护和实现作为整个社会秩序构建中心，在社会纠纷的选择上表现出利益因素的弱化，人们更易放弃与利益有关系的争议，而获得一种伦理社会关系的"和平"。但进入利益型社会关系后，人们对社会利益的态度发生变化，人们对社会中产生的纠纷的容忍度大大降低，于是社会纠纷数量开始大量增加。现在西南民族地区父子、兄妹、弟兄之间也常因为利益问题产生各种纠纷，并且产生纠纷后相互之间往往锱铢必较，导致纠纷的解决更加困难。

A：调解工作与社会发展是有联系的吧？

B：有影响的，调解工作在大集体时，单纯的调解，没有多样化。改革开放后，就复杂了。

  …………

A：那20世纪90年代后，主要是些什么纠纷？

B：一般是小的财产纠纷，像牲畜吃了另一家的粮食，土地分界线上的纠纷、山林纠纷。

A：更多与利益有关。风俗习惯的纠纷少了。在解决纠纷的时候，策略上有没有变化？

B：变化相当大，实行承包责任制后，矛盾会出来，我们依照法律法规，法律套不上的话，我们用村规民约，村规民约规定得还是比较详细。①

当然,是否由于以上变化就导致西南民族地区民众的社区关系完全转变呢?我们对西南少数民族民众对自己生活社区的"人情味"进行了调查,情况好像也不全是。具体情况如表 2-1 所示。

表 2-1 民族社区人情味评价

调查点 类型	大理下关	宁蒗羊	宁蒗牛	峨山塔甸	新平戛洒	新平腰街	临翔南美	陇川城子	文山广南	麻栗坡	怒江	岑巩县	花溪区
868	44	29	28	43	56	40	50	29	30	30	30	30	30
好	16	15	22	29	34	16	21	23	10	14	16	11	1
不好	3	0	1	0	0	1	0	1	0	2	0	0	2
一般	20	3	1	5	18	5	20	6	11	12	11	17	13
没感觉	3	0	0	0	0	3	3	1	0	9	8	2	3

调查点 类型	荔波县	三江县	马山县	百色民族干部班	嵩明县	禄劝卡机	禄劝康荣	禄劝以毛多	罗平六鲁村	罗平多依村	富源石山脚	富源补掌村
868	30	33	31	14	22	30	30	30	33	80	23	43
好	8	15	0	6	18	9	8	25	15	38	10	32
不好	0	1	0	0	0	8	0	0	2	5	1	2
一般	21	15	0	8	3	12	18	5	17	46	13	12
没感觉	1	0	0	0	2	3	0	0	2	4	1	1

表 2-1 数据反映出西南少数民族民众对现在自己所在社区人际关系的一种内心评判与亲身体验。"好"和"一般"处在主流地位,说明人们之间还是处在一种较好的关系之中。同时,人们在社区关系上还是有很浓的"人情味"作为维系体系。

四、基层社会组织功能的转变

20 世纪 90 年代后基层社会组织功能已经从过去的政治性功能转化成一种治理性功能。国家对西南民族地区的治理上不再是简单地实现政治目标,而是实现经济上的有效发展和社会秩序的有效维持。在市场经济导向

---

① 新平县戛洒镇某村委会主任访谈。

下半自治社会要求国家设置的基层社会制度与西南各少数民族传统制度相比能够提供一种更为有效的功能，这是国家制度在当地取得成功的基本前提。其实西南各少数民族出现向传统制度回归的重要原因是当前国家设置的基层制度提供不了少数民族社会发展需要的功能，或国家制度提供的功能成本过高等，导致他们向传统制度回归。20世纪90年代以来这种现象表现得尤其明显，因为国家把过去提供的各种福利性功能从制度中剥离，而仅留下一些具有控制性功能或政治性功能的制度，导致西南少数民族在国家制度下不能进行有效的整合，于是只好寻找过去的制度来弥补不足。制度的替代虽然有文化、心理上的因素，但制度功能是最重要的因素，特别是我国现在基层自治社会组织出现后，若国家制度出现问题和功能不足时，各少数民族向传统制度回归就会呈加快趋势。

国家法律具有特殊的运作机制，对转型中西南少数民族社会来说其实具有很大的吸引力。国家法与民间法之间产生冲突在很大程度上是由于国家法的运作出现问题，其中成本是关键。现在司法制度中，收费过高、运作机制效率低和程序的公正度不够等因素在一定程度上制约着各少数民族对国家法律的需求。所以，国家法要在少数民族地区得到实施，不能仅从如何减少和弱化少数民族民间法问题上入手。因为当国家提供的司法功能不足和无效时，民间总会找一些民间规范来替代国家法律。从现在看，少数民族民间法的存在和恢复主要原因还是在于国家提供的法律机制不够有效，国家必须提供更为有效的法律。

在纠纷解决上，从少数民族地区看，有限地承认各少数民族固有纠纷解决机制在一定范围内的存在是必要的，因为在正常社会中，从来没有完全由国家来解决纠纷的先例。在纠纷解决上，不同社会主体会具有不同的价值追求，而国家提供的纠纷解决方式在某种程度上仅表达着一种占有强势地位的价值取向，它无法让所有群体和个人完全认同。而纠纷解决的有效性与当事人在解决中采用的实体依据和对程序"公平、公正"等价值的理解和承认有关，这种理解和承认在一定程度上又具有很大的地方性和民族性，就是不同文化和地区的民族在对"正义"的理解上也会存在很大的差异，所以由各地按本地的价值取向进行解决具有相当高的有效性。国家的纠纷解决机制其实是为具有不同文化的民族提供了相同的和基本的价值取向，国家纠纷解决机制的存在会让不同民族在社会发展中走向一体化。但是国家纠纷解决机制的作用取决于国家在这些地区设置的制度的运作效率和成本，若两者出了问题就可能影响国家纠纷解决机制在各民族地区的运作效果。所以，如何降低成本和提高效力是此问题的关键。对此，我国现在必须在少数民族地区提供一种更为有效的、低成本的纠纷解决机制，如更低廉的司法收费制度等。

五、历史上存在着多元纠纷解决机制

历史上西南各民族形成过多样的社会组织，而不同社会组织曾提供了不同的社会控制体系和纠纷解决机制。对此问题，可以从前面讨论中看出，这里不再赘述。西南民族地区社会纠纷解决机制除了自身固有的纠纷解决机制外，还有土司、宗教组织、流官政府等。西南民族地区社会纠纷解决机制从历史角度看是多元的。综合考察历史上西南民族地区，特别是中央政府在民族地区实行流官治理后，西南民族地区纠纷解决机制呈现以下特点。①纠纷解决机制的多元性。如迪庆藏区纠纷解决机构上，除了传统的民间属卡纠纷解决机制外，还有土司、寺院和流官政府；傣族地区有土司、流官等。②中央流官政府在权位上取得了主导地位。首先，西南民族地区就是由地方最高权力机构处理后的纠纷，还得呈报地方流官政府复查，如迪庆藏区社会纠纷由地方最高权力机构"春云会议"审理作出判决后还要上报流官政府；其次，当地少数民族直接起诉到流官政府，特别是那些重大社会纠纷；最后，流官政府会根据案件的性质进行直接的管辖。③由于纠纷解决主体的多元性，在纠纷解决的法律适用上也表现出多元性，如迪庆地区就适用习惯法，寺院教律、教规及国家法律等。这些现象虽然现在不再明显存在，但一些传统因素导致西南民族地区在社会纠纷的解决上需要建立更多的机制。

六、社会纠纷从常规性纠纷向与非常规建立纠纷并存转变

中国自改革开放以来，特别着随着市场经济的建立，社会中利益群体开始大量出现，不同利益群体相互间的利益冲突越来越严重。现在中国已经进入了利益多元化时代，即不同群体的利益在同一事件中往往表现出完全相反的诉求，于是要求纠纷解决方式的多元化。纠纷的多元化同时还表

现在社会主体关系的多元化方面。西南民族地区社会纠纷出现大量的非常规性社会纠纷。少数民族地区非常规性社会纠纷是指发生在群体或个体与群体、企业、政府等组织之间的政治性、政策性和经济制度性的社会纠纷。非常规性社会纠纷很难采用司法审判和人民调解等方式解决，它需要更多灵活的社会纠纷解决机制来满足解决这种纠纷的特殊需要。这种特征在我们的问卷中有所反映，在涉及公权力问题的纠纷上人们更倾向于选择找上级政府的主要领导，如乡镇长或县长等。

在问卷中设有"哪些矛盾纠纷您会找乡政府解决"这一问题，设置了三个选项，A. 是政府征用了您家的土地或房屋；B. 对村委的决定不满；C. 争土地、水源等。三个答案的情况如表2-2所示。

表2-2 乡镇府在不同纠纷种类中的作用

类型\调查点	大理下关	宁蒗羊	宁蒗牛	峨山塔甸	新平戛洒	新平腰街	临翔南美	陇川城子	文山广南	麻栗坡	怒江	岑巩县	花溪区
868	44	29	28	43	56	40	50	29	30	30	30	30	30
A	31	10	10	19	40	7	24	14	9	6	14	12	8
B	16	5	15	6	12	11	19	9	13	27	12	21	10
C	2	2	0	2	3	2	6	5	3	4	2	0	4

类型\调查点	荔波县	三江县	马山县	百色民族干部班	嵩明县	禄劝卡机	禄劝康荣	禄劝以毛多	罗平六鲁村	罗平多依村	富源石山脚	富源补掌村
868	30	33	31	14	22	30	30	30	33	80	23	43
A	17	17	17	11	12	29	28	30	14	36	14	2
B	14	13	5	5	6	17	9	26	7	22	6	14
C	3	11	12	6	10	0	1	0	13	25	9	11

表2-2数据主要集中在A和B两类上，这反映出西南少数民族对生存资源的关注度非常高，与此有关的社会纠纷成为当地社会中最具影响的社会问题。这从报道和一些具体的事件来看的确如此。

在问卷"哪些争吵和争议你会找乡长、县长或者是更上一层的领导"的10个备选项中，主要选择的是：(7) 别人侵占了您的土地、山林、房屋、菜地，(8) 您的耕地或其他土地被政府收回，(10) 村里的公共事务问题。具体数据如表2-3所示。

表 2-3 乡长、县长等人员在不同纠纷中的作用

调查点 类型	大理下关	宁蒗羊	宁蒗牛	峨山塔甸	新平戛洒	新平腰街	临翔南美	陇川城子	文山广南	麻栗坡	怒江	岑巩县	花溪区
868	44	29	28	43	56	40	50	29	30	30	30	30	30
(1)	0	9	7	3	0	3	3	1	2	0	3	0	0
(2)	0	7	2	6	0	6	5	1	3	2	0	1	2
(3)	0	6	1	1	0	4	2	0	0	1	0	3	0
(4)	11	10	6	9	10	9	13	16	7	16	1	13	3
(5)	3	14	1	3	1	3	9	1	0	1	0	5	3
(6)	0	5	2	1	2	7	6	1	2	10	0	3	1
(7)	30	17	9	10	23	2	19	23	28	26	15	19	14
(8)	23	10	9	14	31	5	16	9	20	28	7	15	6
(9)	3	3	3	2	1	7	8	0	1	1	0	6	0
(10)	18	10	3	6	10	3	11	1	3	12	13	11	1

调查点 类型	荔波县	三江县	马山县	百色民族干部班	嵩明县	禄劝卡机	禄劝康荣	禄劝以毛多	罗平六鲁村	罗平多依村	富源石山脚	富源补掌村
868	30	33	31	14	22	30	30	30	33	80	23	43
(1)	1	2	1	2	1	0	0	0	4	8	2	3
(2)	1	3	7	3	0	1	0	0	2	5	2	2
(3)	1	3	5	3	1	2	0	0	4	8	0	2
(4)	9	14	16	11	2	10	7	7	15	28	9	19
(5)	5	7	8	4	3	0	0	0	7	18	5	13
(6)	2	11	9	5	3	1	0	0	7	16	6	11
(7)	29	19	17	9	16	3	12	26	18	42	14	21
(8)	11	17	9	11	10	28	29	30	7	33	6	19
(9)	1	5	4	3	0	0	0	0	7	10	1	1
(10)	11	1	1	5	6	1	0	0	5	23	11	12

为了了解纠纷者对基层权力组织的关注度和不满时解决的途径，在问卷中设有"您对村长或村委会不满，会找什么机关反映"这一问题，选择有：A. 法院；B. 乡政府；C. 乡长或县长；D. 更高领导。调查者反映的具体情况如表 2-4 所示。

表 2-4 对村委会不满时民众救济机制的选择

类型 \ 调查点	大理下关	宁蒗羊甸	宁蒗牛	峨山塔甸	新平戛洒	新平腰街	临翔南美	陇川城子	文山广南	麻栗坡	怒江	岑巩县	花溪区
868	44	29	28	43	56	40	50	29	30	30	30	30	30
A	2	5	3	5	0	3	2	2	6	1	1	1	4
B	25	17	16	25	29	13	30	22	6	23	17	19	16
C	11	10	4	7	7	7	8	5	2	10	14	18	4
D	10	2	6	1	16	5	6	1	3	2	0	5	1

类型 \ 调查点	荔波县	三江县	马山县	百色民族干部班	嵩明县	禄劝卡机	禄劝康荣	禄劝以毛多	罗平六鲁村	罗平多依村	富源石山脚	富源补掌村
868	30	33	31	14	22	30	30	30	33	80	23	43
A	3	0	0	0	1	0	0	0	4	10	1	5
B	22	16	22	12	15	29	30	30	17	30	14	29
C	6	0	8	0	1	10	0	7	9	16	9	9
D	1	10	1	2	12	0	0	0	6	12	4	3

从表 2-2、表 2-3、表 2-4 的数据来看，共同反映出西南民族地区民众在涉及与公权力有关的非常规纠纷时往往通过行政机关的申诉获得救济。这是我国纠纷解决机制中存在的最大问题，很多纠纷可能根源于乡政府、乡长和县长等行政机关和人员，而产生纠纷时人们又偏向寻求他们解决，出现纠纷的利益当事人、关涉人来解决纠纷的现象。这种纠纷解决方式注定会产生更多的问题。当然，从中也可以看出，若能建立起有效的乡级人民政府、县级人民政府，对解决基层社会中的问题是具有决定性作用的。

七、法院等国家正式社会纠纷解决机制救济不足或成本过高

法院作为国家设立的正式纠纷解决机制，在西南少数民族中整体来看具有较高的认知度和认可度。因为在调查中，很多人了解法院，并且绝大多数人认为产生纠纷时到法院寻求救济并不是"不光彩"的事。当然，认为选择法院诉讼"不光彩"的心理受到民族、地域和经济类型的影响，如傣族就受影响较大，而白族受影响较小。此外，经济发达地区对选择法

院诉讼有较高的认同度，反之则较低。比如新平腰街乡 B 村由于生活较为封闭，调查时很多妇女对法院就不了解，所以 40 人的问卷中有 12 人不知道法院，是对法院认知度最低的调查点。在调查问卷中"您有没有听过法院"和"您是否认为发生纠纷找法院解决是很不光彩的事"的情况如表 2-5、表 2-6 所示。

表 2-5 对法院的了解度

调查点\类型	大理下关	宁蒗羊	宁蒗牛	峨山塔甸	新平戛洒	新平腰街	临翔南美	陇川城子	文山广南	麻栗坡	怒江	岑巩县	花溪区
868	44	29	28	43	56	40	50	29	30	30	30	30	30
听过	43	24	26	37	55	28	44	28	29	30	30	27	19
没有	1	5	2	6	1	12	6	1	1	0	0	3	6

调查点\类型	荔波县	三江县	马山县	百色民族干部班	嵩明县	禄劝卡机	禄劝康荣	禄劝以毛多	罗平六鲁村	罗平多依村	富源石山脚	富源补掌村
868	30	33	31	14	22	30	30	30	33	80	23	43
听过	27	31	31	14	21	30	29	30	30	78	18	32
没有	3	2	0	0	1	0	1	0	1	2	5	6

表 2-6 对法院在纠纷解决中的评价

调查点\类型	大理下关	宁蒗羊	宁蒗牛	峨山塔甸	新平戛洒	新平腰街	临翔南美	陇川城子	文山广南	麻栗坡	怒江	岑巩县	花溪区
868	44	29	28	43	56	40	50	29	30	30	30	30	30
是	4	8	12	15	16	17	6	8	6	9	10	3	8
不是	40	17	16	25	40	18	42	21	24	21	20	27	15

调查点\类型	荔波县	三江县	马山县	百色民族干部班	嵩明县	禄劝卡机	禄劝康荣	禄劝以毛多	罗平六鲁村	罗平多依村	富源石山脚	富源补掌村
868	30	33	31	14	22	30	30	30	33	80	23	43
是	12	5	7	1	7	6	15	13	11	27	8	11
不是	18	28	24	13	15	24	14	17	21	26	12	24

我国正式司法解决机制中存在能力不足与成本过高的问题。能力不足体现在以下方面：首先，法院等机构不够，即少数民族地区国家法院等正式机构存在不足；其次，国家司法正式救济机构在解决社会纠纷中正义性和公平性不足，由于非常规性社会纠纷往往存在一方与正式国家组织有关

或是相关的组织，其中法院等司法机构在民间认识和经验中又与国家行政机构是一样的，导致民间对司法机构公正性与正义性的认可度较低。成本过高主要表现为诉讼成本太高，具体体现在费用、时间和一些相关成本上。这在西南民族地区表现得十分突出，很多少数民族群众在现实和体验上把司法机构与行政机构等同，导致法院等国家正式救济机构在少数民族地区的公正性、独立性不明显，进而出现救济不足等情况。从调查问卷看，西南少数民族认为法院在解决纠纷时存在诉讼延迟、效率低下、费用偏高、程序复杂、太讲关系、公正性不足等方面问题。其中，对公平性的怀疑成为对法院解决纠纷不认可的最大原因。

在大理的调查问卷中，有被调查者直接填写法院在纠纷解决时最大的问题是"不公平，解决凭关系"。我们在不同地点、不同民族的问卷调查中，发现法院司法救济存在的主要问题有太麻烦了、要花很多钱、要花很长时间等。在产生纠纷时"不愿到法院的原因"① 选择情况如表2-7所示。

表2-7 阻碍法院利用的原因

调查点 类型	大理下关	宁蒗羊子	宁蒗牛甸	峨山塔甸	新平戛洒	新平腰街	临翔南美	陇川城子	文山广南	麻栗坡	怒江	岑巩县	花溪区
868	44	29	28	43	56	40	50	29	30	30	30	30	30
A	15	12	10	9	14	9	15	10	2	12	23	9	7
B	14	2	5	4	19	3	8	2	1	12	6	7	2
C	18	3	3	5	13	5	9	2	15	12	5	3	5
D	5	1	2	0	1	0	4	0	2	1	1	1	2
E	2	3	4	11	7	0	10	5	1	3	2	2	0

调查点 类型	荔波县	三江县	马山县	百色民族干部班	嵩明县	禄劝卡机	禄劝康荣	禄劝以毛多	罗平六鲁村	罗平多依村	富源石山脚	富源补掌村
868	30	33	31	14	22	30	30	30	33	80	23	43
A	9	2	4	5	8	1	0	0	16	27	4	11
B	7	1	9	7	4	0	1	0	16	23	6	16
C	3	5	7	3	6	0	0	0	5	22	8	11
D	1	5	7	1	2	0	0	0	5	2	2	1
E	2	6	4	8	5	0	0	0	7	23	9	5

① A. 太麻烦了；B. 要花很多钱；C. 很长时间都解决不了；D. 很丢脸；E. 其他。

第二章 新时期西南民族地区多元纠纷解决机制的构建

在"其他"项中有调查者认为法院解决纠纷会伤和气,即破坏人际关系。云南省禄劝县的卡机、康荣和以毛多村委会,他们在被问及"产生矛盾、纠纷时你们更想自己解决而不是去找法院"时,分别有29人、28人和30人作出选择,原因是他们选择解决社会纠纷时法院已经被排除出去,所以表现出对法院完全否定的态度。

法院在解决矛盾、纠纷时最大的问题是:不方便、太讲关系、花时间太长。当然,因为在设问时在"D"选项上没有设成判决结果"不公正、不公平",所以可能存在选择上的选择,因为有人在此项上填有"不公平"。在"您认为在解决矛盾、纠纷时找法院解决最大问题是:A.不方便;B.太讲关系;C.花时间太长;D.判决结果不好"的选择数据如表2-8所示。

表2-8 法院解决社会纠纷时存在的问题

调查点\类型	大理下关	宁蒗羊	宁蒗牛	峨山塔甸	新平戛洒	新平腰街	临翔南美	陇川城子	文山广南	麻栗坡	怒江	岑巩县	花溪区
868	44	29	28	43	56	40	50	29	30	30	30	30	30
A	13	12	8	8	16	19	19	8	4	19	15	2
B	12	7	10	10	21	6	16	4	14	13	1	10	6
C	28	5	4	14	22	6	8	4	3	13	11	10	9
D	4	1	3	3	5	3	4	5	2	4	1	7	0

调查点\类型	荔波县	三江县	马山县	百色民族干部班	嵩明县	禄劝卡机	禄劝康荣	禄劝以毛多	罗平六鲁村	罗平多依村	富源石山脚	富源补掌村
868	30	33	31	14	22	30	30	30	33	80	23	43
A	15	2	4	5	5	29	27	29	14	16	6	6
B	10	7	2	4	2	9	14	5	7	34	1	18
C	10	5	7	3	10	10	10	7	8	19	4	10
D	7	6	9	7	1	1	1	1	1	23	1	4

在选择法院解决纠纷后,还存在一个问题,即很多人认为经过法院诉讼,双方的关系很难再保持原状,在"法院解决后,你们的关系是:A.保持原状;B.不来往,成仇人"选择上,具体情况如表2-9所示。

表 2-9 法院判决对当事人社会关系的影响

类型\调查点	大理下关	陇川城子	文山广南	麻栗坡	怒江	岑巩县	花溪区	荔波县	三江县	马山县
868	44	29	30	30	30	30	30	30	33	31
保持原状	18	8	2	15	6	14	0	14	17	6
不来往,成仇人	21	2	4	11	7	16	0	16	6	25

类型\调查点	百色民族干部班	嵩明县	禄劝卡机	禄劝康荣	禄劝以毛多	罗平六鲁村	罗平多依村	富源石山脚	富源补掌村
868	14	22	30	30	30	33	80	23	43
保持原状	6	12	8	3	23	23	70	18	31
不来往,成仇人	8	10	22	27	7	7	10	3	5

从表2-9看好像西南少数民族若发生诉讼后对双方社会关系的影响并不是绝对的,但现实中诉讼常意味着双方当事人关系的终结。因为很多人拒绝回答此问题。从某个角度看,拒绝回答就是选择了"B"项。在调查访谈中发现很多人认为若把纠纷提交到法院,那就意味着相互关系的终结。如兄弟之间的纠纷本来属于家庭内部问题,若一旦提交到法院,就没有兄弟情分了。在一些调查点中也有人认为通过诉讼解决纠纷后双方的关系更好,其中百色民族干部班调查点中有2人、三江调查点中有5人。这种反映是否真实值得进一步研究。

从调查看,西南地区各少数民族对法院这种国家司法机关有较高的认同,因为很多人认为法院是解决纠纷的重要机关。表2-10是关于人们对法院利用情况的考察。当然不是调查本人,而是他周围的人员,反映出来的情况如表2-10所示。

表2-10中"有"是绝对数据,其他两种数据外还有不选择的,从某个角度看,"没有"、"不清楚"和"不选择"三类说明被调查者对法院没有真实的感性认识。

在调查时对不同民族群体对法院的利用度进行了调查,因为我们设问了调查者本人及周围的人是否利用过法院来解决纠纷。同时,对法院判决的满意度进行了调查。

表2-11是对法院判决满意度的考察,具体情况如表2-11所示。

表 2-10 法院利用度

调查点\类型	大理下关	宁蒗羊	宁蒗牛	峨山塔甸	新平戛洒	新平腰街	临翔南美	陇川城子	文山广南	麻栗坡	怒江	岑巩县	花溪区
868	44	29	28	43	56	40	50	29	30	30	30	30	30
有	32	14	8	23	23	10	15	15	6	14	16	20	13
没有	7	5	14	7	20	10	21	9	6	3	5	8	6
不清楚	4	3	2	13	4	7	4	18	14	9	1	2	

调查点\类型	荔波县	三江县	马山县	百色民干部	嵩明县	禄劝卡机	禄劝康荣	禄劝以毛多	罗平六鲁村	罗平多依村	富源石山脚	富源补掌村
868	30	33	31	14	22	30	30	30	33	80	23	43
有	14	21	6	12	3	8	2	23	9	40	11	16
没有	4	8	24	2	15	3	11	0	21	28	6	12
不清楚	12	2	1	0	3	19	17	7	2	12	7	9

表 2-11 法院解决社会纠纷满意度

调查点\类型	大理下关	宁蒗羊	宁蒗牛	峨山塔甸	新平戛洒	新平腰街	临翔南美	陇川城子	文山广南	麻栗坡	怒江	岑巩县	花溪区
868	44	29	28	43	56	40	50	29	30	30	30	30	30
满意	14	20	14	25	11	17	23	14	3	24	14	13	12
一般般	17	5	6	9	26	4	16	1	3	5	2	8	5
不满意	13	3	1	6	1	1	1	7	0	0	0	2	

调查点\类型	荔波县	三江县	马山县	百色民族干部班	嵩明县	禄劝卡机	禄劝康荣	禄劝以毛多	罗平六鲁村	罗平多依村	富源石山脚	富源补掌村
868	30	33	31	14	22	30	30	30	33	80	23	43
满意	13	18	1	2	11	3	2	7	13	43	16	22
一般般	4	7	2	8	2	5	0	16	16	33	8	12
不满意	1	8	3	1	0	0	0	0	0	4	3	1

表 2-11 中对法院的满意度反映的是西南少数民族对法院想象的态度，因为很多人并没有到法院起诉过，周边的亲朋好友也没有到法院起诉过，选择者没有亲身的体验，反映出来的只能是一种想象的认识。当然，从中可以看出西南少数民族对法院解决纠纷的某种认同。

当然，从数据上看，经济发达地区回答者本人和周边的人去法院解决纠纷的人较多，边远地区则较少。此外，表 2-11 中一个最大的问题是对法院判决结果"满意"的人数高于"去过法院"的人,所以调查中对判决的满意度不是真实的反映。这种数据结构只能说明现在西南少数民族民众对法院这种国家正式纠纷解决机制的认可度相对很高。整个调查问卷中最真实的反映是大理市的调查情况,因为这里的人城市化程度最高,对问题的理解较为全面。由于社会结构、经济发展、文化水平的原因,人们对法院的利用度和理解较高和真实,对法院判决情况的反映也是最为真实的。大理下关调查对象44人中有14人对法院判决结果表示满意,17人认为一般,13人不满意。其次是怒江的调查点,因为调查点是在该县所在地,人们对法院的认知度较高。该点情况是14人满意,2人认为一般,14人没有选择,当然,若把此视为不满意,可能整个情况就会发生变化。

　　从经济学角度来看,西南少数民族对法院的选择是生存成本效益选择的必然结果。虽然普通老百姓不会像经济人一样去精确地计算成本与收益,甚至有些当事人可能还是目不识丁的农民,但社会人的生存本能会引导他们在行为中通过切身体验来估算该行为的成本,并对行为的实效进行比较(即效益比较),在比较中反复掂量。相对于成本高的司法救济途径而言,人们肯定会首选成本低廉、快捷方便、熟悉好用的非正式纠纷解决机制。

　　另外,如果走诉讼途径,老百姓可能对法律程序和实体规则不甚了解,在西南民族地区许多闭塞的农村社会中很多人可能一辈子也不会与法院打交道,甚至有人从没听说过法院,也不知道法院为何物。[①] 很多人对法院的认识还停留在以往的"官府衙门"的印象上。据调查,调查对象对法院性质的认识上[②]只有1个人准确地说出了法院是"裁决纠纷的专门组织"。此问题的情况如表2-12所示。

　　从表2-12的数据可以看出,很大一部分人是把法院作为政府行政部门或解决困难的地方,反映出对法院职能认识上的模糊。

[①] 本次问卷调查即显示了这一现象。
[②] 您有没有听说过法院:
　　听过（　　）　　没有（　　）
　　若听过,它是干什么的:
　　A. 告状的地方（　　）　　B. 政府机关（　　）
　　C. 解决困难的地方（　　）　　D. 专门审理案件的地方（　　）

第二章 新时期西南民族地区多元纠纷解决机制的构建

表 2-12 对法院性质的认知度

类型\调查点	大理下关	宁蒗羊	宁蒗牛	峨山塔甸	新平夏洒	新平腰街	临翔南美	陇川城子	文山广南	麻栗坡	怒江	岑巩县	花溪区
868	44	29	28	43	56	40	50	29	30	30	30	30	30
A	31	15	13	19	44	9	12	6	21	16	30	27	12
B	4	7	1	5	1	5	4	2	3	1	5	3
C	9	12	11	12	9	7	26	15	2	13	2	7	4
D	2	0	1	1	3	0	3	2	4	0	1	0	0

类型\调查点	荔波县	三江县	马山县	百色民族干部班	嵩明县	禄劝卡机	禄劝康荣	禄劝以毛多	罗平六鲁村	罗平多依村	富源石山脚	富源补掌村
868	30	33	31	14	22	30	30	30	33	80	23	43
A	16	0	0	0	9	13	9	24	14	20	3	11
B	1	0	0	1	5	4	4	1	2	11	3	5
C	12	0	0	2	5	1	3	0	8	13	6	9
D	1	0	0	6	10	12	9	4	15	50	13	17

法院救济的不足在西南民族地区非常突出，经常出现人民法院审理后的判决不能执行，当事人要求调解或当事人不承认等问题。在调查中就有司法所所长给我们讲他遇到法院判决后当事人不执行，请求他进行调解的事例。

例 2-2 法院判决被调解改变

（我）还曾遇到过这样的情况，有个人身伤害案子法院判决已经生效，但在执行判决时遇到了困难，因为判决赔偿的数额太高，被告难以支付。这时，镇司法所介入了此案，对双方当事人进行了调解，通过调解降低了判决执行的数额，最后案件得到了圆满解决。

此个案反映了西南民族地区诉讼纠纷解决机制在实践中存在困境。在过去我们的调查中也听说过这种情况，如下面两个案件反映出司法程序带来的问题和不足。

例 2-3 重婚罪中的国家法困境

2001年哈尼族李某告刘某犯有重婚罪。他们是按本民族传统离过婚，且对财产也进行过分割,仅是没有到相关部门领取证明。1994年男方再次结婚,现在(2001年)女方以男方重婚为由提起重婚罪诉讼。法院按国家法,认为他们的婚姻关系并不因为举行过民族离婚形式而解除,不承认他们过去按本民族的形式离婚是有效的,所以判男方犯有重婚罪。

在此案中,李某利用国家法与本民族习俗的不同达到获得"自利"的目的。李某在刘某1994年再婚时没有提出异议,而是到2001年才提出重婚之诉,可以说具有不正当的目的。此案的判决使法院在当地社会中解决社会纠纷上出现了与传统价值取向相比较不公正或不足的现象,导致民间遇到相关问题时会自动选择民间方式。下面是法院在解决社会纠纷时的一个失败案例。

例2-4 非法同居案引起的人命案

陈某,男;李某,女。李某未婚先孕,按当地民族习俗,她不能在本村内生育。女方家长为了她和家庭名誉,急忙让她嫁给年龄比较大的陈某为妻。双方按当地民族习俗办理了相关结婚仪式。后来李某在产下小孩后,婴儿不久就死亡了。女方及家人认为过去的婚姻没有价值,于是向法院提出离婚,因为他们没有领取结婚证,法院以解除非法同居并返回订婚金(280元)判处离婚。判决后,陈某拒绝承认他与李某的(婚姻)关系已经解除。一天,陈某见两个男子与李某在"打闹",他认为是对自己妻子的侵犯,于是回家拿出火药枪向李某和两个男子开枪,导致李某和两个男子死亡。后陈某被法院以故意杀人罪判处死刑。此案导致四条人命。[①]

此案中当事人李某在整个事件上都是投机的,她用本地习惯规避本地传统给自己带来的不利,但当目标不能实现时,又通过国家法律获取自己不正当的利益。但在整个案件的解决过程中,国家诉讼程序只能严格依照法律,导致整个纠纷的解决没有办法"忽略"那些"不合法"的部分,让整个纠纷的解决处在一种地方场域与国家法之间的冲突之中,最后导致纠纷解决过程的失败。

此外,少数民族地区社会纠纷严格按照国家法律解决会出现以下情

---

① 这两个案例来自笔者在2001年参与的另一个课题调查。

况。①同一事件双重处罚。同一社会纠纷,采用不同救济模式只能满足不同社会层次的需要。国家层次上的司法救济实现的是国家权威。在社会纠纷真实有效的解决上还得通过民间的、非正式的方式。这在彝族、藏族、苗族、哈尼族中都存在,前两者特别明显。②导致社会冲突更紧张。一些民族间的特定纠纷按照国家法律制度解决,反而会导致社会关系的冲突更加紧张,甚至出现民事纠纷向刑事纠纷转化的趋势。我们在金平县调查中仅 2001 年 1 月到 10 月就有 80 多起非法同居案,其中苗族中有 50 起。而这些案件绝大多数是按当地民族习俗结过婚的,在当地民族婚姻观念上是合法的。调查中当地法官坦言,每年由于婚姻民事纠纷转化成刑事案件的至少有两三件。③当事人为达到不正当目的有意选择处理途径。现在中国的司法体制,会被一些当事人利用,以达到不正当的目的。最明显的就是在结婚和离婚上,当当事人的利益不能实现时,就通过国家的司法体制达到自己的目的。从调查看,少数民族中存在着一些民族习惯和处罚方式侵犯人的基本权利的情况。如苗族中抢亲后强行发生性行为、哈尼族中对偷盗者和犯忌者处死行为、彝族中自杀复仇、傣族中对"琵琶鬼"的驱逐和歧视等。对这些行为必须由国家法律强行干预。

第二节 新时期西南民族地区多元纠纷解决机制构建的原则

新时期在西南民族地区社会治理上,选择怎样的纠纷解决机制是决定这一地区社会秩序好坏的重要因素。同时,多元纠纷解决机制建设成功与否、如何建设、如何选择路径,与如何认识新时期民间社会的运作特点及治理理念等有密切关系,所以在多元化纠纷解决机制的构建中我们提出应该在以下原则的指导下进行。

一、增加和承认民间社会的自治性

新时期在以市场经济为社会利益配置的主要影响因素、个体对自己的经济生活"自治"支配的前提下,农村形成了以户为中心的生产方式时,民间社会理所当然地进入了相对"自治"的生活状态。西南民族地区，由于民族、宗教、地域和文化的差异，国家在治理上应注意到政治目标的实现和地方自治的平衡。国家在制度设置上如何构建这些地区的基层社会结构具有决定性的作用。这当中存在一个问题是当国家对基层社会控制太紧时往往会产生一些负面作用。从历史上看，西南民族地区民间社会结构自1949年到现在，经历了多元自治时期和国家绝对控制时期再到相对自治时期。在这些不同时期中，国家绝对控制时期并没有比多元自治时期拥有更好的社会秩序。民间社会由于自身的特点，采用多元的、相对自治的结构并不会导致国家政治地位的削弱。但接下来的问题是：对基层社会的治理是否一定要以强势的政治介入为前提，是否可以通过软性的力量来完成呢？从基层组织结构上看，若国家介入太弱往往会使乡村权贵成为民间社会秩序的破坏者，进而使国家无法实现社会秩序的稳定。若国家介入太强，则又会导致地方基层社会变成权力机关的滥用权力的对象。所以，把握国家介入民间社会的度，建立一种半自治的、民主的基层社会组织是十分必要的。这里的"半自治"是指在民间社会组织的运作中国家一般不采用直接的政治干预，而是更多地通过软性的力量来施加影响，进而实现国家的目标，比如通过对公共事务、公共福利的承担来达到民间组织的行为改变和民众对国家的认同等。在社会控制上，我们认为采用一种多元的、正式的或非正式的社会控制体系是最能适应当地社会需要的。我们不主张完全利用国家力量，因为人民公社时期就证明这种方式的缺点。同时我们也认为在承认民间的、非国家的社会控制力量时，应进行相应的平衡和监管。国家控制力量过强会导致国家权力的滥用，相反，民间力量过强也会被滥用，所以我们认为最好建立一种以国家控制为中心，协调宗教力量、民间力量和国家正式组织之间的平衡关系的社会结构。

在新时期，国家对西南民族地区主要应关注以下问题。首先是政治安全，这必须由国家来完成，不可能由民间来完成。其次，国家对民间社会的控制应转向提供有效的公共产品，而不是通过简单政治目标的输入。国家进行无限的社会控制是不能获得长期有效的良好的社会秩序的。现在看来，国家通过承担社会公共事务和提供公平、公正、高效的公共产品是国家获得民间社会认同的主要途径，所以我们主张国家减少直接的政治、经济干预，而是通过提供相关的软力量来获得民间社会的认同。这一点可以从改土归流后清政府在这一地区的治理上看出，当时清政府没有努力把国家的政治力量完全渗入到基层，而是通过提供社会稳定的公共产品来获得当地社会的稳定。现在产生的问题是国家虽然设置了不同的组织机构，其目的是想通过多种途径对民间社会进行干预，但是民众看到的、体会到的却相反。如在设置村民委员会后，并没有使民间意愿得到充分表达，仍然是政府干预民间社会的手段，看不到相应公共产品质量的有效提高。

A：村委会不是自治吗？
B：它一点都不给自治。①

现在民众的生活处在一种自治状态中，但政府提供的不是负担就是政治的空洞表达，加之经济市场化的原因，政府甚至成为民间社会利益的竞争者，从而导致了民间与国家之间关系的紧张。

总之，我们主张在新时期下，随着社会主义市场经济的完善，国家在民间社会中必须改变角色，从过去强制的、政治的干预为主转向公共服务的提供者，以弥补民间社会力量的不足。国家公共产品如何提供、提供达到什么程度，其实是现在西南民族地区实现社会稳定、和谐的关键。相反，仅想通过加强政治控制是很难实现的，民国时期的历史也说明了这一点。当时民国政府在西南民族地区改置区、乡、保甲，目的是想通过直接介入改造当地社会，但结果适得其反。1949年以后，国家在民族地区积极提供医疗卫生、教育、生存保障等公共产品，而不是急于实现政治上的目标，国家很快在西南民族地区民众中获得了认同和相应的地位。构建和谐社会，必须承认一定程度、范围内的民间相对自治，让民间有适当的"自由裁量"权利，否则过度的国家权力干预将会导致社会冲突更加激化和多样化。当然，国家不能完全从民族基层社会的治理、控制中退出，而应成为引导者、参与者、最后的仲裁者。

社会治理中承认民间的自治性，从纠纷解决方式的选择上看，主要体现在：很多人在产生纠纷时并不想提交给第三者解决；在提交第三者解决时很多人也不是都想提交给国家正式纠纷解决机制解决。我们在调查中设立了"您与他人产生争吵与矛盾后首先想到的是什么"这一问题，列举

---

① 某乡镇中某村委会主任的访谈。

了7种选择,① 发现绝大多数人都选择采用"算了,忍一忍"。具体情况如表2-13所示。

表2-13 纠纷产生后处理选择意愿

调查点\类型	大理下关	宁蒗羊	宁蒗牛	峨山塔甸	新平戛洒	新平腰街	临翔南美	陇川城子	文山广南	麻栗坡	怒江	岑巩县	花溪区
868	44	29	28	43	56	40	50	29	30	30	30	30	30
(1)	34	11	16	24	32	10	38	14	15	18	25	22	19
(2)	2	0	7	0	2	3	2	0	3	3	1	3	0
(3)	4	1	6	5	13	6	2	8	2	13	1	8	3
(4)	2	15	3	1	5	14	2	11	8	10	1	5	1
(5)	2	9	3	7	10	6	7	6	2	12	1	11	3
(6)	4	4	0	5	1	3	0	4	2	1	2	2	1
(7)	3	0	0	0	0	2	0	0	0	2	1	3	2

调查点\类型	荔波县	三江县	马山县	百色民族干部班	嵩明县	禄劝卡机	禄劝康荣	禄劝以毛多	罗平六鲁村	罗平多依村	富源石山脚	富源补掌村
868	30	33	31	14	22	30	30	30	33	80	23	43
(1)	20	27	25	0	19	30	30	30	21	67	17	33
(2)	0	1	6	5	1	0	1	0	3	6	1	3
(3)	6	4	7	7	7	2	11	17	5	14	9	11
(4)	1	6	20	1	6	29	29	30	12	12	8	16
(5)	4	17	3	12	1	4	8	4	15	29	5	14
(6)	1	14	2	2	2	2	3	0	7	8	5	10
(7)	0	5	1	4	2	0	0	0	5	9	2	8

表2-13数据说明西南少数民族在产生纠纷时首先想到的不是扩大化,而是内部解决,就是在寻找第三者时也以同社区的人为中心。这种纠纷解决的选择给我们一个启示,即设置制度时必须承认某种自治事实的存在。

调查中我们设计了人们产生纠纷时会采用私力救济还是法院诉讼的问题,即"当发生矛盾、纠纷时,您更想自己解决还是找法院",具体情况如表2-14所示。

---

① 具体是:(1)算了,忍一忍;(2)找亲戚朋友一起去帮吵;(3)找本村寨老人或家族中有威望的人解决;(4)找村长;(5)找村委会或乡政府;(6)找派出所;(7)找县级领导及法院。

表 2-14 私力救济与法院选择的倾向

调查点类型	大理下关	宁蒗羊	宁蒗牛	峨山塔甸	新平戛洒	新平腰街	临翔南美	陇川城子	文山广南	麻栗坡	怒江	岑巩县	花溪区
868	44	29	28	43	56	40	50	29	30	30	30	30	30
自己解决	20	18	22	30	38	20	27	20	20	12	28	10	13
找法院	17	7	6	10	17	13	20	8	10	14	2	20	11

调查点类型	荔波县	三江县	马山县	百色民族干部班	嵩明县	禄劝卡机	禄劝康荣	禄劝以毛多	罗平六鲁村	罗平多依村	富源石山脚	富源补掌村
868	30	33	31	14	22	30	30	30	33	80	23	43
自己解决	28	0	0	0	10	29	28	30	14	43	17	16
找法院	2	0	0	0	10	1	0	0	18	37	6	22

表 2-14 的数据说明人们在产生纠纷时在法院和私力救济上的不同选择，绝大多数人都倾向于选择私力救济。

我们在问卷中对西南少数民族民众对自己生活的社区"人情味"进行了调查，由表 2-1 可以发现，西南少数民族民众对现在自己所处的社区人际关系的看法与体验中认为"好"和"一般"的处在主流地位，说明人们之间还是处在较好的关系之中。我们还调查了人们遇事时是否会优先找"熟人"帮助，反映的情况具体如表 2-15 所示。

表 2-15 产生纠纷后解决机制优先选择倾向

调查点类型	大理下关	宁蒗羊	宁蒗牛	峨山塔甸	新平戛洒	新平腰街	临翔南美	陇川城子	文山广南	麻栗坡	怒江	岑巩县	花溪区
868	44	29	28	43	56	40	50	29	30	30	30	30	30
找	22	16	23	29	49	21	42	26	24	26	29	22	7
不找	8	11	2	10	5	13	2	3	6	4	1	7	17

调查点类型	荔波县	三江县	马山县	百色民族干部班	嵩明县	禄劝卡机	禄劝康荣	禄劝以毛多	罗平六鲁村	罗平多依村	富源石山脚	富源补掌村
868	30	33	31	14	22	30	30	30	33	80	23	43
找	24	14	0	8	16	15	29	16	24	70	19	37
不找	6	5	0	6	6	14	1	14	5	10	5	2

表 2-15 反映出"熟人"是自己生活的主要圈子。当然，表 2-15 中反映出的人际关系有越来越走向陌生人的趋势。这种特征说明民众在生活中具有很高的自治性。

总之，承认民间社会的半自治性，让民间社会有自己的活动空间，国家从强力控制转变为一些公共产品的提供者，让民间社会在发展中有一个可依赖的公权力组织，而不是成为民间社会发展中最大的问题。公权力与个体自身发展的自由选择的协调是现在西南民族地区社会治理的基本取向。

二、改变对西南民族地区社会治理的理念

西南少数民族地区纠纷解决机制的构建中应改变1949年以后形成的社会治理理念。因为只有通过改变社会治理的理念，才能让我们在建设西南民族地区纠纷解决机制时有正确的选择。同时，所设立的纠纷解决机制才能发挥相应的功能，少数民族在纠纷解决中才能对国家机制有更高的认同。当前，国家在西南民族地区治理上应注意三个方面的改变，具体如下。

1. 减轻少数民族群体在社会利益博弈中的"弱势感"

西南民族地区经过三十多年的改革开放，确实有了很大的发展，人们的生活水平绝对指标得到了提高。我们在调查中发现很多偏远地区的少数民族民众在生活上都发生了本质性的改变，通电、通路、电视、电话等通信工具十分普及，给人们了解外界提供了新的途径。然而，现在治理中存在一个问题，即我们一些政治家可能过度关注了人的需要中物质与幸福的正比例关系，而忽视了人满足了基本物质需要对尊严、公平、正义、机会取得、机会均等等价值的追求。[①] 中国现在最大的社会问题是社会发展的同时给少数民族地区很多民众带来的不是更多的幸福感，而是更多的被剥夺感。西南民族地区大量少数民族民众的被剥夺感在近年增长较快，而不是减少。过去我们在西南民族地区的发展上更多地关注如何让GDP数据增加，而不是关注如何让这些地区的少数民族在发展中有更多的幸福感和平等感。近年来被剥夺感是全国包括西南民族地区在内各类社会纠纷产生的重要原因，特别是那些对抗政府、减弱对政府的认同等消极纠纷形成的基本原因。为此，笔者认真分析了此种现象的形成原因。人类有一个重要特点，即随着物质生活的提高，需要的是一种平等对待的体验。随着社会发展到一定程度后，这种感觉被剥夺后，最易产生对现实的反抗和不满，

---

① 在人的需要上，马斯洛的需求层次理论是具有重要的现实意义的，特别是在今天的中国，随着物质生活的提高，人们对一些非物质性价值的需求成为引发社会冲突的重要原因。

第二章 新时期西南民族地区多元纠纷解决机制的构建

这就是著名的"托克维尔效应"①。现在中国也许已经进入了这个时期。

造成这种现象的原因是我们现在对少数民族地区的大量扶贫行为,大量资金和物资没有落实到应有的人身上,而仅培养了一群民族地区的"权贵",这些人在民间社会中导致更多问题的出现。可以说,若中央政府不减轻少数民族的被剥夺感,社会群体事件只会增加,不会减少。从历史上看,每次民族地区社会得到重大发展后,少数民族地区社会纠纷不是减少,而是增加。比如清朝时期乾嘉年间苗疆出现的各民族与汉族移民的土地纠纷事件。若认真分析,会发现这个时期苗疆地区社会得到了很大的发展。民族地区在改革开放后,特别是20世纪90年代以后,社会经济得到了很大的发展,但是由于社会、文化原因,很多少数民族民众并没有得到相应的好处,发现"自己的传统社会资源"被掠夺的同时,自己却处在社会的边缘。如在民族地区修建水电站时,当地人土地被征用,不能使用电或者价格过高。笔者发现在家乡虽然有很多大型水电站,但常出现没有电用,价格比城里还高的现象。在这种情况下,若境外一些有不良用心的人煽动,就很容易导致当地民众对抗政府。云南、贵州很多地区的木材常被低价运走,这当中有地方政府的一些官员为了个人利益而出卖当地利益的现象。2008年发生在云南孟连的事件就是此种原因引起的,当地傣族胶农发现橡胶的市价在增加,而自己却没有得到任何好处。自己的利益被剥夺,在物质利益的刺激下出现了更大的冲突。如何在民族地区减少被剥夺感是现在减少少数民族地区社会纠纷特别是群众事件的重要途径。近年在旅游开发、少数民族传统非物质财富的开发上都使西南地区很多少数民族感到被剥夺,而不是得到好处。如何减少被剥夺感是中国现在解决西南民族地区社会纠纷的重要途径。

我们在调查问卷中对少数民族群体对现在社会的参与度进行了调查,特别对他们外出打工相关问题进行了调查。外出打工是西南少数民族一般民众进入现代社会的重要途径,也是分享中国社会发展红利的重要途径,具体情况是:您觉得现在出去打工容易吗?

---

① 法国著名的学者托克维尔在自己的著作《旧制度与大革命》中指出:"法国大革命的根源之一,在于法国农民受到的束缚大幅度减少,生活水准显著提高,而随着手铐的去除,剩下的脚镣往往会变得百倍的不能容忍。"此种观点被美国社会学家丹尼尔·贝尔在1973年的《后工业社会的来临》中称为"托克维尔效应"。

表2-16 外出打工心态

类型\调查点	大理下关	宁蒗羊甸	宁蒗牛	峨山塔甸	新平戛洒	新平腰街	临翔南美	陇川城子	文山广南	麻栗坡	怒江	岑巩县	花溪区
868	44	29	28	43	56	40	50	29	30	30	30	30	30
容易	2	7	7	5	16	15	9	8	5	6	5	0	6
不容易	41	21	21	37	38	21	40	20	25	24	24	25	23

类型\调查点	荔波县	三江县	马山县	百色民族干部班	嵩明县	禄劝卡机	禄劝康荣	禄劝以毛多	罗平六鲁村	罗平多依村	富源石山脚	富源补掌村
868	30	33	31	14	22	30	30	30	33	80	23	43
容易	1	7	3	2	1	0	0	0	12	26	7	8
不容易	29	12	28	12	20	30	30	30	16	53	17	28

您想去外面打工吗？具体情况如表2-17所示。

表2-17 外出打工动机

类型\调查点	大理下关	宁蒗羊甸	宁蒗牛	峨山塔甸	新平戛洒	新平腰街	临翔南美	陇川城子	文山广南	麻栗坡	怒江	岑巩县	花溪区
868	44	29	28	43	56	40	50	29	30	30	30	30	30
想	20	19	15	28	23	27	19	15	5	15	14	12	9
不想	24	6	21	13	31	7	30	13	25	15	16	13	20

类型\调查点	荔波县	三江县	马山县	百色民族干部班	嵩明县	禄劝卡机	禄劝康荣	禄劝以毛多	罗平六鲁村	罗平多依村	富源石山脚	富源补掌村
868	30	33	31	14	22	30	30	30	33	80	23	43
想	7	14	16	7	10	6	5	5	19	53	13	21
不想	23	11	15	6	11	24	25	25	11	25	12	19

外出打工，由于不知道如何维护自己的权利，很多人往往不能获得相应的收益。"你知道打工者权益保护组织吗"的情况如表2-18所示。

表2-18 对打工者权益保护组织的认知度

类型\调查点	大理下关	宁蒗羊甸	宁蒗牛	峨山塔甸	新平戛洒	新平腰街	临翔南美	陇川城子	文山广南	麻栗坡	怒江	岑巩县	花溪区
868	44	29	28	43	56	40	50	29	30	30	30	30	30
知道	33	19	16	29	26	24	25	20	8	18	10	11	13
不知道	11	5	4	12	15	10	21	7	22	12	8	11	17

续表

类型\调查点	荔波县	三江县	马山县	百色民族干部班	嵩明县	禄劝卡机	禄劝康荣	禄劝以毛多	罗平六鲁村	罗平多依村	富源石山脚	富源补掌村
868	30	33	31	14	22	30	30	30	33	80	23	43
知道	14	13	29	10	8	7	8	1	9	10	5	6
不知道	16	16	2	4	10	0	1	1	24	70	17	37

从表2-16、表2-17、表2-18中可以发现，西南少数民族民众参与当前中国社会发展的机会很少，也导致他们分享中国社会发展好处的机会很少。虽然对绝大多数人来说外出打工是件不容易的事，但很多人还是想外出打工。此外，按我们实地调查，发现很多少数民族民众不敢想或不想外出打工是因为无力出来。我们在广西三江县对"不想"的原因进行了调查，在外面总受欺负的有3人，找不到什么好工作的有12人，工钱和劳保待遇没有保障的有5人，年纪大了或身体不好的有4人，成不了家或照顾不了家的有2人，仅有3人认为是家里的日子好过，所以不想外出打工。我们在昆明嵩明县苗族村寨调查时，很多苗族同胞和当地政府人员对苗族不能外出打工的原因与此相同。由于少数民族的文化水平整体偏低，有些人不会讲汉语，他们没有办法融入现代中国社会，分享不了社会发展带来的好处，甚至他们只能体验到工业品价格不停上升带来的压力，而不是社会发展给自己生活带来改变。这些构成一种很深的"被剥夺感"。

2. 增加国家在社会治理中与基层民众直接对话的渠道

1949年后的民族政策，总体上还是沿袭了传统的"土司"治理方式。可以说，中国今天民族地区社会纠纷的发生在一定程度上是由于我们的整个民族政策在1949年以后还是沿袭了传统的"羁縻统治"模式。这种统治模式只能适用在信息不发达、对外交流很少的年代。因为在那个时代，很多少数民族民众只认识自己的传统政治权威，对外面世界了解甚少。然而，现在中国社会发生了本质性的变化，很多少数民族地区民众已经与外界大量交流，出外打工的少数民族青年已经十分普遍，加上电视、手机、网络等信息传播手段的普及，使少数民族民众对传统权威认同减弱，他们渴望获得一种更平等的社会对待，而我们的民族政策却让权力垄断在少数人的手中，特别是大量的经济利益进入少数人手中。这样大量少数民族群众在发展中看不到希望，增加了更多的被剥夺感，只要有少数人或很小的不公平事件发生就会爆发大规模的社会纠纷，甚至演化成重大的公共事件。

若认真分析 2008 年西藏拉萨"3·15"事件和 2009 年新疆乌鲁木齐"7·5"事件,从某个角度上看是近年以来以族际形式反映出来的重大社会纠纷,当然若与历史上很多社会纠纷相比,这种纠纷其实是"相对正常"的。有一个问题需要提及,为什么两个事件发生后,很多当地民族的年轻人会很快被卷入,虽然说是"别有用心"的人从中挑拨,但为什么他们会参与呢?这些参加的年轻人真是认同那些人的政治目标吗?或者说这些年轻人是否真的就有那么强的政治目标?这是值得我们研究与反思的。他们的真正动因与组织者政治动机很多时候是不一致的。根据笔者的分析和研究,这很大程度上与国家不能有效地反映少数民族地区一般民众的意志有关。在调查中,我们发现很多社会纠纷若转变成重大公共事件时,大量参与者的动因是很值得我们研究的,它和表象是有相当的差距的。然而,现在国内却对此很少进行深入的研究和分析。比如,清代在每次出现重大社会纠纷后都会对根源进行分析,提出相应的改进措施。笔者认为,现在政府要减少西南民族地区社会纠纷的最好办法是与时俱进,增加对基层少数民族群众的了解,把治理的方式从依赖"少数人"转向与少数民族大众对话。可以肯定地说,若不改变这种局面,西南民族地区社会纠纷会更加激烈,会表现出更大的破坏性。因为现在社会结构中出现了少数民族精英的政治失落者与本民族一般民众中的无助者相结合的趋势,只要一些有政治目的的人进行煽动,社会纠纷就会更加频繁地出现,表现得更为激烈。

3. 国家正式的资助与 NGO 的有效结合

西南民族地区的社会纠纷在起源上很多与利益有关,可以说西南少数民族在发展中的边缘化、差异化,重大决策中受影响群体无法参与,但决策后果由他们承担等造成少数民族地区社会发展中社会整合的失败,进而导致大量社会纠纷的出现。调查中笔者发现某些地方政府为了搞活经济,突然在某年中强制某个乡镇的农民全改种烤烟,于是引起当地农民的激烈反对。当地政府官员认为这是农民素质低的表现。笔者曾问相关官员,"是否想过,若失败,这些农民将失去当年所有的粮食收入,他们下年的生活将如何维持。你们决策者每个月都有工资,对此种经济行为的后果不必承担"。现在很多地方政府在实施经济发展工程时从来不考虑当地受影响的民族群体的生活,出现决策结果的承担者往往不能参与决策,决策者不承担决策后果的现象。这在中国当今民族地区发展中已经成为重要的问题。然而,很多 NGO 在许多重大决策中却能很好地参与,并提出一些有远见的不同意见，① 让决策者在决策时有一些反思与整体思考，甚至改变决策带来的问题。

我国社会发展中的最大问题是现在政府的政策目标是经济数量的增长，特别是高速的增长，具体就是 GDP 数据快速增长。这种发展模式必然带来很多群体的实质性生活受到影响和没有得到应有的关注。而这种被"抛弃"和"遗忘"的群体常成为社会纠纷的主要动力，特别在少数民族地区更加明显。虽然国家为此进行了很大的努力，具体表现在推进各种各样的扶贫项目，但是这些项目是由地方各级政府来执行。由于政府本身的特殊性，一旦出现问题，就会导致更多社会纠纷的发生。同时，由于政府不能对社会中很多群体进行有效的帮扶，导致他们在经济和生活上失去信心，成为仇视社会者，当一些事件出现后，往往成为纠纷的重要参与者。当前，西南民族地区社会纠纷出现后，特别是转化成重大群体事件时不在于原初纠纷双方争议的是什么，而在于这个纠纷在特定时间、地点、场景中把这个社会中想发泄自己不满情绪的群体吸纳进来的程度。如 2009 年 6 月 17 日发生在湖北的石首事件。为了减少社会发展中带来的大量被"抛弃"、"遗忘"和"剥夺"的群体，进而减少导致社会纠纷产生的因素，我们认为现在国家应鼓励 NGO 积极参与到西南少数民族各种社会事务的工作中来。调查中我们就听到不少当地政府官员反映，现在很多村与村、民族与民族之间的纠纷中，在与利益有关，特别是争林地、土地、矿产，有时必须一方作出让步才能解决时，让步方往往要求政府给自己其他方面适当的经济补偿。

国家现在每年在民族地区都有大量的扶贫资金、发展资金和农业生产补贴、产业发展补助等投入。然而，由于官僚体系过于庞大及其天生的惰性，导致这种资金使用的效率很低。由于官僚体系及基层村组人员的不公平、不公正的分配，很多时候这种资金不是带来少数民族地区经济更好的发展，而是增加了当地少数民族对政府的不满。因为这些资金往往流入到少数人的手中，让他们成为当地社会中的问题制造者、权力滥用者。② 按

---

① 虽然很多 NGO 由于目标的单一，行动价值的高度同质，在很多时候存在自己的目标至上的缺点，但这种缺点也是他们与政策能互动共存的原因，若他们所想与政府目标完全一致时，就没必要存在了。
② 对官僚体系在国家救济中的问题，清代早就有人提出，若由官衙来运作，会有 80%—90% 被层层官员拿走，仅有 10%—20% 到达需要的对象（丁日昌：《抚吴公牍》卷十八）。笔者认为，这种状况在国家扶贫等各种项目中也是同样存在的。

· 149 ·

我们的调查，此种问题在民族地区是很突出的。如很多地区大量的纠纷与国家对农业补贴的分配有关。钱的分配原理是，没有可分配的钱不会导致人们的愤怒，不公正的分配则是人们愤怒的来源。要减少数民族地区社会纠纷，笔者认为国家应改变对少数民族地区的帮扶模式，减少政府直接帮扶数量，增加各种形式的NGO，让他们在民族地区根据自己的目标进行相应活动，其中国家可以通过鼓励发展，形成一些国内的NGO，政府通过他们来实现自己的某些目标。当然，由于NGO目标的单一性，他们在很多时候虽然会与政府的整体目标相冲突，但政府应学会和他们打交道，而不是努力把他们改变成为政府的代言人或顺从者。大量的NGO的有效工作可以减少帮扶中的成本，提高效率，改变少数民族地区社会文化生活，减少少数民族地区各少数民族群体在发展中的被剥夺感、被遗忘感和被抛弃感，加强少数民族地区的社会整合。公权力机关从大量的扶贫项目中走出来，能够减少因这些问题带来的不公正，进而提高少数民族群体对国家的认同和政府的信赖。同时，政府处在中立的地位可以对NGO的违法活动进行有效的监督，从而增加自己的公正性。

三、处理社会纠纷时用法律问题意识改变政治考量

西南民族地区社会纠纷往往涉及不同民族，或者说纠纷具有民族性的问题。社会纠纷中的民族性是西南民族地区社会纠纷的重要特点。西南民族地区的社会纠纷从民族性上看，可以分为族内纠纷、族际纠纷。在族内纠纷上不同民族因各种原因，处理方式上可能会存在一些不同。如回族在结婚上存在很多不同，我们在调查中发现很多回民存在早婚的问题，苗族也如此。这种情况下若严格执行国家相应法律可能会出现很多问题。此外，西南民族地区社会纠纷中还有很多涉及族际纠纷，由于族际纠纷的特殊性，导致解决时更加困难。很多在基层工作的人员都承认，若两个民族之间产生纠纷时，解决更加复杂。历史上，在涉及族际纠纷的社会事件处理上，国家往往从政治角度来审视，这是我国在处理族际纠纷的优点，同时也是处理族际纠纷的缺点。因为从政治角度来解决族际纠纷时虽然有便利的好处，但易产生投机主义。更为复杂的是，在当今世界全球化背景下，这种行为极易让族际事件本身从简单的两个不同民族身份的经济、权利纠纷转化成外国一些不良政府干涉我国事务和支持一些具有政治目的的

少数民族群体卷入的政治事件,成为更难解决的社会问题。所以我们认为,在处理族际纠纷时应像托克维尔所说的那样,把所有"政治问题法律化",即把族际纠纷法律化而非政治化。然而,我们现在的普遍观点是认为族际纠纷中"民族宗教方面突发事件具有政治性、政策性和群众性强的特点",进而把一切"法律问题政治化"。此点是我国各级政府在处理相关社会问题、社会纠纷时最需要改变的。随着我国社会发展和变化,在利益配置中政府往往成为纠纷的主体,在这种情况下若采用法律问题政治化的处理方式,带来的将是更大的社会不公和政治投机,最终必将出现更多的纠纷。从我国现有法律看,若因民族纠纷引起的重大人命案件、打、砸、抢事件,其实完全可以以《刑法》中危害公共安全罪和故意杀人罪等一般罪名来解决,应特别慎用恐怖主义行为、政治上不良动机等政治性术语。特别是恐怖主义行为,这样的字眼最好慎用,因为它是针对外国公民对某国公民因政治目的犯罪时特别采用的罪名。调查访问中,很多在一线处理社会纠纷的人员,特别是在处理族际纠纷时,处理者都认为在处理中不要政治口号化、扣帽子,而应淡化政治问题,特别不要轻易把族际纠纷说成是破坏民族团结、分裂国家等政治问题,否则很容易使简单的族际纠纷转变成更为复杂的政治性纠纷。因为当你把族际纠纷定性为此类纠纷时,很多同类民族成员会产生一种被挤压后的认同现象,本来很多人并不认为这个纠纷涉及一个民族对国家、对他民族的某种行为,仅是为争取某些个体或群体的利益,或获得某种"正义"的需要,但当你把此类纠纷提高到政治上讲时,其他人很快就会有加强认同的倾向,于是真的政治化了。

四、重新定位社会治理中纠纷解决的功能与目标

中国现在社会治理上最急需转变的应是观念。近几年中国社会治理中在社会纠纷的解决上整体沿袭了传统中国古代的理念,认为政府治理社会纠纷的目的是消灭社会纠纷,建立一个无纠纷的社会。这种"大同世界"或"天堂式"社会的治理目标让我们把理想的社会状态设定为没有纠纷的社会。然而,我们必须改变这种社会治理理念,把社会的治理定位在有效地解决社会纠纷,让社会主体在"自治"下表达利益而不至于导致社会秩序的解体。这样的改变,放在社会纠纷的解决上就是要把社会纠纷治

理的目的确定为有效地、及时地恢复社会关系，承认法律适用与社会治理的目的是让社会有效地运行，产生纠纷及解决纠纷是政府治理社会的一项日常工作，是政府职能之一。在民间纠纷解决的基本目标上，我们在采访中发现一些基层人员在调解工作中开始有此种认识。如我们在云南省某彝族自治县访谈时，一个司法所所长就有此种看法。

> 访问者：那你们村委会解决纠纷时多数是按当地的规矩处理吗？
> 被访者：是按当地的规矩，在不违反法律的前提下。因为解决纠纷时还要考虑纠纷解决后纠纷当事人不再有其他的摩擦，相互不要用原来的矛盾再惹是生非。因为都生活在一个地方，早不见晚见的。
> 访问者：你们解决纠纷最大的目标是要让事情到此为止吗？
> 被访者：让双方都做到口服心服。像离婚，离了两家再有纠纷就不好了。[①]

从上面谈话中可以看出，当地工作人员认为调解纠纷的最重要目的是恢复已经破坏了的社会关系，而不是简单地适用国家法律。

五、抑制国家行政力量在纠纷解决机制中的影响

1949年以后，中国在纠纷解决机制建设中最大的问题是行政力量至上。行政机关在整个社会治理中处于至上的地位，虽然有一定的社会治理上的优势，那就是国家的政策很容易得到即时、严格的执行，然而带来的问题是很多的，因为纠纷的解决需要解决者保持相对中立，而相对的中立则需要纠纷解决机制与行政机关不能结合在一起。行政机关在现实中是实现执政者意志的最直接体现者，而执政者的意志在正常社会发展中往往存在与民争利等问题。若纠纷解决机制是行政机关的附属物，则会使它们失去中立性。

西南民族地区当前社会纠纷解决机制中存在的问题与整个国家纠纷解决机制中存在的问题是一样的，其中最重要的问题是如何解决好与行政机关的关系。由于历史等各种原因，西南民族地区民众存在对行政机关特别

---

① 我们在某县某镇的采访所得。

是行政首长的信从现象。当然，中国古代的官僚文化中存在一种官员本质上是民众的利益维护者、保证者的内在表达。这种观念在实证的层面上看却并非如此。很多时候官员所代表的公共权力组织往往是民众利益的最大侵害者。西南民族地区的发展是在政府的主导下进行的，1949年后西南少数民族很多时候是政治强制性输入的被动社会改革，西南少数民族群体在本质上存在对行政机关的一种信任和依赖。这种特有的社会结构，对西南民族地区社会纠纷解决机制的设置产生了独特的影响。20世纪90年代后，人民调解组织作用下降的一个重要原因是人民调解组织从以前以乡镇党委书记等人主导转向以一个在行政权力上边缘化的司法助理员或司法所所长为中心，导致民众对人民调解组织信任度的下降。在这种独有的"有事找领导"的理念引导下，形成了产生纠纷后转向信访找领导解决的模式。信访的基本特点是"有事"找行政部门、党务部门的"领导"，让领导来解决自己的问题。中国这种独有的纠纷解决形式本质上是传统中国行政机关主导一切纠纷解决的一种另类反映。当前，由于西南民族地区行政机关的政治工作重心不再是意识形态的绝对输入，而是转向对社会经济发展的干预。当然，中国现在各地行政机关的工作重心可称为一种"经济意识形态的工作形式"，本质上与20世纪50—70年代的"阶级斗争意识形态的工作形式"具有一致性。西南地区各民族群体发现现在的行政机关就是一个利益共同体，并且行政机关的利益和很多个体的利益表现出严重的、复杂的冲突，于是他们没有办法相信一个和自己利益冲突的机构能对自己的利益进行有效的、公正的裁定，造成对行政机关主导下的各类纠纷解决机制的不信任。可以说，西南民族地区现在整个纠纷解决机制建设中存在的问题是：行政力量无限干预纠纷解决机制的运作导致民众对其的不信任，而民众的不信任又导致大量上访行政机关的行为出现，行政领导人为了解决此问题，又加强对纠纷解决机制的干预，进而加深民众的不信任，使纠纷解决机制在运行中产生恶性循环。只要认真分析近年"大调解"机制出现的原因，就会发现是由于纠纷解决机制不能有效解决纠纷，在政府主要领导人和党委负责人领导下各种联合调解组织层出不穷就是明证。有时，我们担心中国的纠纷解决机制会在这种"大调解"的理念下再次走向20世纪50年代的本质上司法机构、人民调解组织被消融，形成行政权力下的"调处机制"。我们认为，要脱离这种怪圈，最好的办法是在西南民族地区建立起真正的、让人民体验到具有相应"独立"职能的纠纷解决机制。当纠纷解决机制能把行政机关作为一般的纠纷主体来对待时，人们就会把纠纷的解决提到相应的纠纷解决机制上来。可以肯定地说，西南民族地区多元纠纷解决机制建设的成功与否，与如何把纠纷解决机制中的行政力量克制住，或者如何把两者进行严格区分密切相关。

六、在少数民族社会纠纷解决中适当贯彻民族政策

西南民族地区社会纠纷解决中适当地贯彻民族政策是必要的，因为西南民族地区存在文化、宗教、经济上的差异，若简单采用绝对同一的纠纷解决机制可能会导致更多的问题。这里的民族政策包括两个方面：一是司法上的司法政策，二是非司法调解组织中的民族政策。在这方面，1950年以后，国家在西南民族地区社会治理中积累了很多丰富的经验。在司法政策上，在涉及少数民族生活传统、特有风俗方面，在界定罪与非罪上可以适当地考量民族因素，处罚上可以吸收一些民族传统处罚方式。如西南民族地区由于存在大量跨境居住的民族群体，大量存在非法出入国境问题；由于历史上的生活方式，存在毁林开荒、盗伐滥伐林木等现象；因迷信传统引起的损害他人财产和伤害他人人身的行为，如傣族、拉祜族的"琵琶鬼""扑死鬼"，苗族、瑶族、壮族的"放五海"等引起的人身伤害和财产损害行为；因山林、水利、土地纠纷引起的群体械斗，因风俗习惯引起的与未成年女子发生性关系问题；早婚、重婚与近亲结婚问题等。对以上问题，国家司法机关在定罪上不能太随便，在量刑上可以适当变通，定罪量刑后可以采用特别执行的方式等。在调解中运用民族政策是必要的，特别是在一些特殊的纠纷解决机制上。比如涉及两个以上民族的，表现为族际纠纷的，在解决时运用民族政策效果会更好一些。在非司法调解组织中可以运用民族政策。我们在德宏州进行采访时，潞西市司法局副局长认为在解决民族纠纷时，适当地运用民族政策是必要的。他说潞西市汉族与阿昌族的纠纷主要是山林土地纠纷，在解决这种纠纷过程中，先从汉族这方做工作，因为阿昌族毕竟是少数民族，我们应该有所照顾。一般会单独对产生纠纷的汉族和阿昌族进行调查，然后再分别做工作等。当然，民族政策的运用不应破坏基本的法律原则与社会价值取向。

七、对少数民族传统纠纷解决机制和习惯承认应遵行相应原则[①]

西南民族地区多元纠纷解决机制建设中存在以下几个重要问题必须解决：首先，如何对待各民族固有纠纷解决机制和传统习俗与习惯问题；其次，国家正式纠纷解决机制如何在民族地区运作的问题，即国家正式纠纷解决机制与民间传统纠纷解决机制和传统习俗、习惯如何协调的问题。从中国学术界和实践部门看，大体存在两种观点：一种不认可民间的传统习惯和纠纷解决机制，认为应以国家确认的方式进行；另一种认为认可民间传统解决机制和习惯法，国家正式方式应作出让步。对此我们认为可以借鉴《1989年土著和部落民族公约》[②]，因为它承认和认可各民族通过本民族固有的纠纷解决机制解决纠纷时有限制，那就是不能与国家主权和公民的基本权利和公认的人权相冲突。

为此，我们提出以下三个标准来对我国西南民族地区纠纷解决机制和民族习惯法进行适当的限制。

首先，不能与国家主权统一相违背，就是说，各民族在适用本民族的传统纠纷解决机制时，不能与主权相关，不能对国家的主权统一产生不利影响。

---

① 此部分内容出于作者及方慧教授的论文《少数民族地区刑事案件中的司法选择》，载方慧主编《少数民族地区习俗与法律的调适》，中国社会科学出版社2006年版。
② 该公约中国并没有加入，该法第八条、第九条和第十条对少数民族传统社会纠纷解决机制和习惯法进行了规定。
第八条：（一）在对有关民族实施国家的法律和法规时，应当适当考虑他们自身的习惯和习惯法。
（二）当与国家法律制度所规定的基本权利或国际上众所公认的人权不相矛盾时，这些民族应有权保留本民族的习惯和各类制度。在必要的时候，应该确立某种程序，以解决实施这一原则过程中可能出现的冲突。
（三）本条第（一）款和第（二）款的实施应不得妨碍这些民族的成员行使赋予一切公民的权利并承担相应的义务。
第九条：（一）在国家法律制度和国际上众所公认的人权允许的范围内，对有关民族采用传统做法处理其成员的违法行为应予尊重。
（二）当局和法院在处理刑事案件时，应考虑这些民族处理此类问题的习惯。
第十条：（一）在对这些民族的成员实施普通法规定的处罚时，应考虑他们的经济、社会和文化特点。
（二）应优先使用除监禁以外的其他处罚办法。

其次，这种纠纷解决机制的适用不能造成对公民基本权利和公认的人权有所损害和克减，这是少数民族固有纠纷解决机制中特别容易出现的问题。

最后，这种机制的运用必须能够有效地、经济地恢复破坏了的社会秩序，就是说这种方式在社会实践中必须是有效的。

在这三个标准下，我们认为对少数民族传统纠纷解决机制可以通过司法实践进行区别对待。

首先，对不违背宪法中公民的基本权利和公认的人权的解决方式和习惯应给予认可。在很多少数民族中可以适当地认可他们的一些传统实践。当然，过去的司法中也存在着这方面的实践。比如对一些民族的婚姻年龄进行适当的提前。① 在这里，我们认为在解决一些民族地区的事实婚姻和事实婚姻下的各种纠纷时，② 应适当考虑本民族的习惯，而不是以1994年以后的形式主义为准。因为笔者对云南省很多民族地区调查后发现，这种不考虑各民族现实的婚姻实践，会导致婚姻纠纷问题更加突出。

其次，对违背宪法中公民的基本权利和公认的人权的传统解决机制应进行审查和取缔。例如，云南省红河州一些民族中的传统纠纷解决机制和习惯往往会侵害人的生命、财产，对此就要进行适当的干预。金平县对偷盗和犯忌者处死，对这类行为，司法机关应当积极干预。当然，现实中也存在一些规避方式，那就是在晚上没有月亮时，全村一起下手，或是所有村干部不参与，从而所有村民都成为犯罪主体，或者说犯罪主体不明确，无法进行处罚。对此类行为举行适当的会议对村民进行法律教育。像傣族中对"琵琶鬼"也应当进行适当的行政和司法干预，以提高当地民众对此类问题的认识。对彝族的自杀处罚、自杀复仇、同态复仇等传统习惯应当进行干预。这些行为不仅与国家宪法中公民的基本权利和公认的人权相违背，而且对人的生命也是一种不尊重。如1985年云南省红河州人民检察院在因迷信活动造成他人人身、财产严重伤害时，采用以下原则适用法律：对以迷信为手段，造谣惑众造成杀人、重

---

① 在我国司法实践中存在对少数民族地区婚姻年龄上的适当变通，1980年新疆维吾尔自治区通过《执行〈中华人民共和国婚姻法〉的补充规定》；1981年宁夏回族自治区通过《执行〈中华人民共和国婚姻法〉的补充规定》；1983年四川凉山州通过《施行〈中华人民共和国婚姻法〉的规定》、1981年四川省甘孜藏族自治州通过《施行〈中华人民共和国婚姻法〉的补充规定》等。

② 按金平县司法局长曹文武调查，金平县所辖的马鞍底、阿得博、大寨、沙依坡四乡，自新中国成立以来到20世纪末没有一对哈尼族男女到乡政府登记结婚。

伤以及其他严重后果的，适用1979年《刑法》中第一百六十五条的规定；借迷信手段、直接指挥或参与杀人、重伤及其他严重犯罪的，以共同犯罪论处；借迷信活动获取较大数额财钱时，以1979年《刑法》中第一百六十五条规定处罚；借迷信活动奸污妇女的，根据《刑法》中强奸罪处罚；借迷信活动为他人治病，导致他人死亡或严重损害身体健康的，适用制造、贩卖假药罪；对一般群体性的迷信活动或群体自愿给神汉、巫婆一定的酬金的，属于民族历史习惯的，不以违法犯罪论处。① 此种原则在对待少数民族的传统习惯上是适当的。

最后，对同一违法犯罪行为，各少数民族和国家法有不同处罚形式的，可以采用定罪、量刑及执行时适当分离的原则，具体可以借鉴《1989年土著和部落民族公约》中第十条的原则。一些犯罪行为不管在国家法还是少数民族传统习惯上都认为是犯罪的行为，但存在不同的处罚方式时，可以采用定罪与处罚形式分离的办法解决。如清朝在对西南少数民族的刑事处罚上就不采用流徒刑的具体执行形式，而是采用杖刑和枷号替代处罚。由于我国现行司法实践并没有对此类现象进行区别对待，常出现双重处罚的现象，这不仅造成社会资源的浪费，而且有时还会出现恶性后果。对此类现象应当借鉴《1989年土著和部落民族公约》中第十条的精神，在我国可以适当兼顾国家与民间的双重需求。如采用按国家法进行处罚，向当地民族宣读，同时在执行时兼顾各民族固有解决机制的处理方式。② 因为这样可以同时达到国家干预与社会关系有效恢复的双重目的。同时，国家参与可以消除各民族固有解决机制中一些不符合现代公民基本权利和人权的处罚方式。从相关报告看，我国少数民族地区现存司法体制

---

① 以上参见《云南省检察志》，法律出版社1991年版，第439页。
② 在我国历史上就存在过一种司法实践，特别是在清代最明显，那就是国家对少数民族的重大刑事案件进行管辖，但在处罚上采用少数民族的固有处罚方式，而不是适用国家法中的处罚方式，具体在南方民族中则适用"苗例"，也就是适用各民族的处罚方式。如在杀人案中，采用命金赔偿处罚，而不是处以国家刑法。在西北、北方民族中采用赔偿方式，那些民族中具体采用牛、马、羊等赔偿。这在《蒙古律例》《西宁清海番夷成例》《回疆则例》《夷律》中都有规定。如《西宁清海番夷成例》和《夷律》中规定："凡番民殴死番民，追九九罚服"，"凡番民行窃，殴死追赶之人，追九九罚服"；在《蒙古律例》卷12《断狱》中就有对蒙古人可以通过罚罪九数来代替国家的处罚。这些方式，其实是在满足国家司法统一下，兼顾各民族在处罚上的特殊性。这与《1989年土著和部落民族公约》相关精神是一致的。这方面的案例也不少。这种司法实践是我国古代民族司法中的一种特殊制度，也是多民族国家下的一种法律制度创制。这方面的研究也不少。

会导致民众与国家司法机关冲突的事件。20世纪90年代在青海某自治州某自治县就发生过某乡村民对办案人员及警员的围困事件，因为该乡村民认为本部落中的事件已经按本民族传统解决机制处理了，杀人凶手已经向被害人家属赔偿了命金，并对罪犯者和家属处以10年不能回村的放逐处罚。① 现在我们的实践则是出现两种处罚体制同时进行，各不相干，对当事人来说是加重了负担，特别会导致一些家庭出现更多的问题。如青海海南藏族自治州1981年"闹日吾故意伤害案"中，被告闹日吾被国家判处3年有期徒刑，妻子在家里则被按照本民族传统方式处罚，最后导致没有生活来源，只好带着两个孩子到处乞讨过生活，而国家却无法对此进行干预。②

当然，上面的设置可能会产生三个方面的影响。首先，对"国家神圣"观念的冲击，即对只有国家才能制定"法律"理念的冲击。其次，导致少数民族传统纠纷解决机制和习惯得到恢复和加强，或者说不利于改革和废除少数民族的习俗或习惯。这里还有一个更有力的理论来支持，那就是与"现代化"相违背。这种思想和理念与第一点是相似的，认为只有把所有群体的生活方式统一在一个体制中，才是现代化的表现。最后，在法律上，这种设置与现代法治原则相违背，特别是与《刑法》中"罪刑法定"原则相冲突。因为在处罚中承认或认可各民族的传统处罚方式，而这些处罚方式又没有成文的，仅存在于大众的思想中，容易造成处罚不公正和随意性。这种设置的提出是要达到消除少数民族民间私自处罚中所存在的不人道或者说与国家公民的基本权利和人权相违背的做法的目的。

在西南民族地区社会秩序的形成上，应当认真对待少数民族固有的社会纠纷解决机制与传统风俗习惯在其社会中的功能和作用，否则对他们社会秩序的形成将产生相反的效果。正如美国学者罗伯特·C.埃里克森在考察了加利福尼亚州北部夏斯塔县的牧民的社会纠纷解决机制后提出的，"法律制定者如果对那些促进非正式合作的社会条件缺乏眼力，他们就可能造就一个法律更多但秩序更少的世界"。③

---

① 杨士宏著《藏族传统法律文化研究》，甘肃人民出版社2003年版，第271页。
② 张济民编《青海藏区部落习惯法资料集》，青海人民出版社1993年版，第208页。
③ 罗伯特·C.埃里克森著《无需法律法律的秩序——邻人如何解决纠纷》，中国政法大学出版社2003年版，第354页。

第三节　新时期西南民族地区多元纠纷解决机制构建路径与措施

西南民族地区多元纠纷解决机制构建具体操作层次上可以分为两个部分。首先，作为整个中国社会治理中的一个地区，西南民族地区纠纷解决机制在国家层次上与全国其他地区存在的问题具有高度的一致性。从我们的调查研究看，西南民族地区纠纷解决机制存在的问题与全国其他地区是一致的，要建设成有效的多元纠纷解决机制在整体设置上与其他地区采用的措施具有相似性。国家必须从整体上对西南民族地区多元纠纷解决机制的基本类型、不同机制之间的关系进行相应设置与规制。于是，西南民族地区多元纠纷解决机制的构建措施具有全国一致性。其次，西南民族地区由于相对独特的地域性、民族性等因素，要求在建构多元纠纷解决机制上体现出针对性。在具有地域性、民族性的多元纠纷解决机制构建上，由于现在西南民族地区与其他地区已经高度趋同，在国家层次和国家承认的层次上，社会组织结构、社会控制体系与其他地区差异非常小，不可能提出一种完全具有民族性、地域性的纠纷解决机制来针对西南民族地区的特定民族与地区。如现在最具民族性与地域性的大小凉山彝族地区，虽然传统家支头人、德古等纠纷解决机制还有较大的影响力，但在大小凉山地区多元纠纷解决机制构建中，只能在人民调解机制、司法机制、行政调解、公安调解及其他职业化调解机制中增设措施，让传统头人及德古进入这些机制中，让该地区不同纠纷解决机制能更好地发挥作用，适应当地民族性与地域性的需要，而不可能否定现在国家层次上的纠纷解决机制，完全建立新的纠纷解决机制。我们认为不可能单独建构起德古、头人的纠纷解决机制，作为一种纠纷解决机制与国家其他纠纷解决机制并存。于是，在多元纠纷解决机制的构建措施上主要是通过程序设置，让各民族多种多样的传统纠纷解决机制及不同民族习惯在国家设立的多元纠纷解决机制的运作中有一种制度上的认同和制度上的保障。从理论上看，构建西南民族多元纠纷解决机制时可以通过设置某些具有民族性的纠纷解决机制，但由于西南民族地区族群体众多，同一民族之间存在地域、支系上的差异，要在研究报告中提出一个个针对特定民族或地区的详细纠纷解决机制是不适当的，也是不可能的。所以，在提出多元纠纷解决机制的构建时更多是依靠制度和程序上的约束和设置，让西南各少数民族的传统纠纷解决机制和习惯能够适用于各民族、地区的纠纷解决，而不是具体提出设立某种纠纷解决机制。

总之，西南民族地区多元纠纷解决机制在构建上涉及对现在全国性的纠纷解决机制的改革与改进，在此之下，才能提出针对西南民族地区的特殊设置。

一、西南民族地区多元纠纷解决机制建设的基本措施

当前国家层次上的纠纷解决机制具有高度的一致性，而西南民族地区作为中国的一部分，其多元纠纷解决机制构建上需要改革，这与全国其他地区是一致的，或者说具有相当的普适性。

在西南民族地区多元纠纷解决机制的构建中，应该坚持调解组织与法院审判两大体系为中心来构建，并且在建设上两者应明确区分，各自承担不同的功能，不能出现调解组织司法化、司法组织调解化的现象，因为只有坚持两者功能上的互补，才能实现我国社会纠纷解决机制的有效发挥，实现多元纠纷解决机制的有效运作。我们主张，在西南民族地区建设多元纠纷解决机制时，人民调解组织以司法所为中心，司法组织以基层人民法院特别是人民法庭为中心来构建。在行政调解上可以强化派出所的一些功能，让派出所成为治安纠纷调解的重要机制。然而，由于派出所具有特殊的国家暴力性质，虽然在解决纠纷时具有很强的公信度，但我们认为在此方面建设上应采用更为慎重的选择，而不是过于强化。

1. 合理设置不同纠纷解决机制的性质与功能

在西南民族地区多元纠纷解决机制的建设中，如何界定三大纠纷解决机制的性质与功能，决定着我国西南民族地区多元纠纷解决机制的构建能否实现，我国法治社会的构建能否实现，这是我国社会主义法律体系能否具有独立性质，我国法制体制能否有效运作的关键。西南民族地区社会纠纷解决机制存在人民调解组织、司法机制和行政调解机制中治安调解机制三大体系。当然，还存在行政职能部门的调解机制，但由于行政职能部门调解机制本身是行政职能部门行政管理权的一种体现，很难说它是一种独立的纠纷解决机制。在三大纠纷解决机制中有两个体现了纠纷解决机制中

的国家性、严格的法律性,那就是司法机制和治安调解机制;一个体现了纠纷解决机制中的非国家性、地方性和自治性,那就是人民调解机制。在三大机制的设置上,我们认为应采取两种不同的建设路径,以实现社会治理中的多样性。具体是人民调解组织必须坚持运作机制上的非国家性,纠纷解决过程与形式中的非司法性;而司法机制要体现运作机制上的国家性,解决过程中体现严格的形式主义和法治主义;治安调解机制应体现严格的法治性,即"严格的依法而为"的特征。三大机制中后两者是公共权力在社会纠纷解决机制中的体现和国家价值实现的保障,人民调解机制是社会纠纷解决中的有效性、地方性、民族性和习惯性的结合点。当然,还有就是它解决的纠纷存在"意思自治"的特点。

(1) 还原人民调解组织运作上的非国家性和解决纠纷上的非司法性。西南少数民族多元纠纷解决机制中涉及准确定位和还原人民调解组织的地位与功能。从我国法治国家建设的政治目标和建设中国特色社会主义法律体系两个目标看,如何建设人民调解组织涉及是否实现上面两个目标的问题。现在人民调解组织的建设中存在人民调解组织是加强国家性因素还是弱化国家性因素的选择问题。因为人民调解组织在1954年开始正式设立以来,在本质上与民国时期建立的调解组织存在不同的政治体系,民国时期设立的民间调解组织是在"县自治"的前提下进行的,于是当时整个调解组织的建构交给非官方的人员来办理,而新中国的人民调解组织开始时就由地方行政机关人员组成,在性质上具有很强的国家性。从社会发展特别是在中国当前社会治理发展目标和人类社会发展的整体趋势及经验看,人民调解组织的功能发挥必须以非国家性为取向,走向人民自治下的"半自治"调解组织。人民调解组织的非国家性建设,是指在人民调解组织的运作机制设置、保障机制上不应把它设计成行政机关的一个职能部门,而是一个国家制度机制的独立部门。[①] 行政机关在法定条件下为这些机制提供保障,让其有效运作,但不意味着应是行政机关的一个部门。这里讲的人民调解组织的非国家性,指的是它的具体运作机制,而不是组织性质。

---

① 我们在制度设置上应严格区分国家制度设置的部门和行政机关的某一职能部门。国家在治理社会时,为了实现社会发展公正和纠纷有效解决两大目标,要设立不同的制度体系,这些制度体现在国家层次上是统一的,但在各自运作中是独立的,仅对国家的特定权力机关和机构负责,如对全国人民代表大会负责、对议会负责或对国王负责,而不是对行政机关负责。在国家层次的制度设置上行政机关与一些制度设置之间的关系是平等的、互补的和互相制约的。

西南民族地区纠纷解决机制研究

人民调解组织在我国西南民族地区社会纠纷中起着决定性的作用，因为我们在调查中发现很多人在产生纠纷时，多数人选择现在设在村小组、村委会和乡镇中的人民调解组织解决，特别是村小组和村委会一级，所以有效地设立村小组和村委会调解组织，对我国农村社会纠纷解决起到至关重要的作用。我们在问卷中有"平时在您村里发生纠纷时，一般是怎样解决的"这一问题，给出4个备选答案：A. 双方协调解决；B. 村长出面解决；C. 找派出所或司法所；D. 其他。具体情况如表2-19所示。

表2-19 村寨内纠纷解决选择

调查点类型	大理下关	宁蒗羊甸	宁蒗牛	峨山塔甸	新平戛洒	新平腰街	临翔南美	陇川城子	文山广南	麻栗坡	怒江	岑巩县	花溪区
868	44	29	28	43	56	40	50	29	30	30	30	30	30
A	29	14	11	20	16	10	22	16	1	15	22	15	11
B	20	14	11	10	37	6	17	19	24	10	8	20	10
C	9	3	4	8	7	11	5	5	1	6	1	5	2
D	1	1	3	0	16	2	6	0	4	0	1	0	1

调查点类型	荔波县	三江县	马山县	百色民族干部班	嵩明县	禄劝卡机	禄劝康荣	禄劝以毛多	罗平六鲁村	罗平多依村	富源石山脚	富源补掌村
868	30	33	31	14	22	30	30	30	33	80	23	43
A	11	4	6	8	18	10	12	10	15	35	15	19
B	20	23	20	9	11	29	28	30	12	18	5	21
C	1	14	5	3	4	1	0	0	8	27	4	7
D	0	6	3	1	3	0	0	0	3	11	3	5

可以看出，西南民族地区民众产生纠纷时主要选择解决的机制是在村一级，当然大量的纠纷是在自己内部解决。在另一个问题中，我们调查了个体产生纠纷时的选择，并提出了7种备选纠纷解决机制，具体情况如表2-20所示。

表2-20 不同纠纷解决机制的选择

调查点类型	大理下关	宁蒗羊甸	宁蒗牛	峨山塔甸	新平戛洒	新平腰街	临翔南美	陇川城子	文山广南	麻栗坡	怒江	岑巩县	花溪区
868	44	29	28	43	56	40	50	29	30	30	30	30	30
(1)	34	11	16	24	32	10	38	14	15	18	25	22	19
(2)	2	0	7	0	2	0	0	3	0	3	0	3	0
(3)	4	1	6	5	13	6	2	8	2	13	0	8	3

续表

类型\调查点	大理下关	宁蒗羊	宁蒗牛	峨山塔甸	新平戛洒	新平腰街	临翔南美	陇川城子	文山广南	麻栗坡	怒江	岑巩县	花溪区
(4)	2	15	3	1	5	14	2	11	8	10	1	5	1
(5)	2	9	3	7	10	6	7	6	2	12	1	11	3
(6)	4	4	0	5	1	3	0	4	2	1	2	2	1
(7)	3	0	0	0	0	2	0	0	2	1	0	3	2

类型\调查点	荔波县	三江县	马山县	百色民族干部班	嵩明县	禄劝卡机	禄劝康荣	禄劝以毛多	罗平六鲁村	罗平多依村	富源石山脚	富源补掌村
868	30	33	31	14	22	30	30	30	33	80	23	43
(1)	20	27	25	0	19	30	30	30	21	67	17	33
(2)	0	1	6	5	1	0	1	0	3	6	1	3
(3)	6	4	7	7	7	2	11	17	5	14	9	11
(4)	1	6	20	1	6	29	29	30	12	12	8	16
(5)	4	17	3	12	4	8	4	6	15	29	6	14
(6)	1	14	2	2	2	2	3	0	5	8	5	10
(7)	0	5	1	4	2	0	0	0	5	9	2	8

比较表2-19、表2-20中的数据会发现，西南民族地区在解决纠纷时主要选择村小组、村委会和乡镇一级。而这一级中现在主要的是人民调解组织。在调查中，很多乡镇司法所所长就给我们讲，整个乡镇调解工作的成败是由村小组的调解员和村委会的调解主任决定的。可以肯定地说，三级人民调解组织的构建决定着我们在纠纷解决机制建设上的成败。我国现在人民调解组织是由政府领导，与历史上的民间调解组织有区别。

还原人民调解组织运作机制上的非国家性的建设取向中，存在的最大问题是现在的人民调解组织已经由司法行政部门的司法局来管理，基层三级人民调解组织都以司法所为中心来管理运作。这样就存在司法所如何定位的问题。所以，正确认识司法所为中心的人民调解组织在和谐社会构建、社会纠纷有效解决中的作用与功能定位是当前西南地区司法所建设中的关键环节。现在西南民族地区司法所建设与发展中最重要的制约因素是地方政府和相关部门对司法所的定位不明确和存在争议，特别是乡镇一级党委系统和人民政府，一直不能理解司法所在当地社会纠纷解决和社会治理中的作用，认为它就是自己治理下的一个很不重要的部门。这一问题同样是我国司法所建设中的重要问题。政府相关部门一直没有把司法所的地位界定好,在整个司法所的人员配置上都存在行政化安排。在民众心中现在的司法所是当地的一个政府部门,政府平日把它的职能混淆,出现问题时让它们出来调解纠纷,特别是发生一些重要的社会纠纷时,由于司法所与政府职能混同,很多与政府有关的纠纷在司法所调解时就很难得到民众的认同。司法所建设中要在去行政化的同时防止法院化、公安派出所化等倾向。现在人民调解组织的走向有三种:一是取消司法所为中心的建设模式;二是保留司法所建设模式,但改成由法院体系来管理和指导,回到20世纪80年代以前的结构中去;三是改变司法所的性质,把它定性成一种基层社会中半自治、半官方性质的纠纷解决机构。从现在看,最好选择后者,把司法所建设成联结正式纠纷解决机制与非正式纠纷解决机制的纽带,有效地弥补我国现在社会纠纷解决中司法部门与行政部门力量的不足。

还原人民调解组织性质上的非国家性不是说人民调解组织建设中国家不投入,不进行规制,完全让它由民间自发来完成。我们现在社会治理中存在的问题是认为某种机构的非国家性就是让它脱离国家的管理,成为一个自发性的组织,更为严重的错误观念是认为它一定就会成为解构现有国家体制的组织力量。同时,国家建设某一组织不是说这一机构必须由国家相关机构紧密控制它的运作。西方近代的司法独立就是在国家建设下让司法机关自治运作。这种模式并没导致西方社会的解体,反而是让西方社会更能有效地解决社会纠纷,成为西方近代社会运作的保证。我们认为司法所等调解组织人员,平时乡镇府不应把他们当成行政人员来看待,特别不应参与行政管理等工作,在民众心中树立他们是专门解决纠纷的,和乡政府等行政机构是有区别的特别机构的地位和形象。

强化人民调解组织解决纠纷形式上的非司法性。西南民族地区多元纠纷解决机制中,人民调解组织在解决纠纷的形式上不应向司法化发展。规范人民调解组织的活动,现在采用的基本策略是走向法院化建设,把人民调解解决纠纷的形式转化成一种司法解决机制。此种发展趋势是人民调解组织中的最大问题。坚持人民调解组织采用非司法化的方式解决纠纷是人民调解组织得以存在的前提。如果人民调解与司法审判一样,那么人民调解将失去存在的前提和必要性。

人民调解组织的设置存在村小组、村委会、乡镇三级和专业调解组

第二章 新时期西南民族地区多元纠纷解决机制的构建

织四种，对三级调解组织在设置上应该分别对待，对村小组内解决的纠纷，国家不必进行太多的规制，因为当事人会采用自治的办法选择其他纠纷解决机制对此进行限制。现在最大的问题是对村委会和乡镇纠纷解决机制应如何选择的问题。现实运作中，村委会解决纠纷数量最多，但多为易解决的纠纷，乡镇调解组织解决的纠纷数量较少，但多为较难解决的纠纷。

(2) 完善司法审判的国家性、法律性、公断性。西南民族地区纠纷解决机制中国家司法机关扮演着重要的角色，它体现了国家对纠纷解决的总体价值取向，是当今整个社会中主流社会的价值评价，所以我们认为不应该以解决纠纷数量的多少来衡量司法组织在国家纠纷解决机制中的作用，而是要看它体现国家对当前社会纠纷的国家性、法律性和公断性的程度有多高。于是，司法机关审理各类社会纠纷时要慎用和不用调解，让每一个案件的判决成为一种国家价值的体现，同类案件的一个标准。然而，当前我们在人民法庭的案件审理中大量进行调解，这是一种危险的行为。从组织结构学看，假若人民法院在解决社会纠纷中与人民调解、行政调解一样，人民法院的功能就会出现问题，进而人民法院存在的前提就会动摇。我国现在提出的"大调解"本质上会导致1958年、1959年形成的人民调处制度再度出现，最后导致整个社会纠纷解决体系中不同纠纷解决机制出现功能混乱，进而造成人民法院功能的虚化，最终使国家社会纠纷解决困难重重。西南民族地区由于地理上的原因，国家通过增设、提升和完善人民法庭来解决少数民族群众利用国家司法机关难的问题是一种十分必要、可取的路径，但不能把人民法庭功能人民调解化，那样会导致整个纠纷解决体系出现问题。对人民法院的定位，其实从西南少数民族群体自身看，人们认为它最大的特点是国家公信力、公正性强。从选择使用司法机制解决的纠纷内容上看往往是那些涉及人身安全、基本财产等内容的纠纷。在纠纷主体之间的关系上往往是那些与陌生人之间的纠纷。在调查中我们设有"与哪些人的纠纷，您会直接到法院寻找帮助"的问题，具体情况如表2-21所示。[①]

---

① A. 和家里人（　　）　　B. 和村里人（　　）
　C. 和朋友，熟人（　　）　D. 和外来人（　　）
　E. 和外村人（　　）　　　F. 和城市人（　　）

表2-21 纠纷当事人关系对选择纠纷解决机制的影响

类型 \ 调查点	大理下关	宁蒗羊	宁蒗牛	峨山塔甸	新平戛洒	新平腰街	临翔南美	陇川城子	文山广南	麻栗坡	怒江	岑巩县	花溪区
868	44	29	28	43	56	40	50	29	30	30	30	30	30
A	5	15	2	4	0	5	8	4	2	2	3	2	1
B	7	9	8	9	5	10	8	8	2	2	2	9	5
C	5	14	7	5	3	1	4	2	2	2	4	9	3
D	26	9	12	16	34	18	19	19	18	22	12	21	10
E	20	4	11	2	12	2	7	10	4	15	8	17	3
F	17	4	12	2	11	3	5	10	2	17	5	10	3

类型 \ 调查点	荔波县	三江县	马山县	百色民族干部班	嵩明县	禄劝卡机	禄劝康荣	禄劝以毛多	罗平六鲁村	罗平多依村	富源石山脚	富源补掌村
868	30	33	31	14	22	30	30	30	33	80	23	43
A	0	3	7	1	1	0	0	0	2	9	3	1
B	6	1	8	1	0	0	2	0	5	7	2	3
C	1	0	2	0	2	0	0	0	7	8	3	0
D	24	19	23	4	7	30	27	30	10	39	14	12
E	19	6	7	4	3	10	16	7	1	10	6	9
F	17	4	8	0	8	6	4	11	10	24	10	23

从表2-21看,西南少数民族在通过法院解决纠纷上具有相当倾向性,因为绝大多数人都针对外来人、陌生人。从具体案件上,外来人容易选择法院解决和本地人产生的纠纷。

例2-5 当地人与外来公司的合同纠纷

某外地集团公司与景东县者后乡当地人刘某签订了培育核桃苗的协议。后来刘某因为核桃苗的价格上涨,违约把核桃苗卖给其他人。于是产生合同纠纷,后该公司把刘某起诉到法院,通过法院解决了此纠纷。

由于此案属于本地人与外地人之间的纠纷,于是就采用诉讼解决,若是同为本地熟人,他们更易采用内部调解。在调查中我们发现,现在很多少数民族,不管是个体还是群体,当与外来人产生经济纠纷时都会采用诉讼解决。这与调查问卷中体现出来的数字是一致的。

（3）严格治安调解机制法治性。治安调解机制是由国家强力机构——公安机关进行，并且行使治安调解时往往和治安处罚交织在一起，很难区分调解的自治性和处罚的法定性，所以对治安调解应遵循严格的法治原则。治安调解应严格记录、完备档案，行使权力时应遵循相应的法治原则，即治安调解应受到强有力的法律限制，在调解时应在法律体系下进行，即只能在"法律阴影下进行调解"，无法律就不能进行调解，法律不授权就不能调解。如广西在公安调解上采用了四个统一，即统一调解室设置、统一调解程序、统一调解文书、统一调解案件的登记和统计。① 这些措施有利于强化治安调解中的法定性。

2. 设立纠纷解决机制种类的有限性

西南民族地区社会纠纷解决机制不管从历史还是从现状看，建立多元纠纷解决机制是国家在该地区构建纠纷解决机制的最佳路径。但现在必须要防止一种错误认识，即认为多元纠纷解决机制的构建就是设立的纠纷解决机制越多越好，应建设起各种类型、复杂多样的纠纷解决机制。构建多元纠纷解决机制并不是说机构越多越体现多元。组织制度在功能上是有限的，设立太多的组织机构会产生各种问题。我们在调查时访问了一个基层工作经验较丰富的乡党委副书记，谈到对于基层纠纷解决机制的设置问题时，他的看法是加强现有机构，而不是增设机构。

A：你觉得基层纠纷解决中，最重要的要加强哪个机构？
B：最重要的是，司法所的人员要配齐、配强。生活上要加强补助。
A：不需要新的组织？
B：不需要，司法所配强就行。村一级调委会的人要配强。
A：村一级的人对法了解不够，如何保证法律的严肃性和公正性？
B：没有问题。法律不是条件，做群众工作，需要有了解当地情况。基层人员配强后，司法所的压力就不大了。
A：你认为村委会在解决纠纷中很重要，司法所做协调工作是吗？
B：村委会在群众中工作好做。经费没有保障，工作中心下移到

---

① 《广西公安派出所调解纠纷走出新模式》，http：//www.gx.chinanews.com/news/SHEHUI/2009/97/099710189BJ5E58F3K1KG10I3JD95.html，上传时间：2009 - 10 - 25，访问时间：2011 - 04 - 12。

村一级很重要。①

首先，纠纷解决机制设置的交叉、重复导致功能没办法有效发挥，更为严重的是不同机制之间会相互推诿、相互"踢皮球"。如在很多民族地区至少有以下多种基层组织承担着社会纠纷的解决任务，如派出所、乡政府有关职能部门、信访部门、司法所、人民调解委员会、综治办、村委会、老人协会、治安保卫委员会、各种联合调解机制，以及人民法庭和人民法院等。由于种类繁多，设置重叠，导致各类社会纠纷解决机制交叉重叠，职能不清。很多当事人产生纠纷后在找一个部门时会被推到另一个部门，多日在不同部门之间奔走。在某镇调查时遇到一位被不同机构反复"踢皮球"的当事人，他骂道："你们是什么狗屁的司法所啊，不说依法办事，为民服务，我又没有病，一来就喊我回村头可解决，下头解决得好还找你们？你们普法的时候不是和我们讲法律吗？说有纠纷不要冲动，要来找你们，等到真的来找你们的时候，就说解决不了……"这种现象在基层社会较为典型，让民众对不同纠纷解决机制产生不信任感，进而出现私力救济和大量上访等问题。

其次，易滋生当事人在功利驱使下反复在不同解决机制中选择纠纷解决机制的问题。纠纷解决机制的多样，导致的一个严重后果是纠纷当事人会功利地选择不同的纠纷解决机制，导致当事人不停地在纠纷解决机制中实现自己的不正当利益。由于存在传统纠纷解决机制和国家设立的纠纷解决机制，历史上很多少数民族当事人选择传统纠纷解决机制没达到预期效果后，再通过国家纠纷解决机制来解决问题。

例2-6 繁杂的纠纷解决程序

2003年2月，A镇F村（在镇政府边上）二组的村民龙某某和潘某（斜向相邻）因13.76平方米的猪圈地使用权属发生纠纷，潘某说："猪圈地在土改前是我们家的，我要收回祖业。"潘某挖垮了龙某某的两个猪圈，龙某某知道后，去打坏了潘某木房的墙板，于是产生了纠纷。该纠纷的解决出现以下情况。首先，村干部去调解，被潘某吼回。于是龙某某于2003年4月19日向镇政府申请调处，镇政府受理后，经多次调解未果，于2004年4月20日作出行政决定：猪圈地使用权归龙某某。对此潘某不服，申请

---

① 云南省临沧市沧源县糯良乡副书记的访谈。

行政复议，县政府于 2004 年 9 月 17 日作出维持镇政府决定的复议决定；潘某不服，2004 年 10 月 12 日向县法院提起行政诉讼。2004 年 11 月 1 日镇政府以适用法规不当为由撤销此前作出的行政决定，镇政府因此被县法院罚款 300 元；潘某申请撤诉，县法院于 2004 年 11 月 3 日作出准予撤诉的裁定书，案件受理费 330 元减半收取 165 元，由原告潘某负担。龙某某不服，向镇政府申请，镇政府于 2005 年 9 月 23 日作出行政决定：猪圈地属使用权归 F 村二组集体所有，由龙某某管理使用。潘某不服，申请行政复议，县政府于 2006 年 2 月 5 日作出维持镇政府 2005 年作出的行政决定的复议决定。潘某不服，直到 2006 年 10 月，事情还在进一步处理中。

最后，纠纷解决组织权威不足。由于解决机制太多，当事人发现可以在不同机制中选择，最后导致对纠纷解决机制的认同减弱。建立多元化纠纷解决机制，是指在纠纷解决中不应仅承认国家司法机关在纠纷解决中的唯一性，而应承认民间社会的自治性下拥有相应纠纷解决机制解决内部纠纷。同时，在纠纷解决依据上不应由国家法律规范垄断，而应承认民间传统习惯、习俗的有效性，让它们在相应的纠纷中发挥相应的作用。

3. 提高现存纠纷解决机制的公正性是完善纠纷解决机制的关键

西南民族地区不管是人民调解组织还是司法机构的建设，在提高组织制度构建的合理性的同时，必须提高这些纠纷解决机制形成的"产品"的公正性，因为我们在调查中发现，人们对纠纷解决机制的最大关注是公正、公平的价值获得。在一份问卷中有人填写他不相信国家设立的任何纠纷解决机制，原因是都不公正。有些人在问卷中填写要看解决的结果是否公正，如当问到法院在解决纠纷时最大问题是什么时，有人就填写不公正、不公平。我们在大理剑川调查时，当地少数民族民众给法院的评价是"门难进、脸难看、事难办、经济负担重"，"办事不负责、不体谅民情、无效率、摆架子"，过程是"存在猫腻、暗箱操作"。其实，我们在问卷中三处涉及对纠纷解决机制的结果评价：首先是对司法所的评价，其次是对法院的评价，最后是对不同纠纷解决机制的服从原因的评价。具体情况如表 2-22 所示。

对司法所解决纠纷结果的评价，问您是否满意，[①] 满意的原因是什么。

[①] A. 满意；B. 差不多，还行；C. 满意。

表 2-22　司法所解决纠纷满意度

调查点 类型	大理下关	宁蒗羊	宁蒗牛	峨山塔甸	新平戛洒	新平腰街	临翔南美	陇川城子	文山广南	麻栗坡	怒江	岑巩县	花溪区
868	44	29	28	43	56	40	50	29	30	30	30	30	30
A	9	21	17	25	20	20	22	24	4	21	10	23	10
B	22	4	4	12	31	1	18	4	25	5	15	2	7
C	5	0	3	0	2	1	5	0	1	6	2	21	2

调查点 类型	荔波县	三江县	马山县	百色民族干部班	嵩明县	禄劝卡机	禄劝康荣	禄劝以毛多	罗平六鲁村	罗平多依村	富源石山脚	富源补掌村
868	30	33	31	14	22	30	30	30	33	80	23	43
A	20	13	7	3	14	11	5	4	15	30	10	15
B	9	8	6	6	5	18	24	25	13	38	11	15
C	1	0	1	2	0	1	0	1	4	19	1	5

满意的原因有：A. 很公平；B. 不费事；C. 不耗时。分别如表 2-23 所示。

表 2-23　司法所解决纠纷满意原因

调查点 类型	大理下关	宁蒗羊	宁蒗牛	峨山塔甸	新平戛洒	新平腰街	临翔南美	陇川城子	文山广南	麻栗坡	怒江	岑巩县	花溪区
868	44	29	28	43	56	40	50	29	30	30	30	30	30
A	15	22	19	22	27	17	31	24	2	20	8	20	11
B	11	2	4	5	10	3	10	0	2	8	2	7	3
C	0	0	0	1	1	1	2	0	0	0	0	2	2

调查点 类型	荔波县	三江县	马山县	百色民族干部班	嵩明县	禄劝卡机	禄劝康荣	禄劝以毛多	罗平六鲁村	罗平多依村	富源石山脚	富源补掌村
868	30	33	31	14	22	30	30	30	33	80	23	43
A	3	15		2	15	8	3	1	27	52	19	21
B	4	4		3	1	4	4	3	2	24	3	10
C	2	1		1	0	0	0	0	1	8	2	3

表 2-23 表现出来的数据与表 2-22 对司法所解决纠纷满意度的调查有不一致的地方。我们认为以上问卷中有些数据是失真的，只有几个点的数据较为真实，如大理、怒江的泸水县和花溪区等几个点。对以上数据，我们认为满意度上很多数据仅反映出人们对司法所的接受度，而接受的原

因"公平"仅反映出人们期望中能接受司法所调解结果的原因是"公平"。同时，若把"差不多"、"还行"、"不满意"和"不作答"计算为对司法所调解"不满意"的话，可能更能反映出西南少数民族民众对司法所为代表的人民调解委员会的态度。

对法院判决的结果的满意度评价如表 2 - 24 所示。

表 2 - 24 法院判决满意度

调查点 类型	大理下关	宁蒗羊	宁蒗牛	峨山塔甸	新平戛洒	新平腰街	临翔南美	陇川城子	文山广南	麻栗坡	怒江	岑巩县	花溪区
868	44	29	28	43	56	40	50	29	30	30	30	30	30
满意	14	14	14	25	11	17	23	14	3	24	14	13	12
一般	17	2	6	9	26	4	16	1	3	5	2	8	5
不满意	13	0	1	6	0	1	7	0	0	1	0	2	2
不作答	0	6	7	10	14	18	7	14	24	0	16	7	11

调查点 类型	荔波县	三江县	马山县	百色民族干部班	嵩明县	禄劝卡机	禄劝康荣	禄劝以毛多	罗平六鲁村	罗平多依村	富源石山脚	富源补掌村
868	30	33	31	14	22	30	30	30	33	80	23	43
满意	12	18	1	2	11	3	2	7	13	43	13	22
一般	4	7	2	8	2	5	0	16	16	33	8	12
不满意	1	3	3	1	0	0	0	0	3	3	3	9
不作答	11	5	26	1	9	22	28	7	4	1	2	0

从表 2 - 24 看，西南少数民族民众对法院判决的满意度整体不高。当然，表 2 - 24 的数据也存在问题，因为很多人在选择是否通过法院解决纠纷时选择"没有"，但很多人选择了对法院"满意"的回答。我们认为，若把"不作答"的人当成"不满意"的群体可以看出，人们"不满意"法院判决的占据主导地位。人们选择"满意"，从访谈和其他途径调查所得看，也只能说是一种希望，而不是真实的评价。

我们提供了 7 种纠纷解决机制供调查者选择，询问他们服从自己选择的部门和纠纷解决机制所作出的决定的原因，具体情况如表 2 - 25 所示。

表 2-25　服从不同纠纷解决机制的原因

调查点 类型	大理下关	宁蒗羊	宁蒗牛	峨山塔甸	新平戛洒	新平腰街	临翔南美	陇川城子	文山广南	麻栗坡	怒江	岑巩县	花溪区
868	44	29	28	43	56	40	50	29	30	30	30	30	30
A	18	21	21	26	25	16	28	21	16	27	19	25	11
B	16	10	4	7	12	2	3	3	1	7	1	17	5
C	6	3	2	1	10	1	2	5	0	7	1	14	0
D	6	10	2	33	13	6	13	9	12	21	17	19	3

调查点 类型	荔波县	三江县	马山县	百色民族干部班	嵩明县	禄劝卡机	禄劝康荣	禄劝以毛多	罗平六鲁村	罗平多依村	富源石山脚	富源补掌村
868	30	33	31	14	22	30	30	30	33	80	23	43
A	26	16		7	19	18	7	10	26	56	15	30
B	2	0		2	7	0		0	8	22	7	8
C	3	0		0	5	0		2	5	13	4	1
D	16	6		2	4	13	20	18	6	19	3	4

表 2-25 反映出西南少数民族民众对不同纠纷解决机制认可的原因，其中最多的是公平、公正。对此，我们认为它反映出人们对纠纷解决机制承认上的价值取向，而不是该机制本身的真实评价。

表 2-23、表 2-24、表 2-25 的数据虽然没有直接追问我国现在纠纷解决机制中存在的问题，但结合其他材料和数据看，提高现在纠纷解决机制中的"公平、公正"等价值成为现在西南民族地区纠纷解决机制建设中的重要工作。对此，我们从一些报道中同样可以看出对纠纷解决机制的认同的前提是公平。如在对云南省马龙县某调解员张荣德的事迹报道中有"曾经在张荣德调处下成功化解打架纠纷的赵家庄村苗族村民杨赢对他十分佩服，'老张办事很公道，不讲兄弟族类，不分内姓外姓。他办事我们苗族信得过，和他就像一家人，在我们心中老张很有安全感'"。[1] 我们在访谈中发现，人们对国家法律的服从主要来自公平的获得感。

> A：现在你们还是慢慢向法律靠拢。你觉得经验和法律，对你的工作哪个最重要？

---

[1] 《人民调解员张荣德　苗家山寨"渡船人"》，http://www.chinese.cn/people/article/2009-11/20/content_83862_2.htm，上传时间：2009-11-20，访问时间：2011-03-05。

B：最重要的是法律，因为它有说服力，民间势力悬殊，强者就高兴，弱者就气短，法律平等，有说服力。首先要按法律走，民间习惯靠后。

A：你们最后必须按法律来做，还是把法律当作讨价还价的工具？

B：我们按法律，实在不行就按习惯，听得进去，也容易采纳。①

我们在调查时访谈一位老司法所长时，他给我们讲述了他解决纠纷的基本经验是公平、公正最重要，虽然他的表达由于具有某种政治上的需要有所变通。

A：刘所长，你能给我们介绍一下你的工作心得吗？

B：领导信任，群众也信任，我下去解决纠纷，群众很喜欢。调解工作一定要坚持原则，第一是法律，第二是公平、公正。

A：你们下去调解的时候，怎么吃饭？

B：去寨子里解决纠纷，我们一般带去干粮。当事人知道我们没吃饭，但我们不去他们那里吃。有时到亲戚、朋友家吃。问题解决后，签协议后，和大家一起就餐。②

这些行为、技术本质上就是一种形式上的公正。

4. 合理设置基层调解组织中的人员和选拔制度

西南民族地区基层人民调解组织的功能发挥程度与人员选拔制度有十分重要的关联性。我们发现，西南民族地区村民对具体纠纷解决者个人的信任程度往往决定了他们对组织或部门的选择。就是说，村民会基于对某个纠纷解决者的信任，来选择纠纷解决的组织或部门，特别是对村落内部的传统纠纷的解决。这种思维方式可以说亘古不变，只是当事人对纠纷解决者建立的信任基础变化了，即人们不再单纯看重解决者处事的公道性和表面关系的亲疏，而是在意其身上所具有的权威对于问题解决的实效性时，选择上才会发生变化。于是，那些既是村干部又是人民调解员，年纪大的还是老年协会的主要成员，受国家支持的私人身份客观上增强和提高

---

① 新平县戛洒镇某村委会主任的访谈。
② 德宏州潞西市某乡司法所长的访谈。

了他们解决纠纷手段上的灵活性以及成功的概率。此外,乡司法所的司法员是颇为特殊的一个群体。他们是政府公务员,对当地村寨来说不少还是外乡人,但因为经常去现场调解纠纷、宣传国家法制和做服刑人员帮教等工作,逐渐被村民们熟悉。久而久之,不少村民就会逐渐模糊司法员的国家身份,直接找司法员个人"摆事实、讲道理",请他们当"和事佬";司法员也有意无意地在日常工作中将调处程序简单随和化,既不强调当事人写书面调解申请,自己也基本不做登记或笔录。这是在调查中西南民族地区纠纷解决者体现出来的特殊性质。西南民族地区在基层调解组织的人员配置上应采取以下措施。

首先,减少虚设的数量,增加专业人员。在我国基层纠纷解决机制中存在一个大问题,即纠纷解决人员数量很多,然而真正从事纠纷解决工作的人很少,其中最为典型的是调解组织的人员结构。如村小组的调解人员、村委会中的调解委员会成员和乡镇人民调解委员会的调解人员中真正负责调解工作的只是村委会中的调委会主任和司法所所长,其他的人徒有虚名。

A:你们调解纠纷的时候是由司法所的人调解,还是由乡镇调委会的人调解?

B:由乡镇的调解,司法所有一个站,乡镇调委会有一个站,法律援助中心有一个站,还有乡镇法律服务所有一个站。一般的调解就是由乡镇人民调解委员会去调解,人员是司法所的人,有些问题我们不敢站在司法所的角度去说,而是站在乡镇人民调解委员会的角度去说。

A:乡镇人民调解委员会按理来说就是委员会,平时如何工作?

B:平时工作的时候,司法所有两三个人,名义上的。林业站参加过两起,就是林权的,其他水管站、民政、财政这些都是虚设。派出所所长是调解委员会副主任,派出所很少参加调解,包括开例会,他们也没有时间来,他们10个人有两辆车,我们两个人没有车。职责上说,派出所主要是管户口、治安和协助上级公安,协助交警。①

这就是我国现在全国调解人员数量很大,但人均解决纠纷少的原因。我们认为在村委会的人民调解组织中设立一个专职调解主任,两个调解成

---

① 新平县腰街乡某司法助理的访谈。

员就行。很多一般性纠纷往往是专职调解主任一人主持进行。乡镇调解组织中只要成立以司法所所长为主任，其他两个司法助理员为成员的调委会就行。因为从调查看，乡镇人民调解委员会在运作中主要是由所长和助理员进行。西南民族地区的调解组织同样可以采用此种办法。人民法庭和派出所所长的人员配置上，由于此类机构的特殊性，可以根据性质确定，主要是如何选出有能力的人员出任此种职位。

其次，在人民调解员的选择上要改变重学历、重年轻，轻经验、轻人品等倾向。人民调解组织有三级，即村小组、村委会和乡镇。三级调解人员的性质是不同的，所以在选择人员上应区别对待。对于调解人员的素质，我们在采访时，德宏州潞西市西山乡司法所所长认为是"好的调解员要有夜鸟的眼睛、蝙蝠的耳朵、麂子的腿、画眉的嘴、骆驼的胃、猴子的手，然后是公平的心"。这里他用动物来比喻，指调解人员要能明察秋毫，耳能听出当事言语后面的心声，有问题要勤于调查走动，不能待在办公室里解决，说话要能体贴，骆驼的胃是指要能喝酒，在民族地区这是和少数民族风俗一致的表现，做事要准确。当然，处理问题有公正、公平的心是最重要的。对于该司法所所长的总结，我们认为这是作为一个西南民族地区调解人员特别是村委会、乡镇人民调解员应有的基本品质。《法制日报》一篇《大山深处走出的调解高手》的报告中，当事人李光旭的总结与之相似，他有17年的调解工作经验，虽然他是法官，但由于长期在基层法庭任职，从事调解工作，他总结自己的调解工作经验，认为调解工作应"保持中立，以爱心、耐心、信心、诚心、公心来指导调解工作；细心调查，找准原因，坚持疏导，消除误解；区分不同个性的心理，制定相应的调解策略；抓住主要矛盾，找准关键环节，努力促进调解。'只要将心比心，以心换心，世上没有攻不破的堡垒'"。[①] 我们认为在三级人民调解委员会的人员选择上应分别采用不同标准。

第一，村小组中的组长，即村小组的调解员在整个基层社会的纠纷解决中起到重要的作用。村小组的组长是村委会、司法所工作的前沿，是农村基层社会纠纷解决的中心。我们在云南省德宏州景颇族进行社会调查时，一位村小组的调解人员公开说，司法所、乡政府在村中解决纠纷时，很多

---

① http://legal.scol.com.cn/2010/06/24/2010062414530399.332.htm，上传时间：2010-06-24，访问时间：2011-03-05。

时候成功与否与他们的态度、工作方式有关。调查中司法所中很多有经验的所长都认为村小组内调解人员的能力决定整个工作的进展。在普洱市景东县者后乡的调查中，当地村民很多时候都把纠纷交由村小组长调解。

例 2-7 村小组调解纠纷

2008 年海田坝小组王某家因为建沼池把田某家一块多年闲置的地给占用了，田某知道后双方发生纠纷。经过小组长罗某的调解，达成由王某家补偿给田某家 300 元钱的协议，纠纷得到解决。

然而，小组长罗某对此工作却表现得不是很热心。调查中发现，现在村小组调解人员的选择上出现的问题是，有能力、为人正直的人多不愿从事此项工作。因为村小组是熟人社会，多数人之间有亲属关系，很多人认为调解纠纷是"多事"，易与亲戚、邻里产生紧张关系，不愿从事该项工作。这种现象较为普遍。我们在 2007 年麻栗坡县调查时，某村小组长兼支书的田某抱怨说："本来不想干了，可村民硬要选我，不当又不行，报酬太低了（双肩挑每年 240 元，副组长每年 120 元），做不了什么事，主要是上面让做什么，就做什么。"中国基层社会中现在最大的问题是公益心的缺失，很多"贤人才士"不愿参与到基层社会的治理中，导致基层社会中出现治理上的人才缺失。如何改变人们的观念，让有能力、有经验、公正、为人正派的人出任村小组的调解员是基层人民调解组织得以有效运作的重要环节。

第二，村民委员会中专业调解人员的选择在基层社会纠纷解决机制中是最重要的。他们是民间纠纷解决机制中人员最多的群体，西南少数民族大量民间纠纷都在他们这里解决。根据我们的调查，发现这个层次中的专职人员的品质、经验、公益心和良好的技术是调解工作最需要的。我们在贵州省天柱县侗族村调查时某村委会主任说："调解很难，民间纠纷涉及法律政策、风俗习惯、道德伦理，牵扯到的人际关系也非常复杂，往往弄得我们大汗淋漓、口干舌燥，还得绞尽脑汁才能调处好。有的纠纷得弄上好几天，不像我现在跟你说的那样简单和轻松。"相反，该村委会中由于调解主任刘某某和副主任王某某经验不足，导致的结果是村里大多数纠纷（特别是棘手的纠纷）均由村支书和村委会主任来调处。因此，具有一定的经验和掌握一些技巧是非常必要的。而这种经验得长期积累，如该村现任村支书和村委会主任的调解经验非常丰富，因为他们俩长期从事此工作。现任村支书有 24 年的工作经验，最初任会计（兼任村委会副主任），连任四届村委会主任和三届村支书，曾于 1994 年被州司法局授予"先进人民调解员"的荣誉称号。现任村委会主任起先任人民调解委员会主任，连任三届村委会主任，近 16 年的工作经历。村委会主任说："1995 年以来，调解成功率每年都在 90% 以上。"在云南省新平县某傣族乡的调查中，我们遇到了一个老调解员，他从 20 世纪 80 年代以来就从事相关工作，现在 56 岁。由于他的存在，该村委会的很多调解工作得到了有效解决。云南省曲靖市马龙县月望乡深沟村村委会调解员张德荣从事调解工作达 23 年，调解纠纷上千件，成功率达到 98%，成为当地苗族民众纠纷的主要解决者。从报道看，该调解人员的成功主要在于他的工作经验。长期的经验使得他掌握了很好的工作技巧，能有效地解决民间纠纷。[①] 贵州麻江县碧波乡柿花村调委会主任彭德芳有 12 年工作经验，1998 年开始从事调解工作，他 12 年"亲自调解纠纷 337 件，调解成功 328 件，成功率 97.3%；当事人自觉履行 307 件，履行率 93.6%"。[②] 汪溪街道姚高村村委会主任曾祥启，有 18 年人民调解工作经验，调处各类纠纷 2400 余起，调处成功率 98%。[③] 四川省甘孜县查龙乡查龙一村村委会主任俄呷，藏族，46 岁，在 15 年的调解生涯中，先后参与各种矛盾纠纷调解 1000 余起，调解成功率达到 100%。[④] 青海省"十佳人民调解员"之一的韩进财，撒拉族，现年 63 岁，从 1980 年参加调解工作，现在是化隆县甘都镇东一村人民调解委员会主任，多年来，共调解 300 余起民间纠纷，调解成功率达 95% 以上。[⑤] 他们的工作经验说明调解工作需要长期稳定的工作经历，而

[①]《人民调解员张荣德 苗家山寨"渡船人"》，http：//www.chinese.cn/people/article/2009 - 11/20/content_ 83862_ 2.htm，上传时间：2009 - 11 - 20，访问时间：2011 - 03 - 05。
[②]《彭德芳同志再获全国模范人民调解员光荣称号》，http：//www.cc.ccoo.cn/webdiy/1536 - 60670 - 10819/newsshow.asp？id = 60670&cateid = 506881&nid = 692999，上传时间：2010 - 11 - 15，访问时间：2011 - 03 - 05。
[③]《大山深处一杆秤——记市姚高村村委会主任曾祥启》，http：//www.ngxf.gov.cn/news/Show1.asp？id = 6124，上传时间：2010 - 04 - 22，访问时间：2011 - 03 - 05。
[④]《"四川省十大调解能手"先进事迹》，《四川日报》2010 年 12 月 28 日。
[⑤]《青海省"十佳人民调解委员会"和"十佳人民调解员"先进事迹简介》，http：//www.qhsf.gov.cn/NewsDetail.aspx？id = 45EE1759776962AF，上传时间：2011 - 04 - 06，访问时间：2011 - 03 - 05。

不是年轻和频繁更换。现在一些民族地区的乡镇在选村委会的调解人员时不再与村委会同时进行，而是采用招聘制，由司法所长根据各村委会的现实，把那些有能力、经验丰富的人通过司法所长推荐、乡镇党委同意的方式选聘为村委会的调解主任。我们在富源县古敢水族乡的调研中发现他们采用此种方式。此种方式解决了前三年村委会换届村委会调解主任要相应改变的困境。当然，此种方式的具体运作机制和问题值得我们进一步研究。

第三，司法所中所长及司法助理员的选拔。西南民族地区多元化纠纷解决机制的构建成功与否和司法所的人员选择具有很重要的关系，可以说此方面将是未来司法所建设的重中之重。当硬件建设起来后，如何配置人员将决定司法所功能的发挥程度。现在司法所建设中，司法所人员的地位虽然有了重大提升，但由于我国现在整体上有干部选任上唯年轻化、唯学历化、唯专业化的过激倾向，而司法所的所长又是副科级，在乡镇一级级别已经不低，于是往往成为提拔年轻干部的试验场，导致司法所很多所长都是那些刚走上工作岗位、没有社会经验的年轻人，这必然导致他们在处理民间社会纠纷上出现知识上的缺失。社区纠纷的解决往往更多需要的是"地方性知识"，而不是法律与"通识"，这种"地方性知识"是需要社会经历和对地方社区的深入了解才能获得的。我们在调查时发现很多有经验的司法所所长会指出在解决纠纷时应注意什么细节。如有一个景颇族地区的司法所所长给我们讲，"云南少数民族最多，不研究习惯法，有些纠纷国家法行不通。小一点的纠纷，到寨子上解决，景颇族的习惯是要搞双数，买两瓶酒就能解决"。他们去解决纠纷时要给纠纷当事人买酒，而且数量必须是双数。当时四位在不同乡镇工作的司法所所长给我们讲了他们如何区分不同民族在生活习惯上的不同，进而在解决纠纷中如何应对的策略，让我们体会到了这种工作的专业性。这种细节往往成为调解纠纷成败的关键。对此，一般人是很难知道的。我们从报告上看，很多成功的司法助理员都有丰富的经验，2011年《法制日报》的第一篇文章《司法助理员陈忠阳：大山深处和事佬》中陈忠阳有17年的工作经验，"17年坚守在大山里，成功排查化解矛盾纠纷600多件，调解率100%，成功率达到98%以上"。[①] 宁夏西吉县兴平乡司法助理员黎景文51岁，从1982年开始从事司法调解工作，有20年的工作经验，他亲自调解各类纠纷1000多起，

---

① 《司法助理员陈忠阳：大山深处和事佬》，《法制日报》2011年2月13日。

成功率达98%，防止民转刑案件50多件，避免非正常死亡达30多人。[①]乐昌市司法局两江司法所所长邓火坚有15年的工作经验，1994年开始任司法所所长，15年间主持调解民事纠纷1300多起，成功率达98%；防止群体性械斗13起，制止群体性上访和民转刑案52宗。[②]重庆市璧山县丁家镇人民调解委员会主任唐贵林，现年59岁，有30年调解工作经验，组织调处各类民间纠纷达1200多件，调解成功率达到96%以上，当事人履行率达到97%；防止矛盾纠纷引起自杀30多人次，防止矛盾纠纷引起的群体性械斗40余次，防止矛盾纠纷引起的上访20余件，使300多个快要支离破碎的家庭婚姻关系得以修复。[③] 这些人员相同点就是他们都有相应的经验。

从我国现在赋予司法所的职能及其在社会中的地位看，司法所的职能要发挥，任职人员需具备经验、社会阅历、好的人品等素质，而与学历、年轻化、专业化并不必然挂钩。所以，在人员配置与选任上，司法所所长与相关人员不应盲目追随法院的专业化和行政机关的年轻化、学历化的发展方向，而应走重人品、重社会经验和法律专业知识三者结合的道路。

　　A：现在司法所长还要遴选，你觉得是从学法学的本科生来选，还是看经验好一些？

　　B：现在所长，包括司法所其他人员，随着形势的发展，经济结构的变化，还是要经过法律学习的人员任所长。从社会经验来讲，还是需要有经验的。

　　A：也就是说，从年龄上来讲，还是要40岁左右的？

　　B：还是要三十七八岁到40岁左右。

　　A：也就是要结过婚，育有小孩？

　　B：对，就是要对家庭有了解，然后才会对社会有更多了解。

　　A：在民族地区，我认为经验还是很重要，法律可以慢慢学。

　　B：现在是要求干部年轻化、知识化、专业化。现在招公务员要本

[①] 杜婕：《大山深入调解员》，《宁夏日报》2001年3月14日。
[②] 《大山深处的乡村"和事佬"》，《南方日报》2009年7月4日。
[③] 《老牛自知夕阳晚　不用扬鞭自奋蹄——记全国模范人民调解员唐贵林先进事迹》，http：//www. cqsfj. gov. cn/show. asp? News_ Id = 32618，上传时间：2010 - 06 - 17，访问时间：2011 - 03 - 05。

科，少数专科的。虽然文凭层次高了，但没有社会经验也是麻烦。①

这里经验丰富的老司法助理人员用很含蓄的形式表达了自己的看法。另一个乡管司法工作的副书记给我们谈了他对此问题的看法。

  A：你觉得在司法所工作，最重要的条件是什么？
  B：人的方面，首先要吃苦，要走山路，有时候，没有吃的。处理完和处理好纠纷是不同的，有时当事人心中有气，这样还需要跟当事人谈话。要实事求是、公平公正。
  A：社会经验重要吗？
  B：民族民风需要社会生活经验。②

该乡副书记曾任过四五年的某乡司法所所长，现在又管政法工作，他对此问题的谈话更加直白。有一个司法所所长给我们谈了调解中的一些技术问题。

  B：解决纠纷抓住两边的心理就好了。
  A：你是怎样了解他们的心理的？
  B：多打听，这边问一下，那边问一下，知道他们想做什么就好办了。
  A：假如他们就是不妥协，那你怎么办？
  B：老是不妥协那也不可能，复杂的说上两三天。
  A：也就是了解对方的需求就很重要了。
  B：嘴里不说，但要达到怎样的目的，每个人心里都想着呢，了解后把你的说服力加进去就好了。③

这种经验的获得必须通过长期真实的实践工作，很难在短期内获得。我们在调查时，有一位司法所所长就给我们讲他调解过一对老年夫妇

---

① 新平腰街乡某司法助理员的访谈。
② 沧源县糯良乡某副书记的访谈。
③ 宁蒗营盘乡某司法所所长访谈。

闹离婚的案例，由于他有较丰富的人生经验，成功解决了此纠纷。

例 2-8 调解中技巧的使用

一对老年夫妇闹离婚，于是老大爹找到了我，要我进行调解。我了解到，老大爹已经有了儿孙，儿子已经成家，我发现这对老年夫妇并没有什么大的矛盾，只是性生活不和谐，老大妈进入了女性的更年期。于是，我悄悄买了瓶壮阳的药，让老大爹服下，后来这对老年夫妇的性生活就和谐了，纠纷自然消除了，老大爹很感谢我。

从此个案的解决中可以看出，经验在基层调解人员中起到至关重要的作用。因为在整个纠纷的解决中，如何洞察当事人之间产生纠纷的真正原因成为解决纠纷的关键。从某个角度看，基层社会调解人员在纠纷解决中，往往面临着民众不同个体在生活、经验、情感和物质等多方面的需求和困境。

司法所的相关人员在解决社会纠纷时采用的技巧是需要长期实践来获得的，而这种获得除了从业人员的自然经验外，进行专门的培训也是必要的。相关部门应根据司法所的特点、地位，进行相应的研究和总结，为全省司法所所长和相关人员进行系统的、有效的培训，让他们在技能方面得到提高。同时，司法所人员进行相互交流是必要的，这是提高他们处理社会纠纷技能的重要途径。我们在调查中发现，有些地方是由法院法官来培训司法所里的人员，这种培训方式存在很大认识上的问题。司法所不能法院化，若法院化必然导致它的功能不能发挥。相反，一些基层法院的法官应向司法所人员学习一些案件的处理技巧却是很有必要的。我们在调查中与一位先前任过法官，现在任司法所所长的人交谈，他认为自己从事人民调解工作后，很多经验是重新学来的，与法院的审判和调解有很大差别。

二、有限承认各少数民族传统纠纷解决机制的作用

西南民族地区，在一些民族聚居区，传统的社会纠纷解决机制起到较为重要的作用，其中一些传统纠纷解决机制中的重要人物仍然发挥着作用，如家族、传统头人、宗教人士。认可一些传统纠纷解决机制在西南少数民族民众中的作用，从我们的实地访问和问卷中都可以看出。在问卷中我们试图对西南少数民族对一些传统纠纷解决机制的作用的看法进行调查。

民间社会在解决社会纠纷时具有自己特有的机制，治理者和研究者往往把自己的理解强加给他们，而他们是要生活在自己的社区中，所以他们必须按一个熟人社区需要的行为模式来选择自己的行为。2009 年春节在调查哈尼族地区时，当地人在自己的社会问题解决上就遵循一些特有的习惯。

例 2-9 邻里纠纷的处理

2009 年春节前，景东某哈尼族乡当地收割甘蔗，海田坝小组李某的甘蔗地被同组白某家的甘蔗地围住，而李某家又先收割，李家必须通过白某家的甘蔗地才能把收割的甘蔗运到公路上。为此，李某到白某家商量，白某很快就同意了，把自己的甘蔗地砍一条两米宽的路让李某家通过，并且白某家没有要求李某家进行赔偿。

这里的做法和很多学术想象是有差异的，民间通过自己的生活图像解决了自己的问题。他们认为在当地这是理所当然的，没有什么可说的。因为经济与传统之间，有时传统更具价值与意义。在这种乡村社会中，国家承认各民族传统的民间自治性生活图式是具有重要意义的。

在构建西南民族地区多元化纠纷解决机制时，可以通过一些制度设置对传统纠纷解决机制进行承认与吸收。在处理涉及少数民族的纠纷时必然考虑纠纷民族之间的传统习俗，而不能单纯从纠纷的对错出发，特别是从国家话语体系下的"合法"与"非法"出发。从学术上看，不同民族的"对"或"错"的观念本身就具有地方性、民族性和时代性，不同民族对"正义"的看法是有区别的。下面的案例说明了此种问题的存在。

例 2-10 习惯在婚姻中的适用

城寨罗某，现年 52 岁，年轻时与本村陆某结婚。两人曾生育一子，但不幸夭折，后捡到一男孩也未养活。由于无后，2000 年左右罗某与妻子的堂妹陆某按本民族风俗结婚。现有一个 6 岁的男孩。村干部在得知罗某未遵守国家规定，未离婚又结婚的事实后，找到罗某，让其与前妻离婚，否则就是犯重婚罪，要被抓去坐牢。罗某只好既办理了与前妻的离婚手续，又办理了与现在妻子的结婚手续。目前，前妻仍和他们生活在一起，前妻像抚养自己的亲生儿子一样照顾着他与后妻生的孩子。一家人生活得很和睦。村里人称他前妻为大老婆，称他现在的妻子为小老婆。

此个案体现了当地社会复杂的传统习惯。从法律角度看，罗某并没有违反《婚姻法》，因为他已经与前妻办理了离婚手续。但现实生活中，他是一夫两妻。为什么会出现这样的情况？在城寨，生儿育女是女人所必须尽的义务，一个女人不会生育或某家无后是会被人笑话、被人欺负的。罗某并不是与妻子无感情而再次结婚，而是为了不绝后才再次结婚。之所以再婚的对象选择了妻子的堂妹，也是出于今后共同生活少出纠纷的考虑，从始至终也没有想着要离婚。如果不是村干部出面干涉，罗某是不会选择离婚的。作为村干部如果知道此事而不出面干涉就是失职，为了不去坐牢，也为了前妻将来有人照顾，罗某选择了离而不分。对此，村里人认为罗某是个有良心的人，他们并没有因办理了离婚手续而发生改变。

例 2-11　婚姻纠纷的解决

2006 年城寨陆某（男）与本村张某（女）结婚，两人年龄在 20 多岁，按国家规定领了结婚证，婚后两人一直不和。后两人外出广东打工。陆某从来不关心张某，在打工过程中结识一汉族女子并与其相好，多次提出要与张某离婚，张某未同意，返回文山县城打工。2007 年 8 月初，陆某返回城寨找张某离婚。

从表面上看，这是一个因感情破裂而提出离婚的普通案例。这个个案后面还有更深层次的当地文化传统。因为这是城寨彝族男子第一个和外族相好而提出离婚的案例。① 如果陆某与张某离婚成功，并与相好的汉族女子结婚，将打破城寨老规矩、老传统。一直以来，城寨的彝族只能与本民族本支系的白倮结婚，这个规矩大家都严格遵守着，即使一些走出城寨，当上国家干部的彝族男子，也遵守着这些规矩。本质上这是当地彝族传统习惯在婚姻制度中的作用表现和与现代社会婚姻制度的冲突。在城寨，姑表婚被认为是较好的婚配，因此近亲结婚较为普遍。

---

① 城寨近年来，外出打工人员增多，有的小姑娘与外族男子相好，就再也不敢回来。2007 年春节，一位与四川男子结婚的女子，将男子带回了城寨，在寨中引起不小的震动。在彝族看来，这是背叛老祖宗的事，是被族人看不起的。不过，事过之后，村民说，该女子也是没有办法，自己的外在条件不好，在本族中找不到对象，而且年龄也大了。虽然这样说，但口气中还是流露出对此事的不满。

例 2-12 传统婚姻习惯的适用

陈某（男），40岁左右，当兵复员一直在乡上担任干部。他与妻子的婚姻为父母定亲，娶了舅舅家的姑娘，现生有两女一男。陆某（男），60多岁，中专毕业，教师，其父母的婚姻是近亲结婚，父亲娶了姑妈家的姑娘，而自己念中学时父母就给自己定亲，定下了自己姑妈的女儿，现其一女儿也与姑妈家儿子成家。近亲结婚较为普遍。陆某（男），60多岁，工农兵大学毕业，在乡上担任干部，现退休在家。年轻时，父母将姑妈家女儿定给他，自己不同意，娶了富宁孟梅一女子，生有两男三女，其中一个儿子娶了姑妈的女儿，一个女儿嫁给舅舅家的儿子。

在城寨，由于婚配范围被限定在相邻的两个村寨，因此，户与户之间多少都能扯上亲戚关系。为什么《婚姻法》颁布多年，这里的近亲结婚还如此普遍？是宣传不到位，还是由于其他原因？深入彝寨后，对这个问题我感到困惑，如果说村民并不知道其中的道理情有可原，但作为国家干部的彝族人，为什么自己也近亲结婚？在与彝族人相处久了，才知道其中的真正原因：除了认为姑表婚是较好的婚配，是亲上加亲的做法外，更为重要的是通过多年的实践，他们认为近亲结婚所生子女根本没有问题，政府说近亲结婚对后代不好，不可信。[①] 看来，这里的彝族真是要见到实例才会停止传统的生活方式。这体现了当地彝族人生活在自己传统文化的图式中，让自己的社会秩序具有相对的独立性。

认识西南各少数民族在传统认识中"好"与"坏"、"正义"与"非正义"的差异对解决西南民族地区一般性社会纠纷具有十分重要的作用。这一点在调查中很多参与纠纷解决的人都认为是十分重要的。笔者在德宏州芒市与多位在基层长期从事解决社会纠纷工作的司法所所长交谈时，他们都承认对不同民族社会风俗的把握是解决社会纠纷成败的关键。如在调查中就有这样一个案例，双方当事人已经解决了离婚纠纷，但由于女方发现男方已经准备好了结婚，于是反悔。

[①] 笔者调查了城寨和与它相邻的新寨两个彝族村寨，也觉得奇怪，如此普遍的近亲结婚，至今未发现有出问题的子女，而且这里的小伙子、小姑娘除极个别外，面容都长得姣好，人也很聪明。

第二章 新时期西南民族地区多元纠纷解决机制的构建

例 2 – 13 司法所在调解中的困境

一对夫妇产生离婚纠纷，到镇司法所进行调解。调解完成后，男方支付给女方 2 万元补偿金，夫妻双方决定第二天去民政局办理协议离婚手续。但是，女方在调解完成当天下午得知男方已经和新女友订婚，婚宴定在调解后的第 5 天。女方十分气愤，决定第二天不去办理离婚手续了，要在婚宴的日期拖过后再离婚，看看男方到底怎么去办婚宴。在这种情况下，我只好打电话给女方，要她把 2 万元补偿金退回来，否则我就以她诈骗报警。

此案中我们可以看到基层社会中解决纠纷上的多样性，作为基层纠纷解决组织是如何在国家法与解决问题的实效上左右权衡的。民众对纠纷的态度具有相当的复杂性，传统因素、当前因素和时代因素等交织在一起。

此外，这种情况在我们调查的另一民族自治县中也有同样的反映。

　　A：婚姻纠纷主要是财产问题还是别的？
　　B：有财产问题、名誉问题。这些地方比较特殊，它有民族习惯。两个人同意后必须得到家长的同意后才能结婚。结婚后提出离婚，另一方家属反对，就是名誉问题了，就觉得看不起他们。
　　A：你们这边有没有名誉赔偿？
　　B：要赔偿名誉损失。
　　A：一般要赔多少？
　　B：这个不清楚。我听说有的赔到 10 万，也有赔几千的。
　　A：你们这边一般多少能解决？
　　B：一般是几千元就行。男方给女方的礼钱要赔回来，还要道歉，道歉的时候要拿一头猪或一只羊去。男方家父母亲或女方家父母亲代表当事人去道歉。道歉后，意味着两家不能再吵再闹，要好好过日子。这样下一步纠纷就没有了。不像城里面，到法院办个离婚手续就完了。①

上面所说的"名誉赔偿"其实是当地民族的一种习惯，是离婚时对女方和家人造成社会"声誉"影响的一种赔偿，不是现代法学中的名誉

---

① 丽江市宁蒗县营盘乡的访谈。

权那种权利的赔偿。对此种纠纷，我们在调查中就收集到一份调解书。

例 2-14 通奸的民间处理

一、何某怀疑杨某于 2008 年旧历九月八日凌晨 2 点钟左右与人通奸，所有依据不充分，也未造成不良后果。

二、由何某付给杨某陆拾元作为道歉费。

三、以上条款经协商同意后，不得有任何反悔，互不侵犯，如有一方侵犯人权，由肇事者负一切责任。

四、本协议一式三份，双方各执一份，村委会存一份。自 2008 年 10 月 13 日起生效。

双方当事人签名：杨某　何某

××村委会
2008 年 10 月 13 日

仅从调解书上看，我们不能看到此纠纷的本质，也就无法评价调解协议的正当与否。该纠纷是何某怀疑杨某与他人通奸，于是何某到处宣扬，导致杨某在当地名誉受损，于是产生纠纷，要求何某赔偿。在解决纠纷时，村委会按照当地传统习惯，在何某不能证明自己的说法有依据时，要求何某支付李某"挂红"钱60元表示道歉。在此纠纷解决时，采用的赔礼道歉是一种当地传统习惯，具体就是所谓的"挂红"。这是一种公开的赔礼，金钱赔偿不是整个纠纷解决中的关键，公开的"挂红"才是最重要的，因为它是公开认错赔礼的体现。但在纠纷解决中，调解者并没有强调这是一种传统，而是从解决纠纷的角度对此进行适用。而且，协议书上也没有明确指出解决的依据，仅写出解决的结果。

在西数少数民族地区，很多纠纷的解决在现代法治理念上是不合法的，却得到了民间社会的支持。下面的个案体现了此方面的内容。

例 2-15 性骚扰的民间处理

黄某，男，1964 年生，初中，为人忠厚老实，从未在村里干过坏事。妻子与其同年生，贤惠，二人育有一子一女。刘某，女，1959 年生，文盲，寡妇。龙某，男，1949 年生，高中，曾任过村支书。

第二章 新时期西南民族地区多元纠纷解决机制的构建

2004年,黄某因在村子附近的地里拉扯本村寡妇刘某的衣服约3分钟(两人的蔬菜地挨着),被本村的其他妇女(其中一人为约60岁的寡妇)看见。刘某回家后跟夫家所在的小房族(王家)的人诉说,后者教唆和怂恿刘某要黄某赔偿,刘某同意。一天晚上(约8点),这一房族(约15户)的人聚到刘某家并把黄某叫来,请龙某来主持此事,请黄某来(现任村支书,村委会主任已外出)来见证。这一房族的人以黄某"欺负寡妇"为由,索要1000元的赔偿,黄某因惧怕刘某所在房族的势力和要挟(因孤身一人,有口难辩,其爷爷辈黄某来尽管在场,也难以帮他),只好认赔。龙某主持此事并进行调解,执笔作成《关于黄某与刘某的风流事件的调解协议》,并在调解人处签名,黄某来在见证人处签字。从黄某至刘某家到协议制作完毕约1小时,赔偿当场执行,刘某把1000元中的一部分拿来分给王家的人,作为"工钱"。调解过程中,村支书曾说:"这样处理你们(王家的人)都不服,我今晚就把这个人(黄某)带走,你们去上头告。"

此案从纠纷的形成到解决过程中采用的手段和赔偿数额依据等在当代法律上是存在问题的。但从侗族传统知识看,此种行为就是合法的。因为在侗族社会"扰乱人伦、破坏风俗"是要被处罚的。[①] 侗款规约规定:"不许谁人,撩妻弄妇,拐抢人口,逞蛮强奸。谁人犯了,剥皮抽筋,捆身砍手不留情,村罚三百两,上交十五两。"[②] 又规定:"不准谁喝过田口之水,割过田埂之草(婚后与他人夫妇发生性行为),如若乱搞,罚他五十二两,拿他到款坪说理,要他当众认错。若是教不服,劝不转,拿他到石法场处罚。"[③] 可见,这种救济是有依据可循的。若不理解侗族人的相关传统知识,就不能理解此纠纷在解决中的相关问题。这是对传统知识的一种运用。当然,整个纠纷的解决只能采用当前国家层面上的纠纷解决机制。

当问及对此事的看法时,村支书说:"这件事处理得实际不合理,因为事情没有明确定性,男女之间的性关系要么是强奸,要么是和奸;调解协议没有说明白,而且协议的题目就很难让人信服,如果是我们主持调解,

---

① 邓敏文、吴浩:《没有国王的王国——侗款研究》,中国社会科学出版社1995年版,第69页。
② 吴大华:《民族法律文化散论》,民族出版社2004年版,第130页。
③ 同上书,第133页。

黄某没有必要赔偿。"认为既然是"风流事件"就不存在性强迫的问题，黄某顶多赔礼道歉即可。村支书说："如果看到别人（当事人去请的）在调解某案，我们就不会再介入，因为调解是自愿的，当事人不请我们，我们也不能强求；如果当事人请了别人（非村干部者）主持调解，我们又介入的话，可能会出现这样的情况：调解成功了，他（非村干部者）会揽功，不成功或后来当事人不服，他就会把责任推向村委会。"村干部并不是习惯做旁观者，而是没有调解的前提。根据 2002 年 9 月 11 日司法部部长办公会议通过 2002 年 11 月 1 日起施行的《人民调解工作若干规定》，"在双方当事人自愿平等的基础上进行调解"是人民调解委员会调解民间纠纷应当遵守的原则之一。村干部把这一原则镶在村委会办公室的墙上，显然他们是知道的。

其实，我国近年民族地区社会纠纷得不到有效解决的重要原因是现在我们的官员越来越不了解民族地区的传统习俗，不懂历史，更不了解地方志。在解决民族之间的纠纷时，把握住各民族的传统习惯，对认识纠纷的性质和掌握解决的技巧是十分重要的。

例 2-16 人命事件的民间处理

2009 年 7 月，四川省沐川县大楠镇文昌村六组村民王某之妻苏某（彝族，女，30 岁，四川省雷波县西宁镇沙坪村人）意外死亡，苏某娘家得知消息后，从雷波县邀约彝族亲属 40 余人连夜赶到王家，情绪非常激动，产生了很大的矛盾。

此纠纷若按一般人的理解，"无理"者可能是死者的娘家。若这样处理，可能会导致更大的矛盾。但在当地彝族的传统习俗中，此类纠纷中男方家是要承担相应的责任的。当地镇政府、党委及公安派出所和县上相关部门赶赴现场，在处理时就考虑到彝族在同类事件中的风俗习惯，提出了相应的纠纷解决方案。[①]

例 2-17 民族伤害案件的处理

2009 年 3 月，清平彝族乡彝族同胞日瓦吉尔与汉族人张某打架，致

[①] 《沐川化解两起民族纠纷》，http://www.leshan.cn/lsnews/bmjs/tzb/jcxx/userobject1ai272558.html；上传时间：2009-07-08，访问时间：2011-03-15。

第二章 新时期西南民族地区多元纠纷解决机制的构建

张某轻微伤,张某诉至法庭。法官考虑到这是一起涉及彝族地区同胞的案件,尽管符合立案受理条件,但并未就此草率立案,而是通过诉外协调,主动联系邀请在当地有声望的彝族朋友协调解决,最后通过调解张某获得3700元的医疗费赔偿,顺利化解了纠纷。①

上面两个案例体现出当地彝族传统习惯在社会纠纷中的作用。当然,由于当地政府人员对当地民族习惯十分熟悉,在解决时不完全采用国家法的视角来对待,于是在解决上很成功。在处理社会纠纷,特别是一些与传统习俗有关的纠纷时,不能简单地说他们的习俗是如何就否定,适当地认同他们的习俗是成功的关键。曲靖市罗平县与贵州交界地修建罗布格水电站时涉及当地布依族搬迁的问题,当地政府派出工作组到当地劝说搬迁,很多工作组都取得成功,仅有一个工作组因为不按当地习俗喝酒而失败。

A:你做了这么多年,难得经验丰富。
B:经验都是来自群众,有些时候不是个人说,法律也套不上。牛吃田、马吃地,关系到、赔偿额,有法依法,没有法案习惯,双边估价赔多少。
B:经济发展,不得不用法律,与民间习惯双结合。打官司,要钱、要时间。法院判决后,有时还要我们去调解。
A:执行请你们出去。
B:法院来请。
A:你们更灵活一些。
B:我们更熟悉。②

承认西南少数民族的传统纠纷解决机制是考虑到其地理、文化、宗教上的差异,历史上就存在形式多样的纠纷解决机制。当前社会治理上已经从简单实现某种意识形态的追求转向实现社会和谐发展,民众自由、健康生活的社会治理。现在在西南民族地区存在通过司法途径改变传统习惯中

---

① 曹旭东:《紧扣形势整合资源 更新理念 深入推进"大调解"力促屏山和谐移民》;http://blog.chinacourt.org/wp-profile1.php?p=161495&author=6883,上传时间:2009-10-13,访问时间:2011-03-15。
② 新平县戛洒镇某村委会访谈。

的内容（特别是以自治形成的传统内容）的情况。在三江调研时，就获知了一桩通过司法途径改变村民自治处理结果的案件。

例2-18　村规民约适用中的困境

2006年4月9日下午，三江县丹洲镇板江村小贝屯村民荣某在邻近的板江村铁炉屯村民贲某等六户共有的八角桂花地里打桩并将自家耕牛拴在那里吃草，然后外出做工。贲某等人发现后，认为该耕牛损坏了经济作物，就将耕牛牵到板江社区居民委员会（以下简称板江社区）要求处理。板江社区多次找双方协调未果，就依据村规民约限荣某三日内交纳罚款并领牛。荣某未采取任何行动，板江社区于是按照两委及六户受害人的意见将耕牛变卖，所得款扣出罚款、放养耕牛人工费、保管费等分给受害人，余款留存并通知荣某前来领取。荣某认为板江社区的这种做法侵犯了自己的合法财产权益，于是向三江县人民法院提出诉讼。一审过程中，荣某明确表示只起诉贲某，撤回对板江社区委员会及其他五位被告的诉讼。法院认为板江社区依据"村规民约"擅自将耕牛变卖分给受害人没有法律依据，所以判令唯一剩下的被告贲某退回其分得的钱款给荣某，不予支持荣某要求赔偿等其他诉讼请求。荣某提出上诉，柳州市中级人民法院以认定事实不清裁定发回重审，荣某恢复了对板江社区及其他五位被告的诉讼。三江县法院认可村规民约作为处理事件的依据，但是认为原告拴牛入田不是"放浪牛"，板江社区不应适用禁止"放浪牛"的条款来处理原告，卖牛抵款也不合法，所以判令所有被告全额退赔卖牛款。板江社区上诉。终审判决：板江社区"既非司法机关，又没有经法律授权，无权对被上诉人罚款，更无权变卖被上诉人的耕牛"，驳回上诉，维持原判。

实际上，此历时两年的民事案件案情并不复杂，但处理过程的反复性体现了法律界对村委会依据村规民约处理纠纷的效力判断上的不确定性。此类"放浪牛吃庄稼"的案件应属典型的传统纠纷。清末的村规民约里就已有对"放浪牛"行为的处理规定[①]，邓敏文、吴浩先生收录到的1986年《平岩村村规民约》、1990年《干冲村村规民约》中也都明

---

① 光绪元年（1875）勒碑于马胖村边的《马胖乡苗侗族条规》上规定："乱放耕牛，公罚钱一千二百文。"

文规定了"放浪牲畜造成损失要处以罚款"①。即使不在罚款文化深厚的侗区，对放牛的管理也肯定是国家公权力直接势力范围之外的。所以，此类纠纷由村民通过自己的自治组织村委会按照村规民约来处理，具有通常意义上的正当性。可能是基于上述认识，板江社区居民委员会在有效举证本社区村规民约实实在在经过包括荣某在内的全体村民讨论通过、经乡丹洲镇人民政府备案、处理此事的程序手续完全符合村规民约规定的同时，还在其提交的《民事答辩状》上陈述了这样一段耐人寻味的话：

> 根据《村民委员会组织法》第二十条、第二十一条的规定，村民会议可以制定和修改村民自治章程、村规民约，并报乡、民族乡、镇的人民政府备案。"村规民约"是依照法律法规，适应村民自治要求，由同一村的村民在生产、生活中，根据习俗和共同约定的自我约束的一种规范。是大家共同利益的集中体现，是国家法律法规在基层的具体体现，同时也是村民之间的契约。"村规民约"作为介于法律与道德之间'准法'的自治规范，是我们村民共同意志的载体，是村民自治的表现，是村民自我管理、自我教育、自我服务、自我约束的行为准则，具有教育、引导和约束、惩戒作用，对于促进村民自治具有特殊作用。我居委会的"村规民约"是我居委会村民约定的管理村务和处理纠纷的公约。当出现有违反"村规民约"约定的情况下就按照"村规民约"的约定处理。拍卖原告的牛所得款支付损失户的损失、支付误工费、管护费是按照"村规民约"的约定方法处理的，不是居委会依职权行使处罚权。

---

① 《平岩村村规民约》规定："(三)牲畜糟蹋农作物的处理：2.放浪牲畜吃他人的菜、绿肥、马铃茹（薯）等类，按损失面积施肥，并每次罚款5元。如牛者（主）不来领牛，按县人大代表（会）所作的耕牛管理决定处理。……（六）附则：2.村与村、寨与寨之间发生（与）以上民约有关的（事件），由村民小组协商解决处理，不能私自处理，更不能抄家。"《干冲村村规民约》第九条规定："乱砍滥伐：7.因放浪猪、牛、羊而毁坏林地苗木（不分种类）或田地庄稼、红花草等，苗木每株罚款5角；吃红花草等，每亩赔偿损失20元。放进田地、林地的耕牛被抓获，牛主应为每头牛缴纳5元罚款费；需管理的，牛主还要为每头牛每天付3元管理费。"第十二条规定："其他：2.依照本村规民约被处罚的人，必须如实兑现被罚款项，一次交清或按计划定期交清。如无人民币者，可用货物抵押，猪、牛顶替，（限）五日内赎回抵押物，过期不赎者，执行人员有权拍卖抵押物。"详见邓敏文、吴浩《没有国王的王国——侗款研究》，中国社会科学出版社，1995，第209—214页。

但终审法院并没有认可上述"村民违反村规民约就是违约,就应按照约款受到处理"的逻辑,认为居委会对荣某的处理就是违法行使职权。

我们注意到,此案各审判庭均未置疑村民们有权通过村规民约约束牲畜放养行为,争执主要集中在板江社区"罚款"和"通过变卖牛实现罚款"的行为是否正当合法上。1996年国家颁布实施了《中华人民共和国行政处罚法》,树立了"非依法律、法规不得设定和实施行政处罚"的原则,于是不少学者便认为村规民约不得设立处罚条款。笔者个人则认为,"罚款"和"卖牛"的合法性判断要分开来看。板江居委会对"放浪牛"者所作出的罚款并非行政法意义上的行政处罚,而是代表村民集体对成员个体"违约行为"的追究,这种处罚权的成立基于个体自身的"同意"——每个人有自我约束和自愿接受不利益的权利——村委会对村民社会的管理权亦基于此,村民们把有关公共管理的共同意愿集中表达在村规民约(可视为一种社会契约)中,并授权代表机构村委会代为实现。依法定程序形成的村规民约中的处罚规定,无论是申诫罚、财产罚还是行为罚①,只要没有损害宪法赋予所有公民的基本人权或违反国家强制性规定就应当是正当的,应当得到法院等来自国家法层面的支持、认可。至于村委会在成员个体破坏集体管理秩序后又不愿意自动接受处罚时,是否有权"卖牛"等强制执行的问题,为了保障人的基本权益,对村委会的自治权进行一定的约束,强制执行的权力还是应由司法部门来行使。所以,村委会强制卖牛分款的行为应当予以否定。

总之,通过判决维护国家法特别是程序上的强制执行权的严肃性是必要的,但从内容上直接否定村规民约所规定的行为规范的效力就需要好好掂量了。如果村规民约的缔约人"毁约"总能得到官方的鼓励,就能够想象这将导致人们对社会自治规则的蔑视,影响村落社会秩序的日常维护,也有损社会自治组织在解决内部纠纷中的威望。表面上国家管理着社会,实质上社会正是国家的实体,即如果市(村)民社会能够实现自足管理,国家的公共管理目标就达到了。然而,从侗乡多元化纠纷解决机制的实践情况看出,现代国家控制着社会自治的空间,在社会公共事务管理

---

① 申诫罚,亦称精神罚或影响声誉罚,如内部通报、公开曝光等;财产罚,如对成员制假,销毁其制成品或罚款;行为罚,亦称能力罚,如开除、取消会员资格等。参见薛刚凌、王文英《社会自治规则探讨》,《法学研究》2006年第1期。

第二章　新时期西南民族地区多元纠纷解决机制的构建

上，国家刚性约束未形成稳定的模式，社会自治的空间边缘不清，影响了村规民约、社区公约等自治性规范以及社会救济在构建和谐社会上所能发挥的作用。因此，如何激励社会自治是讨论如何建立多元化纠纷解决机制的前提性问题，而尊重社会契约，从根本制度到司法程序强调"约定优先原则"，有利于扶持自治力量的成长，实现国家与社会的适当分离。

治理上必然出现承认民间社会的自治性，减少国家对民间社会的干预的转变。在这种半自治的社会运行模式下，可以承认一些民间传统纠纷解决机制，只要此种纠纷解决机制不对人权、国家国防安全、地方社会秩序构成破坏，就不必担心西南民族地区社会机制中出现非国家因素，同样也不必担心非国家因素的纠纷解决机制的出现。因为在当今社会中，任何民间社会纠纷解决机制都会受到当事人的比较选择，具体是若国家的纠纷解决机制更为有效、更为公正，当事人就会在比较中选择国家正式纠纷解决机制，进而对传统的纠纷解决机制构成一种限制。若有人采用传统方式对被指控放"蛊毒"的人进行处罚，特别是进行财产处罚时，当事人就会到政府和法院寻求解决。我们在广西调查时就看到一个案件，该案就是因为甲方指控乙方对其放"蛊毒"，先前双方采用了一些传统方式解决，但没有效果，被指控的乙方就转向法院寻求国家的司法救济。

例 2-19　传统纠纷解决机制的作用

德宏州瑞丽弄岛乡等嘎村景颇族中在 1992 年前后设立过传统制度——"德拉纪朋"[①]，用它来解决社寨中的纠纷，成员由村民代表、村中老人和村干部组成。这个组织成立了两年，1994 年解散。在设立期间还处理过一些社会纠纷。其中在 1992 年一个干部与一个有夫之妇通奸，事发后由当时设立的传统组织"德拉纪朋"主持解决，最后决定处罚男方赔偿二头牛、一块铓、一支铜炮枪，外加 300 元现金。[②]

广西侗族传统社会中由寨老解决社会纠纷，现在以老人协会的形式出现，他们在民间社会中起到重要的作用。三江县古宜镇黄排屯老人协会，在组织

[①] "德拉纪朋"是当地景颇族的传统纠纷解决组织。
[②] 《云南民族村寨调查·景颇族——瑞丽弄岛乡等嘎村》，云南大学出版社 2001 年版，第 135—136 页。

上由德高望重的长者出任"寨老"。这个"寨老"负责召集老人开会，商量议定本屯的要事，凡涉及本屯的重要事情，老人们都要聚集在"老人协会"开会，研究有关事项，解决有关问题。例如，15年来"老人协会"已调解各种民事纠纷10余起，阻止村寨之间的群众性械斗事件2起。[①] 当然，这种老人解决纠纷，主持村内事务的社会传统现在开始发生改变。

例2-20 老人在民间社会中地位的变迁

坐落在八斗村大屯的风雨桥被列为县文物保护单位，因为年久失修，桥已有些破烂不堪。2006年村里老人们就觉得该修葺一下了，估算了一下，包括翻瓦在内共需要约40万元的经费。按照传统，维修风雨桥是村寨的大事，因为风雨桥被传说有拦截福气财气不流外人的作用，所以全寨村民都会有钱出钱、有力出力，集体为此作贡献。任何为建桥作出的贡献，哪怕只捐了一分钱也会被撰刻在桥边或桥上的"千古流芳"碑上。然而，这次所遇的景况大不相同了。老人们在村里募集到的钱少得很，同时还发现待在村里的年轻人太少，山上的树木也少，能就近征集到的人力和物力都十分有限，什么都要花钱。于是，被群众视为"寨老"的几位老人就去村委会反映，村委会却说管不了，让他们到县里找有关部门反映，因为那桥已是县级文物。老人们到县里各部门跑了很多趟，没跑出结果。县里有人对他们说，你们年纪大了，还是叫年轻人来跑吧，和他们说得清楚些。可是，现在的年轻人并不关心这种事。[②]

可以看出，老人协会的权威受到削弱，传统机制自然会被弱化。从调查来看，西南民族地区传统的纠纷解决机制在社会主义市场经济大潮下被现代性的东西大量同化，各种传统的力量在民间社会中的作用日渐式微。

三、聘请各少数民族中特定人士参与纠纷解决

西南民族地区各类纠纷解决机制运作中，存在聘请他们宗族、家族和当

---

① 吴明照：《"黄排老人协会"作用大》，http://www.cyq.gov.cn/Html/200762703317-1.html，上传时间：2007-6-27，访问时间：2011-06-12。
② 来自笔者2008年2月的实地调查。

地社会中有较高威望的人参与调解的实践。很多有经验的基层调解人员都知道，在解决民间纠纷时，进入村寨中如何请当事人、宗族中有威望人员参与是解决纠纷成败的关键。西南民族地区纠纷解决机制中对少数民族传统习惯认可的一种方式是聘请各民族传统头人、宗教人士参与。调查中很多受访的司法所所长和乡镇领导都承认他们在解决社会纠纷时往往会找纠纷当事地的老人、有权威的人士参与解决纠纷。调查中笔者在临沧市沧源县访问过一位70多岁的拉祜族老人，他对当地不同民族的各种关系，甚至现在存在的一些纠纷起源很清楚，于是当地很多纠纷出现时，他都能很好地说出来源，成为当地最有权威的人物。在傣族地区有政府官员说，若一些土地纠纷说不清时，当地传统头人后代出来就能很好地说服相关当事人。西南民族地区，判决后经常不能执行，最后又走向调解的道路。这方面最典型的个案是在德宏州芒市西山乡调查时遇到的一个景颇族人与汉族人争土地纠纷事件，此事经历了所有的行政调解和司法诉讼。纠纷双方产生纠纷后经过了村委员、乡司法所、乡政府、市政府和州府的行政调解，但仍然不成功，于是双方把纠纷提交德宏州中级人民法院审理，判决后又不服，提到云南省高级人民法院，判决后虽然去执行，但仍然没有解决，因为此类判决无法强制执行。最后，此纠纷通过当地乡司法所、乡政府和村小组联合组成委员会才得以解决。我们采访了相关的村小组长、村委会人员、乡司法所所长，他们认为此事的最终解决在于走群众路线。我们在采访时一位村小组长坦言现在他们是不能随便同意上面的调解意见的，否则回到本村内群众不同意也无效，弄不好他们自己还要成为被攻击的对象。这说明在涉及村与村之间的群体性利益时，得到本村内部群体的同意是十分重要的。

在我们的调查中发现一些地区老人在纠纷解决中还具有较为重要的作用。如文山壮族苗族自治州广南地区寨老、长老现在还在发挥作用，虽然现在纠纷解决主要以村委会的干部为主，但涉及民族、家族纠纷时会找寨老、老人参与。有时，寨老比村干部说话有力、有威信。比如在者兔乡，村干部干得好的，可以干两三届，但寨老是一辈子，终身制，只要不出现什么重大问题，一般是一辈子都被承认。当村与村之间发生地界等重要纠纷解决不了时就请寨老参与解决。如广南县者兔乡者兔村委会周边的村寨，每年祭龙都由寨老主持，由他说了算，如出现解决不了的纠纷都要叫各个村寨的寨老到老人厅商议。寨老作出决定后，大家都会听，纠纷自然平息。他们作出的决定可能与法律上讲的公平会不一致，权威来源也不一样，权威集中在寨老一边。如民众中对某一事件有怀疑，最后调查下来，不是（错怪人家了）。怀疑的一方就要帮对方"挂红"，赔礼道歉。这在法律上是不允许的，但寨老说，你冤枉了人家，你要给360元"挂红费"，你就得给。这样对方名誉才得以恢复。当地侬支系经济发展慢一些，什么都听寨老的，如开秧田。对于壮族的寨老制度，我们采访过一位曾姓老人，[①] 他的评述是"后随着基层建设的逐步完善，寨老是否会消失？从现实来看，寨老还会存在，寨老议事有个老人厅，很多壮族寨子都有，遇到重大的事，寨子的老人就会集中在一起议事，基层干部必须调动当地寨老、头人的积极性。有的基层的事，不发挥积极性，就会产生负面影响。村干部不尊重、看不起他，但老百姓看得起他。不要在这个事情上制造矛盾，如何发挥寨老、头人的作用，也是民族统一战线的重要一环"。

云南德宏州陇川县城子镇景颇族某村中纠纷一般是由三位老人主持解决。在调查中，据陪同我们一起去的一位年轻村干部说："在这个村里有个特殊现象就是一般村里的纠纷都是由这三位老人说了算，村干部说的大家都不是很信服。"关键是这三位老人中有两位老人都在村里担任过人民公社的社长，人民公社存在时出任过调解纠纷的组织成员。在临沧市沧源县某乡调查时，该乡的司法所人员说"我们一般会找村寨里的老人一起（也不是一定找）解决纠纷，这样可以提高解决纠纷的效率"。这说明西南民族地区社会纠纷解决中特定人员的参与是十分重要的。

四、聘任少数民族特定人员作为特定纠纷解决机制的工作人员

国家在西南民族地区特定地区、民族中可以根据他们的社会特点，聘请少数民族中特定人员参与到特定纠纷解决机制中，让他们转变成国家认可的"合法"纠纷解决人员，提高国家社会纠纷解决机制中"地方性知识"和民族的认同度。20世纪50年代在西南民族地区的社会纠纷解决中当时很注重吸收少数民族人士参与解决纠纷，如四川省的色达县

---

① 曾某，男，广南县城人，1937年8月生，1953年2月小学毕业参加工作，先后在广南县土地改革工作队、广南县人民政府、杨柳井区公所、中共广南县委、县人大常委会、县政协委员会等单位工作。

第二章 新时期西南民族地区多元纠纷解决机制的构建

1957年就"首次以政府形式组织青洛等12名上层人士为调解民间纠纷工作组,及时调解了许鑫部落和个人间的纠纷,避免了冤家械斗"。① 当前,西南多民族地区此方面最大的实践是四川省凉山彝族自治州在基层人民法院中采用的特别人民调解制度下聘请传统彝族纠纷解决人员"德古"参与国家认可的纠纷调解机制。此制度始于2006年,当年凉山州中级人民法院在昭觉、布拖两个县法院聘任特约人民调解员作为试点,将彝族传统纠纷解决人员"德古"聘为特约人民调解员。2009年开始在全州推广,全州聘请了288名"德古""苏易"参与调解。② 从实践看,效果非常好,因为其参与调解的案件息诉率和自动履行率达100%。"州内11个彝族聚居县法院已经聘用了数百名彝族民间'德古',其调解结案的案件息诉率及自动履行率达到100%。今年1—9月该州11个彝族聚居县法院的民事案件调解率平均达到91.54%。"③ 当然访谈中好像也有不同的看法。

  A:"德古"在你们解决纠纷时应该是起到很大作用的群体?
  B:作用很大,但这是民间,特别是民族地区,它不一定按法律法规;德高望重的人比较少;较大的纠纷,涉及利益比较大的还是要通过组织协调。④

从调查研究看,这种机制在西南民族地区不少少数民族中都可以采用,如回族的阿訇、藏族中的宗教人士、苗族中的寨老等。此种形式在国内一些民族地区也有相应的实践,如内蒙古根河市司法局敖鲁古雅鄂温克族乡司法所就聘请老猎民作为调解员,因为这样在"调解过程中能够兼顾国家法律、法规和猎民群众的风俗习惯,实现尊重鄂温克猎民民族风俗与遵守法律、法规的完美结合"。⑤

---

① 秦和平、冉琳闻编著《四川民族地区民主改革大事记》,民族出版社2007年版,第189页。
② 《大调解带来大调解》,http://www.lsrb.cn/html/2010-01/29/content_46441.htm,上传时间:2010-01-29,访问时间:2011-06-12。
③ 《大山深处的人民调解员——"德古阿莫"》,http://ls.newssc.org/system/20091028/000662333.html,上传时间:2009-10-28,访问时间:2011-06-12。
④ 宁蒗大兴乡某司法所访谈。
⑤ 《敖鲁古雅鄂温克族乡人民调解委员会聘任老猎民任调解员》,http://www.mzb.com.cn/html/report/210458-1.htm,上传时间:2011-06-08,访问时间:2011-06-12。

五、特定场境中承认各民族一些传统纠纷解决形式与仪式

西南少数民族在历史上存在当某类纠纷解决后,通过举行特定仪式来确定纠纷解决协议的效力,保证协议的执行的实践。同时,通过特定仪式让纠纷完全从当事人中消除。之所以存在这种仪式是因为很多西南少数民族在以前解决纠纷时没有公共权力组织,纠纷解决后没有公共权力组织保证执行,于是通过特定仪式来保证执行。对此,我们通过调查和分析,认为可以根据具体情况承认一些纠纷解决后的仪式,以增强纠纷的执行力和促进当事人之间关系的恢复。如很多民族在出现火灾、婚姻和奸情纠纷时,在解决纠纷后都会举行"洗寨子"仪式。《戛洒社区官竜小组村规民约》第十三条规定"租房人在其租房内死亡,户主要承担扫寨子的一切费用"。此条是对传统仪式的公开认可。在调查中,德宏州陇川县的司法所和派出所人员都承认景颇族存在"洗寨子"仪式。某司法所所长说:"一些纠纷除了赔偿外,还要进行洗寨子的赔礼道歉方式,而一般洗寨子的耗费折合成金钱都在2000—3000元。因此,在赔偿的金额上就要低一些。"该镇派出所所长说:"到我们所里来解决的案子不多,一般也就是些年轻的小伙子喝了酒后打架闹事。我们在解决案子中遇到的最大困难就是法律与风俗的冲突,比如一些纠纷的赔偿金额,按照法律的规定是赔偿几百元或者几千元,但是除了这些金额的赔偿外,当事人还要求洗寨子,而洗寨子的费用一般都在2000元左右。这样就给调解增加了难度。一般我们是这样协调的,把赔偿金额压低一些,要求杀牛,可以换成杀猪。"

例2-21 家族力量在民间纠纷解决中的作用

陇川县城子镇曼冒坝村主要由张姓、黄姓两大家族组成,其中有少数几户李家。2006年3月8日,黄某和李某由于酒醉打架,李某知道黄某在本村是大家族,害怕黄家报复,于是就拿着烟酒去赔礼道歉,黄某接受并表示不记仇。但是黄家人不同意,认为黄家是大家族,李家就那么几家,竟敢和大家族的人打架,要给他们点颜色看看。于是,5天后,就纠集10多个壮年男子把李某打伤,经医疗鉴定为10级伤残。李某到派出所报了案。后来村里的老人协同村干部一起做双方当事人工作。批评黄家不该以强欺弱,如果李家叫上曼冒村(此村子李姓为大家族)的家族,那冤冤相报何

时了。最后在村里老人的调解下，要求黄家赔偿李某所有的医疗费、误工费、伤残费、抚养费等等。还要求按照景颇族的规矩"洗寨子"赔礼道歉。李家也接受这样的解决方式，虽然报了案，但是没有告黄家。

在调查中很多有经验的解调人员坦言在纠纷解决后，他们一般会参与当事人请喝酒的活动。因为在西南少数民族中，在某些纠纷解决后，必须在一起喝一顿"和解酒"。而这种仪式性的吃饭，调解者应到场，这样才算把纠纷双方已破坏了的社会关系恢复了。对此，我们不必否定此种仪式。某司法所所长坦言"在调解过程中，我们不会和当事人一起吃饭，调解完成后会和当事人吃个'团圆饭'"。

例 2-22 村寨间力量交织下的纠纷解决

1990年3月，三江县周坪乡光挥村马弯屯的两位汉族青年到与之交界的林溪乡平岩村偷砍了两棵松树。其中一人被平岩村的群众抓获。于是平岩村就组织了200多人到犯事者家中去把他的房屋拆毁。可能是出于报复，三个月后，马弯屯又有三个人到平岩村去偷砍了三棵松树。结果其中一个还是被平岩村的群众抓获。平岩村的群众经过商量，觉得不能再像上次那样去毁人房屋了，为了达到教育效果，大家决定应当按当地的乡规民约"偷盗者如被抓获，失主喊罚多少钱就罚多少钱"来处理。于是平岩村的群众就勒令犯事者交肥猪2头、人民币700元、木头1立方米。犯事者没办法，只得照办。平岩村的群众杀猪摆宴，大吃大喝，消息传到包括光挥村在内的周围几个村寨，大家都受到了教育。

贵州在解决林权纠纷时采用一些传统纠纷解决机制的内容，如锦屏县偶里乡寨先村在林权纠纷解决中对户与户、组与组之间的林权纠纷采取传统的"银两换活路"的程序，收取50—100元的押金，调解达成协议后退还押金；协商不了的，由村里在一周内组织双方进山调解，败诉方所交押金用作调解员误工的"活路钱"，或用作大家聚餐"笑和饭"的饭钱，有效地避免一些村民借林权改革出现"混争"林地林木的现象。[①] 这种现象在其他地区的村

---

① 《锦屏运用民间智慧化解山林纠纷促进社会和谐》，http://kxfz.qdnyj.gov.cn/zh/200907/kxfz_20090720154247_73866.shtml，上传时间：2009-07-20，访问时间：2011-06-12。

规民约中都有体现,《绿春县大兴镇岔弄办事处村规民约》规定,"调解土地纠纷,要求调解的双方当事人各押现金50—100元作为调解费,赢的一方退回,输的一方不再退回;调解吵架、打架和家庭各种纠纷的,须由要求调解的一方或双方当事人各押现金50—100元作为调解费,赢的一方退回,输的一方不再退回"。① 然而从访谈看,习惯中的仪式有减少的迹象。

A：你们调解后,会不会举行某种仪式？

B：过去的习惯很少了。通过调解,有过错的一方,赔礼道歉还有的。但以前的扫寨子、游寨子没有了。②

这种形式在法院主导解决的社会纠纷中也可以适用,因为它让国家正式的纠纷解决机制在两个层次上同时获得了认同,在两个层次上获得了"合法性"和"合理性"。

例2－23 司法中对传统习俗的适用

2004年10月孟连县傣族拉祜族佤族自治县某傣族村中因A村民指控B村民强奸其妻未成而导致纠纷。该案是该县下某村寨中一位傣族男性公民A认为该村另一村民B强奸了其妻子,当地派出所与司法部门调查以后认为证据不足,为此当事人A不服,在村寨内传播B有强奸行为,损坏了B的名誉,导致当事人B和妻子不能正常生活,但当地司法部门进行批评教育后,当事人A还是不服,并宣称要与B一命抵一命。无奈B向当地法院起诉。法庭调解时问题仍然没有解决,反而有矛盾激化的趋势。2005年3月法院提出按当地习俗来解决,当事人双方同意,最后按当地习俗,由法官主持通过"请客"解决。③

可以看出,法院在解决过程中就适当承认了特定场境中少数民族传统仪式的合法性,使整个判决在执行上获了国家与民间的两重认同,使整个诉讼在不同层次上获得了"合法性"与"合理性"。

---

① 黄珺主编《云南乡规民约大观》(下),云南美术出版社2010年版,第421页。
② 沧源县某乡司法所长访谈。
③ 官波：《法律多元视野中的少数民族习惯法》,云南大学博士研究生学位论文库(未刊稿),第41页。

六、有限地、受规制地承认各民族的风俗习惯

虽然西南民族地区各少数民族都处在现代化的发展进程中，但风俗、习惯在各少数民族的社会中还是起到一定作用。西南民族地区现在对习惯的承认主要有两种途径：一是在实践中把习惯作为处理纠纷的规范依据，至少是说理依据；二是在制定村规民约等规范性文件时通过立法形式把习惯纳入规范中。从整体上看，很多风俗习惯也在发生变化。我们在调查中发现，很多从事一线调解工作的人员都承认在解决各少数民族的纠纷时会考虑当地的风俗习惯。一位有经验的司法所所长说，在进行调解纠纷时，不同民族采用不同的方式对待是很必要的，本质上就是承认他们的一些风俗习惯。他说："在解决纠纷的过程中，我们很尊重民族风俗习惯，这也有利于纠纷的圆满解决，如我们在解决德昂族纠纷时会带一些茶去，和当事人边喝茶边解决纠纷；在解决傣族、景颇族纠纷时，我们会带一些酒，和当事人边喝酒边解决纠纷。"另一位有丰富调解经验的调解员承认，"我在进行纠纷调解时，主要是以国家法为主，会适当考虑一些民族风俗习惯，特别是在需要支付赔偿金时，会更多地考虑民族习俗"。在某个镇的人民法院调查中，庭长给我们讲在审理婚姻纠纷时他们采用的策略是在调解时以风俗习惯作为考量依据，公开判决中不直接引用风俗习惯。"婚姻家庭案件占大多数，其中调解结案率约为30%。在对案件进行处理时，会考虑傣族、景颇族的传统习俗，事后对当事人答疑时也会用传统习俗来说理，但判决书中还是依法判决，并不公开引用习惯。"不过从访谈看，现在基层社会在调解中引用习惯的情况好像发生了变化，是在一种"法律阴影下引用习惯"。下面是我们在某彝族县与某镇司法所所长的访谈。

A：这两个乡的情况比较特殊，主要是彝族，在你调解纠纷中，老人的力量突不突出？

某所长：以前还是明显的，有纠纷请老人来处理，随着经济社会的发展，法律越来越渗入了。老人的作用在减弱。

A：具体操作上，你们现在已经改过来了吗？

某所长：现在调解时先讲"法"，法律关系清楚之后再讲"情"，处理的效果比较好。群众的法律意识提高了。

A：就是说有些当事人会直接拿法律来对抗，而且这种情况越来越明显。普法在客观上还是产生了很大的作用。

某所长：是的。农村的普法主要靠群体干部，法律素养都得到了提高，在生产生活中处理事情都是依法。现在电视、网络比较普及了，出去打工的也多了。

A：就是说，现在你们调解时的基本策略是：法—情—理，而不是：情—理—法。

某所长：是的，是这样。[①]

这种转变是西南民族地区纠纷解决过程中适用民族习惯的基本特征。从调查看，这种现象是现在人民调解委员会特别是司法所一级调解纠纷时的基本策略。以前笔者遇到一位负责解决乡内纠纷的副书记，他用很特别的语言表达他们在解决社会纠纷时使用法律策略作为"威胁"纠纷双方接受调解的手段，用习惯作为解决纠纷时的依据。

在贵州天柱县调查时老寨村委会主任坦言，"一般来说，调解要以事实为依据，以法律为准绳，参照道德和风俗习惯"，实质上是承认习惯的作用。下面是他们用习惯调解的纠纷的个案。

例2-24 墓地纠纷

王C，与王×福是同一小房族；王×桥，与王C、王×福是同一大房族。

1997年夏天，王×福的奶奶去世，在家附近挖了一个坟坑。王×桥说坟地是他们（小房族）的，但没有字据作为依据；王C说是与王×桥等共有的（即大房族的）。王×桥不服，把粪泼到坑里，王×福同一小房族的人说："既然他不让埋，我们就抬到他家里去。"双方的暴力情绪开始酝酿并逐渐升温，暴力冲突一触即发。基于当事人的请求，村支书、村委会主任、人民调解员前来调解，两边做工作，才平息了一场即将爆发的群众械斗。调解的结果是罚王×桥洗坟坑。王×福的奶奶得以安葬。

例2-25 纠纷引起自杀的处理

2004年7月15日云南省楚雄彝族自治州南华县龙川镇西云社四户居

[①] 峨山县塔甸镇司法所所长的访谈。

民因修门前道路发生争吵而导致当事人自杀。2004年7月15日下午四户居民在修路时因排水和盖板问题导致顾某及其妻子郭某（系牟定县新甸乡福龙村委会人）与另外三户产生纠纷，经西云社会区调解平息，但于7月17日上午8点58分再次产生纠纷，顾某妻子郭某服敌敌畏自杀，下午14点15分时经南华县人民医院抢救无效死亡。死者家属和亲属将死者尸体抬到顾某某家院内，引发双方当事人60余人停尸闹丧纠纷。此事处理不当极易引起大规模械斗，南华县人民政府办公室、县政法委、县公安局、县司法局和龙川镇党委等组成工作组与当地司法所、社区调委员进行调解，其中很多人是死者的家属，即牟定县新甸乡福龙村人，所以只好请新甸乡党委、政府及司法所长、福龙村委会主任三人前来参与调解。经过18次的工作，双方在7月22日晚20时28分达成调解协议。具体是：（1）顾某某等户一次性支付顾某之妻郭某35000元，包括死亡补偿金、死者生前所抚养对象的抚养费、安葬费、伙食费等一切费用；（2）顾某应当于2004年7月25日前将死者自行安葬；（3）双方当事人应做各自亲属思想工作，双方不得再发生冲突，否则法律责任自负。第二天双方签订了协议，完全履行了协议。[①]

此案处理中政府和相关调解机构承认了当地的传统习惯，在历史上西南地区少数民族中常有在产生纠纷时服毒自杀复仇的习惯。在他们当中若与他人有纠纷时，对方自杀，你得负杀人的责任，特别是在彝族中最为明显，被称为"斯吉比"[②]。对各民族传统习惯的承认在解决社会纠纷中有时是很重要的，现实中基层调解人员会采用民族传统习惯来处理相关社会纠纷。

[①] 楚雄彝族自治州司法局、楚雄彝族自治州人民调解员协会：《案例选编》（内部资料），2004年，第27—28页。

[②] "斯吉比"是彝语音译，直译意为"互相死给"。斯吉比，即"死给某人"的简称，这是彝族社会里一种较为普遍的社会现象。"斯吉比"属于自杀行为，但它仅是自杀中的一种，是他因自杀。所谓"斯吉比案"，是指彝族社会特别是凉山社会里因发生斯吉比事件而导致的一类民间纠纷案件，彝语称为"斯吉比却"，直译意为"互相死给案"。斯吉比案，在现行国家法中仅作自杀。但在彝族社会中因为某种纠纷而引发的斯吉比事件却是很严重的法律纠纷，通常会引起严重的家支间冲突与纠纷，甚至常被认为具有与故意杀人案件相似或接近的性质。彝族社会的看法，被斯吉比的对方，也就是导致某人斯吉比的人，在一定意义上是"凶手"，他或她的家支（家族）必须为斯吉比者偿命或付出习惯法所认可的代价，如"赔人命"。

A：婚姻纠纷主要是哪些原因呢？

B：民族习惯，以前的习惯根深蒂固，以前都是十二三岁结婚，最晚是20岁左右，父母包办。每年情人节，大部分要订婚，婚姻关系不稳定。没有进入80年代的时候，父母包办，婚姻双方互不认识。80年代后，经济发展，结婚时还上学就说不过去了。我们这里计划生育是1987年实行的，生孩子都要有结婚证。现在慢慢的婚姻纠纷就少了。

A：婚姻纠纷还跟计划生育有关。那孩子的抚养问题，你们是按习惯？

B：按我们的习俗，很少到法院，一是麻烦；二是不会讲汉话；三是涉及人民币。大家都是按当地民间有威信的人调解，约一大群人，在寨子边上进行调解，嫁妆摆出来。

A：小孩的归属？

B：女的大部分不喜欢带小孩，因为带了小孩，她嫁不掉。带着小孩再嫁，新婆家会瞧不起。不得已，女的才会带小孩。以前女的出去，都是要给男方赔偿，我的媳妇也是再嫁，当时（20世纪70年代）赔了202元，生活困难，赔这些钱是不得了的。现在有结婚证，我们一般不调解，都往上面推。因为有结婚证，受法律保护。计划生育紧了，我们调解是说服、教育，说服不了就要经过上面。

……

A：这两年，你在解决纠纷，你会不会主动找家族，找帮助的力量？

B：有的，家族有威信的、老的，我们调解的时候还是请他们来参与，我们说半天，还不如他们说上几句。他们根据他们的习俗，也依据法律。

A：直接找家族的情况越来越少，但你们解决的时候，还是会考虑家族的力量？

B：我们傣族这个民族，婚姻纠纷外其他的纠纷，有法按法，有的按习俗。2007年，我调解了一个，当时刚刚换届选举，我当了人民调解主任。突然说两头牛在江边打架，打不赢的那头牛就跑到别人家里。按照农村的习惯就说不吉利，这种情况法律上没有规定，村规民约也没规定。最后，按我们傣家的习惯，牛进家不吉利，受害那家提出来要猪、要牛、要羊、要鸡、要鸭，把鬼魂送走，虽然没有损坏任何家具，但还提出来要几千元的赔偿，家族来了之后，按当地习俗，开始给16.6元，不同意就要36.6元、106元、166元，基本上就处理了。①

在另一个民族的调查中我们发现了同样的问题。

A：阿昌族2000年以后，纠纷最多的是哪些？
B：赡养问题、婚姻问题。
A：婚姻问题主要是什么？
B：抢姑娘问题。什么时候抢符合他们的风俗，这些会产生纠纷。
A：有形式抢和实质抢，实质抢容易引起纠纷？
B：对。现在多数风俗习惯跟着汉族来了。
A：你们对这种纠纷怎么解决？
B：婚姻登记有个民政办。我们主要是听取当事人的意见，了解过错方。
A：你们以习惯来认定过错还是法律？
B：首先以法律，其次是习惯，抢去后发生性关系是按强奸罪定，还是？
B：不按强奸罪，就是解除非法同居关系。②

在现实中，很多时候西南民族地区各民族在具体的纠纷解决中与现代的法治是不一样的，但在当地的乡土社会中是被承认的。下面的个案说明了此种现实。

例2-26 偷盗事件处理中的困境

2007年3月城寨罗家、柯家找调解小组解决纠纷，罗家称他家丢失一只花白公鸡，三四周后在本寨陆某家找到，陆某说鸡是她花26块钱从柯家买的，罗某又找到柯家询问，柯家说鸡是他家喂养的，是他家卖给陆某的。

---

① 新平县戛洒镇某村委会调解主任访谈。
② 德宏州潞西市某司法所所长访谈。

罗家与柯家都说鸡是自己的，让调解小组解决此事。调解员说，你们都说鸡是你们的，你们各自找证人来证明。罗家、柯家都找不到证人证明鸡是自己的。调解员说，既然你们两家都没有证人证明的话，只有一种办法了，你们把鸡放了，看鸡往哪家去，鸡就是哪家的，你们看行不行？罗家说行，如果鸡不来我家，我也不要了。柯家人把鸡拉住，说这只鸡是他家喂养的，不管它往哪里去，都是他家的，不同意调解员的办法。调解员对此没了主意，看着柯家并不相让，罗家最后说，不过是一只鸡，既然你硬说是你家的，我们也没有办法，你家想要就给你家了。此纠纷就这样结束了。

在这里，我们不能凭想象去猜测鸡是罗家的还是柯家的，鸡是谁家的在这里并不重要，而为什么罗家会轻易放弃，则应是我们所关心的，是因为鸡不是自己的而心虚放弃，还是另有原因？从与村民的交谈中，我们了解到柯家这位男主人是本村的一个"无赖"。早年曾因偷鸡摸狗，长年在外躲藏，最后因在外拐卖一亲戚的女儿，被人弄瞎一只眼睛后生活无着落又回到寨子里，现与一个寡妇居住在一起。本寨人对他有一种惧怕心理，认为多一事不如少一事，最好与他不要扯上什么瓜葛。所以，不管鸡是不是自己的，既然调解小组不能解决，罗家也就只能选择放弃。我们从中可以看到在城寨村村民是惧怕这里的地痞、无赖的，城寨的治保小组、治安义务轮勤小组因外出打工，早在多年前就名存实亡，而调解小组的调解也显得无力。只有特别了解当地社会的人员才能知道真正影响纠纷解决的力量是什么。

我们在调查时，就收集到景颇族用传统习惯解决小孩因偷鸡引起的纠纷。

例 2-27 传统宗教人士在纠纷解决中的作用

德宏州某县在某年某月发生了两个小男孩偷了村里的一只母鸡并把它烀吃了，他们的母亲知道后，主动向村里人承认了错误，并在董萨的主持下举行了赔偿仪式。村子里每家都要派出一个代表参加这个赔偿仪式，在偷盗人的家里的院场上烧起大火，代表们围火而坐。董萨为死去的母鸡超度念经。然后就开始赔偿。

董萨：这两个男孩有手有脚的，能劳动，是吗？

村民答：是的。

董萨：你们为什么要偷？

男孩答：因为想吃。

董说：那是你身上有恶鬼，等我帮你们驱走恶鬼后，你们就不会去偷了。（开始驱鬼）

董萨：那鸡嘴赔什么？

村民答：犁头。

董萨：鸡脑赔什么？

村民答：锅。

董萨：鸡毛赔什么？

村民答：被子。

董萨：鸡脚赔什么？

村民答：（烧火用的）三脚架。

董萨：鸡翅赔什么？

村民答：镰刀。

董萨：鸡肠赔什么？

村民答：毛线。

董萨：你们今后还偷吗？

男孩：不偷了。

董萨：你们这次为什么要偷？

男孩答：因为想吃。

董萨：那是你身上有恶鬼，等我帮你们驱走恶鬼后，你们就不会去偷了。（开始驱鬼）

驱鬼结束后，在董萨的主持下偷盗人家分别把要赔的东西一一拿来进行赔偿。

此纠纷由董萨主持，按照景颇族传统习惯中的象征性赔偿进行了调解。当然，现在这样公开地使用传统纠纷解决机制解决各少数民族内部纠纷已经很少，但在西南民族地区依然存在。

考察西南民族地区的村规民约，有些内容是传统习惯的表现和反映。村规民约中习惯因素的多少与民族性、地域性、经济发展的类型、对外交流等因素有关。我们在调查中发现德宏州傣族的村规民约体现出很多的习惯因素，我们甚至看到了1994年用傣文写成的村规民约。在他们的村规民约中很多内容与当地社会联系十分密切，一些条款明显是把传统习惯纳入村规民约中。如 2005 年《庶放镇道村委会第三村民小组村规民约》中第二十五条在处罚上规定:"对上述规定处罚不服的,限期在十五日内向上级有关单位反映。对既不反映又不执行的,今后他家任何事情,村里一律不受理。"此条禁止"交往罚"是传统的方式,即采用禁止来往的处罚。2004 年《庶放镇道村委会二村村规民约》第十八条中规定:"对报复、损坏村干部、调解员财物的,又无法破案的,按实际损失由全村群众一起赔偿,切实保护村干部、调解员的利益和安全。"此处规定的处罚方式是当地傣族传统的方式,实行集体负责制。从 1999 年《庶放镇道村委会一村村规民约》看,该村规民约是前两个的较早文本,因为三者在内容上非常一致,处罚上此村规民约第十五条与二村村规民约第十八条一致,第十七条与三村村规民约第二十五条一致。一村村规民约第十七条规定:"对以上规定处罚不服者,可在十五日内往上告,对既不执行又不告者,今后本家有任何事情,村里(包括亲戚、朋友在内)一律不帮忙。"比较后可以发现德宏州庶放镇村规民约具有很强的传统性、地域性和时效性,他们的村规民约调整对象多是当地社会中的一些急切的社会问题,如对吸毒、贩毒、艾滋病等方面的规定就体现出时效性特点。贵州省天柱县某侗族村 1992 年的村规民约中规定:"凡触犯本条约的,又拒不服从处理的,全村每家一人集中该户杀猪充款,无故不参加者,罚款 10 元;或有个人关系不按本条约执行的,由调查组予以追问,再不执行的,集中群众到该户杀猪充款。"这些内容体现了对传统习惯的承认。2004 年《广南县底圩乡普龙村委那舍小组村规民约》第七条规定:"集体规定小偷法。如有偷鸡、鸭、鹅等,一旦被发现将按偷一罚十处理,另外每只罚款 30—50 元。"

村规民约中一些涉及社会生活中较为传统或家庭问题的内容上表现出很强的习惯入规约的特点。2004 年《庶放镇道村委会二村村规民约》第六条至第八条涉及婚姻问题,"六、不准与有夫之妇、有妇之夫通奸,违者罚款男女双方各 1000 元(罚款全部归集体);七、对调戏妇女、耍流氓者罚款(在外 1000 元,屋内 2500 元),罚集体、女方各一半;对强奸未遂者罚款 1500 元(罚款集体一半,女方一半)"。这里把调戏妇女行为分为野外和屋内,是传统习惯的延续。在三组村规民约中有同样的规定,但处罚上分别是 500—2000 元、1000—3000 元、5000 元。当然,三组村规民约中不再称为罚款,而是称为"违约金",以规避《立法法》中的规定。在另一份较为规范的村规民约中,在此问题上具有更为明显的习惯性。《翁角村村规民约》第二十七条规定:"男女未婚青年恋爱期间,还没有领取结婚证前,引起女方怀孕后不要的,由男方赔偿女方青春损失费2000—5000元,另款500—1000元归集体。"第二十九条规定:"对构成强奸事实的,由当事人赔偿女方5000—10000元,另罚1000元归集体,并报公安机关处理。"我们发现第二十七条与第二十八条的规定与国家法律的设立是有差异的。第二十九条涉及强奸罪,应由《刑法》处理,但在此处村规民约采用先赔偿,后交国家处罚的方式。这里把习惯内容纳入了村规民约中。对于此种现象,我们很难说一定要把它从国家法中消除。

例2-28 承包经营权在民间的继承

刘甲把自己的侄子刘乙认做养子,刘甲和刘乙不在同一个村民小组,责任田的发包单位不同。

1998年,刘甲去世,刘乙负责办理丧事。丧事办完后,刘甲所在的村民小组(以刘甲的女儿刘丙为首)以田是他们组的为由,要求收回;刘乙以已负责办理丧事为由要求经营,双方发生争执。村支书、村委会主任前去调处,认为按照法律规定,小组可以收回,因为责任田不是遗产,不能当作财产来继承;但刘乙尽到了养老送终的义务,可酌情让他种4年作为经济补偿,双方同意。

该村委会主任说:"按法律来说,刘丙所在的小组可收回,但既然刘乙已尽到养老送终的义务,就应该考虑给他补偿。调解原则上要依据法律,但由于我们是少数民族地区,有些风俗习惯和法律不同,法律行不通时,要依据风俗习惯、农村里的道德来解决纠纷才能让当事人心服口服,息事宁人。"笔者在云南省红河州金平县调查时,当地法官承认在解决婚姻纠纷时他们会适当考察当事人本民族的习惯,特别是在财产、孩子的归属等方面多结合各民族习惯。此点在德宏和临沧两地调查时,基层法官也承认他们在处理一些涉及民族习惯的案件时会考虑他们的习俗和习惯。

总之,从我们的调查研究看,西南民族地区构建多元纠纷解决机制只能在普遍性下采取相对特殊性的机制设置,而不能完全采用具有特殊性的多元纠纷解决机制设置。西南民族地区多元纠纷解决机制在种类设置上应与全国一致,特别是国家层次的纠纷解决机制设置上。我们不能完全为西南民族地区设置一套全新的、有别于全国其他地区的纠纷解决机制体系，但我们能做的是在全国多元纠纷解决机制体系中设置一些特定的内容与程序，让这些形式上一致的纠纷解决机制通过特定的程序和渠道引入少数民族的传统习惯，适应西南民族地区纠纷解决机制中民族性、地域性的需要。如人民调解委员会在人员设置上通过制度上的保障，让西南各民族传统头人能够参与到国家正式的纠纷解决机制中来，在解决纠纷时适应各民族的特殊需要。在纠纷解决中，通过法定的程序，让西南各少数民族传统习惯能够得到有规制性的适用，而不是机械地适用国家法律法规，或不加区别地适用各少数民族的习惯。通过调查研究我们发现，在西南民族地区多元纠纷解决机制的设置上，从实现民族性与地域性角度看，不是在纠纷解决机制种类设置上的差异，而是在具体运作机制上的差异。

第三章 西南民族地区多元纠纷解决机制与国家法的规制

一个社会中纠纷解决机制的多元,特别是设置上存在差异,如何规制这些不同纠纷解决机制之间的关系往往成为整个纠纷解决机制构建的重要问题。因为纠纷解决机制的多元会带来各种机制之间的冲突、混乱,当事人之间的投机选择,以及纠纷解决机制主体的不作为等。我国西南民族地区历史上就存在多元纠纷解决机制,国家为此也进行了大量的规制。

第一节 历史上西南民族地区多元纠纷解决机制的规制

历史上西南民族地区纠纷解决机制是多元的,为了让不同种类纠纷解决机制能更好地发挥作用与协调它们之间的关系,中央政府、地方各级流官政府和西南少数民族内部都会通过不同形式的立法,对不同层次的纠纷解决机制进行规制。这些规制中最重要的是中央政府和地方政府对各类纠纷解决机制,特别是少数民族的纠纷解决机制的规制。从相关法律看,历史上对西南民族地区纠纷解决机制的规制主要涉及规范各类纠纷解决机制适用的范围,立法限制和确认少数民族纠纷解决的主体。历史上国家对西南民族地区各民族的规范、纠纷解决机制是承认的,是在承认的前提下对少数民族固有纠纷解决机制进行规制,对规范适用进行规制,国家在很多法律适用上公开适用各民族的固有纠纷解决机制和固有规范,让各民族的规范、纠纷解决机制成为国家的一部分。

一、立法限制各类纠纷解决机制的适用范围

在规制不同种类的纠纷解决机制中，最重要的是对不同种类的纠纷解决机制进行立法，让它们适用在不同的纠纷领域中，因为不同纠纷解决机制在适用范围上存在不同的优势。此外，不同地区、不同民族在不同历史时期社会治理中民间、土司、流官政府的力量和作用各不相同，所以三类基本纠纷解决机制的作用不同，需要根据形势立法调整它们的适用范围。在这当中，立法规制的重点是规定各少数民族传统纠纷解决机制的适用范围。从中国古代立法看，主要采用两种形式，即按属人性质分类和按纠纷内容性质分类，把纠纷纳入不同的解决机制范畴中。两类规制方式可以分为概括式规制与列举式规制。在两者的适用上属人性质分类是初期采用的主要手段，内容性质分类是后期采用的主要手段。

首先，按属人性质分类。这是中国古代规制不同纠纷解决机制适用范围较为常用的立法形式，典型的表现是"各依本俗"的立法，体现在《唐律》中的"化外人"条款。明朝万历年间龚一清在处理广西三县的《善后六议》中有"分设土舍，以束诸瑶。怀远大瑶峒二，峒置六刀，付与各酋。每瑶犯法，请刀行诛"。对此，县志中解释道："县境瑶、壮、伶、侗，蟠据山谷，耐杀喜斗，向示羁縻，不习官法，为以彝治彝计，乃设六刀酋长，缘大瑶峒二峒，置六刀，付与各酋，每瑶犯法，请刀行诛。"[①] 清朝乾隆皇帝对古州等处训谕指出，"以苗地风俗与内地百姓迥别，谕令苗众一切自相争讼之事，俱照苗例完结，不治以官法"。清代同治年间《来凤县志》中有"土人有罪，小则土知州、长官等治之，大则土司自治。若客户有犯，则会经历，以经历为客官也"。[②] 都规定了不同属人的纠纷由不同的纠纷解决机制解决。

其次，按纠纷内容性质分类。这种规制方式是按纠纷内容的性质来设定不同纠纷解决机制的管辖范围，基本上是先刑事纠纷后重大民事纠纷、先政治纠纷后一般民事纠纷。清朝是这方面的立法典范，中央和地方流官

---

① 广西壮族自治区编辑组：《广西侗族社会历史调查》，广西民族出版社1987年版，第36—37页。
② （同治）《来凤县志》，"杂缀"。

第三章 西南民族地区多元纠纷解决机制与国家法的规制

政府大量立法规定不同纠纷解决机制解决不同性质的纠纷。如瑶族中有"瑶小争，则瑶管为之解剖，大争乃讼于官"；①"小争则峒长分解，大事难决乃讼于官，然亦罕有至者"。② 康熙四十三年（1704年）湖广总督于成龙提出在红苗地方增设同知、通判、巡检、吏目，规定对"苗人"纠纷是轻罪，听土司发落；犯命盗重罪者，土官拿解，道厅审理。③ 这样对不同内容的纠纷在适用解决机制上进行了规制。清政府在康熙四十四年（1705年）规定"覆准苗民犯轻罪者，听土官自行发落，若杀死命、强盗、掳掠及捉拿人口索银勒赎等情，被害之苗赴道厅衙门控告，责令土官将犯苗拿解，照律从重治罪"；④"对于苗民轻罪，听土司发落；犯命盗重罪者，土官拿解，道厅审理"，⑤ 这里把不同类型的纠纷归由不同纠纷解决机制解决。清朝《六部处分则例》中有《土司归州县厅员管辖》规定："广西土司地方俱归州县厅员就近兼辖，遇有失察疏防等事，即照兼辖官例开参，知府巡道照统辖官例议处，其户婚田土及征收年例银米，仍听各土司自行办理。"⑥ 这里明确规定土官能审理土民之间的户婚田土纠纷，而不是所有纠纷。清朝广西土官在解决纠纷上有明确的内容规制，具体是土官不能管辖奸、拐、命、盗及民事在三百两白银以上的财产纠纷，即广西土官仅能审理轻微违法行为及标的在三百两白银以下的民事纠纷，及赌博、偷窃等轻案。雍正四年（1726年）对西南少数民族的命盗重案进行划分，规定"流官固宜重其职守，土司尤宜严其处分，应分为三途：盗由苗寨，专责土司；盗起内地，责在文员；盗自外来，责在武职。……嗣后除命盗案件照例分处，如有故纵苗、倮扰害土民者，该督、抚即将该官土司奏请革职……并令云南、贵州、四川、广西、湖南五省一并遵行。从之"。⑦ 这里规定了命盗重案归国家管辖。清朝对川楚湘黔苗疆改土归流后，基层社会中大量设立百户寨长管理本地民族的基层社会。"查川黔楚三省，如西阳、铜仁、镇筸、永顺、保靖等处从前

---

① （同治）《鄘县志》卷7，"户口·瑶俗附"。
② （嘉庆）《九疑山志·风俗·瑶峒》卷2。
③ 《清圣祖实录》卷218。
④ （清）席裕福、沈师徐辑《皇朝政典类纂》卷347，"刑六·刑名律·化外人有犯·事例"，台湾文海社印行。
⑤ 《清圣祖实录》卷218。
⑥ 《钦定重修六部处分则例》卷40，"边防·土司归州县厅员管辖"。
⑦ 《清世宗实录》卷51。

· 213 ·

均系土司，嗣后各土司等陆呈请归流，始改设州县营分统，归文武管辖，其苗寨内止设百户寨长，如内地之里正保甲而已。三厅原额三十六人，设立初原因苗人惧见官长，如偶犯细故，即令百户为之处分。"在湖南巡抚、湖广总督、湖南提督三者联名发布《苗弁札付》中列出苗弁的职责，其中一项规定苗弁司法职能是"添设官员原为绥靖苗疆起见，该外委时加训饬，俾得共晓大义。除苗民口角微嫌许尔就近调处外。倘遇斗殴伤人以及抢夺偷窃等事立即拿解该管厅官衙门听候讯办。毋稍疏懈"，在序言中指出"凡有口角细故，许尔秉公调处"。① 清朝"细故"范围很广，包括现在的民事纠纷、治安违法等。傅鼐在《治苗》中有"至偷盗细事，责苗弁查拏"。② 清代在西南地区法律上规定了苗弁等少数民族解决本民族社会纠纷的范围，构成了对西南少数民族不同纠纷解决机制的一种适用规制。

最后，西南少数民族在制定乡规民约时开始立法规定本民族纠纷解决机制适用的范围。明清两朝西南少数民族在乡规民约中开始大量规定适用本民族纠纷解决机制的范围。"禁婚姻坟墓争端之事，宜村老解纷不息，经鸣头甲公断。如不遵者，宜头甲带告，送官究治。"③ 这里指出"婚姻坟墓争端"应先由本民族的纠纷解决机制解决。清朝后期的《罗得七村石牌》中规定"如村中田地山场界限不分明，争夺打架，即由父老调处。若不能解决，再请邻村父老调处。若不解决，邻村父老同本村父老负责担保，不准斗争，和平解决"。④ 这对当地相关纠纷解决机制进行了规制。民国三年（1914年）《六十村石牌》中规定"有人事争口舌、山水、田土分界不明，失物，千家百事，千祈要听我石牌判，不得请外方人来包事，害我石牌地方，究办"，⑤ 规定了石牌头人能解决的纠纷范围。民国二十五年（1936年）《金秀白沙五十一村石牌》第八条规定："我石排（牌）有何人争山水田地，口舌，百物，事不明，要先经报请老，村

---

① 但湘良纂《湖南苗防屯政考》卷12，"弁勇"，《中国方略丛书（第一辑）》，成文出版社，影印本，第2014—2016页。
② 傅鼐：《治苗》，《皇朝经世文编》卷88，"兵政19·苗防·治苗"，台湾文海出版社影印，第3146页。
③ 黄钰：《瑶族石刻录》，云南民族出版社1993年版，第112页。
④ 同上书，第211页。
⑤ 同上书，第219页。

团分判"①。这里立法规定了石牌调处的纠纷范围。这些民间规范，从某个角度看，构成了西南民族地区纠纷解决机制法律规制的组成部分。

二、规制少数民族固有纠纷解决机制的主体

对不同纠纷解决机制主体解决纠纷范围进行规制，实质上构成对不同主体的活动进行规制。当然，这当中有对少数民族固有纠纷解决机制主体解决效力的承认。嘉庆十九年（1814年）在《治瑶洞律碑记》中有"查苗瑶风俗，当素朴实称意，不知有构讼。一切婚姻田债，许其该管洞寨处理"。②清朝湖南巡抚蒋溥提出"苗人户婚田土、偷窃雀角等细事，各令具报到官，责令寨头、甲长照苗例理处明白"。③道光二十八年（1848年）湖广总督裕泰与湖南巡抚陆费瑔《会奏苗疆善后事宜折》中有"嗣后苗民如有户姻田土口角斗殴等事，即赴该管厅县呈控，不准苗人私自议罚，如有苗人议款情事并即严拏究办"，④这里禁止苗人通过议款方式解决内部纠纷，从某个角度看构成了对西南少数民族纠纷解决机制主体的规制。同治十二年（1873年）贵州巡抚颁布，于光绪二十年（1894年）立石镌刻的《例定千秋碑》中有"黎平一带隔属联团谓之联款，嗣后小事不准开款。万一遇有成股贼匪四出窜扰，方准款众齐款抵御。其平日偷窃强抢案件，只由邻近之团料理，俱送官，不准齐款去河烧杀致死。如再有犯以小事开款者，定即重罚"。⑤这里对黎平地区各民族通过开款处理内部民事、刑事纠纷进行禁止，仅同意出现流匪时才能开款，构成了对当地少数民族固有纠纷解决机制适用范围的限制。光绪七年（1881年）云贵总督刘长佑提出对土司采取"拟禁刑钱专擅，以除土司之弊"，⑥实质上是限制和约束云贵两省土司的司法权。道光六年（1826年）贵州巡抚上报"土舍擅受民词致酿人命"案，当时贵州巡抚在拟判中提出，"小李王

---

① 黄钰：《瑶族石刻录》，云南民族出版社1993年版，第235页。
② 同上书，第58页。
③ 中国第一历史档案馆：《朱批奏折》，"民族"，胶片编号71。
④ 但湘良纂《湖南苗防屯政考》卷9，"均屯五·会奏苗疆善后事宜折"，《中国方略丛书（第一辑）》，成文出版社，影印本，第1534页。
⑤ 贵州省民族研究会、贵州省民族研究所编《贵州民族调查》（之四），1986年，第443页。
⑥ 《清德宗实录》卷127。

氏确死土差张以道，复挢死伊子搪抵，案内之代办土舍张柽铭擅受民词，饬差提人，致酿人命，例无专条，将张柽铭比照违制律杖一百，折责发落"①。从这里可以看出，土舍受理案件在法律上是非法的。湖南地区，明万历三年（1575年）地方官有款令对侗人固有纠纷解决方式的认可。"要听从款令，调唤踊跃，不许挨闪犯规"；"要大小事件听峒长、乡约公道排解，大事化小，小化无，不许二比，诬行争斗。倘有不服者，峒长乡约即行禀究"。② 这里国家在保证该民族群体中峒长、乡约的权力时实质上承认了当地民族的纠纷解决机制。《乡党禁约碑》中有"禁村中雀角之事，宜村老解释，以大化小，以小化无。如有不息，鸣头甲公断，不敢（得）主摆，暗唆生端"。③ 此处具有两个方面的法律效力：承认了村老的职权和增加了他们的职责。

三、立法加强对少数民族采用固有纠纷解决机制的监督

历史上对西南民族地区用固有纠纷解决机制解决的案件进行监督的一种方式是，立法中明确规定少数民族在采用本民族纠纷解决机制时应制作相应的文书，交到流官衙门备案。此种方式具有双重作用：首先，这是对少数民族纠纷解决机制的一种官方承认，增强其效力；其次，通过此种备案方式对少数民族固有纠纷解决机制进行监督。雍正十年（1732年）贵州按察使方显在奏议中提出，"但查，久经归服熟苗，化导日久，有犯应与内地人民一体治罪，以昭惩戒。若新开苗疆，从古化外，不知法律。今虽投诚而渐摩未深，犹踵仇杀故习，每有命案多不报官，或私请寨老人等理讲，用牛马赔偿，即或报官，又多于报后彼此仍照苗例讲息，将尸掩埋，相率拦捡，不愿官验。倘地方官径行准息，即违例干处。若必欲起验，而原、被等又往往抛弃田宅，举家逃匿，以致悬案难结，承缉承审诸员虽受参罚，实属冤抑。臣请归附已久熟苗，有劫盗仇杀等案，应照内地审结，至新开苗疆，如古州、清江、九股、丹江、八寨等地，除劫盗及伤

---

① 《刑案汇览三编（四）·续增刑案汇览·决罚不如法》卷16，北京古籍出版社2004年版，第504页。
② 吴治德：《侗款初探》，《贵州民族研究》1983年第1期，第125页。
③ 杨一凡：《中国珍稀法律典籍续编（十册）·司法文书》，黑龙江人民出版社2002年版，第148页。

毙汉人，情罪深重，难以宽纵者，仍照律究拟外。其各寨仇杀、斗殴、人命，凡具报到官，即准理。如受害之家，必欲究抵，亦应照律审断。或其中有情愿照苗例以牛马赔偿，不愿检验终讼者，似应念其归附日浅，准予息结，详明立案"，奏报后，雍正帝批旨"伊论议甚是"。① 这里在承认少数民族固有纠纷解决机制的同时，要求他们把解决的结果报官府备案，以备审查。康熙四年（1665年）贵州总督杨茂勋在奏疏中提出对贵州各民族纠纷案件，"止须照旧例令该管头目讲明曲直，或愿抵命，或愿赔偿牛羊、人口，处置输服，申报存案"。② 湖南巡抚蒋溥提出"苗人户婚田土、偷窃雀角等细事，各令具报到官，责令寨头、甲长照苗例理处明白，取具遵依存案"。③ 这些法律都要求各少数民族在处理完纠纷后到官府备案。这种方式是有实例的，宁远府冕宁县光绪四年（1878年）六月客长李启明等在调解周顺伦与罗氏通奸案后就报官备案，具体文书如下。

例3-1 国家对民间处理纠纷的承认

实禀得周顺伦与唐文魁妇罗氏，在学堂苟合，被唐文魁双双拿获。将周顺伦毛盖子一根割下，鞋子一支（只），毡帽一顶。比时投客民，即速送汛（讯）。有伊子周天德自知情虚，因请杨客长、王公定二人拦留，在头山说和，二比甘愿了息，周姓出银二十五两以唐文魁，与作羞脸之银。日后周唐二姓不敢妄言生端，出有和息为凭。二七未满，二比赴汛（讯）呈控生非，民是无私，中间不虚，照实禀明是实。

原禀民　李启明　王贵章。

被禀民　周顺伦同子天才　天德　唐文魁。④

事实上，国家承认了由民间乡绅处理此类案件的合法性，进而承认了少数民族利用本民族纠纷解决机制解决纠纷时主体的责任。

清朝时云南迪庆地区藏民结底村与乃日村产生纠纷时，结底村一方要求按传统方式解决，但乃日村不同意，为此结底村把官司打到官府，但要

---

① 《雍正朝汉文硃批奏折汇编》，第22册。
② 《清圣祖实录》卷16。
③ 中国第一历史档案馆：《硃批奏折》，民族，胶片编号71。
④ 四川省编辑组：《四川彝族历史调查资料、档案资料选编》，四川省社会科学院出版社1987年版，第376页。

求的不是给予判决,而是要求官府裁决让乃日村同意按传统方式解决纠纷,否则就承认纠纷中自己是有过失的。诉状如下:

例 3-2 国家对传统习俗的承认

具邀思续呈,小的葱公处、洛丹等冒叩天思事。窃缘乃日村民霸夺小的牧场,去岁经控于大寺及交沙二处,奈乃日的村民一味蛮横,后大寺及交沙喇嘛断令乃日村民凭神吃咒,饬该寺泽茂喇嘛、二首和尚、鲁卡和尚作为凭神证,俗谓吃咒之人著有亏心,犯咒报于见证,此素夷情之夷礼也。该乃日村民心虚,不敢吃咒,仍行霸牧,是以小的村民不服,投奔天辕,申诉在案。惟有再叩仁天,饬令乃日村民,关赴大寺佛前吃咒,并令泽茂、二首和尚、鲁卡和尚三人吃咒见证。……小的甘愿遵依,永同牧放,若伊告示不敢吃咒,显见伊等霸牧,民等不能令其越界牧放,为此具诉是实。

宣统二年六月　日
具诉呈小的葱公处、葱洛丹

西南少数民族在乡规民约中开始规制本民族的纠纷解决者应遵循的程序、方法与责任等,以提高纠纷解决的公正性与效率。广西瑶族在民国三年《六十村石牌》中第二条和第三条规定了本民族头人在解决纠纷时的责任。"二料众石牌有人小事大事,不得打,杀人□屋。千祈要请老讲理;先小村判不得,到大村大石牌作(着)老人所判。入理不亲,包事,究办。三料众石牌人,不得乱交(搞)赖事锁人,犯石牌。乱作生事害石牌地方。小村有小事大事,作(着)老照道理判平。入亲害地方石牌,究治。"① 这两条对本民族解决纠纷的程序、解决主体的责任进行了规制。

四、增加中央政府和地方流官政府的司法管辖范围

历史上中央政府对西南民族地区的纠纷规制是增加中央政府与流官政府的司法管辖范围。明太祖洪武十六年(1383年)正月初三下诏云贵各民族,要求他们把自己的纠纷起诉到官,由官府审理。"本处人民归附之

---

① 黄钰辑《瑶族石刻录》,云南民族出版社1993年版,第219页。

第三章 西南民族地区多元纠纷解决机制与国家法的规制

后，凡有诉讼，须经官陈理，毋得擅相仇杀"，① 明清时期国家为了增加司法管辖权，采用在土府、土州、土县中设佐贰流官，即府州县和宣慰司中广设同知、经历等流官官员。《明史·职官》记载，"洪武七年，西南诸蛮夷朝夷，多因元官授之……其府州县正贰属官，或土或流，大率宣慰司等经历皆流官，府州县佐贰多流官"。② 清朝创设了承审制度，即一些少数民族土司地区在没有流官机构时，制定法律规定由邻近流官府州县代为审理。此种制度在广西最为典型。广西地区土官在案件管辖上最大的变化发生在雍正十年（1732年）高其倬《敬陈邓横善后等事疏》中，在奏疏中高其倬提出对原属太平府管辖的邓横等四寨六团之地归宁明州管辖，设知州一员，对太平府辖下的上下石西土州、凭祥、思陵土州，"凡有相验承审案件，俱归该州办理"，思明土府下安马等村也归宁明州管辖，其一切案件也归宁明州管辖。③ 当时广西各土司的命盗重案及重大民事纠纷都由附近流官州、县承审，就是由流官州、县代为审理。整个广西承审制度是：宜山县承审忻城土县、永定、永顺二长官司命盗案件，天河县承审永顺副长官司命盗案件，河池州承审南丹土州命盗案件，东兰州承审那地、东兰二土司命盗案件，武缘县承审白山、兴隆、那马、旧城、安定、古零六土司命盗案件，百色同知承审田州、阳万、上林、定罗、下旺、都阳六土司命盗案件，新宁州承审土忠州命盗案件，隆安县承审果化、归德二土司命盗案件，上思州承审迁隆岗土司命盗案件，崇善县承审土江州命盗案件，左州承审太平、安平二土州以及罗白土县命盗案件，养利州承审万承、龙英、全茗、茗盈四土州命盗案件，永康州承审结安、佶伦、都结、镇远、罗阳五土司命盗案件，宁明州承审思州、下石、凭祥、思陵四土司命盗案件，龙州同知承审上龙、上下冻二土司命盗案件，奉议州承审都康土州命盗案件，天保县承审向武土州命盗案件，归顺州承审上映、下雷二土司命盗案件。④ 清代广西几乎所有土司辖区内的命盗重案和重大民事案件都纳入了地方流官政府的管辖中，因为当时规定民事案件中若纠纷标的在300两银以上的民事案件收归流官体系管辖。1956年民族大调查

---

① 余宏模编《明代贵州彝族历史资料选编》，载《民族研究参考料》（第二集），贵州省民族研究所印1980年版，第9页。
② 《明史》卷76，"职官五"。
③ （乾隆）《广西通志》卷113。
④ 参见谢启昆监修《广西通志》卷177。

· 219 ·

时，对清代南丹州的司法管辖有"南丹土官只能办理民事诉讼案，对有些稍重的民事案，也要送去河池来审理的。对刑事案件，南丹无权审理，必解送河池"，① 证明了清代承审制度运作的具体情况。

清代还通过在西南民族地区设抚民官、理苗官等流官，把没有完全改土归流或完全纳入流官管辖的地区纳入国家流官政府的司法管辖中。贵州地区在康熙四年（1665年）对水西改土归流时有"内比喇再设推官一员，承理三府刑名大案"。② 这样把过去水西地区的重刑案件收归国家管辖。乾隆十年（1745年）十二月当时贵州总督兼巡抚张广泗提出对黎平府属赤溪司旧上下甾管寨，镇远府属邛水司瓦寨，清江所属那磨等寨，"请就近改隶清江通判，其寨民应纳粮米及词讼等卷，俱归该通判征收管理"，最后中央"从之"。③ 这类改设实质上加强了国家对这些地区案件的管辖。道光二年（1822年）十二月把"永顺府古丈坪同知（原先是督捕同知）改为抚民同知，该西英等四保地方一切命盗词讼案件概归该同知管理审办，应行添建监狱，专员经管"。④ 该同知只能审理军、流以下案件，以上案件得转到永顺府审理。最后中央同意了该立法。通过该法律，加强了对当地苗民纠纷的管辖。清代在很多地区通过改设流官吏目的官职，增加他们的职权，让他们对当地民族纠纷进行管辖。四川凉山地区在乾隆十年（1745年），巡抚纪山上奏提出四川宁远府冕山县原在瓦尾设有县丞一名，但与县城较近，当地"一切民猓事件，俱赴县控诉"，所以提出把该县丞迁移到距县城107里的冕山，以便对当地"遇命盗案件，即令验勘"，最后中央"从之"。⑤ 这一改制有利于对当地彝族命盗重案的管辖。乾隆三年（1738年）云南巡抚张允随提出对广南府下新设宝宁县，由于该府设有土同知，这时在府所在地又设流官知县，土同知与流官知县同驻一城，提出"凡命盗案件，请令宝宁县移会土同知一体查缉。限满无获，将知县与土同知一并揭参。至土富州与宝宁县分管命盗案件，亦令将移解承审之处，分别考成"，最后是

---

① 广西壮族自治区编辑组：《广西壮族社会历史调查》，广西民族出版社1985年版，第162页。
② 《清圣祖实录》卷15。
③ 《清高宗实录》卷254。
④ 但湘良：《湖南苗防屯政考（一）》卷2，"建置"，《中国方略丛书（第一辑）》，成文出版社，影印本，第510页。
⑤ 《清高宗实录》卷244。

"应如所请。从之"。① 这里变相加强了对这一地区命盗案件的国家司法管辖。嘉庆二十四年（1819年）嘉庆帝在批谕伯麟《筹办临安江外善后事宜条款》中有"（临安府江外）其土司、土舍案件改归附近州县办理一条，著照所请。纳更土司及稿吾卡土把总所属案件，改归蒙自县承办。左能、恩陀、落恐、瓦渣四土舍所属案件，改归石屏州承办。溪处土舍所属案件，改归建水县承办。一遇命、盗安案件，该土司、土舍一面报明临安府，一面即就近呈报该管州、县，前往查办，俾免稽迟"。② 说明这一地区土官辖区内出现命盗重案时改由流官政府管辖。

清代还加强了对各民族跨省作案的管辖，因为西南很多民族跨省而居，常常到相邻省地作案后回到本省，导致司法管辖上出现问题。雍正三年（1725年）云贵总督高其倬上奏提出对"黔省与楚蜀滇粤按壤，多民苗互相仇杀抢劫之事。请嗣后定例，夷人越界未曾为非者，仍拿送本省。如系越界偷抢及助人仇杀者，即在拿获之省审明发落"，最后中央是"均应如所请"。③ 雍正五年（1727年）在贵州与广西地区出现广西西隆州古障地方土目王尚义等与贵州普安州捧鲊地方苗目阿九等，历年相互夺争歪染、乌舍、坝犁、鲁磜等寨，仇杀多年不能决案，对此雍正帝大为生气，要求两省大员出来解决，并要求刑部制定此类案件的审理期限，对此类案件的审理进行规制。④

西南民族地区国家在承认各民族各类纠纷解决机制时，国家有一种努力把国家正式纠纷解决机制适用到各少数民族社会中去的努力。

五、限制和规制对少数民族固有法、习惯等适用范围

中国古代对西南少数民族的固有法、习惯、习俗予以承认是一个公开的事实。这与中国古代对少数民族采用因其俗治理的法制原则和政策有关。《晋戎索》中有"以晋地近戎而寒，不能适用国家法，故许治以戎法"，对少数民族形成了"修其教不易其俗，齐其政而不易其宜"的法制原则。当然，立法上的典型是《唐律》中的"化外人"条，该法规定

---

① 《清高宗实录》卷74。
② 《清仁宗实录》卷353。
③ 《清世宗实录》卷31。
④ 参见《清世宗实录》卷54。

"诸化外人，同类自相犯者，各依本俗法"，"同类相犯，此谓藩夷之国，同其风俗，习性一类，若是相犯，即从他俗之法断之"。宋真宗大中祥符二年（1009年）曾下谕告诫大臣，"朕常戒边臣，无得侵扰。外夷若自相杀伤，有本土之法，苟以国法绳之，则必致生事"。① 元朝时在对待少数民族的固有法与习惯上采用的是"日出至落，尽收诸国，各依本俗"。清朝乾隆皇帝在旨谕中公开承认西南少数民族的固有法与习惯。乾隆元年（1736）七月二十日乾隆帝对贵州等新改土归流的"苗民"谕旨中有"苗民风俗与内地百姓迥别，嗣后苗众一切自相争讼之事，俱照苗例完结，不必绳以官法。至有与兵民、熟苗关涉案件，隶文官者；仍听文官办理，隶武官者，仍听武弁办理"。② 乾隆二年（1737年）闰九月又在谕旨中强调"又以苗地风俗与内地百姓迥别，谕令苗众一切自相争讼之事，俱照苗例完结，不治以官法"。③

中国古代对西南少数民族纠纷解决机制的规制中的重要内容是国家对少数民族的固有法、习惯在承认的同时进行了明确和限制。这种规制成为对少数民族纠纷解决机制一种规制形式。中国古代对少数民族固有法、习惯的规制表现在两种途径：首先是对少数民族固有法、习惯进行立法，纳入国家法中，这样规制了对少数民族固有法、习惯的适用；其次，通过立法，限制固有法、习惯适用的范围、条件等，进而规制对西南少数民族固有法的适用。

1. 明确西南少数民族固有法与习惯

中国古代在立法上明确规制西南少数民族固有法和习惯可以追溯到战国时期的秦国，具体表现在《属邦律》和《法律答问》中，《法律问答》中有"邦客与主人斗，以兵刃、投梃、拳指伤人，赀以布，何谓赀？赀布入公，如赀布，入赀钱如律"。④ "邦客"指邦国人，"主人"指秦国人。这条法律规定，邦国人与秦国人相斗，对"邦客"采取罚以布的方式。这种处罚方式是邦国人固有的处罚方式。《法律答问》中规定，"臣邦真戎君长，爵当上造以上，有罪当赎者，其为群盗，令赎鬼薪鋈足；其有府（腐）罪，

---

① （清）徐松辑《宋会要辑稿》卷1566，"番夷五"，中华书局1957年版。
② 鄂尔泰等监修、靖道谟等编纂（乾隆）《贵州通志》卷33。
③ 《清高宗实录》卷78。
④ 睡虎地秦墓竹简整理小组：《睡虎地秦墓竹简·法律答问》，文物出版社1990年版，第200页。

〔赎〕宫。其它罪比群盗者亦如之"①。此外,秦王朝还与西南少数民族通过"立约"形式明确西南少数民族的一些固有法和习惯。如《后汉书·南蛮传》记载"秦惠王时,长以巴氏以蛮夷君长,世尚秦女,其民爵必不更,有罪得以爵除。其君长岁出赋二千一十六钱,三岁一出役赋千八百钱。其民出户出幏布八丈二尺,鸡羽三十鐏觿";秦昭襄王时"时有巴郡阆中夷人,能作白竹之弩,乃登楼射杀白虎。昭王嘉之,而以其夷人,不欲加封,乃刻石盟要,复夷人顷田不租,十妻不算,伤人者论,杀人者得以倓钱赎死。盟曰:'秦犯夷,输黄龙一双;夷犯秦,输清酒一钟。'夷人安之"。②此种立法较为典型的是清朝,清朝在西南民族地区通过制定"苗例",大量承认少数民族的固有法。

2. 限制西南少数民族固有法和习惯适用的范围和条件

历史上对西南少数民族固有法与习惯的规制有一种办法是立法限制各少数民族固有法与习惯适用的范围与条件,进而限制少数民族的纠纷解决机制适用范围和适用方式。如《唐律》中"化外人"条规定"诸化外人,同类自相犯者,各依本俗法","同类相犯,此谓藩夷之国,同其风俗,习性一类,若是相犯,即从他俗之法断之"。此条虽然公开承认了少数民族固有法与习惯,但从另一个方面看也构成了对少数民族固有法与习惯适用的规制,因为它规定了适用的条件。南宋孝宗乾道三年(1167年)五月"泸南沿边安抚司言:泸州江安县南北两岸夷人有犯,断罪不一,自今江安县南岸一带夷人,有犯罪及杀伤人罪至死者,悉依汉法,余仍旧法施行。刑部契勘,续降绍兴三十一年十月敕旨,×州路所部州、军,自今熟夷同这类自相杀伤罪至死者,于死罪上减等。泸州夷人与×州夷人一同,欲依绍兴三十一年十月×州路已得旨于死罪上减等从流罪至死,并依本族专法,余沿边溪峒有熟夷人亦乞仿此施行。从之"。③ 这里除了"有犯罪及杀伤人罪至死"的重罪要依国家法处罚外,对其他较轻的犯罪在法律适用上则按"依本族专法",就是说适用各民族的固有法。清朝明文规定"苗民盗窃及抢夺杀伤等事,俱应照内地州县命盗之例"处罚。④明代对南方民族习

---

① 睡虎地秦墓竹简整理小组:《睡虎地秦墓竹简·法律答问》,文物出版社1990年版,第200页。
② 《后汉书》卷86,"南蛮西南夷列传"。
③ (清)徐松辑《宋会要辑稿》卷1566,"番夷五",中华书局1957年版。
④ 袁自永、高庭爱:《清代回疆的法律适用》,《喀什师范学院学报(社会科学版)》2001年第3期。

惯认可上主要在《问刑条例》中规定，该法规定："凡土官衙门人等词讼，先从合干上司申告勘问，应奏请旨，具奏。若上司不与受理，许申巡抚、巡按查究。若土官及土人、夷人蓦越赴京奏诉，系土官所辖者，免问；系军卫有司所辖者，问罪，俱给引照回听理。所奏事情除叛逆、机密并地方重事外，其余户婚田土等项，俱行巡、抚、按等官或都、布、按三司审，系干已事情，查提问断。仍将越诉罪名并问其妄捏叛逆重情，全诬十人以上并教唆、受雇替人妄告，与盗空纸用印奏诉者，俱依土俗事例发落。"①清朝法律上规定对习惯的承认主要是通过概括式。《大清律例》中有"凡苗夷有犯军、流、徒罪折枷责之案，仍从外结，抄招送部查核。其罪应论死者，不准外结，亦不准以牛马银两抵偿，务按律定拟题结。如有不肖之员，或隐匿不报，或捏改情节，在外完结者，事发之日，交部议处。其一切苗人与苗人自相争讼之事，俱照苗例归结，不必绳以官法，以滋扰累"。②这些法律本质上对少数民族的固有法适用的范围进行了规范，明确了适用条件，构成了一种规制。

历史上中央政府通过立法禁止少数民族固有法的适用。这种立法从元朝开始较为明显。《通制条格》载，云南官豪权势之家，放债进行高利贷盘剥，等债务人到期无力偿还时，便将其妻儿强行抢去刺面为奴。这种没人为奴的陋习，中书省上奏请予禁止，得到皇帝的批准。③《通制条格》中有"至元三年二月，钦奉圣旨：债负止一本一利，虽有倒换文契，并不准使，并不能将欠债人等，强行扯拽头匹，折准财产，如违治罪"。④由此可知，西南民族地区固有纠纷解决机制已受云南行省及各级正式司法组织的限制，适用的范围逐渐仅限于民族群体内部纠纷。西南少数民族存在杀牛祭祀、杀人祭祀和造畜蛊毒的习惯，按照少数民族传统习惯往往不作为"违法犯罪"，但国家对该地区进行司法管辖后，把此种行为定为犯罪，违反者要承担相应法律责任。清朝时西南少数民族中有一种"放报口"⑤

---

① 《问刑条例》，载《皇明制书》卷13。
② 《大清律例》卷37，"断狱下·断罪不当·条例"。
③ 方龄贵校注《通制条格》卷28，"杂令"，中华书局2001年版。
④ 方龄贵校注《通制条格》卷28，"违例取息"，中华书局2001年版。
⑤ 所谓"放报口"，就是被人盗窃与拐逃人口后，通过悬赏，请人查访。因此民族地区就出现以此为生之人。有些人也通过此种方式栽赃、陷害他人，被害人又通过"放报口"来查明是谁陷害自己。这样易形成恶性循环，严重破坏社会秩序。

的行为，由于此种行为会造成严重的社会后果，国家对该种行为立法禁止。"应请嗣后苗人失事放有报口，而代为踩访之人将安分良民指为盗者，俱照诬良之罪"，[①] 这样按国家法中诬告罪治罪，适用了国家法中的罪名。这些法律构成了对少数民族固有法限制的内容。

第二节　当前西南民族地区纠纷解决机制中规制现状

多元纠纷解决机制带来不同纠纷解决机制之间的适用范围、效力之间的关系如何协调的问题。西南民族地区现在纠纷解决机制较为复杂，特别是在多元纠纷解决机制的指导下，纠纷解决机制更为复杂。这里存在一个问题是，西南民族地区纠纷解决机制规制上存在的问题也是整个中国纠纷解决机制中存在的问题，若要对两者进行严格区别是很难的，所以这里不对两者作严格区别。分析我国现阶段纠纷解决机制的规制现状具有以下几个方面的特点。

一、具有相应的立法规制

西南民族地区对不同纠纷解决机制多有相应的立法规制。国家层次上的立法有《中华人民共和国人民调解法》《民事诉讼法》《行政诉讼法》《仲裁法》等高位次的法律。近年为了建设多元纠纷解决机制，国家层次上，最高人民法院、司法部、公安部等机构制定了很多法律进行规制，如1989年国务院颁布的《人民调解委员会组织条例》，2002年司法部发布的《人民调解工作若干规定》，1999年颁布的《行政复议法》取消了1990年《行政复议条例》关于"复议机关审理复议案件，不适用调解"的规定，2007年国务院颁布的《行政复议法实施条例》，2002年9月16日最高人民法院发布的《关于审

[①] 《明清档案史料丛编》（第14辑），中华书局1990年版，第171页。

理涉及人民调解协议的民事案件的若干规定》，公安部制定的《公安机关治安调解工作规范》。地方制定的法规很多，特别是省、市、县三级关于不同纠纷解决机制的规制立法数量很多，每个省、市、县都有，如《四川省人民调解条例》、《民族地区特邀人民调解员管理规定》、《调解工作程序》和《特邀人民调解员任务和原则》。贵州省遵义市有《诉讼与非诉讼相衔接的民事纠纷解决机制的指导意见》，2009年11月17日道真自治县司法局、公安局联合制定下发了《关于建立人民调解与公安治安调解对接联动机制的实施意见》，黎平县司法局下发了《黎平县人民法院联合出台人民调解与诉讼工作相衔接实施意见》。大量的低位立法表现在西南民族地区纠纷解决机制建设在"大调解"目标下出现了各显神通的建设现象。如四川省在"大调解"工作体系建设中，仅省政府办公厅、省法院、省司法厅就分别出台了加强行政调解、司法调解和人民调解的意见，在整个工作中，各级党委、政府和有关部门制定了3256份实施意见。[1]如此数量庞大的规制出现的问题应是明显的。贵州省综治委组织省法院、省司法厅联合制定下发了《关于进一步加强人民调解与诉讼工作相衔接的意见》，要求坚持"调解优先"原则，将讼诉调解和人民调解有机衔接。贵州省法制办要求与人民调解、讼诉调解衔接联动，有效化解社会矛盾纠纷。目前，贵州省9个州、地、市均出台了意见或办法，初步建立了"三大调解"有效链接的"大调解"工作体系。[2]贵州省沿河县对司法所的规制有《人民调解委会员工作职责》《司法所长职责》《矛盾纠纷排查制度》《司法所廉政建设制度》《安置帮教工作制度》《档案管理制度》等规定。整体来看，西南民族地区现在对不同纠纷解决机制的立法规制上存在混乱、数量多、层次低下、内容庞杂等问题。西南少数民族现在对纠纷解决机制的立法规制混乱的原因是不同纠纷解决之间的关系没有明确的定位，很多纠纷解决机制的效力在发展中不停地改变。

---

[1] 《四川："大调解"让社会更加和谐》，http://www.legaldaily.com.cn/index/content/2010-03/22/content_2091360.htm? node=20908，上传时间：2010-03-22，访问时间：2011-05-10。
[2] 《贵州建立健全多元矛盾纠纷调解机制》，http://legal.people.com.cn/GB/13750601.html，上传时间：2011-01-14，访问时间：2011-05-06。

二、不同纠纷解决机制适用范围不明确

纠纷解决机制的多元带来的最大问题是如何让不同纠纷解决机制适用于不同的纠纷对象，不致出现争着管辖和不愿管辖的问题。从现在的立法看，不同纠纷解决机制之间有较为明确的立法规定，无论是在人民调解委员会还是公安调解、司法调解。现在我国对公安调解有较为明确的立法规制，公安部制定的《公安机关治安调解工作规范》第二条规定："本规范所称治安调解，是指对于因民间纠纷引起的打架斗殴或者损毁他人财物等违反治安管理、情节较轻的治安案件，在公安机关的主持下，以国家法律、法规和规章为依据，在查清事实、分清责任的基础上，劝说、教育并促使双方交换意见，达成协议，对治安案件做出处理的活动。"接着对公安调解的范围进行了明确规定，第三条规定："对于因民间纠纷引起的殴打他人、故意伤害、侮辱、诽谤、诬告陷害、故意损毁财物、干扰他人正常生活、侵犯隐私等违反治安管理行为，情节较轻的，经双方当事人同意，公安机关可以治安调解"；"民间纠纷是指公民之间、公民和单位之间，在生活、工作、生产经营等活动中产生的纠纷。对不构成违反治安管理行为的民间纠纷，应当告知当事人向人民法院或者人民调解组织申请处理"。并对不能进行公安调解的范围进行了明确的规定。第四条规定："违反治安管理行为有下列情形之一的，不适用治安调解：（一）雇凶伤害他人的；（二）结伙斗殴的；（三）寻衅滋事的；（四）多次实施违反治安管理行为的；（五）当事人在治安调解过程中又挑起事端的；（六）其他不宜治安调解的。"从整个规章看，该法就是把行政处罚的执法从法定强制转向当事人"自治"商协。此外，在三个对接中有些地方也进行了相应的立法，如贵州省黎平县司法局、黎平县人民法院联合出台的《人民调解与诉讼工作相衔接实施意见》明确规定人民法院可以在立案前转交或委托相应的乡镇、街道、社区、企事业单位等人民调解委员会负责调解。委托调解的范围包括婚姻家庭类纠纷，追索赡养费、抚养费、扶养费纠纷，继承、收养纠纷，相邻关系纠纷，一般损害赔偿案件，买卖、民间借贷、劳务、租赁纠纷，以及其他适合转交或委托

人民调解委员会进行调解等纠纷。① 当然，由于不同纠纷解决机制之间关系复杂，导致很多基层纠纷解决机制在解决纠纷时会存在一些问题。调查访谈中就有此方面的反映。

  A：你觉得你们调解委员会工作过程中有哪些困难？存在些什么问题？你们既不是政府部门，也不纯粹是民间组织。你工作这几年，你觉得它在制度设置上有没有问题？
  B：有。主要是司法这一块，对调解员的法律知识培训比较差，太差，很多村组长、副组长不知道什么是刑事案件、什么是民事案件，哪一些纠纷适合我们解决他们不懂。
  A：村委员干部设置、换届、年龄较小这些问题影响你们的工作吗？
  B：因为他们不懂法律。有些纠纷我们调委会可以调解，有些不能。比如，地方人民法院调解过的，我们不能调解；政府调解过的，我们不能调解；双方当事人不同意调解的，我们不能调解。但他们不懂这些。

从这里可以看出，很多法院审判过、调解过，行政调解过的纠纷村委会会再调解，进而导致纠纷解决中的反复。

三、不同纠纷解决机制主体适用对象规制不明确

  我国诉讼机制主体的规制主要有《法官法》《律师法》，现在还有司法考试等。当然，对诉讼纠纷解决机制中的主体规制问题涉及我国不同司法组织人员的选用问题，由于此方面有很多研究，规制也较为完整，这里不作重点分析。
  我国在纠纷解决机制中存在的最大问题是非诉讼中的纠纷解决机制主体应如何选用。1981年云南师宗县在设立调解委员会时颁布了《关于区乡体制改中建立健全乡（村公所）调解组织的通知》，明确规定了调解委员会人员应有的品质：①热爱调解工作；②办事公道，能联系群众，工作

---

① 黎平县司法局、黎平县人民法院联合出台的《人民调解与诉讼工作相衔接实施意见》，http://www.gzsft.gov.cn/gzsft/78250043525562368/20101122/4105.html，上传时间：2010-11-22，访问时间：2011-05-15。

积极；③具有高小以上文化并能制作调解笔录和决议。① 2010年《人民调解法》第十四条规定"人民调解员应当由公道正派、热心人民调解工作，并具有一定文化水平、政策水平和法律知识的成年公民担任"；第二十条规定"人民调解员根据调解纠纷的需要，在征得当事人的同意后，可以邀请当事人的亲属、邻里、同事等参与调解，也可以邀请具有专门知识、特定经验的人员或者有关社会组织的人员参与调解"。这里规定了人民调解员由两大部分构成，即法定部分和酌定部分，但是在人员具体品质要求上不明确。对人民调解员是最需要进行明确立法规制的，因为选择纠纷解决机制的主体往往涉及其作用的发挥问题。现在公安机关治安案件调解中就没有规定可以调解的警察主体，从立法看所有的警察都可以进行治安调解。授权所有的警察进行的治安调解立法是存在问题的，我们认为至少对警察中可以主持调解的警员应进行适当的限制。

四、对调解中依据的规制含混

不同纠纷解决机制解决纠纷时应适用的依据规制不清，最为典型的是《人民调解法》没有明确规定可以使用哪些规范，与《物权法》相比，还没有《物权法》明确，因为《物权法》中很多条文明确规定什么条件下可以适用习惯。《人民调解法》第二十二条规定："人民调解员根据纠纷的不同情况，可以采取多种方式调解民间纠纷，充分听取当事人的陈述，讲解有关法律、法规和国家政策，耐心疏导，在当事人平等协商、互谅互让的基础上提出纠纷解决方案，帮助当事人自愿达成调解协议。"这里并没有明确调解时的依据有哪些规定。

五、对调解效力的规制不明确

对人民调解效力的规制主要在《人民调解法》第三十一条和第三十三条中所有体现。第三十一条规定："经人民调解委员会调解达成的调解协议，具有法律约束力，当事人应当按照约定履行"；第三十三条规定："经人民调解委员会调解达成调解协议后，双方当事人认为有必要的，可

---

① 《师宗司法志》，第64页。

以自调解协议生效之日起三十日内共同向人民法院申请司法确认，人民法院应当及时对调解协议进行审查，依法确认调解协议的效力。人民法院依法确认调解协议有效，一方当事人拒绝履行或者未全部履行的，对方当事人可以向人民法院申请强制执行。人民法院依法确认调解协议无效的，当事人可以通过人民调解方式变更原调解协议或者达成新的调解协议，也可以向人民法院提起诉讼。"第三十一条规定了人民调解协议效力的自有性，第三十三条规定了把人民调解的效力从自有性转化成国家强制的途径。对于上述条款确认的原则，可以理解为人民法院对人民调解效力的国家承认。但上述条款仅解决了人民调解协议的强力保证问题，没有解决其他形式的问题，比如公安调解是否适用此种原则。《广东省公安机关治安案件公开调解程序规定》规定："……（九）经两次调解未能达成协议或者达成协议后履行之前当事人翻悔的，视为调解不成，不再继续调解，应当依法对违反治安管理行为人予以处罚，对因民间纠纷引起治安案件需要赔偿和负担医疗费用的，告知双方当事人向人民法院提起民事诉讼。"这里没有规定法院对公安调解协议的确认问题。

第三节　当前西南民族地区多元纠纷解决机制下的规制选择

西南民族地区纠纷解决机制走向多元化是一种必然选择，我国采用多元纠纷解决机制也是必然选择。然而，多元纠纷解决机制必然带来不同机制之间职能上的混乱、效力上的冲突等问题。从某个角度看，多元纠纷解决机制要有效发挥作用，最大的问题就是对它们进行有效的规制，若没有法律上的有效规制，多元纠纷解决机制是很难有效运作的。进行有效的规制立法能让多元纠纷解决机制相互支持、相互补充、相互配合，让整个社会纠纷得到良好的解决，社会走向和谐。在对西南民族地区纠纷解决机制的规定上涉及我国整个纠纷解决机制的规制问题，因为在西南民族地区纠纷解决机制设置特殊的地方是机制运作及人员选任，而不是机制上全新设置。考察近年对多元纠纷解决机制研究中，很少有学者对我国多元纠纷解决机制设置中如何进行规制问题进行分析。当然，如何建设一个多元纠纷解决机制中的规制体系是十分复杂的问题，涉及如何定位不同纠纷解决机制之间的性质、地位和作用的问题。

一、制定《中华人民共和国纠纷解决机制法》进行整体规制

1. 制定《中华人民共和国纠纷解决机制法》的必要性

从我们的考察看，我国现在多元纠纷解决机制建设中，特别是大量的对接机制中，存在形式多样、层次交错、效力芜杂的各种规范，有的属于地方性法规，如2008年11月21日四川省第十一届人民代表大会常务委员会第六次会议通过的《四川省人民调解条例》；有的属于地方政府规章，如1995年2月25日贵州省人民政府批准的《贵州省人民调解委员会人民调解员奖励办法》；有的属于人民政府职能部门单独或者联合发布的规范性文件，如2005年2月7日中共广西壮族自治区委员会办公厅、广西壮族自治区人民政府办公厅转发的《自治区司法厅关于在全区开展人民调解规范化建设活动的意见》；有的属于政府职能部门与审判机关联合发布的规范性文件，如2010年贵州省遵义市综治委、中级人民法院、公安局、司法局、住房和城乡建设局、人力资源和社会保障局、卫生局共同出台的《关于建立诉讼与非诉讼相衔接的民事纠纷解决机制的指导意见》，县司法局、县人民法院联合出台下发的《关于人民调解与诉讼工作相衔接的实施意见（试行）》。这种制定主体多头、文件效力等级芜杂的文件，形式、数量、内容上的差异较大，且出现混乱状况。而且，在同一省区，往往出现种类繁多、彼此规定差异很大、内容杂乱的多个文件。因此，有必要通过统一的立法，协调这种纠纷解决的文件内容，以形成内容完整、结构井然、规范科学、法制统一的纠纷解决机制。虽然我们反对在解决法律问题上采用"立法主义"的解决方式，但是我国现在的纠纷解决机制整体上走向了多元，由于对不同纠纷解决机制之间的关系没有整体上的安排，大量低层的规制出现在不同的文件中，导致出现混乱和冲突。我们认为通过立法专门规制不同纠纷解决机制之间的关系是建设中国特色的纠纷解决机制体系、法律适用体系的重要环节，通过专门立法来规制不同纠纷解决机制之间的效力、关系、确定纠纷解决机制的数量、设置的特点等问题是十分必要的。

2. 制定《中华人民共和国纠纷解决机制法》的可行性

当前，在国家层面上，我国已于2010年8月28日由第十一届全国人民代表大会常务委员会第十六次会议通过了《中华人民共和国人民调解法》；司法部也颁布了一系列部门规章（如1990年颁发的《民间纠纷处理办法》）和大量的规范性文件。在地方层面上，一些民族地区（如四川省）通过了专门解决纠纷的地方性法规，颁布了大量的规范性文件。这些法律、法规、规章和规范性文件，为制定《中华人民共和国纠纷解决机制法》奠定了坚实的实践基础。在理论界，研究纠纷解决机制，特别是西部地区（含西南民族地区）的论著呈现繁荣的景象，有越来越多的学者，多学科、跨学科，应用多种研究方法研究纠纷解决机制，为制定《中华人民共和国纠纷解决机制法》提供了理论基础。此外，随着社会主义法律体系基本建立，我国立法人员的素质有长足进步，立法经验十分丰富。

3. 建议制定的《中华人民共和国纠纷解决机制法》应当规定的内容

该法具体由三个部分构成。

（1）关于立法的目的和依据。首先，就立法目的而言，主要是为了有效协调各种不同性质的纠纷解决规范，整合纠纷解决机制，充分发挥各类纠纷解决机制的作用，维护当事人的合法权益，排除社会矛盾，维护社会稳定。其次，就立法的依据而言，主要有《民事诉讼法》《行政诉讼法》《行政复议法》《人民调解法》《仲裁法》《劳动争议调解仲裁法》《农村土地承包经营纠纷调解仲裁法》等法律，有《行政复议法实施条例》《信访条例》等行政法规。

（2）关于立法的基本原则。主要有纠纷解决的法制统一原则、便民原则、正当程序原则、效力法定原则、种类法定原则等内容。

（3）具体内容主要有：纠纷解决机制的种类，通过立法明确规定国家基本纠纷解决机制的种类，让纠纷解决机制的种类不是根据需要无限增加。我们建议国家把纠纷解决机制分为诉讼与调解两大类，在调解上可以分为人民调解、专业调解和行政调解三大类。人民调解又可认分为三级，即行政村、村委会和乡镇；专业调解委员会根据各类特别事件和性质设置，在性质上与乡镇人民调解委员会等同。明确不同纠纷解决机制的性质和定位，明确规定不同纠纷类型的性质，在整个国家法律适用体系中的功能。规定调解的性质就是非诉讼、自治型，避免调解与审判趋同，特别是

第三章 西南民族地区多元纠纷解决机制与国家法的规制

反对审判调解化、调解审判化的发展趋势。规定不同纠纷解决机制的基本任务，让不同纠纷解决机制在运行中不出现相互侵犯或交叉。明确规定调解机制的基本任务是方便灵活地解决纠纷，适应纠纷解决中地方性、民族性和行业性的特殊需要；诉讼纠纷解决机制的基本任务是实现国家推行的普遍价值，而不是追求纠纷解决的数量。规定不同纠纷解决机制在运作时应遵行的原则、适用的程序和裁决时的要求等。规定不同纠纷解决机制适用的纠纷种类、性质，各个纠纷解决机制在适用范围上有明确规定。规定不同纠纷解决机制中的人员选任要求、内部人员的不同级别安排、晋级的要求，如在司法所一级的乡镇人民调解委员会中，我们建议设立四等调解人员级别，让那些长期从事调解工作的人员能够晋级，实现工资、待遇的提升，具体可以分为助理调解员、调解员、高级调解员和资深调解员，让四级调解人员的待遇从科员级别达到正处级别，与县级行政组织中最高级别人员一致。明确规定不同纠纷解决机制的效力问题，让不同纠纷解决机制解决的纠纷效力在法律上相互衔接，而不致出现混乱。通过法律明确规定不同纠纷解决机制发生冲突时如何进行审查和协调，及协调的程序和作出裁决的机构等。

我们这里讨论的仅是初步的设想，若要进行严格的立法建议，需要进一步的研究。

二、法定分配不同纠纷解决机制适用的对象

规制不同纠纷解决机制适用的纠纷对象主要是为了解决多元纠纷解决机制带来当事人的投机选择和不同纠纷解决机制之间的不作为和过度作为带来的问题。对不同纠纷解决机制适用范围上一般可以采用两种主义。一种是当事人主义，即对不同纠纷解决机制由当事人自由选择，法律不进行强制规定。当事人主义的优点是体现了纠纷解决权是当事人的一种自由处分权。我国现在人民调解采用的基本形式是当事人主义，因为《人民调解法》第三条规定，"人民调解委员会调解民间纠纷，应当遵循下列原则：（一）在当事人自愿、平等的基础上进行调解；（二）不违背法律、法规和国家政策；（三）尊重当事人的权利，不得因调解而阻止当事人依法通过仲裁、行政、司法等途径维护自己的权利"；第十七条规定，"当事人可以向人民调解委员会申请调解；人民调解委员会也可以主动调解。

当事人一方明确拒绝调解的，不得调解"。另一种是前置主义，或称法定主义，就是法律明确规定某些纠纷解决机制适用时必须先通过哪些纠纷解决机制解决后，当事人不服才能向相关纠纷解决机制提出救济。后者对增强不同纠纷解决机制之间的功能具有较大的作用。我们认为，根据我国纠纷解决机制走向多元的趋势，为了提高纠纷解决机制的效率，发挥相应的作用，采用前置主义与当事人主义结合的折中原则，把纠纷分为不同的种类，根据不同种类采用不同的机制。当然，这里涉及一个相当关键的问题是如何确定不同纠纷种类。如人民调解机制适用的范围可以采用大量的前置主义，并且规定人民调解的结果只能由人民法庭或人民法院审查，行政机关无权审查。人民法院在审查时采用的原则是优先形式审查，其次才是实质审查。公安调解中存在采用申诉方式还是法院诉讼方式审查的问题。

三、明确不同纠纷解决机制人员的选择标准

多元纠纷解决机制人员选择规制涉及赋予不同机制的功能是否能实现的问题。设置不同纠纷解决机制是给社会提供一个较为全面的、不同功能的纠纷解决网。若在不同纠纷解决机制主体的选择上采用同一标准，那必然产生一个结果是不能达到不同纠纷解决机制的预期效果。我们认为在人民调解员的选择上应采用重经验、重人品、熟知当地风俗习惯的标准；公安调解机制中应采用重经验及重人品、知法律的选择标准；司法机制中采用重专业知识、人品、人生经验的选择标准。人民调解组织中三级调解机制的人员选择上应采用不同的标准：村小组中最重人品、经验，原因是村小组在解决纠纷时往往是社区内部的熟人，习惯的提供不太有问题；村委会中调解主任是要重人品、经验和年龄；司法所所长应是重人品、经验及熟知习惯和了解法律。西南民族地区选用不同机制人员还应增加熟悉相关地方、民族知识这一要求。

四、明确不同机制的效力关系

多元纠纷解决机制之间一个重要问题就是纠纷解决后的效力关系问题。由于大量纠纷解决机制在效力上存在被后一个纠纷解决机制审查甚至

可能被推翻的问题，导致很多纠纷解决机制的功能难以有效发挥。规制不同纠纷解决机制之间的效力问题成为我们现在多元纠纷解决机制规制上的重要问题。对不同纠纷解决机制效力的审查上，应立法明确规定禁止上级行政机关随便推翻人民调解解决机制的范围。《人民调解法》第三十三条人民调解委员会协议的确认权交给了人民法院，人民法院的确认权现在已经得到较好的解决。据司法部统计，2008年人民调解组织调解的民间纠纷有767万多件，调解成功率达97.2%。经人民调解后又诉至法院的纠纷仅占调解纠纷总数的1%，被法院裁定维持调解协议的比例高达86.9%。2010年经人民调解委员会调解达成书面协议后，当事人反悔起诉至法院的纠纷3.21万件，占调解纠纷总数的0.38%。[①] 从这些数据看，人民法院对人民调解协议的效力确认持支持的态度。当然，我们反对"大调解"下各纠纷解决机制不分的运作机制，因为这种实践让人民法院无法对此种机制调解下的协议进行法律确认和审查，让整个纠纷解决机制无法正常运作。我国必须明确规定这种确认机制在多元纠纷解决机制中的适用范围。

五、确立民族地区习惯适用的审查机制原则

西南民族地区大量纠纷解决中，特别是人民调解、行政调解中常以习惯作为解决的依据，若当事人不服时，司法机关和相关机制很容易对他们适用的习惯进行审查，对此类审查应采用的原则必须在法律上特别规定。我们认为对西南民族地区采用风俗习惯调解纠纷不应简单否定，除非适用的风俗习惯严重破坏了现代社会保护的基本人权。应规定从程序方面进行否定，减少从实体方面进行否定，因为只有这样才能使人民调解组织有效运作。当然，现在《人民调解法》第八条规定了人民调解人员中成员上的习惯保证，该条款规定"人民调解委员会应当有妇女成员，多民族居住的地区应当有人数较少民族的成员"。但《人民调解法》没有规定对少数民族习惯适用、审查的机制。

[①] 《积极拓展工作领域实现又好又快发展"十一五"期间人民调解工作发展与创新扫描》，《法制日报》2011年3月15日。

第四章 通过多元化纠纷解决机制实现西南民族地区有效治理

从社会秩序形成和构建看,和谐社会是人类社会秩序一种良好的或者说善治的社会秩序状态。中国在提出构建和谐社会后,虽然学术界对和谐社会特别是社会主义和谐社会的构成要件及特征等问题都进行了大量的研究,但从研究成果看,对和谐社会的标准不同专业具有不同的理解,甚至对和谐社会是什么都不进行严格讨论,仅是从自己专业和研究领域提出构建和谐社会。我们认为,和谐社会其实是人类社会秩序良好社会中一种具有价值评价的社会状态,是对人类社会有序社会秩序状态的一种价值描述。然而,从实证角度看,和谐社会本质上就是一种社会秩序状态,分析和谐社会的构建必须从社会秩序的形成出发,这样才能对和谐社会的构成进行强有力的理论分析。于是,在分析和谐社会时必须先分析人类社会秩序的形成要素及构成社会秩序的因素。

西南民族地区是我国社会结构、民族成分、地理位置较为特殊的地区,繁多的民族群体、发展差异较大的社会结构、宗教文化迥异的社会现象、跨界而居的多民族群体等构成这一地区的社会现实。然而,随着我国社会经济的发展,这一地区在国家经济发展中的作用越来越重要,成为整个国家社会经济发展的重要动力源,大量的资源提供了整个国家发展的基础。西南民族地区社会和谐程度对整个中国和谐社会的构建具有十分重要的意义。一个和谐社会的构成是多方面的,其中有效的社会纠纷解决是一个正常社会中必要的组成部分。维持社会秩序和恢复破坏了的社会秩序是社会治理的基本功能和要求。西南民族地区传统纠纷解决机制虽然产生并运行于小型简单社会,但现代社会并不能完全把这种传统社会秩序的形成机制消解,有时还在很多少数民族社区中产生重要的影响。纠纷解决机制作为社会秩序运行中的恢复机制,起到重要的作用，所以构建起一个有效的多元纠纷解决机制对西南民族地区社会治理具有重要的意义和作用。

第一节 纠纷解决机制与社会秩序形成的关系

人类社会秩序的形成由两部分构成，分别是社会秩序的预先制度性设置和制度性的事后救济及恢复，前者可以称为社会控制，后者可以称为纠纷解决机制。前者包括文化的、宗教的、法律的、道德的和政治的等各种规范性、制度性的预先设置。然而，由于人类的自治性、社会利益的多样性和文化道德价值的多元性，预先的制度设置并不完全被社会主体遵守，总有社会主体要破坏预设的制度性安排，于是，事后救济成为社会秩序形成的重要组成部分。和谐社会作为人类社会的一种秩序状态，如何有效地建构社会纠纷解决机制成为和谐社会构建上的重要组成部分，因为它是事后救济的核心。

一、社会秩序的构成要素

从人类历史看，某一特定社会秩序的形成从系统结构论看，主要受制于该社会组织形式、社会控制力量结构及纠纷解决机制三个要素。三个要素的不同结构及运作机制，对一个地区的社会治理具有十分重要的意义与作用。西南民族地区由于历史上各民族形成了各具特点的三种机制，导致各自社会秩序形成上具有民族性、地方性等特点。然而，这种民族性与地方性主要是在近代特别是1949年以前比较明显。但西南各民族社会秩序形成上近代以来发生了重大变化，特别是20世纪50年代以来，整个社会中民族性与地方性开始减弱，趋同成为基本的特征。所以说，西南民族地区社会秩序的形成，近代以来基本特点是从自生型社会秩序转向外来治理型社会秩序。因为西南民族地区各民族在社会秩序形成上最初以各民族本身内部社会组织、控制力量与纠纷解决机制作为支持，近代以来由于国家力量深入，国家层次上的制度成为西南民族地区社会秩序构成的重要力量。在20世纪50年代中后期通过土地改革、民主改革和人民公社等社会改革和社会组织重构,特别是在20世纪60年代,在各种政治运动下,西南民族地区社会秩序的形成上已经完全是国家层次上的力量在起作用,传统的民族性与地方性力量完全被消除与否定,如藏族中传统的佛教力量在"文化大革命"中被否定,在当地藏族社会秩序上形成上被排除。

每个社会秩序的形成都受到该社会组织结构的影响。社会组织结构与社会秩序的获得是在一种相互影响、相互促进的关系下运行的。从社会秩序形成上看,结构与功能是相互影响、相互促进的,一定的社会组织结构决定着一定的社会功能,所以要获得一个新的社会秩序时,重构它的社会组织结构是基本前提。同理,分析一个社会秩序形成时先分析它的社会组织结构现状与变迁是具有重要意义的,是了解社会秩序演变的重要途径。这就是我们在前面提出在西南民族地区社会纠纷解决机制的建设中要改变一些基层社会组织及国家社会管理机制的原因。当然,每个社会中基层社会都具有相当的"自治性"。这种"自生"的社会秩序是社会秩序形成的基础和单位。考察人类社会秩序的形成历史会发现,基层社会结构的形式往往会对国家行为产生加强或阻隔的影响。西南民族地区各少数民族在自身历史发展中形成了各具特色的传统社会组织结构,让他们的社会秩序形成具有相当的独特性与民族性、地方性等特点,对国家普适性的制度设置具有相应的作用。于是,在历史发展中,国家对民族地区基层社会组织结构的改革和重构成为国家治理该地区成功与否的关键。这就是国家在治理西南民族地区从最初的羁縻州县制转向土官土司制,再到改土归流,最后在基层设置里甲制和保甲制的原因。从本质上看,这些不同制度的选择,是国家对西南民族地区社会组织制度不同层次重构与治理的推进历程。当前,国家如何建构起有效的基层社会组织对西南民族地区的社会治理、社会秩序的形成具有至关重要的作用。但是,对此问题详加讨论并不是本书研究的中心,因为本书讨论的是社会纠纷解决机制的设置及运作与社会秩序的形成问题。但是要指出的是,仅有社会纠纷解决机制的构建,而没有相应社会组织的改革,要实现其目的是很难的。

秩序是任何社会存在的前提,社会秩序的获得离不开社会控制。社会控制不是武力的强制,更不是操纵,而是对社会秩序形成的各种有影响力的因素的综合体。社会秩序的形成是多层次、多元交叉的结果。在人类社会中,社会控制的力量是多层次、多元的,没有绝对单一的社会控制力量能够长期让一个社会有秩序。一个社会中的控制体系和各种控制力量也不是一成不变的，处在不断变化中。由于西南民族地区社会特殊，社会控制力量在近代变迁较为典型。西南民族地区社会控制从1840年至今经历了一个激变的过程，其中最重要的是基层社会控制力量发生了较大的改变。当然，西南民族地区社会控制力量在1950年后随着土地改革、农村合作化、人民公社等基层社会重构后才产生革命性转变，整个西南民族地区社会控制力量从以前以民族性、地域性为特征的社会控制转向了国家统一的社会控制。此前，西南民族地区社会中基本控制力量是各民族传统的社会控制力量。此后，国家获得了绝对的控制权。从历史上看，西南民族地区社会控制力量是多元的。这种多元的社会控制力量导致整个社会秩序的形成具有相对的独特性。但现在，这种多元的社会控制力量中非国家的因素是十分弱的，更多的是一种补充。

社会秩序的形成与维持是两个相互影响的部分。社会秩序的形成受到社会组织、社会控制形式的影响，但社会秩序的维持和恢复则需要纠纷解决机制作为支持。因为任何社会中，预先的制度设置和权利义务的分配，甚至是先前的社会控制等体系形成后，仍然会出现人为破坏。这就需要对破坏了的社会关系进行有效的恢复。纠纷解决机制提供的主要是此种功能。所以，有效的社会纠纷解决机制体系是社会秩序形成的两大维持体系之一。从人类历史看，社会纠纷解决机制是具有不同形态的，有的社会中社会纠纷解决机制表现出较强的单一性，有些社会中则表现出较强的多元性。分析西南民族地区历史上的纠纷解决机制可以看出，西南民族地区由于各民族的文化、历史特点及国家治理机制的选择等原因，社会纠纷解决机制表现出多元性。这种历史传统，对当前西南民族地区建设多元纠纷解决机制具有一种历史上、文化上和民族上的影响。

二、纠纷解决机制与社会秩序的关系

纠纷作为一种客观存在，自人类社会出现以来就从未间断过。纠纷对当事人而言是一种不和谐的表现，是社会主体之间某种主张和利益处于对立而无法达成妥协的状态。任何一个社会都存在纠纷，要消灭社会纠纷是不可能的，不管从逻辑还是经验上看都一样。和谐社会并不意味着没有纠纷，也不可能将纠纷彻底消灭。和谐社会主要是能够合理地、有效地、公正公平地解决纠纷，协调当事人之间的利益冲突，达到社会的有效运转和人际关系的良好状态。多元化纠纷解决机制就是要让各种纠纷解决机制之间处于一种有序、稳定与和谐的状态，各种纠纷解决机制相互补充，良性运作。法社会学认为，多元化纠纷解决机制符合社会发展的生态平衡和协调。一个稳定和谐的社会，仅有一套依法建立的司法系统是不够的，还需要一个合理高效的、公平的、适应不同需求的多元化纠纷解决机制。法治社会固然必须有司法的权威，但这并不意味着必须由司法垄断所有的纠纷解决。在构建社会主义和谐社会的新形势下，多元化纠纷解决机制既是建构和谐社会秩序的必备要素，又对社会主义和谐社会秩序的形成发挥着重要作用。为适应和谐社会纠纷解决的需求，合理分配使用司法资源，就必须建立以司法判决为主的多元化纠纷解决机制来化解各种类型的社会纠纷，并在法治框架下，使诉讼纠纷解决方式与各种非诉讼的替代性纠纷解决方式的和谐发展成为可能。和谐社会的建构需要多元化的纠纷解决机制之间的和谐相处与平衡发展。这在一定意义上又为纠纷的妥善解决提供了有益渠道，从而为建设和谐的法治社会创造了条件。同时，无论是从时代发展还是从当事人自身的实际利益看，多元化纠纷解决机制都是符合和谐社会发展需要的、最为合理和应然的社会机制。法治在其发展的任何阶段都需要强调和谐的价值，同时必须借助各种基本制度和机制努力实现建立在公平、公正基础上的和谐，即确立良法、公正执法和纠纷预防以及纠纷解决须同时并重，使纠纷得以及时、公正、妥善解决，从而建立起一个稳定、和谐与公正的社会。多元化的价值理念、行为模式以及多元化的纠纷解决方式将会使现代法治更富有活力，社会法制化程度可以与自治化程度并行不悖、同向发展。

根据党的十六届四中全会《决定》对和谐社会部分的论述，我们要构建的社会主义和谐社会，应该是一个充满创造活力的社会，是各方面利益关系得到有效协调的社会，是社会管理体制不断创新和健全的社会，是稳定有序的社会。和谐的民族关系是和谐社会的重要内容。2005年5月27日，胡锦涛同志在中央民族工作会议暨国务院第四次全国民族团结进步表彰大会上发表重要讲话时指出："正确处理民族问题，涉及我国经济建设、政治建设、文化建设与和谐社会建设各个方面。"因此，在深入贯彻依法治国基本方略、构建社会主义和谐社会的过程中，进一步加强民族法制建设，更有效地保障少数民族利益，这是摆在我们面前的一项紧迫而艰巨的历史任务。纠纷解决直接关系到冲突的控制、民众权益的实现和社会秩序的稳定，展示了法从静态向动态、从书本向现实的转化，体现了法的实现及其社会效果，是对立法和司法制度的现实检验。可以说，纠纷解决机制是法治的一个核心环节，其合理配置对维护社会秩序、促进社会和谐是至关重要的。西南民族地区作为中国的一个部分，在和谐社会的构建中，如何创建有效的、多元的社会纠纷解决机制成为重要的问题。

第二节 西南民族地区社会秩序形成的特点与选择

从上面的分析可以看到，一个社会中社会秩序的形成与一个社会的纠纷解决机制是相互影响的。从某一个角度看，社会秩序的形成和达到的目标会影响到一个社会纠纷解决机制的设置选择。要理解西南民族地区多元纠纷解决机制构建对和谐社会构建的重要性和必要性就必须先弄清楚西南民族地区当前社会秩序形成的特点及当前社会秩序构建的选择等问题。

一、西南民族地区社会秩序形成的特点

西南民族地区现在的社会秩序形成要素与近代以来西南民族地区社会秩序的形成具有相当的沿袭性。因为整个西南民族地区近代以来社会组织、社会控制和纠纷解决机制等都发生了质的转变。考察西南民族地区近代以来社会秩序的形成，从1840年至今可以分为三个时期：多元、传统时期，即西南民族地区进行民主改革、人民公社建设以前，具体是1958年以前，这个时期社会秩序以各民族、地区的内生力量维持为中心；国家绝对控制时期，即人民公社建立后到1993年，这个时期国家成为整个社会秩序的维持体系；国家为主，其他为补充时期，1993年以后，虽然国家仍然处于主导地位，但整体上看，社会秩序支持、维持系统中存在大量非国家的补充力量。在传统、多元时期社会秩序形成上具体是"国家简

节疏目，因俗立治，使各守其土，安其业，美其服，甘其食"；[①] 在国家绝对控制时期国家把自己的所有政治生活高度民众化、同质化；在国家为主，其他为补充时期，国家与民间是相互影响、相互竞争的关系。

1. 社会组织制度变迁对纠纷解决机制的影响深远

西南民族地区社会组织制度的变迁，特别是县级以下的社会组织制度变迁，对各民族自身社会控制和纠纷解决机制的形成和变化具有重要的影响。可以发现，基层社会结构的变化对乡土社会的社会控制体系和社会纠纷解决机制的选择具有决定性的影响。不同的基层社会结构会对社会控制体系与纠纷解决机制产生相应或相反的影响。如民国时期，由于基层社会组织没有实现相应改革，虽然在基层社会中设置了区乡保甲等新的基层社会组织，但从产生的作用上看，由于传统的社会组织仍然存在，社会控制体系与社会纠纷解决机制上的传统仍然起到重要作用。新的组织制度并没有发挥相应的功能。1950年后，虽然设置了民族区乡和民族自治组织，但由于整个社会组织结构进行了重构，传统的力量在西南民族地区社会秩序形成上很少产生作用。国家终于实现了对整个西南民族地区社会秩序的治理。1840年后西南民族地区社会组织制度的变迁，体现出国家在对这一地区的治理上如何构造基层社会组织具有关键性的作用，是国家获得乡村权威和秩序的前提。

2. 乡村社会与国家权威的复杂关系

国家虽然可以通过改造乡村基层社会结构对乡村社会秩序形成产生决定性影响，但存在着国家过度深入乡村基层社会组织导致乡村社会生产功能弱化的现象。因为乡村社会治理的主要功能是让民众通过"自治"获得生存所需的相应条件，而国家政治权力的深入会导致在获得权威的同时过度干预乡村社会民众生产活动，导致乡村社会基本生产功能弱化，最明显的是1958年以后人民公社和"文化大革命"时期。因为人民公社让乡土社会成为国家实现自己政治目标的工具和途径，导致乡村社会基本生产功能消融。乡村生活政治化虽然可以实现国家对基层社会的全面控制，但同时也给国家带来了生产政治化问题。当生产政治化后整个社会的生产就处在一种危险的境地中，因为政治具有价值上的目标性和行动上的激情

[①] 段绶滋：《民国中甸县志》，载《中甸县志资料汇编》（三），中甸县志编纂委员会办公室编印1991年版，第9页。

性。这些与经济生产特别是农业生产是不相适应的。于是在 1958—1980 年，实行家庭联产承包责任制之前，整个西南民族地区社会秩序并没有获得相应的成功，虽然对此学术界有各种解释，但本质上与当时对乡村社会的控制完全政治化有关。从某个角度看，当社会组织完全成为政治运动的单元时，虽然在控制上非常容易，但很难让整个社会秩序更为有效。由于国家在社会治理上没有办法对乡村社会进行完全的政治控制，所以构建有效的纠纷解决机制对乡村社会的治理是重要的选择。西南民族地区社会结构主要以乡村社会为主，所以建设有效的、适应当地社会需要的纠纷解决机制对整个地区的社会治理具有重要作用。

3. 多元传统社会组织的影响

西南民族地区在传统上很多民族都存在传统社会组织、宗教全民化等特点，在它们的社会控制和纠纷解决机制上表现出明显的多元性和地方性特征。这种多元性和地方性特征会把国家对乡村社会的政治控制削弱。当然，对于这种多元性特征，国家在这一地区的基层社会治理上只能采用相对灵活和多样的方式进行。国家应该对其中主要目标进行获取，而不是全面获取。此方面可以从乾隆至道光年间对滇西北地区的治理上看出，当时政府在该地区虽然驻军，大量建立汛塘等控制点，但国家对当地社会不进行深入控制。从社会秩序上看，当地社会并没有出现大的问题，同时国家的政治目标也实现了。民国时期，虽然政府设立了新的基层社会组织，如保甲等严格、刚性的社会控制制度，但整个西南民族地区社会秩序很差。在国家治理上，如何设立一种有效的社会组织体系、社会控制体系和纠纷解决机制是很重要的。这当中，主要是一个平衡性问题。

4. 变迁中国家认同的影响

西南民族地区近代以来在国家认同上经历了由外部强化性认同转向内在向心力的认同。西南民族地区各民族近代在国家认同上较为特殊。它是一种外在力量强制下的认同。因为中国古代"边疆地区"是一个流动的概念，它是一种中央政治权力向外动态变化的产物，是一种文化上动态变化的表现。各民族在对中原以儒家文化为中心的文化认同达到一定程度后就会自然认同为"中国"内群体。但近代西方民族主权"国家"是以地域为前提的，在明确界定地域下，各民族群体不管你是否认同某国内部主流政治文化，你都是该国公民或臣民。这种国家认同在近代西方殖民者侵略西南民族地区后,让西南少数民族群体在很短时间内对中国认同产生了强制选择。若没有殖民者的到来,西南少数民族群体对自己的"中国"认同可能是不清楚或是不明白的。1950年后随着共产党对西南民族地区治理上的强化,特别是通过大量各种形式的民族工作,重构西南民族地区的社会组织结构,让传统的家族、氏族、部落和土司等各种传统社会组织在国家强有力的社会改造中,特别是在人民公社制度下完全消失,加上强有力的政治运动、阶级斗争等活动,让西南民族地区很快与全国一体化。这种政治上运动不管产生何种破坏作用,客观上都使西南民族地区各民族社会从传统自发、自治型转向了国家控制型。改革开放后,西南民族地区社会发展中虽然出现各种问题,但这些问题多是一种利益诉求的表达,并没有形成因为内部社会组织的自成体系而导致对国家治理的否定。现在,整个西南民族地区在国家认同上整体不存在问题,问题仅是这种认同在经济发展中,当利益诉求不能表达和体现时,可能会出现对国家认同的某种否定,或自我民族群体重构下的政治诉求的兴起。20世纪50年代新政权在西南民族地区之所以获得成功,是因为新政权提供给了各民族一种有效的纠纷解决机制,加快了各民族对新政权的认同。整个20世纪50年代,国家通过各种民族工作队、新政权组织等,给西南民族提供了一个全新的社会纠纷解决机制。如1950—1953年云南省德宏地区由民族工作队或县政府出面调解的民族纠纷和民族械斗达500多起,仅1953年民族工作队就调解了民族纠纷150多起。① 澜沧县在1950—1952年底,通过民族工作队、新基层政权组织调解的民族之间、民族内部的部落之间、村寨之间的纠纷达到488件。② 认真考察这个时期新政权的工作,解决各民族之间、各民族内部的社会纠纷成为工作的中心。

5. 国家治理上的一体化加强

近代以来国家在西南民族地区的治理上,整体表现出越来越强的特点,社会组织结构也越来越一体化。当然,社会组织、社会控制和纠纷解决机制的一体化与社会秩序的获得并不同步,甚至会出现相反的现象。如清朝雍正以后到光绪时,虽然国家在西南民族地区治理上没有深

---

① 《德宏傣族景颇族自治州概况》编写组:《德宏傣族景颇族自治州概况》,德宏民族出版社,1986,第64页。
② 云南省委员会文史资料委员会编《云南民族工作回忆录(一)》,云南人民出版社,1993,第199页。

入到基层,却获得了较好的社会秩序和国家权威。民国时期,虽然国家努力设立各种社会组织,但由于其他原因,社会秩序的获得反而无法与清朝时期相比。此外,社会治理中还存在国家层次上的社会秩序的获得与社会有效、健康发展之间如何协调的问题。在考察中可以发现,西南民族地区出现一个较特殊的现象,某些时期国家层次上的社会秩序较为稳定,但整个社会的运行很难说是健康、有效和有活力的。这在1958—1980年最为典型。当时,从国家层次上看,国家在西南民族地区各民族社会秩序的治理上获得巨大的成功,能把有社会以来就没有有效纳入国家治理的边疆民族中很多群体有效地纳入国家的治理中,社会秩序上完全实现了国家的意志。然而,这个时期西南民族社会从健康、有效和活力方面来看不尽如人意。相反,1950—1957年,国家在西南民族社会治理上采用了相反的治理方式,国家主要目标是政治上获得认同,国防上获得安全,社会上获得有序。国家对各民族的社会控制并不是绝对进行,而是把社会控制、纠纷解决等问题交由各民族传统力量进行,效果非常好,政治上很快就获得了各民族的认同。社会秩序上,若排除政治性斗争外,整个社会秩序很快就进入良性状态。国家在加强一体化治理的同时,采取灵活多样的社会纠纷解决机制,对当地社会秩序的稳定起到了重要的作用。这样可以让国家在社会治理上不必转向预先"高硬度"的控制。

二、新时期西南民族地区社会秩序构建上的选择

在新时期,特别是在以市场经济为社会运作的基本前提下,农村生产以户为中心的生产模式下,民间社会治理应选择相对"自治"模式,虽然表面上看国家可能失去了对民间社会的绝对控制,可能失去国家意志的完全"恣意",但国家可以提供更多以户和个体为中心的民间社会生活无法获得的公共产品来获得民间社会的认同和承认。所以,在新时期为了构建和谐的西南民族地区社会秩序,应该注意以下问题。

1. 治理上承认民间社会的适当自治性

新时期在以市场经济为社会利益配置机制、个体对自己的经济生活处于"自治"支配地位的前提下,农村形成了以户为中心的生产方式,民间社会理所当然地进入了相对"自治"的生活状态。西南民族地区,由

于民族、宗教、地域和文化的差异，国家在治理上应注意政治目标的实现和地方自治的平衡。国家在制度设置上如何构建这些地区的基层社会结构具有决定性的作用。这当中存在一个问题是，当国家对基层社会控制太严时往往会起到一些负面作用。民间社会由于自身的特点，采用多元的、相对自治的结构并不会导致国家政治地位的削弱。建立一种半自治的、民主的基层社会组织是十分必要的。这里的"半自治"是指在民间社会组织的运作中国家一般不采用直接的政治干预手段，而是更多地通过软性力量来施加影响，进而实现国家目标，比如通过对公共事务和公共福利的承担和提供来达到民间组织的行为改变和民众对国家的认同等。在社会控制上，我们认为采用一种多元的、正式的或非正式的社会控制体系最能适应当地社会的需要。我们不主张完全采用国家力量，因为人民公社时期就证明这种方式的缺点。同时我们也认为在承认民间的、非国家的社会控制力量时，应进行相应的平衡和监管。国家控制力量过强会导致国家权力的滥用，相反，民间力量过强也会被滥用，所以我们认为最好建立一种以国家控制为中心，协调宗教力量、民间力量和国家正式组织之间的平衡关系的社会结构。我们主张在新时期下，随着社会主义市场经济的完善，国家在民间社会中必须改变角色，从过去强制的政治干预为主转向公共事务、服务的承担者和提供者，以弥补民间社会力量的不足。国家公共产品如何提供、提供达到什么程度，其实是现在西南民族地区社会稳定和谐的关键。对于一个和谐社会的治理，必须承认一定程度、范围内的民间相对自治，让民间有适当的"自由裁量权"，否则过度的国家权力干预将导致社会冲突更加多样化。当然，国家不能全部退出这些民族基层社会的治理和控制，而应从包办一切转向成为引导者、参与者、最后的仲裁者。

总之，承认民间社会的半自治性，让民间社会有自己的活动空间，国家从强力控制者转变为一些公共产品的提供者，让民间社会在发展中有一个可依赖的公权力组织，而不是成为民间社会发展中最大的问题。公权力与个体自身发展的自由选择的协调是现在云南民族地区社会治理的基本取向。

2. 构建一个灵活、相对自治的基层社会

当今中国社会治理上的问题是如何设置一种有效的基层社会组织，实现国家与民间社会目标的平衡。西南民族地区是多民族、宗教性、社会发展有很大差异性的地区,国家在治理上应注意政治目标的实现和地方自治的平衡。国家在制度设置上如何构建这些地区的基层社会结构具有决定性的作用。这当中存在一个问题是当国家对基层社会控制太严时往往会带来一些副作用。从上面分析看,西南民族地区民间社会结构自清朝到现在,经历了多元、自治时期到国家绝对控制时期再到相对自治时期。但在这些不同时期,国家绝对控制时期并没有比多元、自治时期获得更好的社会秩序。民间社会由于自身的特点,采用多元的、相对自治的结构并不必然导致国家政治地位的削弱。这当中有一个问题,即对基层社会治理是否一定要以强势的政治介入才能有效,是否可以通过软性力量来完成呢?从基层组织结构看,若国家介入太弱往往会使乡村权贵成为民间社会秩序破坏者,进而导致国家社会秩序的紊乱等问题。若国家介入太强,又会导致地方基层社会变成国家权力机关权力滥用的对象。在社会治理中构建有效的纠纷解决机制可以避免出现预先控制带来的问题,实现国家在基层社会生活中的非强制性。

3. 采取多元的、正式的或非正式的社会控制体系

在西南民族社会治理上,采取一种多元的、正式的或非正式的社会控制体系最适合西南民族地区社会的需要,因为该地区社会具有文化多元、宗教多元、民族众多等特点。在社会控制上,我们不主张完全采用国家控制方式,因为人民公社时期证明此种控制方式有缺点,同时认为在承认民间的、非国家的社会控制力量时,应进行相应的平衡和监管,而不能完全放任由民间社会维持基层社会秩序。考察人类社会控制的历史会发现,国家控制力量过强会导致国家权力的滥用,相反,民间力量过强也会被滥用。所以,我们认为最好建立一种以国家控制为中心,协调宗教力量、民间力量和国家正式组织之间平衡关系的社会控制体系。

4. 建立一个多层次、多维度的社会纠纷解决机制

如何有效地解决社会纠纷是获得秩序的重要因素。从历史上看,国家司法权威的获得并不意味着国家应把所有社会纠纷都纳入自己的管辖之中。这一点清朝时期就是最好的明证。西南民族地区由于传统社会的因素,很多社会纠纷的解决多由民间进行,加之国家不可能一直采用人民公社时期的政治控制手段这就要求国家在纠纷解决中承认一些民间纠纷机制的作用。但是,民间纠纷解决机制的功能其实与国家

提供的正式功能的强弱有关。国家提供的正式功能要是在有效性、公正性、可接性方面具有优势，就会对民间纠纷解决机制产生相应的影响。否则，就会走向相反的方向。当然，我们承认民间纠纷解决机制的重要性，认为应当对民间纠纷解决机制进行有效的规制，因为在纠纷解决之外，还必须具有相应的价值评价。

5. 理顺社会秩序形成中不同要素之间的关系

国家在西南民族地区的社会治理中，应理顺基层社会组织结构、社会控制力量、纠纷解决机制之间的关系。这样才能建立起真正意义上的和谐社会。在新时期下，国家对西南民族地区应关注以下问题：首先，政治保障必须由国家来保障，不可能由民间来完成。其次，国家对民间社会的控制应转向提供有效的公共产品，而不是简单政治目标的输入。国家进行无限的社会控制是不能获得长期有效的社会秩序的。现在看来，国家通过承担和提供有效的社会公共事务和公平公正、高效的公共产品是国家获得民间社会认同的主要途径。所以，我们主张国家减少直接的政治、经济干预，而是通过提供相关的软力量来获得民间社会的认同。这一点可以从改土归流后清政府在这一地区的治理历史上看出，当时清政府没有努力把国家的政治力量完全渗透到基层，而是通过提供社会稳定的公共产品来获得当地社会的稳定。现在的问题是国家虽然设置了不同的组织，目的是想通过多种途径对民间社会进行干预，但是民众看到的、体会到的却相反。如在设置村民委员会后，民间意见并未得到充分的表达，仍然是政府干预民间社会的手段，看不到相应公共产品的有效提供，甚至成为少数民间恶势力控制民间社会的制度机制。现在由于经济的市场化，民众生活处在一种自治状态中，民众感受到的是政府施加的负担或是政治的空洞表达，甚至是对民间社会利益的破坏，进而导致了民众与国家关系的紧张。

总之，我们主张在新时期，随着社会主义市场经济的完善，国家在民间社会中必须改变角色，从过去的强制、政治的干预为主转向公共事务、服务的承担者和提供者，以弥补民间社会力量的不足。其实，在20世纪90年中期以后，西南一些地区宗教势力、传统势力得到迅速恢复和发展，特别是基督教等，主要就是民间社会中公共福利的缺失造成的。[①] 国家公

---

① 据笔者了解，在云南很多农村信仰基督教的原因多是家中遇到巨变，如生重病等。

共产品如何提供、提供到什么程度,是现在西南民族地区实现社会稳定和谐的关键。

从上面分析可以看出,西南民族地区要获得良好的社会秩序,建设一个有效的、多元的纠纷解决机制是十分重要的,将成为整个和谐社会建设中的关键一环。

第三节 多元纠纷解决机制对构建西南民族地区和谐社会的作用

西南民族地区多元纠纷解决机制的有效构建对西南民族地区和谐社会的构建具有十分重要的作用。因为若一个社会中纠纷不能得到有效的解决,社会秩序就难以维持,遑论和谐社会的构建。在西南民族地区和谐社会的构建上,应当认真对待少数民族固有社会纠纷解决机制与传统风俗习惯在其社会中的功能和作用,否则对其社会秩序的形成将产生负面作用。正如美国学者罗伯特·C. 埃里克森在加利福尼亚州北部夏斯塔县对牧民的社会纠纷解决机制进行研究后提出,"法律制定者如果对那些促进非正式合作的社会条件缺乏眼力,他们就可能造就一个法律更多便秩序更少的世界"。[1] 多元纠纷解决机制对西南民族地区和谐社会建设的重要意义体现在以下九个方面。

一、适应西南民族地区社会纠纷的多样化需要

中国自改革开放以来,随着市场经济的建立,社会中利益群体开始大量出现,社会中不同利益群体相互间的问题越来越严重。可以肯定地说,现在中国已经进入了利益多元化时代,即不同群体利益在同一事件中表现出完全相反的诉求,于是导致纠纷的多样化。纠纷的多样化同时还表现在社会主体关系的复杂化上。西南民族地区虽然地处

---

[1] [美] 罗伯特·C. 埃里克森:《无需法律法律的秩序——邻人如何解决纠纷》,中国政法大学出版社 2003 年版,第 354 页。

西南边陲，但与全国其他地区相比，社会纠纷的现状并没有表现出多少特殊性，有些已经十分一致。现在西南民族地区社会纠纷主体已经由公民与公民之间转化成公民与经济组织、企业、基层干部、基层政府及管理部门等之间的纠纷；纠纷内容由婚姻、家庭、邻里、房屋宅基地等简单的人身权益、财产权益等方面发展成为经济合同、土地承包、干群关系、拆迁征地等纠纷；纠纷当事人的社会关系由亲朋好友、家族、邻里关系转化成有共同利益的群众与集体、经济组织、管理部门等的关系。同时，现时社会中价值和文化观也出现了多元化，少数民族社会主体对自身的利益诉求不再沉默或是消极接受。由于社会纠纷多元化，加上社会转型，不同利益在社会政治体制中难以得到体现和保障，少数民族地区社会纠纷开始由以前的常规性社会纠纷向非常规性社会纠纷并存转变。其中非常规性社会纠纷在少数民族地区构成了社会纠纷中最具破坏性的社会纠纷。所谓少数民族地区非常规性社会纠纷，是指发生在群体或个体与群体、企业、政府等组织之间的具有政治性、政策性和经济制度性的社会纠纷。

二、适应西南民族地区纠纷解决中地方性、民族性差异的需要

建设有效的多元纠纷解决机制，在西南民族地区纠纷解决中主要是能够适用当地社会纠纷中的地方性、民族性等相对特殊的需要。因为西南民族在历史上存在各种文化制度，导致各民族社会内部价值上存在不同。建设多元纠纷解决机制能更好地适应社会纠纷解决中多元价值的需要。西南民族地区由于民族上的差异，不同民族在同一问题上看法存在很大差异，如苗族对待婚姻的看法就与白族等存在较大差异，要求在纠纷解决机制中能够适当反映出这种差异性。宗教上的不同对西南少数民族纠纷解决机制的影响较大，如同为佛教的傣族、藏族就存在很大的差异，佛教对他们纠纷解决机制的影响自然不同；还有基督教与传统原始宗教下的不同群体对社会纠纷的理解、态度差异较大，在纠纷解决机制上的表现也不相同。西南民族地区构建起一种具有地方性、民族性和灵活性的多元纠纷解决机制是适应西南民族地区社会多样性和复杂性需要的重要前提。

三、让纠纷解决机制适应西南民族地区社会经济差异性的需要

西南民族地区主要以山区为主。这一地区是以第二产业为主的农村地区，民风淳朴，人们生活在一个相对而言较封闭的熟人社会中。在西南地区，主要是以粮食作物和少量的经济作物为主要的经济支柱。这决定了这里的纠纷类型主要是与农业生活息息相关的，比如与生存息息相关的土地、山林、水源、房屋、牲畜、农作物、生产工具等纠纷。另外，西南地区也是一个受宗教影响较大的地区，例如藏族的佛教、怒江地区的基督教等，几乎每个民族都有自己独特的信仰和图腾，因此与本民族的信仰以及风俗有关的纠纷也占据着一定数量。这类纠纷是不同于东部地区或城市社会的一些经济性纠纷的，因此也不能一刀切，用诉讼来解决所有的纠纷。因为它会破坏农村社会原有人际关系的平衡状态，加剧人际关系的紧张性与对抗性，会导致一些尴尬局面，甚至会让当事人觉得困惑。就像《秋菊打官司》中的秋菊，很可能她想要的只是赔礼道歉，但是最后国家给她的说法却是要将村长带走进行行政拘留。于是她开始困惑了，这就是国家给她的说法吗？这就是她想要的结果吗？显然不是。布莱尔说："那种有意识的非法律化措施会更加符合当代社会发展中现有的趋势。"[1] 作为一种千百年来世世代代总结、积累、继承延续的社会规范，少数民族习惯法必定有其合理的成分，有符合社会历史发展和人类进步的方面。[2] 因此，在这个承认价值多元化的时代，我们应该因地制宜，寻找适合西南民族地区的多元纠纷解决方式，这也是构建和谐西南民族地区的关键。

四、有利于西南民族地区纠纷的有效解决

任何一个"正常"的社会都不可能消除社会纠纷。社会纠纷是不可能在人类社会中消除的，至少在人类社会发展的现阶段。人们在社

---

[1] [美] 唐·布莱克著《社会学眼中的司法》，郭星华等译，法律出版社2001年版，第90页。
[2] 高其才著《中国少数民族习惯法研究》，清华大学出版社2003年版，第274页。

会治理中只能选择有效地降低社会纠纷和解决社会纠纷，而不是人为地强制消除社会纠纷。传统中国社会治理思想认为一个良好的社会是无矛盾纠纷的社会，即"无讼"是理想社会的最高境界，为了实现这种理想的社会，采用各种各样的手段，然而好像总是相反。其实，这种社会治理思想是存在问题的，因为它把社会主体当成了统治者治理的绝对客体，构成了一种绝对的二元社会治理模式，即社会治理者与被治理者，把被治理者放在治理的对象外，治理者成为整个社会问题的来源。同时这种思想缺少一种对社会治理中每个个体都是一种有意义主体的承认，认为被治理者是一种工具化的目标，没有自身存在的意义。社会治理的本质应是让每一个社会主体，包括治理者与被治理者都实现个体意义价值的最大化，而不是工具化。现在中国社会已经从20世纪50—70年代的政治型社会治理转向一种促进民生、让社会主体有效实现自己的生存意义的社会治理。社会利益分配以市场经济为中心，个体成为利益配置的基本单元，个体在社会行为上处在一种绝对的"自治"中。这种社会结构不可能消除社会纠纷，只能有效地解决社会纠纷，只有这样才能让社会处在一种动态的和谐中。西南民族地区现在被卷入了此种社会结构中，各少数民族个体对各种利益的追求同样表现得相当敏感，加上现在西南民族地区是我国社会经济发展中的重要支撑点，大量过去没有价值的资源成为具有重要价值的稀缺资源，如水电能源、非物质文化、林牧业等商品化。这些传统社会中没有重要价值的资源性财富现在成为西南少数民族社会发展的动力，同时也让西南民族地区因此引起大量的社会纠纷。随着经济发展和对外交流的增加，西南少数民族在社会发展中有一种"被剥夺感"的体验，极易让西南少数民族社会出现具有民族性的社会纠纷，特别是那些交织着宗教、民族、文化和经济利益的复杂社会纠纷。于是，在西南民族地区建立起一种有效的多元纠纷解决机制对解决西南民族地区社会纠纷具有重要的作用。

五、有利于保障西南民族地区社会的安定

社会发展中纠纷的存在不是问题的本质，问题的本质是有效地解决社会纠纷。西南民族地区由于民族多样性，人口绝对数量上的少数性，很多

民族整体上存在一种"弱势感"[1]。当某个涉及不同民族群体的社会纠纷不能有效解决时,很容易从简单的纠纷转化成一种群体社会政治利益的表达形式,导致大规模的社会纠纷出现,进而影响到西南民族地区的社会安定。西南民族地区社会纠纷中任何个体的纠纷都可能转化成群体、族际、政治性的社会纠纷,因为现在西南民族地区各种个体、群体在整个社会发展中表现出了目标的不同,特别是在宗教、民族等问题上存在外来势力的干扰,极易让西南地区的社会纠纷发展成为复杂的社会问题。西南民族地区社会发展只有建立起一种有效的纠纷解决机制,该地区才能够获得一种安定和谐的状态。社会纠纷是人们各种利益的复杂表现,社会纠纷的有效解决对保持一个社会的安定和谐具有重要的作用。西南民族地区由于具有民族性、边疆性、宗教性等特征,建设一种有效的纠纷解决机制可以让各少数民族在一种相对稳定中发展,让整个中国社会在一种动态和谐中进步。

六、有利于西南民族地区社会经济的发展

社会经济要发展,必须在一种相对稳定的社会环境中进行。西南民族地区多元纠纷解决机制的有效建设可以让当地社会获得一种和谐状态,这种和谐状态的获得有利于西南民族地区社会经济发展。没有一种有秩序的社会前提,社会就无法良性发展。当然,我们对西南民族地区社会治理是有自己的立场的,那就是不认为一个有秩序的社会是无矛盾纠纷的社会。我们认为正常时期社会治理的功能是对社会发展中不同利益冲突提供一种有效的恢复机制,而不是压制机制,特别是镇压机制。在西南民族地区社会经济发展中出现的以利益冲突为中心的社会现象,我们并不认为这是社会发展的失败,问题的关键是如何建立起一种有效的恢复机制,让社会纠纷能够得到有效的解决。当然,让各种社会利益冲突通过纠纷解决机制控

---

[1] "弱势感"是指西南少数民族群体由于历史上的各种原因,在社会政治、经济利益的配置中形成的一种心理上的体验。我们在调查中发现,一些地区某些民族群体往往不愿与其他民族群体交流,原因是自己感觉处于一种弱势地位。当然,这种体验很多时候也是真实的体验,如在交往中总受到其他群体的欺骗、打压等。当产生纠纷时,整个民族群体会采取集体行动,以提高自己的民族力量。这种体验对西南民族地区社会纠纷的形式、产生和解决都具有重要影响。

制在一种动态的平衡中是十分关键的。社会纠纷的解决不仅要恢复具体的社会关系，更为重要的是让社会利益冲突在具体的纠纷解决中得到控制，不致让任何一方在利益冲突中绝对地压制另一方，进而导致社会发展的失衡，最后出现革命性的社会利益再构。所以，西南民族地区纠纷解决机制的有效建设对实现我国西南民族地区社会经济发展具有重要的价值和作用。

七、有利于西南民族地区社会的有效治理

国家在西南民族地区社会治理上，虽然社会结构上越来越同质化，但是由于地域、民族、宗教等因素，西南民族地区的特殊性会在一定程度上存在。在社会发展中我们会发现，一个社会中社会组织、社会控制和纠纷解决机制的一体化与社会秩序的获得并不同步，甚至会出现相反的现象。相反，社会秩序也会在一种病态的社会结构和社会控制中获得。从社会治理上看，一个政府在社会治理上的成功是给治下的民众提供一种有效的外在公共产品，即个体无法获得一些公共秩序和社会制度安排的产品。当国家出现后，公共权力的一个重要功能就是提供一种超越私力救济的纠纷解决机制的公共产品，让个体可以从私力救济的无序中解脱出来。这种机制不管是以调解的形式还是审判的形式出现，都是公共权力组织的重要作用之一。西南民族地区社会发展已经进入了涂尔干所说的有机整合时期，社会治理应提供的是一种有效的社会秩序恢复机制，而不是简单的压制和消除社会纠纷的治理机制。这是整个西南少数民族社会治理应该转变的理念，也是整个西南民族地区社会纠纷解决机制建设的指导思想。在这种治理思想的指导下，建设一种有效的社会恢复机制的重要部分就是有效的纠纷解决机制。当今西南民族地区社会治理中，国家提供的公共产品除了组织有效的经济发展外，还应提供一种有效的社会利益冲突、社会纠纷出现后的有效解决机制，让西南民族地区在社会治理上具有有效的恢复机制。

八、对完善和谐社会构建体系中纠纷解决机制体系有重要作用

当今中国社会治理、法治形成、法制建设中，构建起一种有效的纠纷

解决机制将起到至关重要的作用。中国现在法制建设中建设一种具有中国特点的多元纠纷解决机制，或者说具有中国特点的纠纷解决机制体系将是我国法制建设的重要目标和方向之一。我们认为中国的多元纠纷解决机制应采用两条路径，具体就是建设起以人民调解为中心的调解机制和以法院为中心的司法体系，两者之间相互协调、相互补充。在建设中对两者的功能定位不能出现混同、替代等问题。西南民族地区由于社会经济发展的差异性、民族文化的特殊性、地理环境的多样性，在这一地区建设一种具有全国一致性但又具有地方性的社会纠纷解决机制体系，对完善我国纠纷解决体系具有重要的现实意义。在西南民族地区纠纷解决机制构建中，我们提出应采用不同于全国其他地区的一些措施与机制，以适应纠纷解决中的有效性、地方性和民族性的需要。如我们提出在纠纷解决机制的构建中应增加对传统纠纷解决机制的有限承认、对传统习惯的有限适用和吸收少数民族传统权威人物参与社会纠纷解决等。可以说，西南民族地区建立起一个行之有效的多元纠纷解决机制将是完善我国社会纠纷解决机制的重要环节。

九、丰富西南民族地区和谐社会构建理论的内容

学术界在纠纷解决机制的研究中，尤其在对少数民族地区纠纷解决机制研究中近年取得了很大的成就，但总体上还不够成熟。然而，由于西南民族地区民族文化的多样性，对其历史上和现在的社会纠纷解决机制的研究，必然会丰富相关的学术研究。而以民族法为标志的学者在法学研究中一直有边缘的、非主流的、与现实脱节的现象，让人难以理解。很多时候这些研究不管从学术建设还是现实作用看都没有作用，好像很多时候反而是一种具有破坏性的解构。通过对西南民族地区纠纷解决机制的研究，不管是历史上的还是现实的，都将对我国民族法学研究提供新的途径。民族法学研究的进步，将对西南民族地区和谐社会的构建提供更为有效的理论指导。

对当前西南民族地区纠纷解决问题的研究具有如下学术意义：首先，可以提供一种多元纠纷解决机制在同一政治共同体中运作的模式，为多元纠纷解决机制在同一政治共同体中的运作提供一种理论参考；其次，可以突破把"纠纷解决机制"简单地等同"现有规则的适用与维护"机制的

理解，得出不是所有纠纷解决都涉及现有规则的适用，也不是所有的现有规则被打破时都必然产生纠纷的结论，尽管两者间大部分存在重叠。对当前西南民族地区纠纷解决机制的研究可以丰富我国多元纠纷解决机制的理论来源，提供一种新的理解视野。总之，对当前西南民族地区纠纷解决机制的研究对扩张相关命题的研究具有重要的作用，可以丰富我国多元纠纷解决机制研究的内容。

多元纠纷解决机制的研究可以使民族法学在西南民族地区的法制建设起到直接的作用。鉴于中国的现实，不可能在西南民族地区建立起一种完全不同于国家的法律形式体系，只能在纠纷解决机制中打开一扇窗，让西南少数民族传统纠纷解决机制、风俗习惯在整个纠纷解决机制运作中与国家法律一起成为西南少数民族社会纠纷解决中的有机组成部分。这样我们可以超越对西南少数民族习惯、习惯法的无限描述与争议，让这些规范体系在一种有效的机制中发挥它应有的作用，而不会改变整个社会法制发展的现代化取向。于是，民族法学在研究上找到了新的途径，有了新的领域。当然，这种研究从某种学术角度看，也会为中国法律社会学、法学研究提供新的领域和空间。

附录：课题调查问卷

纠纷解决选择问题调查问卷

您好！十分感谢您在百忙之中抽出宝贵的时间来填答这份问卷。为了能切实地了解群众的想法，听取群众的意见，围绕着"纠纷解决选择"的主题，开展此次问卷调查，请您根据实际情况如实地回答。再次致谢，并祝您身体健康，合家欢乐，万事如意！

特别提示：

请您在您认为是的后面打"√"，若还有其他想法的请您写上您自己的想法。本问卷没有对错，在回答时若认为多个是，可以同样打"√"。

一、被调查者的情况

1. 您的年龄：18—30岁（　　　）；30—40岁（　　　）；40—50岁（　　　），50—60岁（　　　）；60岁以上（　　　）。
2. 您的性别：男（　　　），女（　　　）。
4. 您毕业于：小学（　　　），中学（　　　），高中（　　　），其他（　　　）。
5. 您外出打过工吗？是（　　　），不是（　　　）。
6. 您打工是到城市里吗？是（　　　），不是（　　　）。

二、具体相关问题

1. 您与他人产生争吵后首先想到的是：

（1）算了，忍一忍（　　）　　（2）找亲戚朋友一起去帮吵（　　）

（3）找本村寨的老人或家族中有威望的人解决（　　）

（4）找村长（　　）　　（5）找村委会或乡政府（　　）

（6）找派出所（　　）　　（7）找法院（　　）

2. 在下面哪些争吵和争议中您会算了，忍一忍：

（1）夫妻之间的争吵（　　）

（2）与您家里的其他人争吵，比如和老人或小孩（　　）

（3）别人说您的坏话（　　）

（4）别人打伤了您和您的家人（　　）

（5）别人家的鸡、猪、牛、马到您家田地里吃和践踏您家的庄稼（　　）

（6）他人借了您的钱和东西不还时（　　）

（7）别人侵占了您的土地、山林、房屋、耕地（　　）

（8）您家的耕地或其他土地被政府收回（　　）

（9）与他人发生用水争吵（　　）

（10）对村里公共事务不满意（　　）

原因是：

（1）事情小，不值得麻烦他人（　　）

（2）是家庭或熟人之间的事，不想闹大（　　）

（3）怕麻烦（　　）　　（4）不好意思闹翻（　　）

3. 您村里的丧葬习俗是：

土葬（　　）　　火葬（　　）

您是否知道国家要求火葬：

知道（　　）　　不知道（　　）

如果必须按照国家的要求实行火葬，您会同意吗？

同意（　　）　　不同意（　　）

原因是：

违反传统（　　）　　不尊重祖先（　　）

4. 您村里人们最服谁说的话：

A. 村长（   ）   B. 村里德高望重的老人（   ）

C. 村里某位喜欢帮助他人的人（   ）

5. 当您村里大家一直遵守的规矩（生活生产、风俗习惯等）与国家法律不一致时，您会选择遵守：

村规（   ）   法律（   ）

6. 在下面哪些争吵和争议中您会找村乡镇司法所解决：

（1）夫妻之间的争吵（   ）

（2）与您家里的其他人争吵，比如和老人或小孩（   ）

（3）别人说您的坏话（   ）

（4）别人打伤了您和您的家人（   ）

（5）别人家的鸡、猪、牛、马到您家田地里吃和践踏你家的庄稼（   ）

（6）他人借了您的钱和东西不还时（   ）

（7）别人侵占了您的土地、山林、房屋、耕地（   ）

（8）您家的耕地或其他土地被政府收回（   ）

（9）与他人发生用水争吵（   ）

（10）对村里公共事务不满意（   ）

原因是：

（1）是大事情（   ）   （2）事关生计（   ）

（3）其他原因（   ）

7. 当您与家人发生争吵时，您是否会找外人解决：

会（   ）   不会（   ）

会的话，找"外人"时，您首先会找的是：

A. 村民小组的人、村长或者村委会（   ）

B. 村里有威望的老人或长辈（   ）

C. 乡镇人民法庭（   ）

D. 乡镇司法所（   ）

8. 在下面哪些争吵与矛盾，您会不惜一切代价讨个说法：

（1）夫妻之间的争吵（   ）

（2）与您家里的其他人争吵，比如和老人或小孩（   ）

（3）别人说您的坏话（   ）

（4）别人打伤了您和您的家人（   ）

（5）别人家的鸡、猪、牛、马到您家田地里吃和践踏您家的庄稼（   ）

（6）他人借了您的钱和东西不还时（   ）

（7）别人侵占了您的土地、山林、房屋、耕地（   ）

（8）您家的耕地或其他土地被政府收回（   ）

（9）与他人发生用水争吵（   ）

（10）对村里公共事务不满意（   ）

原因是：

（1）事关尊严（   ）　　　　　（2）事关生计（   ）

（3）其他原因（   ）

9. 您若和村里人发生矛盾、纠纷时，您会怎么解决：

A. 和他（她）私下解决（   ）　　　B. 找人调解（   ）

C. 到法院打官司（   ）

如果您接受调解，会选择谁来调解：

A. 村民小组的人（   ）　　　B. 村委会的人（   ）

C. 村长（   ）　　　　　　　D. 村里在法院工作的人（   ）

E. 村里调解小组（   ）　　　F. 村里有威望的老人或长辈（   ）

10. 家里老人过世后，留下了房子等财物，如果您有兄弟姐妹，您会怎么处理老人的财产？

A. 家里人或家族开会决定（   ）

B. 按照老人的遗言或遗嘱办（   ）

C. 按照国家的法律分割，继承老人留下的房子等财物（   ）

如果兄弟姐妹意见不一致时，您会：

A. 找家族里的老人调解（   ）　　　B. 到法院打官司（   ）

C. 找村、社干部解决（   ）

如果到了法院，法院建议您调解，您会：

同意（   ）　　　不同意（   ）

11. 在下面哪些争吵和争议中您会找村委会或乡政府解决：

（1）夫妻之间的争吵（   ）

（2）与您家里的其他人争吵，比如和老人或小孩（   ）

（3）别人说您的坏话（   ）

（4）别人打伤了您和您的家人（　　）

（5）别人家的鸡、猪、牛、马到您家田地里吃和践踏您家的庄稼（　　）

（6）他人借了您的钱和东西不还时（　　）

（7）别人侵占了您的土地、山林、房屋、耕地（　　）

（8）您家的耕地或其他土地被政府收回（　　）

（9）与他人发生用水争吵（　　）

（10）对村里公共事务不满意（　　）

原因是：

（1）找他们才好解决（　　）　　　（3）这样解决比较稳妥（　　）

（3）其他原因（　　）

12. 您村里有村规民约吗？

有（　　）　　没有（　　）

大家都遵守它吗？

是（　　）　　不是（　　）

您认为有必要遵守吗？

必要（　　）　　不必要（　　）；

13. 您觉得外来人需要遵守村里的规矩吗？

要（　　）　　不需要（　　）

如果这些外来的人与村里的人发生冲突，您会如何解决：

A. 在村里找人调解（　　）

B. 到政府相关部门或司法部门解决（　　）

C. 到法院打官司（　　）

14. 您村里土地租给了城市里一家企业。这家企业没有按照大家说好的时间给钱，您会怎么办：

A. 找这家企业谈（　　）　　　B. 找担保的人或单位（　　）

C. 到法院打官司（　　）

15. 您觉得您村子里人情味怎么样：

A. 好（　　）　　　　　　　　B. 不好（　　）

C. 一般（　　）　　　　　　　D. 没感觉（　　）

办事时您会首先找熟人吗？

找（　　）　　不找（　　）

16. 在下面哪些争吵和争议中您会去找乡长、县长，或者更高层次的领导解决：

（1）夫妻之间的争吵（　　）

（2）与您家里的其他人争吵，比如和老人或小孩（　　）

（3）别人说您的坏话（　　）

（4）别人打伤了您和您的家人（　　）

（5）别人家的鸡、猪、牛、马到您家田地里吃和践踏您家的庄稼（　　）

（6）他人借了您的钱和东西不还时（　　）

（7）别人侵占了您的土地、山林、房屋、耕地（　　）

（8）您家的耕地或其他土地被政府收回（　　）

（9）与他人发生用水争吵（　　）

（10）对村里公共事务不满意（　　）

原因是：

（1）事关面子（　　）　　　（2）事关生计（　　）

（3）其他原因（　　）

17. 您结婚了吗？

结了（　　）　　还没有（　　）　　已经离了（　　）

如果您结了婚，您认为什么才算结婚？

按当地的风俗结婚（　　）　　领取结婚证（　　）

您觉得结婚去登记有必要吗？

有（　　）　　没有（　　）

18. 您认为离婚最好的方式是：

A. 相互说好了就行（　　）　　B. 找人调解了结（　　）

C. 到法院办理（　　）　　D. 到政府解决（　　）

19. 您村里或周围的人有到法院离婚的吗？

有（　　）　　没有（　　）

20. 您觉得自己最不能忍受的行为是：

A. 影响、破坏村里的祭祀（祭神）活动（　　）

B. 不遵守村里的规矩（　　）

C. 违反国家法律、政策（　　）

D. 不服从村长或"头人"的安排（　　）

E. 不尊敬祖先或长辈（   ）

F. 受外族人欺负（   ）

21. 在下面哪些争吵和争议，您会找村寨中本姓老人或其他人相关员解决：

（1）夫妻之间的争吵（   ）

（2）与您家里的其他人争吵，比如和老人或小孩（   ）

（3）别人说您的坏话（   ）

（4）别人打伤了您和您的家人（   ）

（5）别人家的鸡、猪、牛、马到您家田地里吃和践踏您家的庄稼（   ）

（6）他人借了您的钱和东西不还时（   ）

（7）别人侵占了您的土地、山林、房屋、耕地（   ）

（8）您家的耕地或其他土地被政府收回（   ）

（9）与他人发生用水争吵（   ）

（10）对村里公共事务不满意（   ）

原因是：

（1）是邻居和家门房族（   ）

（2）这样处理比较好，有利于关系的维持（   ）

（3）其他原因（   ）

22. 与哪些人的纠纷，您会选择直接到法院打官司：

A. 和家里人（   ）　　　　　B. 和村里人（   ）

C. 和朋友、熟人（   ）　　　D. 和外来人（   ）

E. 和外村人（   ）　　　　　F. 和城市人（   ）

23. 如果您村里有人杀了人，您会怎么办：

A. 交给警察（   ）　　　　　B. 私下解决（   ）

24. 如果您家被盗了，您首先会想到：

A. 报案（   ）　　　　　　　B. 往村里反映（   ）

C. 自认倒霉或自己解决（   ）

25. 亲戚跟您借了钱，很长时间没有还，您找他（她）多次讨要也没有结果，您会：

A. 找熟人去和他（她）说，让他（她）还钱（   ）

B. 到村民小组或村委会反映（   ）

C. 到村里负责调解的部门反映（　　）

D. 到法院起诉他（她）（　　）

26. 您觉得现在出去打工容易吗？

容易（　　）　　　不容易（　　）

您想到外面打工吗？

想（　　）　　　不想（　　）

如果您在城里打过工，知不知道有保护打工人的权益部门：

知道（　　）　　　不知道（　　）

知不知道有保护打工人权益的法律：

知道（　　）　　　不知道（　　）

在打工时碰到困难，您会找谁来帮助解决：

A. 老乡（　　）　　　　　B. 打工单位的负责人（　　）

C. 一些您知道的维护打工人权益的团体（　　）

D. 社会保障部门（　　）　　E. 司法部门（　　）

F. 政府（　　）　　　　　G. 自己解决（　　）

27. 您村子附近有受到保护的森林吗？

有（　　）　　　没有（　　）

若有的话，原因是：

A. 国家政策要求（　　）　　B. 长久以来的风俗习惯（　　）

C. 发展村子的经济需要（　　）

28. 您村里有村民自办的企业吗？

有（　　）　　　没有（　　）

如果有的话，遇到麻烦时，会如何解决呢？

A. 和对方私下解决（　　）　　B. 村委会（　　）

C. 负责调解的部门（　　）　　D. 法院（　　）

29. 您对村长或村委会不满时，会找（　　）反映：

A. 法院（　　）　　　　　B. 乡政府（　　）

C. 乡长或县长（　　）　　D. 更高领导（　　）

30. 平时您村里发生纠纷时，一般怎样解决：

A. 双方协商解决（　　）　　B. 村长出面解决（　　）

C. 找派出所或乡司法所（　　）D. 其他方式（　　）

31. 下面哪些问题您会找乡政府解决：

A. 政府征用了您家的土地或房屋（　　）

B. 对村委会的决定不满（　　）

C. 争土地、水源等（　　）

原因是：

A. 不找乡政府，不知道找哪个（　　）

B. 乡政府是为老百姓办事的（　　）

C. 其他原因（　　）

32. 邻居盖房时占了您家的宅基地或通道，影响了您家的生活，您会怎么解决：

  A. 找村长调解（　　）　　　B. 找乡政府（　　）

  C. 找法院（　　）　　　　　D. 找派出所（　　）

  E. 自己解决（　　）

33. 您最近有没有遇到纠纷和矛盾：

  有（　　）　　　没有（　　）

34. 您知不知道人民调解委员会：

  知道（　　）　　不知道（　　）

若知道，它是干什么的：

  A. 不清楚（　　）　　　B. 政府机关（　　）

  C. 解决矛盾的地方（　　）

35. 您村里有没有调解纠纷的组织：

  有（　　）　　　没有（　　）

若有，您或您周围的人有没有去调解组织处请求过帮忙：

  有过（　　）　　　没有（　　）

36. 您有没有听说过乡司法所：

  有（　　）　　　没有（　　）

若有，您认为它是干什么的：

  A. 政府机关（　　）　　B. 教人们法律的地方（　　）

  C. 不清楚（　　）　　　D. 调解纠纷的地方（　　）

37. 您乡镇有司法所吗？

  有（　　）　　　没有（　　）

若有，您或您周围的人到司法所解决过纠纷吗？

  有（　　）　　　没有（　　）

38. 您是否信教：

信（ ）　　不信（ ）

若信，与教友发生冲突时您会首先选择：

A. 找教内相关人员解决（ ）

B. 找其他组织解决（ ）

39. 您对乡镇司法所解决矛盾或争吵的结果是否满意：

A. 满意（ ）　　B. 差不多，还行（ ）　　C. 不满意（ ）

若满意，原因是：

A. 很公平（ ）　　B. 不费事（ ）　　C. 不耗时（ ）

40. 您有没有听说过社会矛盾调解中心：

有（ ）　　没有（ ）

若有，它是干什么的：

A. 不清楚（ ）　　　　　　　　B. 政府机关（ ）

C. 帮助困难群众的地方（ ）　　D. 告状的地方（ ）

E. 解决村与村之间矛盾的地方（ ）

41. 您乡镇上有没有社会矛盾调解中心：

A. 有（ ）　　B. 没有（ ）　　C. 不清楚（ ）

42. 您听说过法律服务所吗？

有（ ）　　没有（ ）

若听说过，您知道它是干什么的吗？

知道（ ）　　不知道（ ）

您或您周围的人求助过它吗？

有（ ）　　没有（ ）

43. 您听说过法律援助中心吗？

有（ ）　　没有（ ）

若听说过，您知道它是干什么的吗？

知道（ ）　　不知道（ ）

您或者您周围的人求助过它吗？

有（ ）　　没有（ ）

44. 您听说过"148"协调指挥中心吗？

有（ ）　　没有（ ）

若听说过，您知道它是干什么的吗？

知道（　　）　　　不知道（　　）
您或者您周围的人求助过它吗？
有（　　）　　　没有（　　）

45. 您有没有听说过法院：
听过（　　）　　　没有（　　）
若听过，它是干什么的：
A. 告状的地方（　　）　　　B. 政府机关（　　）
C. 解决困难的地方（　　）　　　D. 专门审理案件的地方（　　）

46. 您或您周围的人有没有到法院告过状：
A. 有（　　）　　B. 没有（　　）　　C. 不清楚（　　）
若有，对法院解决的结果是：
A. 满意（　　）　　B. 一般般（　　）　　C. 不满意（　　）
法院解决纠纷后，你们的关系是：
A. 保持原状（　　）　　　B. 不来往，变成仇人（　　）

47. 当发生矛盾、纠纷时，您是更想自己解决还是去法院：
是（　　）　　　不是（　　）
若不是，不愿找法院的原因是：
A. 太麻烦了（　　）　　　B. 要花很多钱（　　）
C. 很长时间都解决不了（　　）　　　D. 很丢脸（　　）
E. 其他（　　）

48. 您是否认为发生纠纷找法院解决是一件很不光彩的事：
是（　　）　　　不是（　　）

49. 您认为法院在解决矛盾、纠纷时最大的问题是：
A. 不方便（　　）　　　B. 太讲关系（　　）
C. 花时太长（　　）　　　D. 判决结果不好（　　）

50. 您相信下面哪些人或机构做出的调解或判决：
A. 家庭或家族会议（　　）　　B. 村民小组（　　）
C. 村委会（　　）　　　D. 村里负责调解矛盾纠纷的人（　　）
E. 乡镇人民法庭（　　）　　　F. 乡司法所（　　）
G. 县或县级以上司法行政部门或法院（　　）
您会服从您所选的这些人和机构所作出的决定吗？
会（　　）　　　不会（　　）

· 267 ·

原因是：

A. 它是公正公平的、正义的（　　）

B. 它是国家的机关或部门（　　）

C. 它们有权威（　　）

D. 大家都相信、服从，所以我也相信、服从（　　）

参考文献

一、古代文献

1. 《史记》，中华书局点校本。
2. 《汉书》，中华书局点校本。
3. 《后汉书》，中华书局点校本。
4. 《三国志》，中华书局点校本。
5. 《南史》，中华书局点校本。
6. 《周书》，中华书局点校本。
7. 《新唐书》，中华书局点校本。
8. 《宋史》，中华书局点校本。
9. 《元史》，中华书局点校本。
10. 《明史》，中华书局点校本。
11. 《清史稿》，中华书局点校本。
12. 《明实录》，台湾"中央研究院"历史语言研究所校印本。
13. 《清实录》，中华书局影印本。
14. 《礼记》，载《四书五经》，北京古籍出版社1995年版。
15. 孟子：《孟子集注》，载《四书五经》，北京古籍出版社1995年版。
16. 睡虎地秦墓竹简整理小组编《睡虎地秦墓竹简》，文物出版社1978年版。
17. 张家山二四七号汉墓竹简整理小组编著《张家山汉墓竹简》（释文修订本），文物出版社2006年版。
18. （唐）长孙无忌等：《唐律疏议》，中华书局1985年版。
19. 刘俊文撰《唐律疏议笺解》，中华书局1996年版。

20. （宋）窦仪等撰《宋刑统》，吴翊如点校，中华书局 1984 年版。
21. 《元典章》（《大元圣政国朝典章》），中国广播电视出版社 1998 年版。
22. 方龄贵校注《通制条格校注》，中华书局 2001 年版。
23. 怀效锋点校《大明律》，辽汉书社 1989 年版。
24. 田涛、郑秦点校《大清律例》，法律出版社 1999 年版。
25. （清）薛允升撰《唐明律合编》，怀效锋、李鸣点校，法律出版社 1999 年版。
26. 《大清律例会通新纂》，沈云龙主编《中国近代史料丛刊（第 22 辑）》，（台湾）文海出版社 1987 年版。
27. （清）席裕福、沈师徐辑《皇朝政典类纂》，（台湾）文海出版社 1983 年版。
28. （光绪）《钦定大清会典事例》，中华书局 1991 年版。
29. （清）徐松撰《宋会要辑稿》，中华书局 1957 年版。
30. 《皇明制书、宪章类编》第 46 册，北京图书馆古籍珍本丛刊本。
31. 常璩著，刘琳校注《华阳国志校注》，巴蜀书社 1984 年版。
32. （宋）范成大：《桂海虞衡志》，四库全文渊阁书本。
33. （宋）洪迈：《容斋四笔》，四库全书文渊阁本。
34. （宋）叶适撰《水心集》，四库全文渊阁书本。
35. （宋）周云非：《岭外代答》，四库全文渊阁书本。
36. （元）李京：《云南志略》，四库全书文渊阁本。
37. （元）危素：《危太朴续集》，四库全书文渊阁本。
38. （元）虞集撰《平瑶记》，四库全书文渊阁本。
39. （明）李元阳撰《云南通志》，云南大学图书馆藏本。
40. （明）田汝成撰《炎徼纪闻》，广西人民出版社 2007 年版。
41. （明）张燮：《东西洋考》，丛书集成初编本。
42. （明）王士性：《广志绎》，中华书局 1997 年版。
43. （清）李宗昉：《黔记》，载《小方壶斋舆地丛钞（第 7 帙）》，杭州古籍书店 1985 年影印本。
44. （清）闵叙：《粤述》，载《小方壶斋舆地丛钞（第 7 帙）》，杭州古籍书店 1985 年影印本。
45. （清）屈大均：《广东新语》，中华书局 1985 年版。
46. （清）谈者已巳居士、次者未山道人：《幻影谈》，云南大学图书馆藏本。

47. （清）檀萃辑，宋文熙、李东平校注《滇海虞衡志校注》，云南人民出版社 1990 年版。

48. （清）田雯等：《黔书·续黔书·黔记·黔语》，贵州人民出版社 1992 年版。

49. （清）吴大勋：《滇南纪闻录》，云南图书馆抄本。

50. （清）徐家干著，吴一文校注《苗疆闻见录》，贵州人民出版社 1997 年版。

51. （清）严如煜：《苗防备览》，道光木刻本。

52. （清）姚柬之：《连山绥瑶厅志》，本刻本。

53. （清）赵翼：《粤滇杂记》，载《小方壶斋舆地丛钞（第 8 帙）》，杭州古籍书店 1985 年影印本。

54. （清）诸匡鼎：《瑶獞传》，载《小方壶斋舆地丛钞（第 8 帙）》，杭州古籍书店 1985 年影印本。

55. （清）陈梦雷编《古今图书集成》，中华书局影印本 1934 年版。

56. （清）丁日昌：《抚吴公牍》，广州古籍书店内部影印 1988 年版。

57. 《怒江史志资料》（第 1 辑），怒江州志办公室翻印 1987 年版。

58. 故宫博物院明清档案部编《清代档案史料丛编》（第 14 辑），中华书局 1984 年版。

59. 《清代武定彝族那氏土司档案史料校编》，中央民族学院出版社 1993 年版。

60. 《雍正朝汉文朱批奏折汇编》（第 22 册），江苏古籍出版社 1989 年版。

61. 《招捕总录》，宛委别藏本，台湾商务印书馆影印。

62. 方亨咸：《苗俗记闻》，载《小方壶斋舆地丛钞（第 8 帙）》，杭州古籍书店 1985 影印本。

63. 李春龙、刘景毛点校《正续云南备征志精选点校》，云南民族出版社 2000 年版。

64. 王叔武：《云南志略辑校》，云南民族出版社 1986 年版。

65. （明）刘文征撰，古永继校点（天启）《滇志》，云南教育出版社 1991 年版。

66. 谢启昆撰（嘉庆）《广西通志》，丛书集成初编本。

67. 臧承宣撰《连山县志》，广州天成印务局铅印本 1828 年版。

68. 徐怀璋纂修（民国）《昭觉县志稿》，1920 年铅印本。

69. 段绶滋纂修《（民国）中甸县志》，中甸县县志办 1960 年印本。
70. 刘运锋：（民国）《乐昌县志》，中国方志丛书 192，台北新文丰出版社 1985 年版。
71. 杨世钰主编《大理丛书·金石篇（10）》，中国社会科学出版社 1993 年版。
72. 段汝霖撰《楚南苗志》，岳麓书社 2008 年版。
73. （清）钱召棠纂辑《巴塘志略·杂识》，《中国西南文献丛书（第 1 辑）·西南稀见方志文献》卷 16，兰州大学出版社 2003 年版。
74. （清）曹抡彬等修，曹抡翰等纂（乾隆）《雅州府志》，中国地方志集成（63）·四川府县志辑，巴蜀书社 1992 年版。

二、近人著作

1. 国内近人著作

1. 陈金全主编《西南少数民族习惯法研究》，法律出版社 2008 年版。
2. 陈庆英主编《藏族部落制度研究》，中国藏学出版社 1995 年版。
3. 陈云生主编《民族区域自治法精义》，人民出版社 1991 年版。
4. 邓敏文、吴浩：《没有国王的王国——侗款研究》，中国社会科学出版社 1995 年版。
5. 邓敏文：《神判论》，贵州人民出版社 1991 年版。
6. 刁杰成：《人民信访史略》，北京经济学院出版社 1996 年版。
7. 佴澎：《从冲突到和谐——元明清时期西南少数民族纠纷解决机制研究》，人民出版社 2008 年版。
8. 范宏贵：《少数民族习惯法》，吉林教育出版社 1990 年版。
9. 范愉：《非诉讼纠纷解决机制研究》，中国人民大学出版社 2000 年版。
10. 范愉：《纠纷解决的理论与实践》，清华大学出版社 2007 年版。
11. 范愉主编《多元化纠纷解决机制》，厦门大学出版社 2005 年版。
12. 方慧主编《少数民族地区习俗与法律的调适：以云南省金平苗族瑶族傣族自治县为中心的案例研究》，中国社会科学出版社 2006 年版。
13. 高发元主编《云南民族村寨调查丛书》，云南大学出版社 2001 年版。
14. 高其才：《中国少数民族习惯法研究》，清华大学出版社 2003 年版。
15. 高其才：《中国习惯法论》，湖南出版社 1995 年版。

16. 龚佩华：《景颇族山官制社会研究》，中山大学出版社 1988 年版。
17. 顾培东：《社会冲突与诉讼机制》，四川人民出版社 1991 年版。
18. 郭正礼：《中国特色的民族区域自治理论与实践》，新疆大学出版社 1992 年版。
19. 海乃拉莫、曲木约质：《凉山彝族习惯法案例集成》，云南人民出版社 1998 年版。
20. 何兵主编《和谐社会与纠纷解决机制》，北京大学出版社 2007 年版。
21. 胡朴安：《中国风俗（上下）》，九州出版社 2007 年版。
22. 胡兴东：《生存范式：理性与传统——元明清时期南方民族法律变迁研究》，中国社会科学出版社 2005 年版。
23. 华林：《西南彝族历史档案》，云南大学出版社 1999 年版。
24. 江平等：《西藏的民族区域自治》，中国藏学出版社 1991 年版。
25. 林耀华：《凉山彝家》，商务印书馆 1941 年版。
26. 刘广安：《清代民族立法研究》，中国政法大学出版社 1993 年版。
27. 龙大轩：《乡土秩序与民间法律——羌族习惯法探析》，华夏文化艺术出版社 2001 年版。
28. 马克林：《回族传统法文化研究》，中国社会科学出版社 2006 年版。
29. 马戎、周星编著《田野工作与文化自觉（下）》，群言出版社 1998 年版。
30. 毛筠如：《大小凉山之彝族》，四川民族出版社 1946 年版。
31. 莫金山：《瑶族石牌制》，广西民族出版社 2000 年版。
32. 彭剑秋编著《溪州土司八百年》，民族出版社 2001 年版。
33. 奇格：《古代蒙古法制史》，辽宁民族出版社 1999 年版。
34. 强世功编《调解、法制与现代性：中国调解制度研究》，中国法制出版社 2005 年版。
35. 冉井富：《当代中国民事诉讼率变迁研究——一个比较法社会学的视角》，中国人民大学出版社 2005 年版。
36. 任乃强：《西康图经》，南天书局发行 1935 年版。
37. 汝信、陆学艺、李培林等主编《2007 年中国社会形势预测与分析》，社会科学文献出版社 2006 年版。
38. 汝信、陆学艺、李培林等主编《2009 年中国社会形势预测与分析》，社会科学文献出版社 2008 年版。
39. 沈恒斌主编《多元纠纷解决机制原理与实务》，厦门大学出版社 2005

年版。
40. 师蒂:《神话与法制:西南民族法文化研究》,云南教育出版社 1992 年版。
41. 史筠:《民族法制研究》,北京大学出版社 1986 年版。
42. 宋全:《少数民族民间禁忌》,中央民族大学出版社 1994 年版。
43. 苏发祥:《清代治藏政策研究》,民族出版社 2001 年版。
44. 孙先方主编《民族区域自治法学》,内蒙古大学出版社 1990 年版。
45. 汤维建等:《群体性纠纷诉讼解决机制论》,北京大学出版社 2008 年版。
46. 田汝康:《芒市边民的摆》,云南人民出版社 2008 年版。
47. 王恒杰:《迪庆藏族社会史》,中国藏学出版社 1995 年版。
48. 王明东:《彝族传统社会法律制度》,云南民族出版社 2001 年版。
49. 王天玺:《民族法概论》,云南人民出版社 1988 年版。
50. 王同惠:《广西省象县东南乡花篮瑶社会组织》,商务印书馆 1936 年版。
51. 王学辉:《从禁忌习惯到法起源运动》,法律出版社 1998 年版。
52. 王亚新:《社会变革中的民事诉讼》,中国法制出版社 2001 年版。
53. 吴大华:《民族与法律》,民族出版社 1990 年版。
54. 吴大华主编《民族法学讲座》,民族出版社 1997 年版。
55. 吴金福、李先绪、木春荣主编《怒江中游的傈僳族》,云南民族出版社 2000 年版。
56. 吴宗金主编《中国民族立法理论与实践》,中国民主法制出版社 1998 年版。
57. 夏之乾:《神判》,上海三联书店 1990 年版。
58. 熊文钊主编《中国民族法制 60 年》,中央民族大学出版社 2010 年版。
59. 徐杰舜、吴淑兴主编《实施自治法研究》,广西民族出版社 1997 年版。
60. 徐杰舜等:《民族自治权论》,广西教育出版社 1991 年版。
61. 徐晓光:《原生的法——黔东南苗族侗族地区的法人类学调查》,中国政法大学出版社 2010 年版。
62. 徐晓光:《中国少数民族法制史》,贵州民族出版社 2002 年版。
63. 徐昕:《迈向社会和谐的纠纷解决》,中国检察出版社 2008 年版。
64. 徐昕主编《司法第一辑——纠纷解决与社会和谐》,法律出版社 2006 年版。
65. 徐勇、徐增阳主编《乡土民主的成长——村民自治 20 年研究集萃》,

华中师范大学出版社 2007 年版。
66. 徐中起、张锡盛、张晓辉：《少数民族习惯法研究》，云南大学出版社 1998 年版。
67. 杨侯第主编《民族区域自治法教程》，法律出版社 1995 年版。
68. 杨怀英、赵勇山等：《滇西南边疆少数民族婚姻家庭制度与法的研究》，法律出版社 1988 年版。
69. 杨士宏：《藏族传统法律文化研究》，甘肃人民出版社 2003 年版。
70. 于建嵘：《抗争性政治：中国政治社会学基本问题》，人民出版社 2010 年版。
71. 俞荣根主编《羌族习惯法》，重庆出版社 2000 年版。
72. 张尔驹：《中国民族区域自治史纲》，民族出版社 1995 年版。
73. 张冠梓：《论法的成长——来自中国南方山地法律民族志的诠释》，中国社会科学出版社 2000 年版。
74. 张济民主编《寻根理枝——藏族部落习惯法通论》，青海人民出版社 2002 年版。
75. 张晓辉、李天元主编《中国民族村寨调查丛书》，云南大学出版社 2004 年版。
76. 张晓辉主编《中国法律在少数民族地区的实施》，云南大学出版社 1994 年版。
77. 赵旭东：《权力与公正——乡土社会的纠纷解决与权威多元》，天津古籍出版社 2003 年版。
78. 中国社会科学院法学研究所编《中国法治发展报告 No.8（2010）》，社会科学文献出版社 2010 年版。
79. 周世中等：《西南少数民族民间法的变迁与现实作用——以黔桂瑶族、侗族、苗族民间法为例》，法律出版社 2010 年版。
80. 周星：《死给、死给案与凉山社会》，群言出版社 1998 年版。
81. 周勇：《少数人权利的法理》，社会科学文献出版社 2002 年版。
82. 朱金甫：《清末教案》（第三册），中华书局 1996 年版。

2. 外国著作

1. ［德］卢曼：《法律的自我复制及其限制》，韩旭译，载《北大法律评论》2000 年第 5 期。
2. ［法］托克维尔：《旧制度与大革命》，冯棠译，商务印书馆 1992 年版。

3. [美] Sally Falk Moore：《法律与人类学》，黄维宪译，载李亦园编《文化人类学选读》，台湾食货出版社 1980 年版。

4. [美] 丹尼尔·贝尔：《后工业社会的来临》，高铦、王宏周、魏章玲译，商务印书馆 1986 年版。

5. [美] 罗伯特·C. 埃里克森：《无需法律法律的秩序——邻人如何解决纠纷》，中国政法大学出版社 2003 年版。

6. [美] 唐·布莱克：《社会学眼中的司法》，郭星华等译，法律出版社 2001 年版。

7. [美] 西摩·马丁·李普塞特：《政治人：政治的社会基础》，上海人民出版社 1997 年版。

8. [美] 詹姆斯·C·斯科特：《弱者的武器》，郑广怀译，凤凰出版集团、译林出版社 2007 年版。

9. [日] 棚濑孝雄：《纠纷的解决与审判制度》，王亚新译，中国政法大学出版社 1994 年版。

10. [日] 樱井哲夫：《福柯——知识与权力》，姜忠莲译，河北教育出版社 2001 年版。

11. [日] 高见泽磨：《现代中国的纠纷与法》，何勤华、李秀清、曲阳译，法律出版社 2003 年版。

12. Kevin J. O'Brien and Lianjiang Li, *Rightful Resistance in Rural China*, Cambridge University Press, 2007.

13. Michelson, E. 2007. "Climbing the Dispute Pagoda：Grievance and Appeals to the official Justice System in Rural China," *American Sociological Review*.

三、社会调查报告和各种其他志书

1. 《楚雄州审判志》编纂领导小组编审《楚雄州审判志》，云南大学出版社 1997 年版。

2. 《德宏傣族景颇族自治州概况》编写组：《德宏傣族景颇族自治州概况》，德宏民族出版社 1986 年版。

3. 《德宏州文史资料选辑》（第四辑），1985 年。

4. 《广西审判志》编辑室：《广西审判志》（讨论稿），广西壮族自治区高级人民法院印，1991 年版。

5. 《澜沧县情（1991—2000）》，云南科技出版社2003年版。
6. 《弥勒县情（1993—1997）》，云南人民出版社1999年版。
7. 《云南省检察志》，法律出版社1991年版。
8. 《云南省情2008》，云南人民出版社2009年版。
9. 《云南省志·司法志》，云南人民出版社2001年版。
10. 《中甸藏文历史档案资料汇编》，云南民族出版社2003年版。
11. 《中国民族区域自治50年》课题组编《中国民族区域自治50年》，内蒙古人民出版社1997年版。
12. 《中华归主：中国基督教事业统计（1901—1920）》（上册），中国社会科学出版社1987年版。
13. 楚雄彝族自治州司法局、楚雄彝族自治州人民调解决员协会编《案例选编（内部资料）》，2004年版。
14. 德宏州政协文史委编《中国景颇族山官》，德宏民族出版社2001年版。
15. 高发元主编《云南民族村寨调查·景颇族——瑞丽弄岛乡等嘎村》，云南大学出版社2001年版。
16. 广西壮族自治区地方志编纂委员会编《广西通志》，广西人民出版社2002年版。
17. 广西自治区编辑组：《广西侗族社会历史调查》，广西民族出版社1987年版。
18. 贵州民族研究所民族研究会编《贵州民族调查（之六）》，1988年版。
19. 贵州省地方志编纂委员会编《贵州省志·司法行政志》，贵州人民出版社1999年版。
20. 贵州省地方志编纂委员会编《贵州省·审判志》，贵州人民出版社1999年版。
21. 海乃拉莫等：《凉山彝族习惯法案例集成》，云南人民出版社1998年版。
22. 黄珺主编《云南乡规民约大观》，云南美术出版社2010年版。
23. 黄钰辑《瑶族石刻录》，云南民族出版社1993年版。
24. 李文海主编《民国时期社会调查丛编·少数民族卷》，福建教育出版社2005年版。
25. 林耀华：《中国少数民族原始宗教资料丛编·彝族卷》，中国少数民族原始宗教资料丛编课题组1992年版。
26. 陇川县史志办、政协陇川县文史委编《户撒史话》，云南人民出版社

2002 年版。
27. 马山县志编纂委员会编《马山县志》，民族出版社 1996 年版。
28. 马曜主编《云南民族工作 40 年》（上、下），云南民族出版社 1994 年版。
29. 宁蒗彝族自治县编纂委员会编《宁蒗彝族自治县志》，云南民族出版社 1993 年版。
30. 怒江州地方志办公室编《怒江史志资料》（第 1 辑），2003 年版。
31. 黔西南布依族苗族自治州史志办编《黔西南布依族清代乡规民约碑文选》，1986 年版。
32. 秦和平编《四川民族地区民主改革资料集》，民族出版社 2008 年版。
33. 秦和平编《云南民族地区民主改革资料集》，巴蜀书社 2010 年版。
34. 秦和平、冉琳闻编：《四川民族地区民主改革大事记》，民族出版社 2007 年版。
35. 全国政协暨湖南、贵州、广西、湖北政协文史资料委员会编《侗族百年实录（上册）》，中国文史出版社 2000 年版。
36. 任乃强：《西康图经》，南天书局 1934 年版。
37. 任映沧：《大小凉山猓族通考》，西南夷务丛书社 1947 年版。
38. 师宗县法院编《师宗县法院志》，内部印，1995 年版。
39. 四川地方志编纂委会员编纂《四川省志·公安·司法志》，四川人民出版社 1997 年版。
40. 四川省编辑组：《四川彝族历史调查资料、档案资料选编》，四川省社会科学院出版社 1987 年版。
41. 四川省高级人民法院院志编辑室：《四川省审判志》，电子科技大学出版社 2003 年版。
42. 文山壮族苗族自治州中级人民法院志编《文山壮族苗族自治州法院志》，1995 年版。
43. 吴江编录《侗族部分地区碑文选辑》，黎平县志办公室编印 1989 年版。
44. 徐益棠：《雷波小凉山之罗民》，金陵大学中国文化研究所 1944 年版。
45. 杨一凡主编《中国珍稀法律典籍续编（十册）》，黑龙江人民出版社 2002 年版。
46. 杨永生整理《景颇族阿昌族社会历史调查文集》，德宏民族出版社 2007 年版。
47. 杨永生整理《瑞丽县勐典寨社会历史调查》，德宏民族出版社 2007 年版。

48. 杨远相主编《大理市法院志》，内部印刷1993年版。
49. 余宏模编《明代贵州彝族历史资料选编》，《民族研究参考料（第二集）》，贵州省民族研究所1980年版。
50. 云南编辑组：《白族社会历史调查》（二），云南人民出版社1986年版。
51. 云南编辑组：《傣族社会历史调查》（西双版纳之九），云南人民出版社1988年版。
52. 云南省编辑组：《四川贵州彝族社会历史调查》，云南人民出版社1987年版。
53. 云南省编辑委员会编《哈尼族社会历史调查》，云南民族出版社1982年版。
54. 云南省编辑委员会编《傣族社会历史调查》（西双版纳之二），云南民族出版社1983年版。
55. 云南省编辑委员会编《西双版纳傣族社会综合调查》（二），云南民族出版社1984年版。
56. 云南省编辑组：《景颇族社会历史调查（四）》，云南人民出版社1986年版。
57. 云南省编辑组：《景颇族社会历史调查（一）》，云南人民出版社1986年版。
58. 云南省编辑组：《景颇族社会历史调查》（三），云南人民出版社1986年版。
59. 云南省编辑组：《傈僳族社会历史调查》，云南人民出版社1981年版。
60. 云南省编辑组：《云南地方志道教和民族民间宗教资料琐编》，云南人民出版社1986年版。
61. 云南省编辑组：《中央访问团第二分团：云南民族情况汇集》，云南民族出版社1986年版。
62. 云南省迪庆藏族自治州志编纂委员会编《迪庆藏族自治州志》，云南民族出版社2003年版。
63. 云南省地方志编纂委员会编《云南省志·检察志》，云南人民出版社1995年版。
64. 云南省洱源县人民法院编《洱源县法院志》，内部印刷1988年版。
65. 云南省高级人民法院编《云南审判志》，云南人民出版社1996年版。
66. 云南省泸水县志编纂委员会编《泸水县志》，云南人民出版社1995年版。

67. 云南省民族事务委员会编《云南民族工作大事记：1949—2007》，云南民族出版社2008年版。
68. 云南省司法厅编撰《云南省志·司法志》，云南人民出版社2001年版。
69. 云南省西双版纳地方志办公室编《西双版纳傣族自治州志》，云南省地矿局，2003年版。
70. 张济民主编《清海藏区部落习惯法资料集》，青海人民出版社1993年版。
71. 中共大理州委党史研究室编《大理州大跃进人民公社化运动》，云南民族出版社2004年版。
72. 中共内蒙古自治区委员会党史研究室编《中国共产党与少数民族地区的民主改革和社会主义改造》，中共党史出版社2001年版。
73. 中共中央文献研究室编《建国以来刘少奇文稿》（第2册），中央文献出版社2005年版。
74. 中国人民政治协商会议德宏州委员会文史组编《德宏州文史资料选辑（第四辑）》，1985年版。
75. 钟焕燃：《西南各少数民族皈依基督教五十年史（未刊稿）》，1957年版。
76. 庄学本著《彝族调查报告》，西康省政府印行1941年版。

四、期刊报纸论文

1. 期刊论文

1. [美] 郭丹青：《中国的纠纷解决》，王晴译，载强世功编《调解、法制与现代性：中国调解制度研究》，中国法制出版社2005年版。
2. [美] 柯恩：《现代化前夕的中国调解》，王笑红译，载强世功编《调解、法制与现代性：中国调解制度研究》，中国法制出版社2005年版。
3. [美] 陆思礼：《毛泽东与调解：共产主义的政治与纠纷解决》，载许旭译，强世功编《调解、法制与现代性：中国调解制度研究》，中国法制出版社2005年版。
4. [美] 陆思礼：《邓小平之后的中国纠纷解决：再谈"毛泽东和调解"》，矫波译，载强世功编《调解、法制与现代性：中国调解制度研究》，中国法制出版社2005年版。
5. 艾佳慧：《"大调解"的运作模式与适用边界》，《法商研究》2011年第1期。

6. 巴莫·阿依：《凉山彝族的"晓补"反咒仪式》，《世界宗教研究》1989年第3期。
7. 白荻：《倮罗的宗教和他们的巫师》，《京沪周刊》1947年第21期。
8. 白芝·尔姑阿呷：《凉山彝族习惯法》，《彝族文化》1999年年刊。
9. 薛永慧：《群体纠纷诉讼机制研究》，中国政法大学博士学位论文，2006年。
10. 蔡富莲：《市场经济体制下凉山彝族家支、习惯法与彝族社会治案问题研究——以彝族聚居县美姑、昭觉、布拖为例》，《贵州民族研究》2006年第6期。
11. 常安：《试论法人类学的学科独立性问题——与法社会学相比较》，《山东大学学报（哲学社会科学版）》2008年第3期。
12. 陈斌：《瑶族神判法述论》，《东南文化》1993第1期。
13. 陈杭平：《社会转型、法制化与法院调解》，《法制与社会发展》2010年第2期等。
14. 陈金全、侯晓娟：《论清代黔东南苗寨的纠纷解决——以文斗苗寨词状为对象的研究》，《湘潭大学学报（哲学社会科学版）》2010年第1期。
15. 陈思明：《行政调解探析》，中国政法大学硕士学位论文，2007年。
16. 陈伟杰、郭星华：《法律的差序利用——以一个宗教村落的纠纷调解为例》，《中国农业大学学报（社会科学版）》2009年第2期。
17. 陈先兵：《维权话语与抗争逻辑——中国农村群体性抗争事件研究的回顾与思考》，《北京化工大学学报（社会科学版）》2010年第1期。
18. 陈宜：《论西部和谐社会语境下民族纠纷解决机制的完善》，《西南民族大学学报（人文社科版）》2009年第6期。
19. 陈真：《证券争议纠纷解决方式之探讨——我国证券仲裁制度之反思与构建》，《中国对外贸易》2002年第10期。
20. 杜国明、杨建广：《我国征地纠纷解决机制的构建》，《求索》2007年第6期。
21. 佴澎：《清代大理白族纠纷的解决规范》，《清史研究》2008年第3期。
22. 范愉：《调解的重构（上）——以法院调解的改革为重点》，《法律与社会发展》2004年第2期。
23. 范愉：《调解的重构（下）——以法院调解的改革为重点》，《法制与社会发展》2004年第3期。

24. 范愉：《多元化纠纷解决机制与和谐社会的法律问题》，载沈恒斌主编《多元纠纷解决机制原理与实务》，厦门大学出版社 2005 年版。
25. 范愉：《多元化纠纷解决机制原理与实务》，载沈恒斌主编《多元化纠纷解决机制原理与实务》，厦门大学出版社 2005 年版。
26. 范愉：《纠纷解决研究的反思与展望》，《司法》2008 年第 3 辑。
27. 范愉：《纠纷解决与和谐社会》，载徐昕主编《司法第一辑——纠纷解决与社会和谐》，法律出版社 2006 年版。
28. 方慧、胡兴东：《少数民族地区刑事案件中的司法选择》，载方慧主编《少数民族地区习俗与法律的调适——以云南省金平苗族瑶族傣族自治县为中心的案例研究》，中国社会科学出版社 2006 年版。
29. 傅华伶：《后毛泽东时代中国的人民调解制度》，王晴译，载强世功编《调解、法制与现代性：中国调解制度研究》，中国法制出版社 2005 年版。
30. 傅郁林：《"诉前调解"与法院的角色》，《法律适用》2009 年第 4 期。
31. 高其才：《瑶族调解与审理习惯初探》，《清华法学》2007 年第 2 期。
32. 龚佩华：《从景颇族的统一谈族群理论——兼论与周边民族的矛盾和适应》，《思想战线》2008 年第 4 期。
33. 巩富文：《唐代的直诉制度》，《法学杂志》1993 年第 5 期。
34. 顾建华：《青海蒙藏地区"赔命价"和"罚服"规范探析》，《青海社会科学》1990 年第 1 期。
35. 官波：《法律多元视野中的少数民族习惯法》，云南大学博士研究生学位论文库（未刊稿）。
36. 郭星华、邱洪敏：《法律的"在场"与"不在场"——对一起赡养纠纷调解事件的法社会学分析》，《中国农业大学学报（社会科学版）》2007 年第 3 期。
37. 韩延龙：《人民调解制度的形成与发展》，《中国法学》1987 年第 3 期。
38. 郝静：《信访制度改革不应强化其权利救济功能》，《广东行政学院学报》2005 年第 6 期。
39. 郝静：《信访制度改革不应强化其权利救济功能》，《广东行政学院学报》2005 年第 6 期。
40. 何立荣：《刑事和解在民族地区农村的提倡——民族地区农村刑事法治与和谐社会的构建》，《前沿》2008 年第 10 期。

41. 侯晓娟：《清代黔东南文斗苗寨纠纷解决机制研究》，西南政法大学法律史硕士学位论文，2010年。
42. 胡改蓉：《证券纠纷解决机制多元化的构建》，《华东政法大学学报》2007年第3期。
43. 胡平仁、杨夏女：《以交涉为核心的纠纷解决过程——基于法律接受的法社会学分析》，《湘潭大学学报（哲学社会科学版）》2010年第1期。
44. 胡小鹏、高晓波：《"角色理论"视野下藏边民族纠纷解决新探——以光绪朝循化厅所辖藏区为例》，《西北师范大学学报（社会科学版）》2010年第6期。
45. 胡兴东、朱艳红：《中国历史上少数民族刑事案件法律适用问题研究》，《云南民族大学学报（哲学社会科学版）》2009年第3期。
46. 胡兴东：《20世纪50年代以来云南藏区社会治理问题探析——以社会纠纷解决机制为中心考察》，《云南行政学院学报》2009年第1期。
47. 胡兴东：《滇西北特困民族社会转型中法律冲突的调适》，《云南民族大学学报（哲学社会科学版）》2005年第4期。
48. 胡兴东：《近代以来云南藏区社会组织制度变迁》，《玉溪师范学院学报》2009年第5期。
49. 胡兴东：《景颇族传统山官制度下民事纠纷的解决机制》，《云南民族大学学报（哲学社会科学版）》2008年第1期。
50. 胡兴东：《历史上西南民族地区族际纠纷解决机制研究》，《云南社会科学》2010年第4期。
51. 胡兴东：《西南民族地区多元纠纷解决机制的构建》，《云南社会科学》2007年第4期。
52. 胡兴东：《元明清时期国家法对民间纠纷解决机制的规制研究》，《云南大学学报法学版》2007年第4期。
53. 华热·多杰：《藏族部落纠纷解决制度探析》，《青海民族学院学报（哲学社会科学版）》1999年第3期。
54. 季金华、徐骏：《土地征收纠纷解决的法律机制》，《金陵法律评论》2006年第2期。
55. 季卫东：《法律体系的多元与整合——与德沃金教授商榷解释方法论问题》，《清华法学》2002年第1期。
56. 季卫东：《法制与调解的悖论》，《法学研究》1989年第5期。

57. 季卫东：《上访潮与申诉制度的出路》，《青年思想家》2005年第4期。
58. 季卫东：《调解制度的法律发展机制——从中国法制化的矛盾情境谈起》，易平译，《民商法杂志》1990年第6期。
59. 嘉日姆几（即杨洪林）：《云南小凉山彝汉纠纷解决方式研究》，中央民族大学人类学博士学位论文，2008年。
60. 嘉日姆几：《彝汉纠纷中的身份、认知与权威——以云南省宁蒗彝族自治县为例》，《民族研究》2008年第4期。
61. 蒋鸣湄：《古代侗款效力溯源——对古代侗族村寨社会纠纷解决机制的研究》，《广西政法管理干部学院学报》2010年第6期。
62. 蒋鸣湄：《社会契约与国家法律在现代乡村社会中的实践方式——对广西三江侗族自治县多元纠纷解决机制的考察》，《广西民族研究》2009年第4期。
63. 康有赓：《清代苗族山林买卖契约反映的苗汉等族间的经济关系》，《贵州民族研究》1990年第3期。
64. 康有赓：《清代清水江下游苗族林契研究》，《苗族研究会成立大会暨第一届学术讨论会论文集》，1989年版。
65. 李浩：《论调解不宜作为民事审判权的运作方式》，《法律科学》1996年第4期。
66. 李剑：《论凉山彝族的"法律人"——德古》，西南政法大学法律史专业硕士学位论文，2006年。
67. 李剑：《论凉山彝族的纠纷解决》，中央民族大学民族法学专业博士学位论文，2010年。
68. 李培林、陈光金、李炜：《2006年中国社会和谐稳定状况调查报告》，载汝信、陆学艺、李培林等主编《2007年中国社会形势预测与分析》，社会科学文献出版社2006年版。
69. 李培林等：《力挽狂澜：中国社会发展迎接新挑战》，载汝信、陆学艺、李培林等主编《2009年中国社会形势预测与分析》，社会科学文献出版社2008年版。
70. 李向玉：《苗族习惯法中的神判方式遗留与现代司法实践探析——以黔东南特殊地域的司法文化为例》，《原生态民族文化学刊》2010年第1期。
71. 李晓斌、周世新：《西南特困少数民族民间纠纷调解的特点与调适分析》，《西南边疆民族研究》2007年年刊。

72. 李玉华：《我国古代的直诉制度及其对当今社会的影响》，《政治与法律》2001 年第 1 期。

73. 梁聪：《清代清水江下游村寨社会的契约规范与秩序》，西南政法大学法律史博士学位论文，2007 年。

74. 林共宜：《历史上西南民族地区民族际纠纷种类及特点研究》，《思想战线》2010 年第 S2 期。

75. 林莉红：《论信访的制度定位——从纠纷解决机制系统化角度的思考》，《学习与探索》2006 年第 1 期。

76. 刘琳：《侗族侗款的遗存、传承与时代性发展——以广西三江侗族自治县侗族侗款为例》，广西师范大学硕士学位论文，2007 年。

77. 刘学洙：《明清贵州沉重的军事负担》，《贵州师范大学学报》2001 年第 4 期。

78. 龙大轩、刘玲：《略论西南民族地区的民事纠纷及其解决机制》，《甘肃政法学院学报》2010 年第 6 期。

79. 龙大轩：《羌族诉讼习惯法的历史考察》，《山东大学学报（哲学社会科学版）》2005 年第 2 期。

80. 龙倮贵：《浅析滇南彝族历史上的习惯法》，《云南社会科学》1995 年第 3 期。

81. 龙宗智：《关于"大调解"和"能动司法"的思考》，《政法论坛》2010 年第 4 期。

82. 陆益龙：《纠纷解决的法社会学研究：问题及范式》，《湖南社会科学》2009 年第 1 期。

83. 吕亚芳、黄东坡：《少数民族聚居地区刑事和解探讨——以广西壮瑶聚居地为例》，《新西部》2010 年第 22 期。

84. 吕忠梅：《环境友好型社会中的环境纠纷解决机制论纲》，《中国地质大学学报（社会科学版）》2008 年第 3 期。

85. 罗国首：《警惕少数民族民间纠纷激化》，《人民调解》1995 年第 6 期。

86. 罗洪洋、张晓辉：《清代黔东南文斗侗、苗林业契约研究》，《民族研究》2003 年第 3 期。

87. 罗洪洋、赵大华、吴云：《清代黔东南文斗苗族林业契约补论》，《民族研究》2004 年第 2 期。

88. 罗洪洋：《法人类学论纲——兼与法社会学比较》，《法商研究》2007

年第 2 期。

89. 罗洪洋：《清代黔东南锦屏苗族林业契约的纠纷解决机制》，《民族研究》2005 年第 1 期。

90. 罗洪洋：《清代黔东南锦屏苗族林业契约之卖契研究》，《民族研究》2007 年第 4 期。

91. 马绍红：《国家法律、民族习俗与婚姻家庭刑事纠纷的解决》，载方慧主编《少数民族地区习俗与法律的调适——以云南省金平苗族瑶族傣族自治县为中心的案例研究》，中国社会科学出版社 2006 年版。

92. 莫纪宏：《2009 年中国群体性事件法律处置状况》，载中国社会科学院法学研究所编《中国法治发展报告 No.8（2010）》，社会科学文献出版社 2010 年版。

93. 浦加旗：《彝寨社会秩序解读——从法社会学、法人类学的视角》，《重庆工学院学报（社会科学版）》2008 年第 5 期。

94. 祁雪瑞：《大调解中的司法调解改革研究综述与思考》，《理论探讨》2010 年第 9 期。

95. 强世功：《"法律"是如何实践的——一起乡村民事调解案的分析》，载强世功编《调解、法制与现代性：中国调解制度研究》，中国法制出版社 2005 年版。

96. 渠敬东、周飞舟、应星：《从总体支配到技术治理——基于中国 30 年改革经验的社会学分析》，《中国社会科学》2009 年第 6 期。

97. 冉翚：《转型时期川滇毗邻藏区民间纠纷解决机制考察——以凉山州木里藏族自治县为例》，《西南民族大学学报（人文社会科学版）》2010 年第 10 期。

98. 任海涛：《论法人类学方法在中国法制史研究中的运用》，《内蒙古社会科学（汉文版）》2010 年第 2 期（第 31 卷）。

99. 史凤仪：《人民调解制度溯源》，《中国法学》1987 年第 3 期。

100. 宋连斌、杨玲：《我国仲裁机构民间化的制度困境——以我国民间组织立法为背景的考察》，《法学评论》2009 年第 3 期。

101. 苏力：《关于能动司法与大调解》，《中国法学》2010 年第 1 期。

102. 孙立平、王汉生、王思斌、林彬、杨善华：《改革以来中国社会结构的变迁》，《中国社会科学》1994 年第 2 期。

103. 覃奕：《清朝"改土归流"前后广西壮族土司司法制度探析》，华东政法学院法制史硕士学位论文，2006 年。

104. 唐永忠、邵培樟：《域名抢注纠纷解决机制及其完善》，《法学杂志》2004 年第 5 期。

105. 田成友：《民族法研究的理论意义和实践价值》，《贵州民族研究》1995 年第 3 期。

106. 田成有：《我国法律在少数民族地区实施的状况分析》，《思想战线》1995 年第 1 期。

107. 廷贵、酒素：《略论苗族古化社会结构的"三根支柱"——鼓社、议榔、理老》，《贵州民族研究》1981 年第 4 期。

108. 王成圣：《倮罗的神权思想》，《边疆通讯》（第 4 卷）1947 年第 3 期。

109. 王春焕、刘彦、黄昌军：《西藏社会矛盾分析及其解决机制研究》，《西藏大学学报》2007 年第 3 期。

110. 王德强：《云南藏区维护社会稳定经验述要》，《云南民族大学学报（哲学社会科学版）》2009 年第 6 期。

111. 王东进等：《积极化解人民内部矛盾，妥善处理群体性事件》，《中国社会发展战略》2004 年第 3 期。

112. 王克楠：《美国司法 ADR 现状的考察》，《研究生法学》2001 年第 3 期（总 47 期）。

113. 王启梁：《乡村社会中的多元社会控制："分裂的整体"》，《云南民族大学学报（哲学社会科学版）》2011 年第 1 期。

114. 王启梁：《意义、价值与暴力性私力救济的发生——基于对行动的主观维度考察》，《云南大学学报（法学版）》2007 年第 3 期。

115. 王启梁：《作为生存之道的非正式社会控制》，《山东大学学报（哲学社会科学版）》2010 年第 5 期；

116. 王森波：《调审角色分离——关于构建调解制度的第三条进路》，《行政与法》2009 年第 6 期。

117. 王素心：《冤家与亲家》，《中国民族》1979 年第 3 期。

118. 王鑫：《少数民族农村民间纠纷解决制度》，载方慧主编《少数民族地区习俗与法律的调适——以云南省金平苗族瑶族傣族自治县为中心的案例研究》，中国社会科学出版社 2006 年版。

119. 王亚新：《非诉讼纠纷解决机制与民事审判的交织——以"涉法信访"的处理为中心》，《法律适用》2005 年第 2 期。

120. 王亚新:《论民事、经济审判方式的改革》,《中国社会科学》1994年第1期。
121. 王亚新:《中国社会的纠纷解决机制与法律相关职业的前景》,《华东政法学院学报》2004年第3期。
122. 魏汉臣:《城市房屋拆迁纠纷解决途径的法理浅析》,《律师世界》2002年第4期。
123. 毋爱斌:《对我国人民调解各地模式的考察》,《法治论坛》2009年第2期。
124. 吴剑平:《"赔命价"初析》,《法律学习与研究》1990年第2期。
125. 吴剑平:《对藏族地区"赔命价"案件的认识与处理》,《法律科学(西北政法学院学报)》1992年第4期。
126. 吴卫军、范燕萍:《现状与走向:和谐社会纠纷解决体系的构建》,《四川师范大学学报(社会科学版)》2007年第2期。
127. 吴英姿:《"大调解"的功能及限度——纠纷解决的制度供给与社会自治》,《中外法学》2008年第2期。
128. 吴泽勇:《群体纠纷的构成和法院司法政策的选择》,《法律科学(西北政法大学学报)》2008年第5期。
129. 吴忠民:《我国现阶段社会矛盾演变的特征》,《决策与信息》2010年第9期。
130. 伍雅丽:《我国仲裁诉讼化现状分析及对策探讨》,《司法改革论评》2009年增刊。
131. 夏之乾:《神判》,《社会科学战线》1980年第1期。
132. 徐继强:《在线纠纷解决机制(ODR)的兴起与我国的应对》,《甘肃政法学院学报》2001年第6期。
133. 徐静村、刘荣军:《纠纷解决与法》,《现代法学》1999年第6期。
134. 徐晓光:《"涉牛"案件引发的纠纷及其解决途径——以黔东南雷山县两个乡镇为调查对象》,《山东大学学报(哲学社会科学版)》2008年第2期。
135. 徐晓光:《唱歌与纠纷的解决——黔东南苗族口承习惯法中的诉讼与裁定》,《贵州民族研究》2006年第2期。
136. 徐晓光:《锦屏林区民间纠纷内部解决机制及国家司法的呼应——解读〈清水江文书〉中清代民国的几类契约》,《原生态民族文化学刊》2011 年第 1 期。

137. 徐晓光：《看谁更胜一"筹"——苗族口承法状态下的纠纷解决与程序设定》，《山东大学学报（哲学社会科学版）》2009 年第 4 期。

138. 徐晓光：《黔东南苗族村寨"田边地角"的土地纠纷及其解决途径》，《西南民族大学学报（人文社科版）》2007 年第 6 期。

139. 徐晓光：《小牛的 DNA 鉴定——黔东南苗族地区特殊案件审理中的证据与民间法参与》，《广西民族大学学报（哲学社会科学版）》2011 年第 1 期。

140. 严红、刘家库：《我国体育协会章程与体育纠纷解决方式的研究——以足球协会章程研究为中心》，《河北法学》2006 年第 3 期。

141. 杨临宏：《少数民族地区村规民约中的法律思考》，《民族工作》1993 年第 5 期。

142. 杨柳：《模糊的法律产品——对两起基层法院调解案件的考察》，载强世功编《调解、法制与现代性：中国调解制度研究》，中国法制出版社 2005 年版。

143. 杨严炎：《当今世界群体诉讼的发展趋势》，《河北法学》2009 年第 3 期。

144. 吴泽勇：《群体性纠纷的构成与法院司法政策的选择》，《法律科学（西北政法大学学报）》2008 年第 5 期。

145. 杨志伟：《断裂的少数民族习惯法——以凉山彝族为例》，中央民族大学民族学专业硕士学位论文，2003 年。

146. 姚玲：《法院调解应予摈弃》，《中国司法》2000 年第 4 期。

147. 易军：《论民间法范式的研究方法》，《社会科学论坛》2008 年第 9 期。

148. 应星、汪庆华：《涉法信访、行政诉讼与公民救济行动中的二重理性》，《洪范评论》第 3 卷第 1 辑，中国政法大学出版社 2006 年版。

149. 应星、徐胤：《"立案政治学"与行政诉讼率的徘徊——华北两市基层法院的对比研究》，《政法论坛》2009 年第 6 期。

150. 应星：《"气场"与群体性事件的发生机制——两个个案的比较》，《社会学研究》2009 年第 3 期。

151. 应星：《草根动员与农民群体利益的表达机制——四个个案的比较研究》，《社会学研究》2005 年第 1 期。

152. 应星：《作为特殊行政救济的信访救济》，《法学研究》2004 年第 3 期。

153. 于建嵘：《当代中国农民的"以法抗争"——关于农民维权活动的一

个解释框架》,《文史博览（理论）》2008 年第 12 期。
154. 于建嵘:《当前我国群体事件的主要类型及其基本特征》,《中国政法大学学报》2009 年第 6 期。
155. 于建嵘:《以规则建设化解社会戾气》,《南风窗》2010 年第 11 期。
156. 于建嵘:《中国社会泄愤事件与管治困境》,《当代世界与社会主义》2008 年第 1 期。
157. 曾宪义、马小红:《中国传统法的"统一法"与"多层次"之分析——兼论中国传统法研究中应慎重使用"民间法"一词》,《法学家》2004 年第 1 期。
158. 扎洛:《西藏农村的宗教权威及其公共服务——对于西藏农区五村的案例分析》,《民族研究》2005 年第 2 期。
159. 湛中乐、苏宇:《论我国信访制度的功能定位》,《国家行政学院学报》2009 年第 3 期。
160. 张海滨:《医疗纠纷的非诉讼解决方式——医疗纠纷 ADR》,《中国卫生事业管理》2003 年第 3 期。
161. 张洪春:《清末民国壮族习惯法研究》, 广西师范大学中国少数民族史硕士学位论文, 2005 年。
162. 张立勇:《论马锡五审判方式在当代的继承与发展》,《人民司法》2009 年第 7 期。
163. 张明新:《民间法·民族习惯法: 学理架构与纠纷解决——第三届民间法·民族习惯法研讨会综述》,《江苏警官学院学报》2008 年第 6 期。
164. 张明泽:《少数民族习惯法的意蕴——理论与个案的透析——以彝区解纷为例》, 西南政法大学法律史专业硕士学位论文, 2003 年。
165. 张培文、张山山、田丰:《公安民警对当前中国社会治安状况的基本看法》, 汝信、陆学艺、李培林等主编《2009 年中国社会形势预测与分析》, 社会科学文献出版社 2008 年版。
166. 张泰苏:《中国人在行政纠纷中为何偏好信访？》,《社会学研究》2009 年第 3 期。
167. 张卫平:《回归"马锡五"的思考》,《现代法学》2009 年第 5 期。
168. 张晓蓓、康晓卓玛:《论民族自治区域少数民族纠纷调解机制的建构——来自四川少数民族自治地区的调研》,《中央民族大学学报（哲学社会科学版）》2007 年第 3 期。

169. 张晓辉：《现代仡佬的民间法与民间纠纷解决方式——以贵州省大方县普底乡红丰村为例》，《贵州民族学院学报》2007年第3期。
170. 张笑世：《体育纠纷解决机制的构建》，《体育学刊》2005年第9期；
171. 张修成：《信访制度与诉讼等纠纷解决途径之比较研究》，《理论学刊》2007年第4期。
172. 张志强（瓦扎·务·谦尔铁）：《"无需法律的秩序"何以可能——凉山彝族纠纷解决程序初步研究》，西南政法大学法律史专业硕士学位论文，2007年。
173. 章武生：《我国政治体制改革的最佳突破口：司法体制改革》，《复旦学报（社会科学版）》2009年第1期。
174. 赵天宝：《少数民族习惯规范与国家法的冲突及互动——以景颇族为例》，《中央民族大学学报（哲学社会科学版）》2009年第5期。
175. 赵天宝：《探寻少数民族习惯法的公正与权威——以景颇族神判为中心考察》，《甘肃政法学院学报》2008年第9期。
176. 赵天宝：《自发秩序与和谐——以景颇族解纷为例》，《学术探索》2010年第1期。
177. 赵晓力：《关系/事件、行动策略和法律的叙事——对一起"依法收贷案"的分析》，载强世功编《调解、法制与现代性：中国调解制度研究》，中国法制出版社2005年版。
178. 赵旭东：《纠纷解决含义的深层分析》，《河北法学》2009年第6期。
179. 赵旭东：《纠纷解决机制及其"多元化"与"替代性"之辨析》，《法学杂志》2009年第11期。
180. 赵旭东：《论纠纷的构成机理及其主要特征》，《法律科学》（西北政法大学学报）2009年第2期。
181. 郑鹏基：《网络交易争端解决机制研究》，华东政法学院博士学位论文，2005年。
182. 郑卫东：《云南少数民族神判》，《云南学术探索》1993年第4期。
183. 周杰：《关于环境纠纷解决方式的探讨》，《上海环境科学》2002年第3期等。
184. 周相卿：《黔东南雷山县三村苗族习惯法研究》，云南大学法律人类学博士学位论文，2004年。
185. 周相卿：《台江县反排寨苗族习惯法中的神判制度研究》，《贵州民族学院学报（哲学社会科学版）》2010年第1期。
186. 周星：《家支·德古·习惯法》，《社会科学战线》1997年第5期。
187. 周星：《死给、死给案与凉山社会》，载马戎、周星编著《田野工作与文化自觉（下）》，群言出版社1998年版。
188. 周永坤：《信访潮与中国纠纷解决机制的路径选择》，《暨南大学学报（哲学社会科学版）》2006年第1期。
189. 朱峰：《和谐社会与多元纠纷解决机制构建》，《山东社会科学》2007年第5期。
190. 朱景文：《中国法治道路的探索——以纠纷解决的正规化和非正规化为视角》，《法学》2009年第7期。
191. 朱艳英：《略论中国少数民族法制史学的发展——民族法学与少数民族法制史学的关系》，《玉溪师范学院学报》（第24卷）2008年第2期。
192. 朱艳英：《西南民族地区纠纷解决机制变迁研究》，《云南农业大学学报》2009年第1期。
193. 宗玲：《论人民调解的现状、问题及发展趋势》，《前沿》2009年第4期。
194. 左卫民：《变革时代的纠纷解决及其研究进路》，《四川大学学报（哲学社会科学版）》2007年第2期。
195. 金平县司法局：《云南省金平县加强人民调解工作出实招获实效》，《人民调解》2008年第9期。

2. 报纸文章

1. 胡贲：《"维稳"宝典：处置"群体性事件"掀出书热潮》，《南方周末》2009年12月24日第B07版。
2. 黄秀丽、任楚翘：《调解越来越主流》，《南方周末》2011年4月28日第3版。
3. 黄秀丽：《中国法学会案例研究专业委员会评选出2010年十大影响性诉讼：最大的问题是公权力滥用》，《南方周末》2011年1月20日第A7版。
4. 霍示明、张国强：《调解调出涉诉零上访》，《法制日报》2007年9月8日第2版。
5. 南方周末编辑部：《2009年十大影响性诉讼：个案改变中国》，《南方周末》2010年1月28日。

6. 青连斌：《和谐社会　中国新主题：一年来理论学术界关于"和谐社会"研究综述》，《北京日报》2005年3月7日。
7. 清华大学社会学系社会发展研究课题组：《"维稳"新思路：利益表达制度化，实现长治久安》，《南方周末》2010年4月15日第E31版。
8. 张烁、王媛：《今年全市法院将做好调解工作　基层法院民商事案件调解率要达40%》，《兰州日报》2009年2月27日第2版。
9. 赵蕾：《2009十大影响性诉讼评价：看得见悲剧，看不见法律》，《南方周末》2010年2月4日。
10. 赵凌：《2008年十大影响性诉讼》，《南方周末》2009年1月14日。
11. 赵凌：《信访改革引发争议》，《南方周末》2004年11月18日。
12. 《"四川省十大调解能手"先进事迹》，《四川日报》2010年12月28日。
13. 《"短板"变亮点　四川行政调解在创新中突破》，《四川日报》2010年6月19日。

五、网络文献

1. 谢晖：《能动司法与法律方法》，http：//www.dffy.com/faxuejieti/ss/201005/20100506192752.htm，上传时间：2010-05-06，访问时间：2011-06-01。
2. 《锦屏运用民间智慧化解山林纠纷促进社会和谐》，http：//kxfz.qdnyj.gov.cn/zh/200907/kxfz_20090720154247_73866.shtml，上传时间：2009-07-20，访问时间：2011-05-06。
3. 《龙陵县大力调处山林纠纷调处率达82.8%》，http：//www.xf.baoshao.gov.cn/runonews.asp?id=315，上传时间：2009-10-25，访问时间：2011-05-06。
4. 《构建大调解　推进社会矛盾化解》，http：//www.ztzfw.gov.cn/readinfo.aspx?InfoId=4239，上传时间：2010-06-25，访问时间：2011-05-06。
5. 李仕学、侯元常：《浅析基层司法所规范化建设存在的困难及措施》，http：//www.gzsft.gov.cn/gzsft/78250043525562368/20090509/1411.html，上传时间：2009-05-09，访问时间：2011-05-06。
6. 《第七届"攀枝花市十大杰出青年"评选活动》；http：//vote.pzh.gov.cn/View.asp?id=20，访问时间：2009-10-12。

7. 陈显宗：《当前通道县农村群体性事件的调查与思考》，http：// www. hnfz. net/Item/48428. aspx，上传时间：2009 - 10 - 15，访问时间：2011 - 05 - 06。

8. 《化解矛盾 贵州省人民调解组织调解民间纠纷 53 万件》，http：// www. cnr. cn/guizhou/xw/gzxw/200912/t20091202_505699838. html 上传时间：2009 - 12 - 09，访问时间：2011 - 05 - 06。

9. 普嘉：《"以奖代补" 金平人民调解模式调查》，http：//blog. tianya. cn/blogger/post_read. asp? BlogID = 32441&PostID = 14125105，上传时间：2008 - 06 - 03，访问时间：2011 - 05 - 12。

10. 钟旭、张玉琴：《"大调解" 趟出一条边疆 "和谐之道"》，http：// www. gy. yn. gov. cn/Article/xwgj/jrkd/200806/10795. html，上传时间：2008 - 06 - 11，访问时间：2011 - 05 - 12。

11. 《黎平县洪州镇成功化解一起省际群体性事件》，http：//www. gzsft. gov. cn/gzsft/78250043525562368/20100419/2520. html，上传时间：2009 - 04 - 19，访问时间：2011 - 05 - 06。

12. 《"小钱买来大平安" 金平县以奖代补司法调解模式调查》，http：// news. qq. com/a/20080602/003538. htm，上传时间：2008 - 06 - 02，访问时间：2011 - 05 - 15。

13. 《云南加快边疆民族地区基层法庭建设》，http：//news. 66wz. com/system/2010/07/07/101979220. shtml，上传时间：2010 - 07 - 07，访问时间：2011 - 05 - 06。

14. 《"调" 出一片和谐——阿坝州两级法院开展 "大调解" 工作纪实》，http：//www. tibet3. com/news/content/2010 - 03/30/content_182145. htm，上传时间：2010 - 03 - 30，访问时间：2011 - 05 - 06。

15. "云南省高级人民法院" 条，http：//baike. baidu. com/view/3677917. htm，访问时间：2011 - 05 - 06。

16. 《贵州加强基层法庭建设提升为民司法水平》，http：//news. 66wz. com/system/2011/02/28/102422994. shtml，上传时间：2011 - 02 - 28，访问时间：2011 - 05 - 06。

17. 《四川省高级人民法院工作报告（2009 年）》，http：//www. sina. com. cn，上传时间：2010 - 02 - 12，访问时间：2011 - 05 - 06。

18. "广西法院简况条"，http：//gxfy. chinacourt. org/public/detail. php? id =

5397，上传时间：2009－1－16，访问时间：2011－05－06。

19. 《英措代表：增加基层人民法庭专项编制》，http：//www.legaldaily.com.cn/index/content/2011－03/09/content_2506355.htm？node=20908，上传时间：2011－03－09，访问时间：2011－05－06。

20. 《构建傈僳族地区多元化纠纷解决机制的设想》，http：//www.ynda.yn.gov.cn/ynszfwyh/3892798927908372480/20100906/33174.html，上传时间：2010－09－06，访问时间：2011－05－06。

21. 《广西基层司法所建设工作成效显著》，http：//www.legalinfo.gov.cn/moj/jcgzzds/content/2008－10/22/content_965638.htm？node=298，上传时间：2008－10－22，访问时间：2011－05－06。

22. 《西双版纳州司法局到红河、文山、楚雄、大理考察人民调解、基层司法所建设、司法行政队伍建设情况》，http：//www.xsbnsf.cn/zf11_news.asp？id=31，上传时间：2010－09－06，访问时间：2011－05－06。

23. 《云南三方面下功夫贯彻人民调解法，10个月调解矛盾纠纷121万余件》，http：//www.legalinfo.gov.cn/moj/jcgzzds/content/2010－11/29/content_2372370.htm？node=405，上传时间：2010－11－29，访问时间：2011－04－12。

24. 《化解矛盾 贵州省人民调解组织调解民间纠纷53万件》，http：//www.cnr.cn/guizhou/xw/gzxw/200912/t20091202_505699838.html，上传时间：2009－12－02，访问时间：2011－05－06。

25. 《阿坝州人民调解工作成效显著》，http：//www.abazhou.gov.cn/business/htmlfiles/abzzfw/s157/201011/103490.shtml，上传时间：2010－01－01，访问时间：2011－05－06。

26. 《黔东南州司法行政工作：职能、作用发挥现状、存在问题、对策及发展思路》，http：//www.gzsft.gov.cn/gzsft/74310536312913920/20091124/2010.html，上传时间：2009－11－24，访问时间：2011－05－06。

27. 《3位司法所长讲述调解人生》，http：//www.legalinfo.gov.cn/moj/jcgzzds/content/2009－09/10/content_1151733.htm？node=298，上传时间：2009－09－10，访问时间：2011－05－06。

28. 《贵州建立健全多元矛盾纠纷调解机制》，http：//legal.people.com.cn/GB/13750601.html，上传时间：2011－1－14，访问时间：2011－05－06。

29.《全省公安机关大力加强派出所调解室建设深入推进社会矛盾化解》，http：//www.qh.xinhuanet.com/qhpeace/2010-06/24/content_20155436.htm，上传时间：2010-06-24，访问时间：2011-05-06。

30.《云南公安建"四级调解网络"信访和群体性事件"双下降"》，http：//news.163.com/11/0112/16/6Q791IGJ00014JB5.html，上传时间：2011-01-14，访问时间：2011-01-12。

31.《云南省迪庆州"十一五"司法工作纪实》，http：//info.tibet.cn/news/szxw/201103/t20110303_943442.htm，上传时间：2011-03-03，访问时间：2011-01-12。

32.《弥渡县司法局圆满完成司法所建设任务》，http：//www.sft.yn.gov.cn/newsview.aspx?id=1333486&DepartmentId=1，上传时间：2010-09-28，访问时间：2011-05-06。

33.《广西基层司法所建设工作成效显著》，http：//www.legalinfo.gov.cn/moj/jcgzzds/content/2008-10/22/content_965638.htm?node=298，上传时间：2008-10-22，访问时间：2011-04-12。

34.《积极拓展工作领域实现又好又快发展"十一五"期间人民调解工作发展与创新扫描》，http：//finance.ifeng.com/roll/20110315/3668984.shtml，上传时间：2011-03-15，访问时间：2011-05-06。

35.《道真自治县建立人民调妥与公安治安调解对接联动机制》，http：//www.gzsft.gov.cn/gzsft/78250043525562368/20091218/2078.html，上传时间：2009-09-12；访问时间：2011-06-12。

36.《威信县司法局"十一五"工作成效明显》，http：//www.ztzfw.gov.cn/readinfo.aspx?InfoId=44111b02ce7d4923a31ed07506e5c56f，上传时间：2010-06-22，访问时间：2011-05-10。

37.《四川："大调解"让社会更加和谐》，http：//www.legaldaily.com.cn/index/content/2010-03/22/content_2091360.htm?node=20908，上传时间：2010-03-22，访问时间：2011-05-10。

38.玉溪市村委会调解主任换届情况来自《玉溪市基层调解主任情况分析》，http：//www.ynf.gov.cn/canton_model1/newsview.aspx?id=1246714，上传时间：2010-06-12，访问时间：2011-04-12。

39.《我国共有人民调解员近500万》，http：//news.xinhuanet.com/politics/2010-06/22/c_12249365.htm，上传时间：2010-06-22，

访问时间：2011-06-10。

40. 《全州司法行政机关开展人民调解工作综述》，http：//www.bndaily.com/Templates/NewsTemplate.asp？NewsID=40231，上传时间：2010-03-25，访问时间：2011-06-10。

41. 《广西公安派出所调解纠纷走出新模式》，http：//www.gx.chinanews.com/news/SHEHUI/2009/97/099710189BJ5E58F3K1KG10I3JD95.html，上传时间：2009-10-25，访问时间：2011-04-12。

42. 《人民调解员张荣德　苗家山寨"渡船人"》，http：//www.chinese.cn/people/article/2009-11/20/content_83862_2.htm，上传时间：2009-11-20，访问时间：2011-03-05。

43. 《春风化雨铸和谐　我州开展创建"平安红河"工作综述》，http：//www.hh.cn/news_1/xw01/201001/t20100119_309572.html，上传时间：2010-01-19，访问时间：2011-04-12。

44. 《大山深处走出的调解高手》，http：//legal.scol.com.cn/2010/06/24/2010062414530399.332.htm，上传时间：2010-06-24，访问时间：2011-03-05。

45. 《彭德芳同志再获全国模范人民调解员光荣称号》，http：//www.cc.ccoo.cn/webdiy/1536-60670-10819/newsshow.asp？id=60670&cateid=506881&nid=692999，上传时间：2010-11-15，访问时间：2011-03-05。

46. 《大山深处一杆秤——记市姚高村村委会主任曾祥启》，http：//www.ngxf.gov.cn/news/Show1.asp？id=6124，上传时间：2010-04-22，访问时间：2011-03-05。

47. 《青海省"十佳人民调解委员会"和"十佳人民调解员"先进事迹简介》，http：//www.qhsf.gov.cn/NewsDetail.aspx？id=45EE1759776962AF，上传时间：2011-04-06，访问时间：2011-03-05。

48. 《老牛自知夕阳晚　不用扬鞭自奋蹄——记全国模范人民调解员唐贵林先进事迹》，http：//www.cqsfj.gov.cn/show.asp？News_Id=32618，上传时间：2010-06-17，访问时间：2011-03-05。

49. 《沐川化解两起民族纠纷》，http：//www.leshan.cn/lsnews/bmjs/tzb/jcxx/userobject1ai272558.html；上传时间：2009-07-08，访问时间：

2011 – 03 – 15。

50. 曹旭东：《紧扣形势整合资源 更新理念 深入推进"大调解"力促屏山和谐移民》，http：//blog.chinacourt.org/wp-profile1.php？p＝161495＆author＝6883，上传时间：2009 – 10 – 13，访问时间：2011 – 03 – 15。

51. 吴明照：《"黄排老人协会"作用大》，http：//www.cyq.gov.cn/Html/200762703317 – 1.html，上传时间：2007 – 06 – 27，访问时间：2011 – 06 – 12。

52. 《大调解带来大调解》，http：//www.lsrb.cn/html/2010 – 01/29/content_46441.htm，上传时间：2010 – 01 – 29，访问时间：2011 – 06 – 12。

53. 《大山深处的人民调解员—'德古阿莫'》，http：//ls.newssc.org/system/20091028/000662333.html上，上传时间：2009 – 10 – 28，访问时间：2011 – 06 – 12。

54. 《曲靖市司法局要求基层单位每年出新经验 创新要求写入责任状年末考核》，http：//www.legalinfo.gov.cn/moj/index/content/2010 – 08/09/content_2233407.htm？node＝7341，上传时间：2010 – 08 – 09，访问时间：2011 – 04 – 12。

55. 《敖鲁古雅鄂温克族乡人民调解委员会聘任老猎民任调解员》，http：//www.mzb.com.cn/html/report/210458 – 1.htm，上传时间：2011 – 06 – 08，访问时间：2011 – 06 – 12。

56. 《锦屏运用民间智慧化解山林纠纷促进社会和谐》，http：//kxfz.qdnyj.gov.cn/zh/200907/kxfz_20090720154247_73866.shtml，上传时间：2009 – 07 – 20，访问时间：2011 – 06 – 12。

57. 龚发刚：《威信县2010年司法行政工作成效显著》，http：//www.ztzfw.gov.cn/readinfo.aspx？InfoId＝eeaba6878d594dd5a29be539666cd944，上传时间：2009 – 02 – 14，访问时间：2011 – 04 – 12。

58. 《开江县长岭镇学习实践活动取得实实在在成效》，http：//www.sc.xinhuanet.com/service/zw/2009 – 09/02/content_17577098.htm，上传时间：2009 – 09 – 02，访问时间：2011 – 05 – 06。

59. 陈玉侯：《深入学习实践科学发展观，全力推进现代林业又好又快发展—在全省林业局长会议上的讲话》，http：//xxgk.yn.gov.cn/canton_model1/newsview.aspx？id＝721340，上传时间：2009 – 01 – 29，访问时间：2011 – 05 – 06。

主题词索引

B

半自治 119, 126, 140, 144, 161, 164, 193, 246

剥夺感 11, 144, 145, 147, 150, 252

C

常规性社会纠纷 38, 39, 44, 128, 131, 250

传统纠纷解决机制 3, 10—12, 55, 56, 60, 61, 64, 122, 155, 156, 158—160, 168, 181, 182, 189, 193, 199, 207, 212, 236, 255, 256

传统头人 62, 159, 181, 195, 210

传统习俗 62, 155, 182, 188, 189, 200, 201, 218

村规民约 10, 13, 55, 56, 59—62, 64—72, 76, 107—110, 120, 124, 190—193, 198—201, 204, 207—209, 261, 288

村民委员会 14, 15, 18, 48, 109, 111, 118, 141, 176, 248

D

大调解 5, 8, 32, 40, 50, 54, 92, 94, 96, 107, 153, 165, 177, 189, 197, 226, 235, 280, 285—287, 292, 293, 295, 297

德古 55, 60, 159, 197, 284, 291

地方性 11, 13, 68, 126, 161, 178, 182, 196, 231—233, 237, 238, 243, 250, 255

地方性知识 178, 196

地方自治 140, 246, 247

地域性 8, 9, 12, 72, 73, 159, 207, 208, 210, 239

多元化 1, 4, 5, 9, 11, 26, 38, 39, 51, 99, 121, 127, 128, 139, 169, 178, 182, 192, 193, 230, 236, 240, 249—251, 272, 281, 282, 290, 294

多元纠纷解决机制 1—9, 11, 12, 25, 92, 116, 117, 119, 122, 123, 127, 139, 154, 155, 159—161, 164, 167, 209—211, 225, 230, 231, 233—235, 237, 239, 241, 249, 250, 252, 253, 255, 256, 273, 281, 283, 291, 298

F

法律服务所 5, 10, 15, 19, 48, 50—

· 299 ·

52，91，92，101，103，104，174，266

法律规制　107，215

法律援助中心　5，50，52，92，101，104，105，174，266

非常规性社会纠纷　38，39，44，128，131，250

非法同居　42，43，138，139，205

非国家纠纷解决机制　10，48，55

非利益型族际纠纷　44

非诉讼纠纷解决机制　1，4，272，287

非正式纠纷解决机制

G

概括式规制　212

工具主义　10，90，91

公安调解　53，54，159，167，227，230，234

公共产品　98，140，141，144，245，246，248，254

公共事务　35，61，82，119，128，140，192，246，248，258—263

公力救济

固有法　221—225

国家纠纷解决机制　3，5，10，25，48，49，51，55，76，99，107，126，127，152，165，168

国家认同　243，244

国家治理　90，91，117，238，239，243—245

H

和谐社会　1—4，6，7，9，12，13，38，141，163，193，236，237，239—241，246，248，249，254，255，273，281，282，287，291，292，298

J

基层社会　5，10，35，48—51，53—57，59，68，91—93，95，99，103，105，107，110—112，114，118，125，126，130，140，141，164，168，175，176，181，185，201，213，238，239，242，243，246—248

基层社会结构　140，238，242，246，247

基层社会控制　140，239，246，247

计划经济　25，68，118

纠纷解决机制　1—13，25—27，34，36，48—51，53—57，59—62，64，72，73，75，76，78—82，84—99，101，103—107，110，113，114，116，117，119—122，126—128，130，136，137，139，141，144，152—156，158—169，171，172，174，176，178，181，182，189，192—196，199，200，207，209—217，221—245，247—256，272，273，281—288，290，291，294，298

L

立法规制　212，225—227，229

利益驱动型社会纠纷　32

利益型纠纷　27—29，32—34，36，44，117

利益型族际纠纷　44

联合调解机制　54，168

列举式规制　212

流官政府　127，211，212，218—221

M

民间法 5, 126, 273, 275, 288—290

民间社会 5, 9, 11, 63, 64, 74, 95, 112, 118, 119, 139—141, 144, 145, 169, 178, 181, 186, 193, 194, 245—248

民族习惯 2, 63, 65, 121, 139, 155, 159, 185, 189, 200, 202, 204, 209, 224, 235, 251, 256, 272, 274, 282, 288—290

民族性 8, 9, 11—13, 26, 45, 68, 72, 75, 89, 126, 150, 159, 161, 182, 207, 210, 233, 237—239, 250, 252, 253, 255

民族政策 11, 147, 154

陌生人社会

P

派出法庭 19, 49, 62

派出所 10, 27, 48, 49, 53, 54, 57, 59, 67, 68, 80, 91, 97, 111, 142, 160, 162, 164, 167, 168, 174, 175, 188, 198, 200, 258, 264, 265, 295, 296

R

人民法院 10, 27, 48—50, 57, 95, 97, 106—108, 137, 160, 165, 168, 190, 195, 197, 201, 225—228, 230, 231, 234, 235, 276, 278, 279, 293, 294

人民公社 68, 117—119, 140, 196, 238, 239, 241, 242, 244, 246, 247, 279

人民调解 5, 8, 10—12, 14, 15, 17—19, 27, 28, 32, 37, 39, 40, 48—54, 56—60, 63, 66, 70, 76, 91—93, 95—97, 99—101, 107, 110, 111, 113, 114, 116, 122, 123, 128, 153, 159—165, 168, 169, 171—177, 179, 181, 188, 197, 202—204, 210, 225—235, 255, 265, 277, 281, 282, 285—287, 291, 293—297

人民调解机制 11, 12, 50, 159, 161, 234

人民调解委员会 5, 14, 15, 17—19, 28, 51—53, 56—60, 63, 66, 92, 93, 95, 96, 99, 101, 111, 114, 168, 171, 174, 175, 177, 179, 188, 197, 202, 210, 225, 227—229, 231—233, 235, 265, 296, 297

认同度 10, 54, 61, 64, 76, 95, 97, 113, 131, 196

认知度 11, 65, 98—103, 105—107, 130, 131, 136, 137, 146

S

社会纠纷 1—3, 5, 9—12, 26—29, 31, 32, 35—36, 38—41, 43, 44, 46—51, 53—58, 61, 64, 70, 76, 90—95, 97, 110, 112, 116, 117, 120—124, 127, 128, 130, 131, 133, 135, 138, 139, 144, 145, 147—155, 158, 160—165, 167, 168, 176, 178, 181, 182, 184, 188, 189, 193, 195, 196, 200, 202, 203, 214, 230, 236—242, 244, 245,

247, 249—256, 282, 283, 287

社会控制　127, 140, 159, 237—239, 241—248, 254, 287

社会控制体系　127, 140, 159, 242, 243, 246, 247

社会利益　1, 25, 39, 124, 139, 141, 144, 237, 245, 248, 252—254

社会矛盾调处中心　5, 13, 15, 49, 54, 57, 92, 96

社会治理　2, 6, 9, 11, 25, 32, 68, 91, 92, 111, 113, 117—119, 139, 141, 144, 147, 151, 152, 154, 159, 161, 163, 164, 189, 212, 236—238, 242, 243, 245—248, 252—254, 282

社会秩序　2, 12, 91, 110, 113, 117, 118, 124, 125, 139, 140, 151, 156, 158, 184, 192, 193, 225, 236—245, 247—249, 254, 285

社会组织　38, 39, 44, 48, 55, 91, 92, 118—120, 125—127, 140, 159, 229, 237—239, 241—246, 248, 254, 274, 283

审查机制　12, 235

审判调解化　10, 95, 233

市场经济　1, 2, 25—28, 55, 61, 91, 117—119, 122—125, 127, 139, 141, 194, 245, 246, 248, 249, 252, 280

熟人社会　16, 176, 251

司法管辖　218—221, 224

司法机制　5, 11, 49, 73, 75, 159—161, 165, 234

司法救济　48, 132, 136, 139, 193

司法所　5, 10, 12, 13, 15, 17, 19, 25, 27, 29, 31, 32, 34, 37, 48—53, 56—59, 72, 76, 78, 83, 87, 88,

91—97, 99—103, 111—114, 116, 120, 122, 137, 152, 153, 160, 162—164, 167—171, 173—176, 178—181, 184, 185, 195—203, 205, 226, 233, 234, 259, 264—267, 293—295, 300

司法调解　5, 26, 60, 95, 96, 154, 178, 226, 227, 285, 293

私力救济　1, 110, 142, 143, 168, 254, 287

诉讼纠纷解决机制　1, 4, 57, 137, 228, 233, 272, 287

T

调解审判化　10, 95, 233

调解室　53, 54, 58, 59, 92, 95, 167, 295

调解效力　229, 230

投机主义　25, 91, 92, 150

W

"文化大革命"　238, 242

X

行政调解　5, 11, 54, 57, 96, 97, 159, 160, 165, 195, 226, 228, 232, 235, 281, 292

西南民族地区　1—4, 8—13, 25—28, 30, 32, 36—41, 43—51, 53—58, 60, 61, 64, 66, 68, 70, 72, 74, 75, 90—94, 96—99, 101, 103, 105—107, 110, 111, 113, 114, 116—119, 121—125, 127, 128, 130, 132, 136, 137,

139—141，144，145，148—150，152—155，158—160，162—165，167，169，172—175，178，181，182，184，189，193—197，200—202，205，207，209—211，215，216，218，220，221，223—226，230，232，234—239，241—256，283，284，291，298

西南少数民族　3，10，11，36，37，47，55，56，63，64，68，72—74，76，78，79，81，82，84，87—89，94，97，100—102，117，119—121，125，126，128，130，132，134—136，142，143，145，147—149，153，157，161，165，166，171，172，176，181，198，199，211，213—215，218，221—226，244，250，252—254，256，272，275

乡村社会　1，10，64，118，119，182，242，243，283，287

乡村社会治理　242

乡规民约　199，200，214，218，277

Y

一体化　47，126，244，245，254

Z

寨老　18，19，61，62，69，142，183，193—197，216

正式纠纷解决机制　72，73，76，106，130，136，141，155，164，193，221

政治投机主义　92

治安调解　5，11，53，54，56，58，96，160，161，167，226，227，229，295

治安调解机制　11，53，160，161，167

族际纠纷　27，33，38，41，44—48，94，150，151，154，284

后　记

本书是笔者主持的国家社会科学基金项目"西南民族地区多元纠纷解决机制与和谐社会构建：以法律社会学为视角"（编号：07CFX036）的最终成果之一。课题已经结题（编号：20120837）。课题研究成果由两个相对独立的部分构成，为了让各个部分能更好地完成自己的使命，我把课题成果分为两个部分，即《西南民族纠纷解决机制史》和《西南民族地区纠纷解决机制研究》出版。课题自2007年被国家社会科学规划办公室立项后，经过近四年反复调查、研究，一年的反复修改最后结项，终于形成现在的成果。本成果的完成包括了太多人的付出。它是一个长期孕育的产物，多人劳动的产品。在调查与研究过程中，有很多人直接、间接地参与了课题的调查工作，在此深表感谢。本书的写作、修改由笔者独立完成。

本书作为课题成果之一，课题的写作花了笔者2011年整个春季学期的时间。当时由于不幸陷于一个让人无法安心工作的环境之中，让我的研究推进非常痛苦，但愿随着本课题的完成，工作环境已经改变，自己的心情能够释然。

在调查过程中，我们到过怒江、金沙江、澜沧江、红河等河谷地区。夜宿过夏日如秋的芒市西山之顶，途经过一步之外就战火纷飞的南伞边城，访问过热如桑拿的戛洒坝子，考察过大雾如烟的罗平布依族村寨。走过高崖一线、雾气缠绕的五老山，行过脚下是咆哮奔腾的怒江险路，涉过泥泞漫道的孟定至南伞之路，历过灰尘漫天的新平县城至戛洒山路。喝过日出至日落的景颇族山寨米酒，双手抓过豪迈而充满民族特色的沧源"佤王宴"，吃过宁蒗彝族人民的坨坨肉，体验过日出至落一日一包方便面的生活。见过犹如没有现代生活景象的苗族村寨，听过充满无助的傣族妇女的梦想，看过现代生活图景的白族村寨，了解过充满理想但又无奈的

后　记

布依族青年的诉说。这是一种心灵的体验，也是人生的一种重塑。它们让我在面对制度的思考时不得不重新审视人生的价值、社会的使命、秩序的意义、法治的目的。也许太多的见闻与经历，让我对社会制度的作用与价值进行了全新的反思，进而形成了他人看来是一种充满"理想"与"愤闷"的独白。我无心去改变一个时代，也深知无力去评价一个时代。我只想用自己的"良心"来表达自己的立场。对这种自我良心的立场，我没有想让它成为一个时代或一种垄断的声音。因为，这仅是我内心中的一种批判者的自白。我更明白，任何一种独断的自白都是对"人"的价值的否定与侵害。

　　我真挚地感谢在调查中参与、帮助过我的无数人。有些人，我不知道他们的姓名，但我铭记他们，感谢他们；有些人必须把他们写出来，让我们记住他们。在课题中参与了调研的硕士研究生有2006级李雯、苏星慧、李枝桂，2007级黄君会、李波、姜碧妹，2008级黄涛、李杰，2009级黄山彬、李跃英等。在调研中给予我帮助的还有云南大学的吴云、玉溪师院的朱艳英等老师。问卷调查工作中广西部分由广西民族大学的蒋鸣湄老师完成，贵州部分由贵州财贸学院的韩敏霞、2005级法理学硕士王太颐完成（特别感谢他把自己硕士论文中的相关资料让我参看，且授权使用），文山的调查由文山学院浦家旗老师完成，临翔区调查点由临沧师专李波老师完成，禄劝县三个调查点由大学生村官胡杨德完成，其他调查点由我和相关调研人员完成。在调查中，有同事、师弟马青连、谢波在2009年8月和我一起到过德宏州、临沧市边境一线调查；2010年8月我的好友、云南中医学院的王珍喜老师和我到过丽江宁蒗小凉山调查；2010年7月我的硕士研究生黄涛和我到过玉溪峨山、新平调查；2011年5月我的硕士研究生李跃英、黄山彬和我到过嵩明不同苗族村寨进行了调查；2012年我现在工作的同事和我到罗平、富源等县调查。此外，在各地调研中，地方政府、一线司法所、村委会的调解人员等都给予我们无私的帮助，提供了丰富的资料，让我们知道了很多真实的东西，我们无法把他们的名字一一列举，因为这里有太多的人，在此一并感谢他们。

　　该成果由我独立完成，在校对中有我的师弟、朋友谢波和学生李杰、李跃英等参加，在此深表感谢。

　　做田野调查的课题，现在是越来越难，因为不仅有经费的问题，更有调查中各种"人际"的问题，还有被调查者文化理解的问题。一个好的研究成果总是很多人辛勤劳动的结晶。当在书中署上自己名字时，总感十分不安。因为面对这些成果，我们很难说自己的有多少。本成果仍然存在不足，但我进行了力所能及的努力，让它具有自己应有的品质，体现了自己对研究对象的理解，表达了自己对此问题的立场。

2013年女儿患病，让我在修改书稿时更加艰难，也让我对生命的意义有更深的体验与理解。女儿让我知道了人生的意义、生活的艰难。课题研究过程让我体会到"功崇惟志，业广惟勤，惟克果断，乃罔后艰"。

最后，感谢中国社会科学院博士后管理委员会对本书出版的支持，因为他们的支持，让本书能够顺利出版并添色无限。同时感谢童根兴、单远举和刘荣，他们无私辛勤的编辑工作，让本书得到质的升华。难怪民国时期学界会公认出版著作不再是作者个人成果。我现在终于明白，因为它有太多编辑者的付出。

胡兴东

2011年6月30日，

修改于2012年8月17日，

定稿于2013年4月13日女儿病床前